中文社会科学引文索引（CSSCI）来源集刊（2017－2018）

Tribune of Economic Law

经济法论坛

（第18卷）

主　编／李昌麒　岳彩申
副主编／江　帆　李　树

法律出版社
LAW PRESS·CHINA

出版说明

中国经济法学作为一门新兴的、发展中的学科，迄今已走过了30余年的风雨历程，经济法作为我国社会主义法律体系的组成部分，也已得到了无可辩驳的承认。随着市场经济的进一步发展和依法治国战略的全面推进，经济法必将迎来更加美好的未来。

中国经济法的理论构建和制度建设已经取得了显著成就，为推动我国法治发展作出了重要贡献，但也必须清楚地认识到，经济法在它的发展进程中，仍然面临着新兴学科通常容易存在的一些问题，需要我们以锲而不舍的精神去探索。

西南政法大学经济法学科点是教育部确定的国家级高等学校重点学科点之一，近年来一直紧紧跟踪经济法学的发展，并在经济法理论和实务研究方面作了不懈努力。经过全体成员的共同奋斗，学科点在学科建设和学术研究方面取得了一定成果。但我们深知，只有广大经济法理论工作者和实践工作者共同努力，才能形成研究合力，推动经济法学科的进一步发展。正是基于这种考虑，我们本着学术性、实践性和开放性的宗旨，继《经济法博士精品文库》之后，又创办了《经济法论坛》，一方面为广大经济法理论与实务工作者展示学术研究成果和进行学术交流提供更加广阔的平台；另一方面也为我校经济法学科建设开辟一个新的学术阵地。

既然是“论坛”，在指导思想上我们力求把它办得活跃一些。在栏目的设置上，既有相对固定的栏目，如“基础理论”“制度研究”“国际视窗”“学术争鸣”“农村法治”等，又可以根据每期的组稿情况，开辟新的栏目。《经济法论坛》将坚持“百花齐放，百家争鸣”的方针，以关注民生、跟踪理论前沿、服务法治实践作为基本追求。

我们热忱希望各界学者一如既往地关注经济法学科的发展，并欢迎惠赐佳作。我们期待着法学界同人以你们辛勤的汗水浇灌《经济法论坛》这株法学百花园的幼苗！

西南政法大学经济法学科点

《经济法论坛》编辑委员会

目　录

基础理论

制度研究

农村法治

法学教育

会议综述

CONTENTS

Fundamental Theories

Institutional Researches

Legal Systems in Rural Areas

Legal Education

Conference Summary

基础理论

基于经济法学理探究“林张之争”中政府与市场的“博弈”[*]

李　树[**]　许峻桦[***]

目　次

林毅夫与张维迎这场学界纷扰良久的“世纪之争”,其本质就是“政府与市场”的“博弈”。不管是林毅夫倡导的“产业政策”,还是张维迎提及的“企业家精神”与“斯密增长模型”的修正,都需要通过对政府与市场这两个主体关系的平衡来实现“市场的有效”与“政府的有为”。“市场失灵”与“政府失灵”蕴含了作为国家干预经济基本法律形式的经济法的逻辑起点,这是经济法作为国家干预经济的立论基础。学界应当运用耦合经济法理念,厘清政府与市场的关系,在发挥市场决定性作用的同时,用法治化政府干预弥补市场先天的缺陷。而纵观中国经济改革的发展脉络,也正是围绕政府与市场的关系不断调整的过程而展开的。党的十八届三中全会明确“使市场在资源配置中起决定性作用”,但紧随其后还同样强调了“更好发挥政府作用”。那么,在市场起决定性作用的同时,政府怎样在法治下“博弈”才能“更好发挥作用”? 无论是从理论还是从实践上来看,这都是当今中国经济无法回避的现实问题,也是经济法学界需要认真思

* 基金项目:2014 年国家社会科学基金《生态环境保护的市场化融资机制与模式研究》(14AJY009)。

** 西南政法大学经济学院教授,经济学博士后。

*** 西南政法大学经济法专业博士研究生。

考并致力探究的重要课题。

一、政府与市场在经济法学理中的逻辑进路

(一)古典自由主义时期:任意性法律规范与市场主导

通过重商主义阶段的积累,社会生产效率大幅提高,资本主义市场经济逐步建立并日趋成熟。这一时期,法律规制主要以当事人意思自治的任意性法律规范为主导,确保市场经济效率和秩序。特别是随着1776年亚当·斯密的《国民财富的性质和原因的研究》一书的问世,主张自由竞争和自由贸易的经济自由主义逐渐成为经济领域的主流意识形态,为资本主义经济发展提供了思想上的指导。斯密采用"经济人"假设,提出"像在其他许多场合一样,他受着一只'看不见的手'的指导,去尽力达到一个并非他本意想要达到的目的。他追求自己的利益,往往使他能比在真正出于本意的情况下更有效地促进社会的利益"。[1] 以斯密为代表的自由主义建立了国家—社会—个人良性互动的基本模式,建构了经典的市场和国家的理论框架。在市场经济发展的早期,为了维护充分竞争的环境,传统的规制市场的法律往往采取任意性的法律规范,尊重当事人双方的意思自治。

(二)凯恩斯政府干预主义时期:强制性法律规范与政府干预

20世纪30年代的资本主义经济危机暴露出市场机制所无法克服的缺陷,人们开始反思资本主义经济危机的根源及后果。市场失灵理论是经济法理论的逻辑起点,也是政府干预理论的逻辑起点。20世纪30年代,凯恩斯在《就业、信息和货币通论》一书中明确主张,要用国家这只"看得见的手"对经济进行干预和调节。凯恩斯干预主义有效地摆脱了20世纪30年代的世界经济大危机,成为战后主要资本主义国家的指导思想。其后,新古典综合派主张资本主义经济的发展既要依靠市场机制的调节,也要依靠国家的干预,政府和市场缺一不可,正所谓"没有政府和市场的经济都是一个巴掌拍不响的经济"。[2] 在新古典综合派看来,政府的作用主要是建立法律体制,维护宏观经济稳定,优化资源配置,提高经济效率并建立合理的收入分配机制。第一次世界大战后,德国颁布了《煤炭经济法》和《钾盐经济法》,确立了国家有权对社会经济生活进行干预的原则,德国的经济法也影响了其他国家经济法的发展,经济法开始作为一个独立的法律部门而形成。政府代表国家成为市场秩序强有力的维护者,这主要体现在市场障碍排除法的规定中,体现在国家反垄断、限制竞争与反不正当竞争的活动当中,

---

〔1〕[英]亚当·斯密:《国富论》(下卷),王亚南译,商务印书馆1981年版,第211页。

〔2〕[美]萨缪尔森、诺德豪斯:《经济学》(第19版上),萧琛等译,商务印书馆2011年版,第87页。

以及对于传统民商法原理的补充限制上。随着垄断及限制竞争等现象的出现，任意性法律规范在维护市场经济效率方面已经显得无能为力，一些领域被迫让位于强制性法律规范。例如，国家通过消费者权益保护法对作为合同制度基石的合同相对性原则进行了限制，扩大了产品制造商、销售商对许多与其无合同关系的消费者担保义务和责任。通过反不正当竞争法，国家扩大了原有的知识产权法对商标的保护，把知名商品特有的名称、包装、装饰以及企业的名称和姓名也纳入了保护的范围，促进了正常的市场竞争活动的开展。[1] 经济法律部门通过对原有民商法保护范围的扩大，规定明确需要禁止、限制的垄断和限制竞争行为的种类及确定标准、国家主管机关及其职权、法律的实施程序、国家采取的制裁方式，强制性的公权力介入了经济生活。在相当程度上，国家取代了作为意思自治当事人的双方而成为了市场经济秩序的强有为维护者，从而维护了市场经济的效率。

（三）新自由主义学派时期：经济法治下市场机制与政府干预的平衡

在市场经济下，一切政治制度的安排都不能背离效率与秩序这两个最根源的价值诉求，包括政府干预经济的规则。一旦具有自我膨胀本性的公权力不受任何限制地进入市场领域，就会背离政府调节经济的根源性价值诉求，难免出现政府失灵的可能。以科斯为代表的新制度学派和以布坎南为代表的公共选择学派是自由放任思想的忠实继承者，也是凯恩斯主义政府干预论的坚决反对者。与凯恩斯政府干预主义相对应的新自由主义学派在经历“政府失灵”后，对政府作用进行了重新审视。他们认为，国家政府对经济生活的干预，反而会限制市场经济的自我完善和自我调节，是造成经济不稳定的主要根源。尤其是伦敦学派的代表人物哈耶克，在他看来，“市场秩序之所以优越，就在于它在资源配置方面，运用了许多特定事实的知识，这些知识分散地存在于无数的人中间，而任何一个人是掌握不了的”。[2] 因此，纵观西方市场经济发展的历史和经济法学理渊源的逻辑进路，可以发现，政府干预和经济自由犹如天平的两端，正是经济法这个砝码来予以平衡，通过政府职能的有效发挥来实现国家干预与经济自由之间的良性互动。经济法既是政府调节经济的手段，又是政府参与市场活动的规则。一切市场主体都应当在经济法的规制下进行经济活动，政府也不例外。政府的行为不能违反经济法，经济法不能只要求政府以外的主体遵守，政府自身也要接受经济法的约束，在经济法的规制下行使干预经济的社会职能，而其平衡作用的关键正是政府职

---

〔1〕 参见刘晓峰：《国家适度干预经济的法律分析》，载《中国海洋大学学报》（社会科学版）2007 年第 9 期。

〔2〕 ［美］哈耶克：《知识的虚伪》，李运宽、王德中译，载《现代国外经济学论文选》（第 2 辑），商务印书馆 1980 年版，第 73 页。

能范围边界的界定。

二、经济法视阈下政府在市场经济中的角色定位

国家干预经济主要是通过经济法来实现的。经济法反映的特殊法律关系正是国家与市场关系在法律层面上的体现,反映了经济法视阈下的政府代表国家在市场经济中的角色定位,这事关政府干预克服市场失灵的效果以及市场配置资源绩效的发挥。而政府最终能否实现与市场的契合,是评判其角色定位是否准确的重要标尺。

(一)“有限政府”的角色:有限理性与政府失灵的反思

基于成功国家的经验和对比较优势理论的理解,林毅夫先生提出了一个增长甄别和政府因势利导的新结构经济学的基本理论框架,旨在使其主要思想和理念成为政府可以实际操作的行动指南。林毅夫主张发展中国家利用比较优势提升要素禀赋结构,通过产业政策推动产业和技术升级实现后发优势。[1] 然而,产业政策是建立在政府官员比企业家更有能力判断未来的假设之上,而这个假设并不成立。从20世纪80年代开始,产业政策失败的例子可以说是比比皆是。因此,张维迎认为产业政策之所以失败,是由于人类认知能力有限的“无知”和激励机制扭曲的“无耻”,[2] 其实质就是作为经济法主体的政府,同样具象化为一个个具有“有限理性”的官员经济人,所以难免出现“政府失灵”。这需要我们认真反思政府职能的作用边界,形成“有限政府”的社会格局。《就业、信息和货币通论》为国家干预提供了理论依据,但凯恩斯并没有与古典经济学彻底决裂,他同样认为经济要达到充分就业,政府则要退出干预。随着我国经济改革的推进,政府应该在经济法规制下退出一些经济领域,将角色定位在培育、完善和维护公正、自由、包容的市场环境上,实现由全能政府向有限政府的转变,这也是现代社会绝大多数市场经济法治国家制度变迁的基本方向。

(二)维护市场秩序的裁判员角色:“企业家精神”与“市长经济”的市场回归

从法律的角度来看,市场秩序是指在特定时空范围内形成的一系列法律制度和习俗惯例的总和,以公开、公平、公正为目标,旨在保障市场交易顺利进行的一种有条不紊的经济状态。[3] 市场机制的发挥,必须以良好的市场秩序为前提。不受规制的自由竞争往往会破坏市场秩序,严重阻碍经济的发展。张维迎认为,100年前熊彼特提出的企业家精神,是实现经济增长的核心。企业家通过不断打破平衡来促进和实现劳动生

---

〔1〕 参见林毅夫:《遵循比较优势实现经济快速发展》,载中国经济新闻网:http://www.cet.com.cn/ycpd/sdyd/1836221.shtml,最后访问日期:2006年12月17日。

〔2〕 参见张维迎:《理解和捍卫市场经济》,载《浙商》2008年第3期。

〔3〕 参见李昌麒:《经济法——国家干预经济的基本法律形式》,四川人民出版社1995年版,第333页。

产率的提高，进而增加国民财富，推动经济增长。然而，这需要稳定、良好的市场机制来确保自由和稳定的市场预期。社会经济发展的历史证明，“企业家”的逐利性和有限理性常常会引致市场主体利益和社会利益之间的冲突，作为市场主体的企业家往往会牺牲和损害社会利益来实现自身利益，典型的如垄断和不正当竞争行为。正如哈耶克所说：“自生自发的发展过程可能会陷入一种困境，而这种困境时他仅凭自身的力量所不能摆脱的。”[1]因此，有必要对企业市场主体行为给予外部规制，这就需要政府作为一种外力介入，充当好维护市场秩序和规则的裁判员角色，既要充分尊重“企业家精神”，又要通过建立健全各种市场秩序规制，以保证市场机制的正常运转。然而在一些领域，政府部门既是“裁判员”，又是“运动员”，干预过多，势必会出现违背经济规律、扰乱经济秩序的情况，这从根子上削弱了市场机制作用的发挥。因此，政府主导的“市长经济”必须回到市场经济方向的正确轨道上来。

（三）外在效应消除者角色：产权明确的前提下的外部性内部化

在结构变迁的过程中，尽管市场在每一个阶段都应是资源配置的最有效手段，但经济在向下一个阶段过渡的过程中，一些产业升级的外部效应往往没有办法通过市场途径解决。单靠市场交易，经济的外部性很难被内化。因此，林毅夫主张，政府应在产业升级和基础设施建设方面发挥积极作用，帮助私有部门消除外部效应，确定和发展本国具有比较优势的部门，通过连续产业升级来实现快速经济增长。[2] 这是政府宏观调控进行产业调节规制的重要内容。改革开放以来，我国颁布了大量政策性的产业调节法规，如《关于加快发展第三产业的决定》《汽车工业产业政策》《鼓励软件产业和集成电路产业发展的政策》等，这些法规的出台对贯彻落实我国产业政策、调整产业结构、扶持和保护战略产业发挥了积极作用。其实，正如科斯所分析的那样，当存在外部性时，关键的问题是要明晰产权的界定。[3] 引导市场主体实现将外部性较大地内在化的激励是产权设置的一个主要功能。因此，政府的角色就是将产权界定明确，通过明晰资产产权界定规则使各市场主体通过交易，使外部成本在市场机制中内部化。

（四）社会利益协调者角色：多元利益协调的经济法律机制构建

市场经济的发展难免形成多元利益的社会格局。无论是对个人利益还是国家利益的过分关注，都会导致社会资源的严重浪费，因此，对不同利益之间进行协调，也是政府的重要职责。当前的供给侧结构性改革，实质就是解决经济中因套利扭曲了市场

---

〔1〕 [英]哈耶克：《法律、立法与自由》，邓正来译，中国大百科全书出版社2000年版，第135页。

〔2〕 参见林毅夫：《新结构经济学——重构发展经济学框架》，载《经济学季刊》2010年第10期。

〔3〕 参见[美]登姆塞茨：《关于产权的理论》，载[美]罗纳德·H.科斯等：《财产权利与制度变迁——产权学派与新制度学派译文集》，刘守英等译，上海人民出版社2004年版，第97页。

机制导致利益不平衡的异质性问题。异质性的结果是"扭曲"资源的配置方向与效率,降低市场效率,导致财富的分配不均,阻碍经济增长。这需要政府作为社会利益的协调者,在国家资金的管理、积累、分配和使用方面,通过建立社会收入和财富再分配机制,对社会利益进行有效协调,把利益差控制在一定的幅度内,以确保社会稳定,促进社会整体协调发展。政府应建立起协调多元利益的规制体系,使每一个利益群体在这一体系中都有着平等的发展权。博弈的各方根据一致同意的规则和程序进行决策。无论对自己有利与否,每一方都必须接受这个博弈的结果。而社会整体利益的实现是经济法的立法宗旨与始终追求。在法律现代化发展过程中,法律经济化的重要目的就是协调平衡社会整体利益,从而为个人利益的实现和社会公平的维护提供途径。作为社会整体利益的协调者,政府可将经济法作为社会利益的协调和社会平衡发展的重要基础。

(五)公共物品提供者角色:"双重失灵"与"公共性"定位

在"修正的斯密增长模型"中,政府有何作用?张维迎认为,政府就是重点思考如何提供有效的产权保护,[1]提供一个能够保证企业家可以公平参与自由竞争且有稳定预期的法治环境,这些都属于社会公共产品领域。而公共产品非排他性和非竞争性特征将引致人们"搭便车"行为动机。公共产品存在严重失灵——即使某种公共产品带给人们的利益要大于生产的成本,私人也不愿提供这种产品。依据市场经济和公共产品理论,政府不仅要为市场经济运行提供必要的外部条件,还要在市场经济中发挥填空、补充、矫正和调节作用。政府成为公共经济活动的中心,为社会提供越来越多的公共产品和劳务。尽管亚当·斯密相信"看不见的手"的作用,但他认为,按照自然自由的制度,建设和维护某些公共事业和公共设施是政府应尽的3大职责之一。关于公共产品的供给主体,西方经济政治思想强调政府的重要性与强调市场的重要性可谓此消彼长,交替成为学界研究的重点。公共产品失灵既因为市场失灵而存在,也可能基于政府失灵而产生。对公共产品供给的规制既要体现国家干预市场经济的功能,又要体现对国家经济权力的必要限制和矫正,这正好契合了市场需要国家进行适度干预的经济法理念。因此,政府作为公共物品的提供者,其作用主要体现在以下两个方面:一是提供纯公共产品的公共服务。如提供法律规制和公民权利保护,保证分配公正和经济稳定增长的财税金融政策、社会保险与社会福利政策以及国防、外交、国家安全等。二是提供准公共产品的公共服务。如提供自然垄断型的准公共产品、福利型公共产品以

---

〔1〕 参见田国强:《林毅夫、张维迎之争的对与错》,载网易财经频道:http://money.163.com/16/1123/11/C6I98FSB002580S6.html,最后访问日期:2016年11月23日。

及政府管理私人部门所产生的管制性公共服务等。

三、政府在经济法治下与市场契合的实现路径

政府与市场各自的缺陷及二者良性契合机制的不足,是造成目前社会中种种不和谐现象的深层原因。政府与市场边界的厘定及二者关系的构建,成为法学界研究的重要命题。因此,作为经济法的立论基础和逻辑起点,政府与市场和谐互动理应通过经济法治的视野去回应并探寻切实可行的实现路径。

(一)依法定原则,厘清政府"干预"边界,做到"有限作为"

厘清政府职能边界,廓清政府干预范围,是科学、合理配置和行使政府经济干预权的前提,对于正确处理好政府与市场的关系非常关键。目前,宪法、法律法规尤其是经济法律法规对政府机关的经济职权虽有所规定,但对政府经济干预权加以全面、系统界定的立法尚付阙如,这为政府干预的随意性留下了空间。因此,应当完善我国现行《立法法》或制定政府经济干预基本法,维护政府经济干预法制权威性与统一性,严格限制授权立法。政府应建立并维护干预市场的法律机制,并且不在法定范围之外干预市场。[1] 此外,按照市场与政府的作用机理分析,要实现市场主导,其核心就在于必须尊重民间市场力量。从政府的功能来看,"有限作为"政府的权力和职能被严格地限定或限制在公共事务(公域)。与全能政府不同,有限政府严格界定自己权力的范围,充分尊重市场主体的自由、权利,尽量避免直接干预经济行为,充分尊重市场机制在资源配置中的基础作用。因此,在市场经济中,应明确政府干预经济行为的边界为"市场失灵"的范围,通过经济法来确认和规范政府的经济干预权。政府应主要在以下5个方面"有限作为":一是市场机制缺乏效率的地方,如公益性建设、没有足够经济效益的公共产品建设、环境污染、市场垄断、产能过剩等;二是代表国家意志和重大发展战略目标的经济活动,单纯市场行为难以实现目标;三是竞争机制无法保护且有必要保护的产业或相关产业的地方,如中小企业或小微企业的政府保护和扶持等;四是代表国家利益争取更多国际市场空间而市场个体能力不足以到达的地方,如推销本国关键技术和产品,扶持本国企业开展国际业务等;五是涉及国家未来竞争能力,单凭市场机制难以形成规模的重大经济活动的领域。

(二)依效益原则,降低市场交易成本,"因势利导"而为

在交易成本为零的条件下,市场的运行能够依靠其自身的力量实现资源配置的"帕累托最优"状态,政府对市场所进行的任何形式的干预都会显得多余。市场在"看

---

[1] 参见李昌麒主编:《经济法学》(第2版),法律出版社2007年版,第138页。

不见的手"的作用下能够实现资源配置最优的结果,国家只是市场的"守夜人",市场经济关系只需要依靠反映市场经济规律的民商法规范加以调整就已足够。[1] 但是,交易成本是市场机制运行的必然产物,零交易成本在现实生活中不可能存在,民商法在调整市场经济关系时对过高的交易成本无能为力而迫切需要市场外部——政府的力量。林毅夫从新结构经济学的角度,阐释了产业发展必须降低成本,才能在市场竞争中取得潜在比较优势。而成本有两块:一块是要素生产成本,包括劳动力、自然资源以及资本等要素的成本;另一块则是交易成本,涉及法治环境、基础科研、金融生态以及公共交通等基础设施。笔者认为,降低要素生产成本的职责和主动权应在企业,政府没有比企业更高的心智和能力去指导和引导企业。但是,政府有责任和义务通过法律手段来调整市场经济关系,"因势利导"提高资源利用效率,从而"重现和复制"自由、自主的市场交易,以实现降低交易成本、增加社会效益和促进社会进步的目标。从这一意义上来说,市场经济法律制度亦是"社会选择"的结果。当然,政府"因势利导",不是让政府代替企业对优势产业进行选择,而是仅仅从产业要素成本控制和结构发展的一般规律去构建经济法制框架,在公正平等的交易秩序中引导企业提高经营要素的质量,减少要素交易的成本,并通过要素组合方式的调整来增进经营效益,减少负外部性,促使产业发展集约化,引导产业结构优势发展为国家的竞争优势。

(三)依公平原则,尊重市场作用机制,依市场规则而为

正确处理好政府与市场的关系,还原市场自有的供需调节能力,是市场在资源配置中起决定性作用的关键,这可以通过市场主体法、市场规制法、市场监管法、宏观调控法以及公共财税法等维度去分析经济法对市场配置资源过程中的市场失灵和政府失灵的矫正。[2] 政府应依托并严格遵循市场规制法的立法价值,充分尊重市场作用机制。因此,除特殊商品和产业外,政府不可直接干预市场的价格制定和供需关系,更不可替代市场调节和构建新的产业结构。当前,我国最大的产业症结就在于各地产业结构雷同和低水平传统产业尾大不掉,主要"始作俑者"就是政府。政府应在市场经济法治条件下,通过市场机制把生产要素调动和利用起来。此外,政府在市场准入和退出、市场监管、产业规划以及社会财富分配等领域,应依照市场规则维护市场公平、市场正义、市场效率和市场安全,完善市场运营体系。首先,要平等对待不同竞争主体,建立公平开放的市场规则,这是市场经济正常运行的一个重要基础。建立这样一套市场规

---

[1] 参见刘延宾:《经济法与民法相关问题研究》,载《时代金融》2007年第2期。

[2] 参见董成惠:《市场在资源配置中起决定性作用的经济法调整机制》,载《西部学刊》2015年第8期。

则,是政府参与市场经济活动、更好地发挥政府作用的重要方面,也是政府加强自我监督、消除权力“寻租”空间的一个必修课。其次,要加快要素市场建设,完善市场体系。在要素市场中,尤其要加快推进土地市场和企业家市场的建设。最后,要健全优胜劣汰的市场化进退机制。无论是商品、经营人才还是产业,其出生都应由市场来催生,其退出也应由市场来淘汰。就像曾辉煌一时但不能跟上智能时代步伐的那些老牌手机企业,很自然地被市场所淘汰。从社会进步法则来看,优胜劣汰永恒存在,这也正是市场竞争机制的游戏规则的公平体现。

四、结语

政府与市场之间的“博弈”,业已成为现代经济的一大特征,也是学者争论不休的热点。但不管怎样交锋争辩,确保政府干预的高效与适度,都离不开健全的法律制度予以约束,都需要完善的法律制度予以纠正。从经济法的视野出发,市场经济的主要内涵就是强调市场在资源配置方面的决定性作用、政府对经济运行的有限干预以及二者的良性互动。在充分发挥市场机制作用的前提下,政府只能依据其定位的职能角色,在其“有限边界”内通过尊重市场规则、因势利导、依法作为,实现政府与市场的良性互动。因此,随着市场经济的不断推进,市场失灵呼唤政府干预,而政府失灵决定了政府干预不能替代市场成为主导。“政府之手”必须依托经济法的调整机制,以限制和整合权利与权力关系,克服市场、政府双重失灵为己任,通过经济法治,实现“政府与市场互动的耦合”。

制度研究

法律制度缺失背景下公司注册资本认缴制改革悖论*

巫文勇**

目　次

我国现行《公司法》废除了一般性公司注册资本的最低额要求，删除了首期出资比例、法定缴付期限以及货币出资最低限额的规定，对股东出资实行认缴制。业界对这一制度论证出诸多优点，但却缺乏对实施注册资本认缴制所需法制环境的客观认识和制度规则的理性评价。

一、我国公司注册资本认缴制改革理论与实践

（一）公司注册资本认缴制改革的逻辑依据

1. 注册资本认缴制改革的理论认知

随着我国社会经济发展和法律制度的变化，我国《公司法》中坚持的法定资本制遭到越来越多的诘难。理论批评认为，30 多年的实践证明，最低资本制度和实缴制并未

* 基金项目：2013 年度国家社科基金《国家干预视角下的金融机构破产法修正研究》（13BFX114）；2016 年中国法学会部级法学研究课题《非正式金融市场监管法律制度研究》［CLS（2016）D105］；2016 年江西省高校人文社会科学研究项目《非正式金融市场监管法律制度研究》（FX161008）。

** 江西财经大学法学院教授，经济学博士。

达到我国《公司法》设计之初的目标,没有实现理论所论证的债权人安全保障功能,而且还引发了其他一系列负面效果。“人为地设定一个固定的最低资本额会不可避免地造成浪费,并使得一些本可设立的公司无法设立,从而阻碍经济发展,减少社会财富。”[1]公司作为一种独立法人,其注册资本的多寡和缴纳方式,应取决于所从事的行业特征、经营规模和其他经济因素,而且注册资本的多寡并不真正代表公司实力。

持这种观点的人进一步认为,放松公司资本管制,实行注册资本认缴制改革虽然会对公司债权人保护产生一定的负面影响,但并不会实质上减弱债权人利益保护水平。因为对公司债权人利益起到实质性保护作用的不是注册资本而是公司资产,而且“资本认缴制不等于不需要缴纳出资,也不等于投资人可以随意约定缴资期限,资本认缴制实际上只是不强迫要求公司在设立时一定要实缴出资,而是通过合同方式约束投资人的缴资义务”。[2] 国内外公司运行实践证明,债权人安全保障更多的是依靠信息披露机制、担保机制、保险机制和诚信惩戒机制,而非公司注册资本。

2. 注册资本认缴制改革的制度借鉴

英国在1856~1862年《公司法案》中就废除了曾作为西方国家公司立法重要原则的法定最低资本制,提出“除公开公司外不再要求最低实收资本”的公司资本立法。其理论根据是,“有限责任公司作为法学家人为设计而被法律所承认的法律组织形式,其最为明显的特征就是具备股东之间‘人合性’和‘资合性’双重性质。基于对有限责任公司‘人资两合’特征的理解,在公司治理结构和股东关系方面,有限责任公司的存续不仅仅依赖于股东各自对于资本的投入,还取决于公司股东之间的相互信任和彼此关系。由此,作为对于这种‘人合性’和‘资合性’特征的回应,现代公司法会在制度设计层面有意抑制公司的‘资本属性’,从而维持着公司股东之间的‘人合’特性”。[3] 在100多年后的1987年,美国也开始接受这一公司法理论,在美国《修正示范商事公司法》中删除最低注册资本要求,并将其推广到美国大部分州公司资本立法中。

欧洲越来越多的国家也开始对公司最低资本制度持批评态度,部分国家开始将美国《修正示范商事公司法》作为公司立法的典范,如法国2003年的《经济创新法》。该法取消了有限责任公司注册资本最低限额要求,规定将注册资本交由公司章程决定。德国虽然没有取消最低注册资本,但2008年11月生效的德国《有限公司法现代化与反

〔1〕 黄辉:《公司资本制度改革的正当性:基于债权人变化功能的法经济学分析》,载《中国法学》2015年第6期。

〔2〕 蒋大兴:《“合同法”的局限:资本认缴制下的责任约束——股东私人出资承诺之公开履行》,载《现代法学》2015年第5期。

〔3〕 郑彧:《股东优先购买权“穿透效力”的适用与限制》,载《中国法学》2015年第5期。

滥用法》规定公司设立时只需缴纳象征性的注册资本。据此可表明，无论是英美法系国家还是其他欧洲国家，对注册资本数额的限制都在逐步弱化，转而采取其他机制实现对债权人利益的保护。

（二）公司注册资本认缴制改革的实践效应

1. 注册资本认缴制实施的积极影响

注册资本认缴制自 2014 年实施以来，积极效果主要体现在以下 3 个方面。

第一，大幅度增加了公司和注册资本总量。注册资本认缴制，客观上降低了公司设立门槛，极大地鼓励了社会民众投资设立公司的积极性。工商登记数据显示，2015 年我国新设公司 443.9 万户，注册资金全年认缴总额为 29 万亿元，相较 2014 年年度增长 52%，创历年公司新设数量和注册资金总额新高。〔1〕根据 2015 年《世界银行营商环境报告》评估，2014～2015 年我国营商环境每年提升 6 位，其原因就在于公司注册资本以及登记制度改革所带来的创业成本降低以及由此所产生的正面溢出效应。据此可推断，新的注册资本制度"对激发民间投资热情、缓解投资管制对市场活力的压抑，确实起到了明显效果"。〔2〕

第二，极大地促进了劳动力就业。注册资本认缴制改革，在一定程度上激发了全民创业的积极性，使公司数量快速增长，也相应地吸纳了更多的劳动力，缓解了我国经济改革与劳动力就业之间的矛盾。虽然没有实施注册资本制对我国劳动力就业增量的直接数据，但是根据"中国领先职业发展平台智联招聘与中国人民大学中国就业研究所"联合推出的《2015 年上半年中国就业市场景气指数报告》显示，2015 年第 2 季度市场就业指数中民营企业高达 4.61，而其他类型企业和行业均在 1.61 以下。因此可以肯定，放松注册资本管制引发的大量民营企业设立对推动我国劳动力就业起到了很大的促进作用。

第三，积极地推动了政府职能转变。为了落实我国修改后的《公司法》，国务院对《公司登记管理条例》也进行了相应修改，工商行政管理机构登记阶段的主要职能也转变为"形式审查、信息披露、颁发证照"。国务院同时要求各级政府按照《企业信息公示暂行条例》的规定，联合工商行政、税务、海关、检验、检疫、金融、司法等机关建立"企业信用信息公示系统"。通过"企业信用信息公示系统"，将各个公司（企业）的信用状况向社会进行公布，扩大社会监督，以促进企业诚信自律，借此实现政府职能的转变。

---

〔1〕 参见余颖：《数据显示 2015 年我国平均每天新登记企业 1.2 万户》，载《经济日报》2016 年 2 月 23 日，第 5 版。

〔2〕 蒋大兴：《"合同法"的局限：资本认缴制下的责任约束——股东私人出资承诺之公开履行》，载《现代法学》2015 年第 5 期。

2. 注册资本认缴制实施的消极影响

注册资本认缴制改革带来积极作用的同时,也产生了一系列负面影响。

第一,高度虚拟化注册资本总量。注册资本认缴规则和法律责任的缺失,导致实践中注册资本认缴制度的滥用。无论是新公司注册还是原有公司增资,为了显示公司实力或达到某些行业标准,股东随意承诺无实际履行能力的出资或约定根本未准备缴纳的出资期限。就在我国现行《公司法》刚刚实施的 2014 年 3 月,南方某省新设立的公司中,注册资金 1 亿元以上的有 34 户,其中 5 亿元以上的有 4 户,还有许多公司将注册资本上调至十几亿元。但是无论是新设公司还是增资公司,资金的实际到位率却都很低,大多是“身无分文”,其中相当部分约定了长达几十年甚至上百年的缴资期限。由于公司数量和注册资本的虚假繁荣,所以对经济发展的正向作用有限,而且真假难辨的注册资本还会引发市场的不公平竞争。

第二,严重损害了企业信誉机制。我国现行《公司法》未对注册资本数额及缴纳时间进行限制性,所以形成大量的“亿元公司”和“1 元公司”。虽然他们并未违反法律规定,但是过度任意的注册资本认缴却损害了社会基本诚信。股东有限责任是要求出资人必须在承诺出资范围内承担最终责任,然而无实际出资的“亿元公司”是一种资本欺诈;反之,“1 元公司”的出资人最大责任则为 1 元,这实为股东对有限责任法律制度的歪曲和践踏。同时,注册资本认缴制度的滥用必然增加市场交易成本,因为任何准备与之进行交易的相对人,都必须首先核实其作为承担最大责任的注册资本以及是否有能力缴纳。除此之外,100 年的缴纳期限实际上是一种超越生命的承诺,这种承诺是对社会诚信的严重践踏,是在借用法律漏洞公然损害债权人利益。

(三)公司注册资本认缴制改革的法理评价

本次注册资本认缴制改革法案的出台,就其价值取向而言,是为了追求商事行为的自由与效率,通过“取消法定最低注册资本、货币出资比例等限制,去除繁杂的验资程序,将监管权交给法律和公司自己,让企业回归天然的市场竞争环境,充分相信企业和市场,这便是经济自由、私权彰显、有限政府的体现”。[1] 但是,我国《公司法》在写进注册资本认缴制条款时,仅限于这一规则本身的引进,而忽略了规则有效运行所需配套制度的跟进。

第一,对债权人利益的保护严重缺失。虽然西方国家经过对传统法定资本制度的反思和检讨,最终放松甚至取消了最低资本和出资方式的限制,但是并没有因此而放

---

〔1〕 王雪丹:《有限责任公司资本认缴登记制度解析——以珠三角地区商事登记改革为研究中心》,载《暨南学报》(哲学社会科学版)2013 年第 6 期。

松对债权人利益的保护。这些国家对债权人利益采取了"此消彼长"的保护方式,在放松注册资本要求的同时,通过新的、更有效的制度取代旧的债权人保护制度。然而,在我国的注册资本认缴制改革过程中,片面强调法定最低资本和出资方式限制的负面作用,甚至在公司法律制度不完备的情况下完全否定注册资本实缴制对公司债权人利益的保护作用;在认识到取消注册资本准入门槛好处的同时,却完全忽略了制度惯性、市场环境、交易习惯和国民诚信机制对注册资本认缴制的约束,以及在法律制度缺失环境下实施这一制度可能产生的负面效应。

第二,过多显示了政府政策性宣示。我国《公司法修正案》的出台,没有给予法律专家足够的研究论证机会,也没有广泛地征求社会公众意见,而匆忙颁布。"此种政策选择在很多时候是政治性的、价值性的、宣誓性的,比如建设更宽松、更鼓励创业与扩大就业的营商环境,提升投资自由度以期得到良好的国际评价等等。"[1]但是,政府在推出注册资本认缴制的同时,却未能及时建立一个承担债权人利益保护的民商事法律规范体系,在提高效率和交易安全的价值选择上完全忽视了基本的安全价值规则。

第三,过多强调与国外注册资本制度衔接。理论界在阐述我国《公司法》引进注册资本认缴制度的优势时,却有意无意地忽略了我国与西方国家法律制度和诚信观念的差异,以及我国市场机制和其他一系列机制的不完善性。我国立法者吸收了美国为首的西方国家"将有限下放权利的模式转变为尊重市场主体理性行为方式并加以法律认可的模式",[2]强调我国公司注册资本制度与国外相衔接,创新注册资本制度时,却忽略了这些国家的资本制度改革是建立在长期的法治传统和良好的信用基础之上的事实,以致造成单凭良好的愿望却未能达到最佳法律实施效果的结局。

二、公司注册资本认缴制改革所需的法制环境

(一)股东有限责任法律制度完善而且适宜

1. 注册资本认缴制应有完善的自然人破产法律制度

现代公司法中的公司法人资格与股东有限责任共筑了一项默示法律规则,即股东个人在承诺的投资范围内对公司负责,股东不再为公司债务承担责任。但这一默示法则的实现,除公司人格和股东人格的真实分离、相互独立外,还要求一国具有完善的破产法律制度,以解决特定情况下可能产生的股东对公司或公司债权人所负债务,如股东无力缴纳所认缴的资本份额或发生公司人格否认时需承担的债务清偿问题。

---

[1] 李建伟:《公司资本制度的新发展》,中国政法大学出版社2015年版,第201页。

[2] 赵万一、赵吟:《中国自治型公司法的理论证成及制度实现》,载《中国社会科学》2015年第12期。

英美等国能够顺利实施公司注册资本转制,与其发达的自然人破产制度是分不开的。如果从其注册资本认缴制度(或更为宽松的授权资本制,下同)与自然人破产制度发展轨迹来看,其逻辑顺序是先有完善的自然人破产法,然后才有注册资本认缴制度的产生。美国1969年《示范商事公司法》中开始废除最低资本制,但是其自然人破产制度则早在1800年制定第一部破产法时就得以确立,并演变成为现代破产免责法律规则。英国的自然人破产制度产生得更早,其形成于罗马法时代,完善于1705年并与美国的破产免责制度相融合。但是,直到150多年后的1856～1862年《公司法案》才开始取消注册资本最低限额。德国、法国和日本的自然人破产法与美国有其相似之处,但不同的是推行注册资本认缴制则更晚、更谨慎,其根本原因是希望在资本缴纳—股东有限责任—债权人保护之间建立更为平衡的关系。

2. 注册资本认缴制应有完善的公司人格否认制度

“公司独立人格制度是出资者与债权人各丧失一定的利益,即出资者放弃对自己出资的直接支配权和控制权,债权人放弃直接向投资者追索债务的方便。”[1]各国公司法规定的这种人格独立一般被认为是绝对的,即“法院在审查公司是否有‘独立的属于他自己的思维’,还是一个被利用的‘纯粹的工具’等问题时,所采用的测试方式通常对案件的审理于事无补”。[2] 但在某些特殊情况下,公司的这种独立人格可能会被诘难并遭到否认,转而要求股东对公司债务直接承担责任,“法院就更有可能允许债权人去追索股东的个人资产”。[3] “从1905年的密尔沃基案到1991年为止的近一个世纪中,美国法院已经做出了数以千计的‘揭开公司面纱’判例,构成了美国‘揭开公司面纱’法律原则的重要组成部分。”[4]

美国公司资本法律制度持高度开放、简化的态度,但却设计了完善的“刺破公司面纱”法律规则对债权人实行高效的保护(德国称为“责任贯彻规则”,日本称为“透视规则”),并且考虑到有限责任公司经营管理中的特有特征,以及公司与债权人信息严重的非对称性,更有可能实现公司与股东在业务上和财务上的人格重叠,而将有限责任公司作为“揭开公司面纱”的重点对象。其目的是通过公司独立人格这一外壳,当股东虚假出资、抽逃出资、违法分配利润或者其他损害公司、小股东和债权人利益的行为发

[1] 汪振江:《比较公司法学》,中国社会科学出版社2012年版,第39页。

[2] [美]弗兰克·伊斯特布鲁克、丹尼尔·费希尔:《公司法的经济结构》,罗培新、张建伟译,北京大学出版社2014年版,第54页。

[3] 同上。

[4] Robert B. Thompson, “Piercing the Corporate Veil: An Empirical Study”, Cornell L. Rev. Vol. 76, No. 5, 1991, pp. 1036－1074.

生时,相关股东对债权人直接承担清偿责任,通过人格否认以实现公司资本维持和资本不变。

(二)债权人利益保护法律制度完善且有效

英美等国家的资本制度改革,不是简单地否定法定资本制度,而是在强调"促进交易自由和提升交易效率"的同时,在注册资本法律条款之外设计了更为主动、完善的事中和事后监管规则以及法律救济措施,以弥补废除最低资本限制带来的负面影响,协调股东和债权人的利益冲突,保护债权人利益,确保公司债权人利益不会因为采取宽松的资本制度而受损。这些法律制度包括:

第一,完备的公司债权人保护制度。美国取消注册资本最低限制转而实施更为宽松的授权资本制度,本身就弱化了对债权人利益的保护,但他们在改革资本制度的同时,也通过改进原有法律或制订新的规则,设计了一套行之有效的债权人利益保护机制,美国《统一欺诈转移法》就是其中最具代表性的法律。该法案以"公平对价"为核心,禁止任何低于公平价值的不当财产转移行为,如若"(1)该转移导致公司不能偿还到期债务,或者(2)该转移发生资不抵债时,则构成违法分配或欺诈性转让,从而可约束股东对公司财产的非法侵占,达到守住公司资产的目的"。美国《统一欺诈转移法》与美国公司法中的衡平居次规则、股息分配限制规则、刺破公司面纱规则等,共同构成了公司法律制度中债权人利益保护的四大基石。

第二,严格的公司利润分配制度。美国为了保障公司的偿债能力,制定了严格的公司利润分配规则。美国《示范商事公司法》虽然取消了最低注册资本限制,但取而代之的是在该法中规定了严厉的"偿债能力限制"条款,以约束公司资产不会随意流向股东,降低公司偿债能力并因此损害债权人利益。其第6.40(c)(2)条规定,公司利润分配必须符合"破产测试"和"衡平偿付不能测试"两项标准,即"若分配后,公司总资产低于总负债,则不许进行该分配"。美国强调公司利润分配的清偿能力标准,其法理依据是公司无清偿能力是债权人的核心风险,因此,法律必须严厉禁止一切加大这种风险的行为。与美国《示范商事公司法》有所不同,美国加州《公司法》采取了类似于银行金融机构的资本充足率要求,如保留盈余、资产负债比、清算时的优先受偿权等,唯一的差距是并未设立一个专司资本充足率监管的机构。与美国类似,英国和欧洲其他取消或未取消注册资本最低限制的国家也都对公司利润分配制定了严格的标准。

第三,完善的特殊商事合同制度。"在资本认缴制下,由于法定、强制的股东出资行为转化为私人自治的合同安排,合同责任的妥当构造将成为股东私人出资承诺能否得以切实履行的关键。"[1]注册资本缴纳合同是一种典型的涉他性合同,合同履行与否虽然影响其他签约方,但更多的是关系到公司和相关债权人的利益。英美国家能够将注册资本缴纳交由合同加以解决,首先是因为他们制定了一套针对第三者的特殊商事合同法律制度。"法律对于合同第三人利益的保护,是从权利之有效救济出发,通过赋予第三人以诉权加以解决的。所以,英美法上,当事人有关第三人利益的约定,被视为合同本身内容的一部分。承认第三人利益的保护(即诉权的取得),意味着对合同相对性原则的否定,这种基于事实和正义而进行的否定,甚至不考虑当事人的意愿。"[2]其次是因为其在行为上形成了"诚实信用、善意订约"的商事行为精神。合同自由是西方国家订立契约的基本原则,但是基于出资合同的特殊性要求,"禁止权利滥用"也早为这些国家所共识,合同自由原则在此被一系列规则加以限制,如遵守公司法和其他相关法律的限制,考量自身的经济实力、融资能力及公司业务需要等。

(三)社会征信制度完善而且市场信息对称

"一些国家之所以能用严格的事后规制来解决非理性公司设立,也与其良好的社会信用基础有关。可见,对公司设立偏重事后规制的关键,其社会信用基础通常良好,对背信行为有严格惩罚机制,也唯有此种社会,才可减少公司设立的事前规制。"[3]注册资本认缴制是一种注重事后规制的公司制度设计,其前提条件是具有良好的信用制度,国民诚实守信,即使偶尔发生出资人失信事件,也存在一套完善的失信惩罚机制对之实施惩罚,出资者会因其失信后果对自己的不利益大于其利益所得而不敢轻易失信。以美国为首的西方国家,"自亚当·斯密开始,经济学中一直把声誉作为保证契约诚实执行的重要机制"。[4] 这些国家的政府依法建立完善的征信制度,社会公众能够通过合法、有效的信息产品提供机构获取所需的主体信息。一方面,可以减少市场参与者谈判、咨询、执行过程中单个主体获取信息的费用,提高经济效益;另一方面,市场参与者也能够借助随时更新的征信系统克服"逆向选择",减少"道德风险"。

美国的"刘易斯·塔潘(Lewis Tappan)创造了第一个可行的信用报告服务机构,并创造了一个全新的概念——信用报告,并从此永远改变了企业的行为,美国因此而构

---

[1] 蒋大兴:《"合同法"的局限:资本认缴制下的责任约束——股东私人出资承诺之公开履行》,载《现代法学》2015年第5期。

[2] 尹田:《论涉他契约——兼评合同法第64条、第65条之规定》,载《法学研究》2001年第1期。

[3] 蒋大兴:《质疑法定资本制之改革》,载《中国法学》2015年第6期。

[4] 李彧:《论资产证券化语境下评级机构监管目标——以美国法为样本的考察》,载顾功耘、罗培新主编:《经济法前沿问题》,北京大学出版社2013年版,第334页。

筑了信用评级体系，从而深刻地影响了后来的美国社会”。[1] 经过160多年的发展，美国征信业高度发达，并已成为社会体系中的一个重要的组成部分，规范征信的法律体系也相当完备，其中代表性法律有美国1969年《诚实租借法》、美国1970年《公正信用报告法》、美国1973年《犯罪控制法》、美国1978年《公平信用结账法》以及美国1978年《公平债务催缴法》等。而以美国全联公司（Trans Union）、艾奎法克斯公司（Equifax）和益百利公司（Experian）三大专司征信业务的机构，通过对企业、自然人的信用状况进行调查，客观、公正、详细地收集、整理其信用记录。这些记录包括刑事处罚、纳税欠缴、交通违章、债务违约、职业状况、收入水平、工作变动、银行贷款、资产担保、人口统计等，并向法律规定的合格使用者提供信誉查询服务。这种公开透明的征信制度，保障社会公众在与公司进行交易时，可方便快捷地通过征信系统对公司和公司股东、管理人员的信用状况进行查询，以决定是否继续进行商事交易。同时，信誉机制作为一种隐含契约存在于主体内部并发挥长期作用，公司、股东和管理层为了获得长期利益，必须要树立良好的信誉，其行事方式必须得到他人认可、赞许；如果他们实施了违反隐含契约的行为，征信机制将会对其进行否定性评价，并带来法律上的行为限制和惩罚，产生不名誉和权利剥夺的双重结果，以此震慑违反社会诚信之人。

三、我国实施公司注册资本认缴制存在的问题

（一）注册资本认缴缺乏完善的破产法基础

注册资本认缴实际上是认缴人对公司的一种债务设定行为，也是公司全体股东的一种“资本数额的自我认定和缴纳期限的自我设定”过程。作为投资者的一种市场行为，其间可能基于非理性的思维认缴超越自身支付能力的资本份额，或者进入缴纳期后因自身财产数额减损而缺乏支付能力，引发“股东有限责任与股东缴纳能力”之间的悖论。如前所述，西方国家解决这一问题的基本做法是对包括自然人在内的股东实行破产，通过破产还债的方式处理股东应缴而未缴的出资问题。但是，我国现行《企业破产法》的适格主体仅为法人企业或某些非法人企业和社会组织，而将自然人排除在外。由于自然人破产这一关键性法律制度缺陷，使我国落实注册资本认缴制时产生了许多困境：

第一，股东将永无期限地对公司负有偿付所认缴资本的义务。“破产机制要求债务人积极诚实地对所负债务进行清偿，并且免除破产程序终结时未能清偿的债务。这对于债务人来说既是一种对财产的强制执行同时又是一种对债务人人身权

---

[1] 吴国平、马一：《征信法律制度的经济学分析》，载《广东社会科学》2011年第3期。

利的救济。"[1]股东在注册资本认缴制条件下,过度认缴出资或者缴纳期限届至时因无偿付能力而对公司所形成的未清偿债务,因为缺乏自然人破产机制,使偿债不能的自然人股东或个人独资企业、合伙企业股东的连带责任人在有生之年都将背负偿付所认缴资本的法律义务,其责任的承担方式与股东有限责任原理相悖。

第二,注册资本认缴公司破产退出市场程序将处于不确定状态。公司在发生资不抵债、不能清偿到期债务时,本可依破产法律制度实施破产而终结其主体资格,涉及股东应缴而未缴的出资可根据我国《企业破产法》第35条规定要求认缴人提前缴纳,并作为破产财产公平地分配给全体债权人。但是,当发生自然人股东或一些非法人企业股东不能缴纳出资时,由于缺乏自然人破产制度,既不能通过破产的方式免除其剩余缴资义务,又不能实际履行其出资义务,公司破产程序也因破产财产事实上的追缴不能而无法推进,造成《公司法》和《企业破产法》实施的两难境地。

(二)注册资本认缴缺乏特别商事契约法则

1. 现行合同法律制度缺乏规范资本认缴的特殊商事行为规则

注册资本认缴实践中约定30年、50年甚至100年的注册资本缴纳期限,其结果是"股东出资合同因为过长履行期限而变得不需要履行,这完全颠覆了公司设立作为商事行之本质"。[2] 缺乏节制的缴纳期限约定,实际上是股东在获取公司交易相对方经济利益的同时,无须承担任何经济责任或对价。这不仅违反了商事法律的诚实信用原则,更是在损害社会、他人的正当利益而为签约人攫取不当利益,助长了市场潜在投机和欺诈心理。造成这种不正常现象的根本原因是,我国现行《合同法》仅为契约领域中的普遍性法则,缺乏对包括注册资本认缴在内的特殊商事合同法则,而其他诸如《公司法》等也因对注册资本认缴行为定性不准而未能对资本认缴进行必要限制。理论和实践均未注意到,注册资本认缴合同虽然表面上约定的是出资各方的权利义务,缴纳时间的设定也属股东之间的合意,体现的是合同相对性特征,但其本质上则是涉及公司未来的成立和运作以及公司债权人财产利益的契约行为。我国现行《公司法》忽视了注册资本认缴合同的第三方特性,将注册资本认缴交由普通《合同法》调整,缺少针对出资是公司得以运行、债权人利益得以保障的物质基础这一商事特性的认识,在坚持合同自由原则的同时从根本上忽略了债权人利益的保护。

---

[1] 齐明:《破产法学:基本原理与立法规范》,华中科技大学出版社2013年版,第33页。

[2] 蒋大兴:《"合同法"的局限:资本认缴制下的责任约束——股东私人出资承诺之公开履行》,载《现代法学》2015年第5期。

2. 现行合同法律制度缺乏对公司债权人利益保护特别规则

我国《合同法》仍秉持合同相对性原则，在这种制度规则下，注册资本认缴合同仅是公司股东之间如何出资、出资数额、缴纳期限以及定义股东权利义务，公司营运控制的一种契约安排，其效力范围仅及于签约当事者，与作为特殊商事契约的“注册资本认缴合同”本质存在根本性冲突。第一，注册资本认缴合同本质上属于股东之间签订的向第三人“公司”履行债务的合同，股东违反“注册资本认缴合同”欠缴或不缴注册资本的最终结果是影响了公司的正常运营，损害了公司的偿债能力，真正受害者是公司债权人而非股东，其责任方式也不应该是我国现行《公司法》规定的“向已按期足额缴纳出资的股东承担违约责任”。第二，我国《合同法》第66条、第67条和第68条规定的先履行抗辩、后履行抗辩和同时履行抗辩权的目的是保护守约方，但却与注册资本认缴合同的履行存在结构性矛盾。因为如果赋予守约股东这3种抗辩权，则会使注册资本无法按约收取，不仅影响到公司的正常设立和运行，而且公司不能正常设立和运行直接后果则是损害了债权人利益。第三，我国现行《公司法》第28条与《合同法》第107条规定，如果股东不按照约定缴纳出资，则其除应当向公司足额缴纳外，还应当向已按期足额缴纳出资的股东承担违约责任。注册资本认缴合同的第三方特征表明，股东违反约定缴纳或不缴纳注册资本，虽然有时也会损害其他诚实守信股东利益，但更多的是损害了债权人利益，而现行规定从根本上忽视了债权人才是违反注册资本认缴合同的真正受害者这一事实。

（三）注册资本认缴缺乏有效资产保护机制

1. 我国《公司法》缺乏严格的利润分配制度和恰当的处罚规则

我国《公司法》对公司利润分配沿袭了传统的弥补亏损规则、提取法定公积金规则和违法分配退回规则。但这些规则仅是一些粗线条规定，缺乏类似美国《示范商事公司法》的“偿债能力限制”和“破产测试和衡平偿付不能测试”标准，以及美国《统一欺诈转移法》约束股东对公司财产的非法侵占，禁止不公平转移、违法分配或欺诈性转让的条款。第一，我国《公司法》第34条规定的“股东可以按照实缴的出资比例或股东持有的股份比例，也可以由全体股东约定按照其他的分配方式分取红利”的利润分配标准，可理解为我国股东利润分配法则是一种任意性规定。股东并不需要以实际出资作为分配利润的前提条件，只要承诺未来某个时期将向公司提供资本（是否真实提供仍处于不确定状态），则可源源不断将公司的资产转移至股东名下，“本来应视为欺诈性转移的股息支付变成了‘合法的分配’”。[1] 第二，我国《公司法》中的法定公积金累计

〔1〕 Official Committee of the Unsecured of Color Tile, Inc. V. Blackstone Family Investment Partnership, L, P, (In re Color Tile. Inc.), 2000 U. S. Dist. LEXIS 1303 (D. Del. 2000).

额达到公司注册资本50%以上时可不再提取的规定,并未明确是实缴的注册资本还是认缴的注册资本,模糊化的概念为股东非法分配利润,实现资产转移创造了条件。

除此之外,我国现行《公司法》对公司不依照法律规定提取法定公积金,或进行其他违法利润分配行为的,规定了责令改正、如数补足公积金、对公司和主管人员、其他直接责任人员罚款等处罚措施。但是,除责令补交和改正的规定无不妥外,“对公司处以行政罚款的惩罚只会减损公司财产进而损害债权人利益,对遏制公司非法利润分配并无益处”。而对于违法分配利润的直接受益人——股东,我国《公司法》仅规定其将违法分配利润返还公司。不合理的法律规范,零成本的违法不可避免地激励股东实施各种不合法的利润分配,包括从公司抽逃资产和实行没有对价的欺诈性公司财产转移。

2. 我国《公司法》缺乏有效规制损害公司资本行为的法律责任承担制度

无论是我国《公司法》还是最高人民法院颁布的相关司法解释,都没有对股东的资本违法行为所应承担的法律责任进行清晰、恰当的规定。我国现行《公司法》规定的资本违法模式主要有第198条的“虚报注册资本”、第199条的“骗取公司登记”以及第200条的“抽逃注册资本”,而相关行为的法律责任方面,一是公司登记机关责令公司改正其违法行为、撤销公司登记或者吊销营业执照;二是对“虚报注册资本”“虚假出资”和“抽逃出资”的公司处以违法行为所涉金额5%～15%的罚款。这些法律责任几乎都是行政责任,没有对公司和股东违法直接受害者“债权人”的经济赔偿。而且只有“公司登记机关责令改正”间接地保护公司债权人利益,其他几种处罚措施反而是加重了债权人的负担,因为“处以一定数量的罚款”的结果是大幅度降低公司的偿债能力等级,增加了债务清偿风险。

四、我国公司注册资本认缴制完善和规则修改

(一)注册资本认缴制改革演进路径和目标

美国《修订商事公司示范法》宣告退出传统的公司资本管制领域,并不是对公司资本行为不加约束,更不是消除公司法中的资本痕迹,而是“把此问题交由破产法、欺诈转移法,甚至商业实践自己解决。相反,加州公司法一方面废除无实质意义的法定资本或声明资本概念;另一方面借助债务合同、会计实务来修正资本维持原则,对公司施加资本充足率要求,给债权人提供了他们心目中法定资本制应提供的保护”。[1] 同

〔1〕 刘燕:《公司法资本制度改革的逻辑与路径——基于商业实践视角的观察》,载《法学研究》2014年第5期。

理,我国对法定资本的革命并不是简单地"抛弃法定资本概念",对"注册资本认缴"不加约束,而是在《公司法》中引进注册资本认缴条款的同时,立即着手对注册资本认缴制实施过程中可能存在的问题进行分析并修正,对现有的制度缺陷进行修改与完善。围绕我国《公司法》《合同法》《会计法》《企业破产法》以及其他相关法律规则作出相应的制度性变革,在放弃一些过时规则的同时,修改原有规则和增加一些新的规则,从而使注册资本认缴制能够发挥预期的效果。

第一,在坚持商事行为自治的基础上给予适度的国家干预。公司被假定为与自然人一样具有自己独立人格的经济人。"只是相对于自然人,公司理性的复杂性还在于,公司的法律人格只是被'拟制'的,其内部以及与之联系紧密的外部还有诸多利益关系相当利害的关系人——股东、管理者、雇员、债权人等,这些利害关系人也都是理性的,他们无时无刻地追求自身利益最大化,且彼此之间还有各种利益关系的协调、冲突、博弈与诉争。"〔1〕因为公司的经济人特征及其行为对社会经济的影响,所以其注册资本的股东自治属性并不是完全排除政府监管,而是将监管从市场准入阶段转为公司成立之后的注册资本落实和资本维持。

第二,实现对股东激励的基础上给予债权人利益的最大保护。"认缴登记资本作为最为缓和的公司资本制度,其核心价值是个人本位,以给股东提供最大的活动空间为己任,目的是在追求股东价值最大化的框架内,为私人秩序提供最大的回旋余地。"〔2〕但是在引进注册资本认缴,扩大股东自治权利,激发公司和股东经营、创造热情,提高公司生产经营效率的同时,还应该建立一套有效的法律机制以保障债权人利益,确保债权人不因注册资本在公司设立中的重要性被弱化而使得其利益受损。注册资本认缴制改革仅是公司设立过程中的对股东的激励,而不是债权人的利益保护的放松,行之有效的注册资本改革在于真正实现各方法益的平衡。

第三,建立充分的信息披露制度以酿造良好的市场信用。诚信是市场的基本要求,也是注册资本认缴制下的行事标准。"公司注册资本在认缴制下的担保功能消失,取而代之的是公司的实际资产。然而公司资产并不是资产负债表平衡式下所有者权益栏下列示的一个人为的法律创设的数字",〔3〕而是公司项下真实的、有形和无形的、现在和未来的,能够给公司带来的利益。但公司运行过程中的数据资料为管理层所掌控,难以为债权人所了解,不对称的信息增加了市场中的"道德风险""逆向选择"和

〔1〕 郭富青:《公司资本制度:设计理念与功能的变革——我国公司资本制度立法观念的转变与路径选择》,载《法商研究》2004 年第 7 期。

〔2〕 同上。

〔3〕 蒋建湘、李依伦:《认缴登记资本制下债权人利益的均衡保护》,载《法学杂志》2015 年第 1 期。

“欺诈交易”。政府机构应依其职权建立完备的“规范群”“制度群”,准确、及时、全面地公开公司资产、信用状况,以保障市场主体诚信和按规则行事。

(二)注册资本认缴法律规则主要补正内容

1. 建立自然人破产法律制度

为了确保注册资本认缴制的有效实施,解决注册资本认缴股东支付不能问题,使我国《公司法》和《企业破产法》的相关条款协调一致,我国应该尽快建立自然人破产制度。自然人破产的主要内容如下:[1]第一,破产自然人在破产案件终结后免除债务之前,应当以其个人所取得的全部财产,扣除基本生活和履行法定义务所必要的支出外,对未清偿的破产债务继续承担清偿义务。第二,破产自然人可以拟订一份偿债计划,就破产案件终结后的债务清偿进行安排,并在破产案件终结前提交债权人会议讨论通过;经债权人会议审查批准的偿债计划,对破产自然人和债权人双方均有约束力。第三,可根据破产自然人实际偿债年限和债务偿还比例设置一定的标准,破产案件终结后,符合标准的破产人可免除未清偿的剩余普通债务。

2. 设置注册资本基本缴纳条件

我国可借鉴美国《统一欺诈转让法》的规则,为股东和董事会成员的注册资本认缴合同或注册资本缴纳决议设定必要的行事规则,以及违反行事规则所应承担的法律责任:第一,严禁股东认缴超过其履行能力的注册资本,公司设立登记时可要求认缴人提供具有实际缴纳能力的资信证明或担保。第二,限制股东缴纳出资的实际支付期限,资本认缴合同或公司章程可以约定“全额缴纳”或“分期缴纳”,但必须限制其最长缴纳期限,如10~20年。第三,强制股东和公司进行信息公开,建立公司和股东信息查询系统,公司每半年或更短的时间内公布一次资本实收,以及资产变动情况,并要求公司就资本缴纳是否评估和验资进行说明。如果公司发生重大资产变化,则应该及时进行公布。第四,公司全体股东应该对公司设立时注册资本认缴数额和缴纳期限承担连带责任,公司董事会应该对公司增资决议承担决议不当的赔偿责任。

3. 严格公司非法利润分配的法律责任

针对我国《公司法》利润分配规则弊端,可以借鉴美国《示范商事公司示范法》“已赚得溢余标准”要求,以损益表的净利润为基础进行分配,公司的资产仅能用于偿付公司债务,股东不能直接或间接抽资,分配不得削弱“资本”。公司进行分配、回购、赎回注销、减资等交易时必须坚持资本维持原则,确保公司不会因为过度分配或变相分配而减损财产,影响公司偿债能力。同时,还应修改我国现行《公司法》第34条利润分配

[1] 参见解玉娟:《试论我国破产免责制度的构建》,载《河北法学》2009年第2期。

规则:(1)禁止未实际缴纳出资的股东在认缴出资全部到位前参与利润分配。(2)股东分配利润应以实际缴纳的出资比例分配股利。(3)公司利润低于未缴纳注册资本时禁止分配利润,其利润应用于担保应缴而未缴的注册资本。(4)股东在应缴资本已到期而未缴纳时,全体股东均不应分取股利。除此之外,公司违反《公司法》规定分配利润时,除根据我国《公司法》第166条的规定,“股东必须将违反规定分配的利润退还公司”外,对违法分配利润投赞成票的股东应承担相应的法律责任,包括对公司或债权人承担侵权赔偿、支付违约金、行政罚款以及其他形式的法律责任。

4.完善公司人格否认制度

我国《公司法》和《企业破产法》对公司人格否认有所规定,但在注册资本认缴制下,股东自治权利范围扩大,股东对债权人的利益损害不再局限于传统的人格混同、过度控制、关联交易或财产转移、转投资比例限制、股份折价发行、自持股份、减退股等,还可能产生一些新的侵权行为如公司注册资本显著不足、违约缴纳注册资本、缴资期限严重不合理等损害债权人利益的行为。所以,应该进一步明晰公司人格否认规则,在“各种处分或放弃财产或财产权益的行为,无论其行为是直接还是间接、绝对的还是附条件的,自愿的还是非自愿的,包括金钱支付行为、免除行为、出租行为或创设担保或其他负担”[1]之外,增加“股东根本没有根据企业经营原则和可预测的潜在责任投入与其经营规模相适应的、必要的资金,其公司资本与公司业务和损失风险相比微不足道;或者虽然认缴的资本额与公司业务和风险相匹配,甚至资本认缴额远高于公司业务和风险损失所需求,但是股东所认缴资本额超越其履行能力的或者故意约定无诚意的缴纳期限”等新型公司人格否认条件。

(三)公司注册资本认缴违法责任惩处机制

1.违反注册资本出资的民事责任

“损失赔偿责任对行为选择的影响和塑造,对公司治理的优化具有行政责任、刑事责任及其他民事责任无法比拟的优势。”[2]我国涉及股东违反出资缴纳义务的民事责任主要体现在现行《公司法》第28条、第30条和第93条之中,这3条所包含的主要内容如下:一是各股东应按期足额缴纳股款,严格履行股款缴纳的手续;二是非货币出资应当评估作价,核实财产,不得高估或低估作价;三是如果发生股东没有按照注册资本认缴合同出资的事件,则该股东除违约股东足额补缴外,还应当向其他严格履约的股东承担违约责任;四是非货币财产出资实际价值显著低于其公司章程所定价额的,该

[1] 参见美国《统一欺诈转让法》第1条第a款第12项。

[2] 张忠野:《公司治理的法理学研究》,北京大学出版社2008年版,第91页。

出资人应当补足其差额,公司设立时的其他股东承担连带责任。

我国《公司法》应该突破合同的相对性,在现行《公司法》规定基础上秉持"谁违约、谁担责,谁受害,谁索赔"的原则,直接赋予公司债权人对股东违反注册资本认缴合同提起损害赔偿之讼的诉权,明确规定公司、股东和管理层侵害债权人利益时需承担的民事损害赔偿责任,包括但不限于以下两个方面:第一,股东不按照注册资本认缴合同按期足额缴纳出资,或者约定与企业经营不相符的缴纳期限或出资额,其行为造成公司、其他股东和债权人损失的,应该承担赔偿责任。第二,当公司、股东和其他责任人员发生虚假出资、抽逃资本、不当分配利润,或实行偏颇性清偿时,除追回其财产外,其直接责任人还应当向受害者赔偿其损失。

2. 违反注册资本出资的行政责任

我国现行《公司法》规定的资本违法行政法律责任主要有责令改正、行政罚款、撤销公司登记以及吊销营业执照等,其中又以对公司的行政罚款为主。然而宽泛错位的行政罚款,不仅将公司股东或管理层违法责任转化为公司对国家的财产责任,放纵了真正的违法责任人,而且减损了公司资产总量,降低了公司偿债能力,将违法后果全部转嫁至债权人。因此,针对我国现行《公司法》规定的资本违法行政责任缺陷,应当在保留原有某些合理的行政责任方式,如"公司登记机关责令改正"的基础上,建立新的行政法律责任模式:一是将我国现行《公司法》中对"虚报注册资本""虚假出资""抽逃出资"和"未清偿债务前分配财产"的公司处以5% ~10%的罚款的规定,改为由责任股东和直接责任人承担;二是股东不按注册资本认缴合同缴纳出资或者认缴合同违反法律规定,工商登记机构可责令修改认缴合同,直接责令其依法缴纳,并处以未缴纳注册资本额的5% ~10%的罚款;三是在行政罚款、吊销营业执照、注销工商登记和责令改正等行政处罚之外,增加"提高税率规制股东随意承诺"和"取消资本违法股东的市场准入资格"等处罚种类。

3. 违反注册资本制度的刑法责任

2014年4月全国人大常委会规定,针对实行注册资本认缴的公司将取消"虚报注册资本""虚假出资"和"抽逃出资"这3个罪名("资本三罪")。但是,无论从理论的角度还是从实践需要的角度出发,取消"资本三罪"的行为都值得商榷,因为在任何时候,只要有资本制度,就会有资本犯罪。在缺乏诚信、商业欺诈行为普遍的经济环境下,仍有必要保持适度的资本违法刑事惩罚,只有这样才能真正保障经济主体遵守资本法律制度。当然,由于"资本三罪"是注册资本实缴制度下的产物,所以其罪状或内涵与认缴制背景下的资本犯罪形态,应该在立法上作出必要的修正,例如,可以更改某些犯罪判断标准,甚至增设新罪名,使得其更适应于新形势下的资本犯罪特征。

注册资本认缴制只是改变了注册资本的缴纳时间,但并不否认注册资本的真实、确定和资本的维持要求,所以“资本三罪”中的“虚假出资”也仅是改变了犯罪时间,即发生在注册资本缴纳之时。然而,“虚报注册资本”则不再是违反资本真实缴纳的要求,而是违反了认缴的真实性,未实际认缴,即为虚假资本。在公司缴纳注册资缴纳之后,股东将已经属于公司的财产转移,同样减低了资合性公司的债务清偿能力,损害了公司债权人的利益,所以“抽逃出资”也将是注册资本认缴制下的主要犯罪模式。除对传统的“资本三罪”进行重新解读并提出修正性的保留建议之外,我们还应该充分认识到新的注册资本缴纳制度必然会催生新的突破制度规范行为模式,如“违法分配利润”和“出资欺诈”等,对其数额较大、情节严重者应该科处刑罚。

论破产启动的强制模式建构

郭　瑞*

目　次

当下正值我国社会转型期间，经济发展问题伴随法律制度缺陷同时存在，“僵尸企业”将《企业破产法》适用率低之尴尬赤裸裸地呈现在国人面前。破产案件数量远低于正常比例，市场退出机制不完善，原因既有我国市场经济发展阶段之固有蔽障，也有破产启动机制脱离实践基础之体制机制原因。《中共中央关于全面深化改革若干重大问题的决定》明确提出“健全优胜劣汰市场化退出机制，完善企业破产制度”，为法律界提出了重要课题。破产案件审理方式改革试点工作的重点内容之一便是破产启动问题，“执行不能转破产”机制探索、职权主义启动之论争、“僵尸企业”之市场退出，也均围绕破产启动而展开。破产启动是否需要引入职权主义模式，职权启动机制如何具体建构等问题有待理论上进一步探究。

本文拟建构我国破产启动的强制主义模式，运用法律强制力调节市场主体行为，以法律手段调控市场经济运行。该强制模式包括间接强制和直接强制，前者以企业经营者破产义务为主，后者以公权力机构职能启动为主。

一、破产启动强制模式的必要性与合理性

就比较法层面而言，破产启动具有申请主义和职权主义两种立法模式。我国《企

* 西南政法大学民商法学专业博士研究生，重庆市第五中级人民法院二级高级法官。

业破产法》之破产程序启动系当事人申请主义,其中又可区分为自愿破产与非自愿破产,前者乃债务人主动申请,后者则为债权人申请启动。[1] 非自愿破产(Involuntary Bankruptcy)又往往被翻译为"强制破产",此"强制"乃债权人之意愿,非公权力之介入,故而译为"非自愿破产"更佳。《企业破产法》施行以来的诸多困境已表明单纯当事人申请主义在我国不敷适用,亟待补足破产启动机制。

(一)实践困境亟须强制模式之补足

强制模式有利于解决执行难问题,完善市场退出机制。执行难是长期困扰我国司法工作的顽疾,"僵尸企业"则是我国市场经济建设中的一颗毒瘤。执行难的一个重要原因是债务人已处于资不抵债的情境,应当破产却未破产。关键因素在于破产启动率低,债权人和债务人鲜有申请破产,当事人申请主义实际上处于一纸具文的尴尬处境。

在债务人层面上,虽其申请破产可就公司资产清算,解脱于繁复债务纠纷。但现实情况并非如此简单,抛却我国公众对破产的长期误解,导致申请破产成为债务人的障碍情结,尚有更多现实阻碍。一方面,公司破产将使经营主体消灭,意味着从市场中退出,对于股东和管理人员终究是艰难抉择;另一方面,启动破产不仅需要支付评估机构、破产管理人的费用。而且因破产而产生的职工权益纠纷、财务审计等诸多压力足以使债务人在主动申请破产前止步。加之我国公司尤其是民营公司普遍存在"家店不分",公司就是其全家的提款机等违法行为,申请破产无疑将暴露其违法行为并存在其高管等责任人被追究法律责任之可能,所以债务人申请破产的动力不足是显而易见的。

在债权人层面上,申请破产的动力不足。第一,强制执行程序具有债务人控制有财产就先得的特点,债权人在先诉讼便可优先获偿,若启动破产程序则意味着就破产财产按比例分配,待债务人财产扣除优先顺位费用后,于普通债务人可分配的财产已寥寥无几。故而诉讼在先(尤其是已经控制住债务人财产)的债务人缺乏启动动力。第二,就诉讼成本方面考量而言,执行程序简单快捷,债权人不向法院支付申请费,而破产程序则环节众多、程序烦琐,运行周期漫长,需要耗费债权人更多的精力。第三,无财产保全的债权人人数有限。在《最高人民法院关于适用〈中华人民共和国民事诉讼法〉的解释》颁布后,尽管已经取消了原《民事诉讼法》相关司法解释关于执行中对债

[1] [美]大卫·G. 爱泼斯坦、史蒂夫·H. 尼克勒斯、詹姆斯·J. 怀特:《美国破产法》,韩长印等译,中国政法大学出版社2003年版,第10页。

务人公司执行分配制度,也仅仅调动为数不多的未取得财产保全债权人申请破产意愿。[1]

故可观之,就破产启动方面分析,之所以存在执行难和“僵尸企业”问题,主要是因为当事人申请意愿不足,以及在实践中破产启动时点过晚。申请意愿不足导致启动过晚,启动过晚导致债权人可分配财产寥寥无几,而这又反向导致当事人申请意愿不足,形成恶性循环。若要打破此种链条,需要引入新机制,强力刺激破产启动于破产边缘。

(二)市场经济和法治建设阶段性的内在需要

我国目前尚处于社会经济转型期间,市场经济体制和法治建设并未完全发育成熟,具有阶段性。在此背景下,市场主体的行为需要公权力的适度介入和干预,以引导市场主体行为,实现资源优化配置和经济正义。我国基于市场经济不成熟不协调,市场低效时有发生。市场低效是指市场在资源配置方面无法达到帕累托最优状态,处于低效率之中。[2] 就企业破产情形而言,我国主要存在两种市场低效,第一种是效率性市场低效,即基于信息不对称、信息不完全、市场行为的外部性等因素,市场中往往会出现逆向选择、非理性行为,甚至诱发道德风险等问题。例如,在单纯当事人申请主义模式下,债务人和债权人基于自身利益考量,加之信息不对称、职工权益纠纷等问题,启动破产的情况并不理想。第二种是不成熟性市场低效,即市场无法充分配置资源是由于其本身的不成熟,这在我国现阶段的部分领域依旧存在。[3] 部分地方党政领导基于政绩、就业、维稳等方面的考虑,以各种理由限制法院依法受理破产申请。而且我国目前公司征信系统、企业信息公开机制等市场经济配套制度并未完全发展成熟,为债权人启动破产带来困难。

市场低效需要外部干预,此种干预应是在需要限度内的均衡、有效干预,需要通过法律手段予以规制和调整。[4] 邓正来先生指出:“中国市民社会与国家的良性互动乃是二者间的一种双向适度的制衡关系,透过这种互动,双方能够较好地抑制各自的内

---

〔1〕 在有给付内容的纠纷中,理性债权人(尤其是商人),在没有查到债务人有财产的情况下,一般是不会投入人力、财力进行诉讼的。因此,在已经诉讼债权人中,没有保全有财产债权人比例只会很低。笔者所在法院近1年内,“执行转破产”只有4件,涉及执行案件29件,与该院上千件未结执行案件相比,受理数据极少。

〔2〕 参见[英]约翰·伊特韦尔等编:《新帕尔格雷夫经济学大辞典》(第3卷),陈岱孙等译,经济科学出版社1996年版,第351~354页。

〔3〕 参见鲍金红、胡璇:《我国现阶段的市场失灵及其与政府干预的关系研究》,载《学术界》2013年第7期。

〔4〕 参见应飞虎:《需要干预经济关系论——一种经济法的认知模式》,载《中国法学》2001年第2期。

在弊病,使国家所维护的普遍利益与市民社会所捍卫的特殊利益得到符合社会总体发展趋势的平衡。”[1]故而,通过公权力强制介入破产领域,是对市场调节低效的一种补充和治愈。西方国家市场经济已较为成熟,采用当事人申请主义模式固然可以,但也仍有很多国家(或地区)的“立法”保留了职权主义模式。我国市场经济体制尚处于完善过程之中,诸多机制尚存问题,例如,企业破产预警机制、企业征信机制、破产管理人制度、银行体制改革等都有待进一步发展。这就导致当事人破产申请率低,大量该破不破的企业长期占据市场资源,效益低下,并对社会公共利益造成潜在的危害。在市场自身无法有效调节企业的市场退出时,公权力适度介入,引导企业破产,退出市场,从而保障债权人及社会公共利益,实现资源优化配置,便具有内在必要性和合理性。

鉴于此,笔者提出建构我国的破产启动强制模式,其内容有二,分列以下详细论述。

二、间接强制方式——企业经营者破产义务

(一)公司经营者申请破产义务的比较法考察

在比较法层面上,多国及地区已建立起公司濒临破产时公司经营者的义务机制,激励管理人员为保障债权人利益主动申请破产,其主要有两种模式。

一种模式是明确公司管理人员的破产申请义务。典型者如德国法建立“破产申请迟延责任”,用以规制公司破产边缘董事的责任。[2]《德国破产法》第15a条规定:“法人支付不能或债务超过时,代表机关的成员或清算人,有责任立即提出破产申请,至迟应当在支付不能或债务超过发生后3周之内提出。”《德国有限责任公司法》第64条第1项、[3]《德国股份法》第92条第2项[4]也对此进行了规定。《德国民法典》对违反此种义务产生的责任予以明确,第43条第2款规定:“在资不抵债或者负债累累的情况下,董事会应立即申请开始破产程序。申请迟延时,因过失对此应负责的董事会各成员,对于债权人因此而受到的损害负有赔偿责任;他们作为连带债务人负其责任。”

---

〔1〕 邓正来:《国家与社会——中国市民社会研究》,转引自陈仲元:《反思中国市民社会理论研究》,载《学海》2005年第5期。

〔2〕 参见张学文:《公司破产边缘董事不当激励的法律规制》,载《现代法学》2012年第6期。

〔3〕 《德国有限责任公司法》第64条第1项9规定:“公司无支付能力的,董事应无过失迟延地,但至迟在无支付能力后3周,申请开始无支付能力程序。公司财产不足以清偿债务地,准用此种规定。”

〔4〕 《德国股份法》第92条第2项规定:“公司无支付能力时,董事会应无过失迟延地、但至迟在无支付能力后的3周,申请开始无支付能力程序。公司的财产不足清偿债务的,准用此种规定。”

又如,日本《民法典》第70条、[1]日本《商法》第266条第3款[2]规定,当公司处于临界破产边缘时,董事负有毫不迟延的申请破产义务,怠于履行将承担与公司的连带责任。[3]我国台湾地区针对公司具有资不抵债之情形,采取"强制声请宣告破产"的模式。[4]台湾地区"公司法"第211条第1款[5]和台湾地区"民法典"第35条[6]规定了董事的申请义务,明确了未履行义务的赔偿责任。此外,我国台湾地区"破产法"还对债务人怠于申请破产的行为进行了刑事规制,其第156条[7]规定"过怠破产罪",采用刑罚手段强制公司责任人员启动破产程序。

另一种模式是未明确董事破产义务,但通过扩张董事受托人义务激励其积极申请破产。典型者如英国于1986年《破产法》第214条设立"不当交易"规则。在公司解散清算前,董事若明知或可知公司已无法避免进入破产程序,则破产管理人可向法院申请董事赔偿适当金额财产,除非其采取了"将债权人可能遭受的损害降至最低"的每一个措施。这种索赔是在公司已经进入正式的破产程序之后再"秋后算账"。[8]这种立法例并未明令公司董事必须申请破产,而是赋予董事以选择权,董事既可以选择继续经营公司以扭转经营困境,也可采取第214条但书条款以降低债权人损害的经营管理行为,还可以选择主动申请破产。美国法也鲜有明确董事申请破产义务的规定,如《1978年破产法》《特拉华州普通公司法》等,而是多就董事受托人义务规制违反忠实义务的行为作出了规制,如利害关系人教义、夺取公司机会等。但判例则在董事对债

[1] 日本《民法典》第70条规定:"法人临界破产边缘时,法院得依董事、债权人申请或依据自身职权,启动破产清算司法程序,董事应无过失迟延的申请债务人破产。"

[2] 日本《商法》第266条第3款规定:"董事主观上有恶意、重大过失,怠于向法院申请破产的,对债权人由此造成的损失与公司一起承担连带赔偿责任。"

[3] 参见蔡元庆:《日本董事责任免除制度的新发展》,载《现代法学》2003年第3期。

[4] 参见柯芳枝:《公司法论》(上),台北,三民书局股份有限公司2004年增订第5版,第300页。

[5] 我国台湾地区"公司法"第211条第1款规定:"公司临界破产边缘时,应当依据282条规定办理,董事会应及时向法院申请破产。"

[6] 我国台湾地区"民法典"第35条规定:"法人之财产不能清偿债务时,董事应即向法院声请破产。不为前项声请,致法人之债权人受损害时,有过失之董事,应负赔偿责任,其有二人以上时,应连带负责。"

[7] 我国台湾地区"破产法"第156条规定:"破产人在破产宣告前一年内,有左列行为之一者,处一年以下有期徒刑:一、浪费、赌博或其他投机行为,致财产显然减少或负过重之债务者。二、以拖延受破产之宣告为目的,以不利益之条件,负担债务或购入货物或处分之者。三、明知已有破产原因之事实,非基於本人之义务,而以特别利于债权人中之一人或数人为目的,提供担保或消灭债务者。"

[8] Thomas Bachner, "Wrongful Trading-A New European Model for Creditor Protection?", *European Business Organization Law Review*, 2004, 5(2).

权人的受托人义务方面有所发展,例如,2004 年的 Production Resources Group,L. L. C. v. NCT Group,Inc. ,[1]法院认为公司濒临破产边缘时,董事负有对债权人的受托义务,董事违背受托义务的民事责任指向对象为公司,赔偿的财产系破产财产,由债权人全体按比例受偿。[2]

(二)我国宜明确公司经营者的申请破产义务与责任

我国《公司法》第 187 条、《最高人民法院关于适用〈中华人民共和国公司法〉若干问题的规定(二)》第 18 条第 1 款、《企业破产法》第 7 条第 3 款就企业法人解散时清算责任人向人民法院申请破产清算的义务进行了规定,并明确了其赔偿责任。负有申请破产义务的主体主要包括股东、董事、清算组。但这种规定仅限于解散情形,若企业没有解散便不会产生清算责任人,也便无破产申请义务人。此时若债务人、债权人均不申请启动破产程序,则债务人财产情况继续恶化、损害债权人利益、危害社会公共利益的后果依旧难以避免。现存大量"僵尸企业""当破不破"情形便是如此。而且我国现行立法并未就公司其他管理人员的破产申请义务予以明确,如监事。

纵观各国和地区,大陆法系国家和地区倾向于采取第一种模式,即明确公司经营者的破产申请义务,并配置相应的民事、行政和刑事责任;英美法系国家则更注重私权自由理念,以更为柔软的方式激励公司董事。两种模式相比较,笔者认为,我国宜采第一种模式,即在立法中明确规定公司濒临破产时的申请破产义务与责任。

首先,第二种模式的适用情形和赔偿范围较不明确,在司法实践中难以操作,尤其是在主要采大陆法系模式的我国,法官在适用中较难把握标准。而且该种模式刺激公司经营者申请破产的力度较小,董事责任的追究仍然依赖于破产程序的启动,难以解决债权人之间竞赛诉讼争取优先获偿的问题。

其次,公司经营者负担申请破产义务能够有力激励债务人主动申请破产,完善市场退出机制。破产法的制度目的之一在于使"潦倒的企业尽早退出市场",从而优化资源配置,实现经济运转的效益。[3] 苛加民事、行政和刑事责任于怠于申请破产的公司经营者,能够有效规制公司经营者拖延破产、潦倒无益经营行为,从而达到刺激企业退出市场,解决"僵尸企业"问题。

最后,公司经营者负担申请破产义务有助于实现公司事后价值最大化,保障全体债权人利益。[4] 强制公司经营者在一定期限内提出破产申请,否则便承担相应的民事

---

[1] Production Res. ,863 A. 2d 772,778 - 798(Del. Ch. 2004).

[2] 参见郭丁铭:《公司破产与董事对债权人的义务和责任》,载《上海财经大学学报》2014 年第 2 期。

[3] 参见[德]莱因哈德·波克:《德国破产法导论》,王艳柯译,北京大学出版社 2014 年版,第 41 页。

[4] 参见张学文:《公司破产边缘董事不当激励的法律规制》,载《现代法学》2012 年第 6 期。

赔偿责任,能够在公司临界破产时及时启动破产程序,防止资产流失,既可使债权人得到最大程度的获偿,也有助于解决个别债权人诉讼竞赛产生的“公共池塘”问题。此外,公司经营者负担的民事赔偿责任也使债权人利益得到保障。

(三)具体制度设计

在具体制度设计上,可在未来《公司法》《企业破产法》修订时增设破产迟延申请责任,在公司临界破产边缘时,公司董事未及时申请破产,致法人之债权人受损害,由破产管理人或债权人行使追责之权利,公司董事承担连带责任,监事及实际控制人负同等责任。

1. 义务主体

公司董事、监事以及实际控制人均适用破产申请义务及怠于破产的责任。公司董事作为公司业务执行者,承担此种义务并无争议。但公司董事尚可区分法律上董事和“影子董事”。例如,英国《公司法》和《破产法》均对董事明确界定为“无论作何称谓,居于董事职位之人”,“影子董事”则为公司董事习惯按照其指示行动的人。[1] 我国台湾地区修订“公司法”时就“实质上执行董事业务或实质控制公司之人事、财务或业务经营而实质指挥董事执行业务者”适用与董事同等责任。[2] 我国《公司法》第216条未采用“影子董事”的表述,而是规定为“实际控制人”,但此种规定就实际控制人身份予以“非股东”限制,并非合理。可去除此种限制,使其能够容纳实际执行董事业务或者实质指挥董事执行业务的人。我国台湾地区“债务清理法草案”第174条第7项就公司破产申请义务规定“于虽非法人之董事,而实际执行其职务者亦适用之”。在未来《企业破产法》修订时,可将实际控制人一同适用。监事受公司委托负担监督事务,故而如果在其执行业务时未尽职责,导致公司怠于申请破产,债权人因此而遭受损害,其应负担同等责任。

2. 免责事由

第一,免责事由可借鉴英国不法交易制度中免责条款,即公司经营者能够证明已采取所有步骤以图减轻债权人所受损害的,可以免其责任。强制申请义务在于出现法定情形时公司经营者申请破产,责任苛加强调对此义务的违反,我国台湾地区和日本相关规定中以非故意或重大过失为免责并非恰当。英国立法模式则可为公司经营者创设较为合理的免责事由,也可激励其穷尽措施减低债权人损害。第二,可借鉴我国

---

〔1〕 参见赵金龙:《英美法上影子董事制度评述》,载《北方法学》2010年第1期。

〔2〕 参见曾宛如:《新修正公司法评析——董事“认定”之重大变革暨董事忠实义务之具体化》,载《月旦法学杂志》2012年第5期。

台湾地区“债务清理法草案”第 174 条第 3 项之规定,“法人之董事不因其丧失资格或解任而免除”责任。

3. 赔偿分配

公司经营者怠于申请破产致使债权人遭受损害,而应承担连带赔偿责任,此种赔偿并非针对特定债权人的赔偿,而是因经营者之行为导致破产财产之减损而予以填补,故而应归入破产财产,由全体债权人按比例分配。[1] 例如,我国台湾地区“债务清理法草案”第 174 条第 2 项规定:“破产程序进行中,董事不履行前项补足义务者,管理人或债权人得声请法院以裁定确定金额后,由法院对董事财产强制执行并分配于全体债权人”。

三、直接强制方式——公权力机构职能启动

(一)法院不宜主动启动破产程序

为解决执行过程中企业资不抵债的问题,化解“僵尸企业”难题,破产案件审理方式改革试点法院在破产程序启动方面积极探索执行不能转破产的制度衔接。在此背景下,2016 年的破产案件较往年较大幅增加,这与法院推进执行程序和破产程序衔接,提高当事人破产意愿是离不开的,但也应看到解决“僵尸企业”之政策背景和行政推动力,运动式的“导演”市场退出并非长久之计,尚需冷静看待破产启动机制改革试点。由此引发学术界和实务界关于职权主义的讨论,例如,有观点指出,“执行不能转破产”依旧是在申请主义之下,须“申请执行人之一或被执行人同意”,难以完全解决当事人破产申请动因不足时的破产问题,故而应逐渐建立法院职权主义的启动模式。[2]

笔者对该两种路径均不予认同,“执行转破产”不能实现预期的实践效果,而法院职权启动破产程序虽然有利于在一定程度上解决破产难的问题,但并非我国制度设计的最佳路径。

首先,执行转破产程序难以解决当事人破产意愿不足的问题。在目前执行程序转破产的制度设计中,法院主要通过释明取得申请执行人或被执行人同意,从而由当事人提起破产申请。但基于普通诉讼执行程序的优先主义模式,先采取查控到财产的债权人具有优先受偿权,若其申请破产程序,则难以保障其获偿数额,加之破产程序与普通诉讼强制执行的复杂程度不能同日而语,在人的趋利避害的思维模式下,这类债权

---

〔1〕 参见[日]河野正宪、中岛弘雅编:《倒产法大系》(上),弘文堂 2001 年版,第 125 页。转引自郭丁铭:《公司破产与董事对债权人的义务和责任》,载《上海财经大学学报》2014 年第 2 期。

〔2〕 参见李帅:《论执行案件中法院职权主义破产启动程序的构建》,载《法律适用》2015 年第 11 期。

人不会有申请破产的动力。而没有查控到财产的债权人在执行程序中所占比例更是极少,难以实现“执行转破产”预期的效果。而许多债务人基于自身利害关系考量,更难主动提起破产申请。故而若摒除当下清理“僵尸企业”的政策和破产程序试点改革的“政绩”影响,则法院的释明能够起到多少作用不无疑问。若经释明后,当事人依旧未提起破产申请,则执行转破产的程序衔接也仅能作罢,债权人受偿不公、社会公共利益遭受侵害的后果仍然无法解决。

其次,执行转破产程序难以调动法院积极性。该程序设计若要实现破产程序转化,执行人员工作量和难度急剧增大。例如,《浙江省高级人民法院关于执行程序与破产程序衔接若干问题的纪要》《温州市中级人民法院关于执行程序和破产程序衔接的会议纪要》《重庆市第五中级人民法院关于执行案件转破产程序的规定(试行)》等试点文件均指出,执行部门须穷尽执行措施,查明资产和负债情况,调查债权债务、股权、会计账簿,等等,在转递破产法庭时尚需制作并移送《执行案件转破产程序审查意见登记表》、所涉债务清单、会计账簿、财产调查的相关材料。证据采集、汇总和整理的工作量极大,且由于破产案件的复杂性和专业性,执行部门在人员配备、专业知识、业务素质等方方面面均难负重任。加之现行执行考核模式之压力,法院执行部门参与执行转破产的积极性难以提高。

再次,法院职权启动破产违背司法中立原则。法院是审判机关,其职能在于代表国家独立行使审判权,恪守司法中立性和被动性的现代理念,实现司法公正。作为“社会正义的最后一道堡垒”,法院必须严守中立,不主动干预、介入纠纷,保持裁判的被动性,这也正是司法与行政的主要区别之一。“从性质来说,司法权自身不是主动的。要想使它行动,就得推动它。”[1]法院的被动性要求司法程序的启动唯有他者提出申请才能进行,法院裁判范围也仅限于当事人诉讼请求范围,不能越界主动诉讼请求之外的问题。[2]“法院的职务只是听讼;必俟讼案发生,法院对于公司的规则乃有机缘问及……”[3]当事人就债权债务纠纷诉至法院,因执行不能虽会产生执行难、债权人受偿不公等问题,但破产程序终究为独立于当事人债权债务纠纷的特别程序,所涉主体、权利义务关系、程序内容等均差异巨大,在当事人未主动申请启动破产程序的情况下,法院不得依职权启动,否则司法中立性被动性之根本原则轰然倒塌,直接撼动法治根基,可谓得不偿失。1935年《中华民国破产法》虽于第60条规定法院职权启动破产程

〔1〕［法］托克维尔:《论美国的民主》(上册),董果良译,商务印书馆1988年版,第110页。

〔2〕参见陈瑞华:《司法公正与司法的被动性》,载《人民法院报》2001年3月19日,第3版。

〔3〕［英］戴雪:《英宪精义》,雷宾南译,中国法制出版社2001年版,第163页。

序,但关于此条在立法草案征求意见时便引发了较多争议,因其悖离法院中立原则和民事诉讼基本理念。[1] 而且我国2015年《最高人民法院关于〈中华人民共和国民事诉讼法〉的解释》第513～516条关于执行程序与破产程序的规定,最初便是意欲建立“强制移送破产”机制,但终究囿于“不告不理”原则而未予采纳。[2] 可见,由法院依职权启动并非良策。

最后,法院职权启动破产程序在具体制度设计上颇多不足:第一,破产程序复杂繁冗,涉及多方面利益,尤其是关系社会稳定、政府政绩,在现行司法体制和法院考核机制下,法院职权启动的动力严重不足,该制度涉及恐会沦为具文,难以落实。第二,法院职权启动可能导致自立自审的制度悖论,触及法治“红线”,尤其是破产法院与执行法院重合的情况下,法院的中立裁判和当事人的私权救济如何保障成为难题。第三,现阶段法院“案多人少”已成为普遍现象,执行部门的业务压力和人员配备之间的矛盾尤为突出,法院职权启动破产将会要求执行部门调查诸多非其执行业务内的事务,查明这些信息并采集证据十分困难,需耗费较多人力、物力。而且启动破产关系到职工安置、社会维稳、当事人信访等重大问题,需要执行机构或法院与多方面协调沟通。这些都不是执行部门和法院的业务强项,也超出了执行部门之承担能力。

（二）应建立检察机关申请破产的职权主义模式

笔者认为,单纯当事人申请主义难以满足社会发展需求,职权启动亟须建构,而法院依职权启动的做法欠缺合理性,行政机关难以负担专业业务,故我国应建立检察机关申请的职权主义模式。

第一,检察机关启动破产程序具有比较法参考立法例。《联合国破产法立法指南》指出破产清算程序可由政府机构提起,在域外“立法”中,政府机构提起申请主要有两种模式。一种是行政机构申请模式,例如,英国1967年《公司法》规定贸易部享有申请权,并建立专门行政机构——“官方申请人”,负责涉及刑事犯罪的破产案件申请。另一种是检察机关申请模式,如意大利1942年《破产法》和荷兰《破产法》。[3]

第二,检察机关启动破产程序符合其公诉人角色定位。债权债务关系本系意思自治之私权界域的典型法律关系,为传统民事法律所调整。但伴随共和主义勃兴,古典

〔1〕 参见胡养蒙:《对于破产法草案初稿破产章之意见》,载《法学丛刊·破产法专号》1935年6月15日第3卷第5期、第6期两期合刊。转引自吴传颐编著:《比较破产法》,商务印书馆2013年版,第170页。

〔2〕 关于这几个条文,在草案中提出了两种方案,其中之一就是建立直接移送破产制度。在征求意见时,全国人大常委会法工委认为,“该规定与破产法的规定不一致,是否妥当,建议进一步研究”。参见赵晋山、葛洪涛:《〈民事诉讼法〉司法解释执行程序若干问题解读》,载《法律适用》2015年第4期。

〔3〕 参见李显先:《对检察机关启动破产程序的思考》,载《人民法院报》2004年12月29日。

自由主义遂在立法层面多经修正,维护公共利益和公权适当介入为各国所普遍接受。现代破产法的根本要旨便在于维持各个利害关系方的平衡,以及这些利益与经济目标、交易秩序、社会政策等多方面的协调。[1] 联合国国际贸易法委员会《破产法立法指南草案》指出了破产法的多元目标,提出应平衡拯救企业、保护债权人利益、保护就业等多层次利益。检察机关的公诉人角色和权力配置决定了其作为国家利益和公共利益的代表,广泛参与司法活动。“公诉权的行使在本质上都是以公益为基础的,因而公诉权并不必然地局限于刑事诉讼,理应包括刑事公诉权、民事公诉权和行政公诉权。”[2]我国检察机关参与公益诉讼已进行了较多有益探索,例如,2015年全国人大常委会授权检察机关开展公益诉讼试点工作,并指出“为加强对国家利益和社会公共利益的保护”,可在生态环境和资源保护、国有资产保护、食品药品安全等领域提起公益诉讼。[3] 《人民检察院提起公益诉讼试点工作实施办法》第1条明确规定,针对“损害社会公共利益的行为,在没有适格主体或者适格主体不提起诉讼的情况下,可以向人民法院提起民事公益诉讼”。并明确人民检察院职责包括“审查起诉、控告检察”等。破产程序从性质上界定,依旧属于民事司法程序,尊重当事人意思自治故属当然,但因为其关涉社会公共利益和第三人利益,在适格主体不提起申请的情况下,为维护市场秩序和公共利益,人民检察院应担负起启动破产程序的责任。

第三,检查机关启动破产程序有利于查明案件事实、追究涉案犯罪行为。相较于人民法院执行部门,检察机关在从事经济犯罪侦查、案件起诉等业务中积累了丰富的调查取证、文书写作、材料整理、案件审查、民事诉讼抗诉经验,故而在启动破产程序方面,由检察机关查明被执行债务人的资产及负债情况、债权债务、股权、会计账簿等更为专业便利。检察机关经调查取证后可根据具体情况作出不予申请破产或申请破产的决定,有效防止法院自立自审问题的产生。另外,破产案件经常伴随刑事犯罪,例如,债务人隐匿财产、承担虚构的债务或者以其他方法转移、处分财产,或对资产负债表虚伪登记等,构成我国《刑法》第158条至第169条规定的犯罪类型。检察机关申请启动破产程序可以使其提前介入破产案件,发现、查明债务人以及管理人员存在的犯罪情形,并追究刑事责任。可以说是一举两得,有助于节省司法资源,提高司法效率。

综上,笔者认为,我国《企业破产法》应建立检察机关申请破产的制度,对于符合《企业破产法》第2条第1款规定情形的,检察机关可以依职权申请破产。法院在审

[1] 参见张艳丽:《现代破产法立法目标与制度构成》,载《北京理工大学学报》2006年第2期。

[2] 刘润发:《检察机关提起民事公益诉讼之构想》,载《人民检察》2013年第10期。

[3] 参见《全国人民代表大会常务委员会关于授权最高人民检察院在部分地区开展公益诉讼试点工作的决定》。

理、执行案件时发现债务人可能符合《企业破产法》第 2 条第 1 款规定情形的,可将案件相关材料移交检察机关,由检察机关移送债务人住所地检察机关,并由其负责向债务人住所地人民法院申请债务人破产。

四、结语

自由与干预是经济学和法学发展的历史性话题,无论是理论探讨还是制度设计,均是围绕当事人自由与公权干预而展开的,整部法律史见证了二者的此消彼长。破产法兼具实体与程序,乃公法与私法融合的产物,调和私权自治与公共政策,在市场主体自由与公权力干预之间寻找平衡点。在破产程序启动层面,单纯当事人申请主义必然缺失公共利益制衡,引入强制主义模式,公权力适度干预,不仅是当下现实所需,也为宏大法制史发展之必然趋势。

我国区域性股权市场法治化治理路径探析*

钟洪明**

目　次

区域性股权市场是我国多层次资本市场体系的重要组成部分,近年来,其发展受到了党中央和国务院的高度重视,如《国务院关于进一步促进资本市场健康发展的若干意见》(国发〔2014〕17 号,以下简称新国九条)、《国务院关于大力推进大众创业万众创新若干政策措施的意见》和《国民经济和社会发展第十三个五年规划纲要》等政策文件从不同角度要求规范发展服务中小微企业的区域性股权市场。2017 年 1 月 26 日,国务院办公厅发布实施的《关于规范发展区域性股权市场的通知》(国办发〔2017〕11 号,以下简称国务院办公厅 2017 年 11 号文)中再次就区域股权市场的规范发展作出相关制度安排。尽管在政策支持和驱动下,区域性股权市场获得了快速发展,但是由于发展时间较短、系统性的顶层设计和制度安排相对缺乏等原因,该类市场对我国经济社会发展的作用尚未得到充分发挥。鉴于此,进一步研究和思考利用法治化手段尤其是新一轮《证券法》修订之契机促进区域性股权市场的规范发展,对于提升资本市场法治化水平以及增强资本市场服务实体经济发展的能力均有重要现实意义。

* 基金项目:四川省社会科学院 2015 年度课题《证券法修订背景下加快发展区域股权市场法律对策研究》(2015YB07)。

** 西南政法大学与四川省社会科学院联合培养博士后研究人员,法学博士。

一、我国区域性股权市场的界定及其发展与流变

(一)区域性股权市场法律属性之界定

尽管发展区域性股权市场的重要性毋庸置疑,但是目前各界关于这一市场的定位及基本属性仍存在认识分歧。因此,实有必要对此基础问题进行深入探讨。结合我国场外市场的发展,本文认为可对区域性股权市场的主要属性界定如下。

1. 具有场外市场和区域性特点

首先,区域性股权市场与证券场内市场相区分。场内市场又称证券交易所市场,是指由证券交易所组织的集中交易市场。场外市场又称"柜台市场"(over-the-counter market)和"非交易所市场"或"交易所外市场"(off-exchange market)。前者突出场外市场在柜台上"一对一议价"的交易特点;后者突出其与交易所的区分。〔1〕 在美国,证券法学界曾普遍接受以下观点:如果一个市场采用连续竞价和自动撮合即是场内市场;反之,凡是不采取连续竞价交易或自动撮合的市场则是场外市场。〔2〕 21世纪以来,随着证券交易电子化技术的发展运用以及部分市场如纳斯达克等从场外市场转为场内市场,上述两类市场的部分边界渐趋模糊,但是二者在准入条件、交易规则及市场监管等方面的实质性差异仍然存在,因此,场内市场和场外市场仍是证券市场的重要分类之一。在我国,区域性股权市场定位于为上市公司及非上市公众公司以外的企业融资及股权转让等提供服务,且其准入条件和交易规则等与场内市场存在明显界分。

其次,区域性股权市场具有地域性特点。我国证券场外市场依其业务覆盖的地域范围,可分为全国性场外市场和区域性场外市场。全国中小企业股份转让系统(简称新三板)虽为场外市场的组成,但根据相关政策文件界定,其属于全国性证券市场范畴。〔3〕 而根据国务院办公厅2017年11号文,区域性股权市场主要服务于所在省级行政区域内中小微企业,是地方人民政府扶持中小微企业政策措施的综合运用平台,不

---

〔1〕 关于场外市场、场外交易市场、柜台(交易)市场等概念之辨析,可参见周友苏、庄斌:《我国场外交易顶层设计的思考》,载《经济体制改革》2012年第6期。

〔2〕 参见王晓津:《证券公司柜台市场的定位、发展路径与制度突破》,深圳证券交易所综合研究所研究报告,2013年12月30日。

〔3〕 《国务院关于全国中小企业股份转让系统有关问题的决定》(国发〔2013〕49号)规定:全国股份转让系统是经国务院批准,依据证券法设立的全国性证券交易场所。

得为所在省级行政区域外的企业私募证券或股权的融资、转让提供服务。[1] 虽然目前有部分市场如前海股权交易中心、上海股权托管交易中心等可在全国范围内接受企业的挂牌申请,但是其跨区域经营仍面临限期清理的问题而需要妥善解决。综上,区域性股权市场不得为区外企业提供服务属于一般原则,因而其具有明显的地域特点。

2. 市场业务以股权交易为主

在境外,通过场外市场交易的产品多样且创新层出不穷。以美国为例,其证券市场上的证券种类约为5.5万种,其中4000多种在证券交易所上市交易,其余的均通过场外市场交易。[2] 与境外成熟场外市场相比较,我国区域性场外市场以股权交易为主的特点非常明显。自2008年以来,在国务院政策支持下成立较早的天津股权交易所、重庆股份转让中心、上海股权托管交易中心,莫不定位于以股权交易为主的市场。例如,前海股权交易中心明确,中心系主要定位于促进中小微企业股权流转和直接融资的场外资本市场。

近年来,为更好地满足中小企业金融服务需求,各区域股权市场在满足各地非上市、非公众公司股份流通以及融资需求的基础上,逐步拓展其业务范围,如从事一些中介服务活动。对此,证券监管机构认为:区域性股权市场运营机构的职能与证券交易所、全国股转系统公司不完全相同,即除作为市场组织者和管理者外,还可以从事一些中介服务活动。[3] 而根据《区域性股权市场监督管理试行办法》第28条的规定,区域性股权市场运营机构可以自行或者组织有关中介机构开展市场组织和管理者以外的相关业务活动。[4]

3. 本质上属于私募证券市场

我国现行法律法规对于区域股权市场缺乏直接规定,但根据我国《证券法》第10

---

〔1〕 中国证监会2017年5月3日发布之《区域性股权市场监督管理试行办法》第3条规定,区域性股权市场是为其所在省级行政区域内中小微企业证券非公开发行、转让及相关活动提供设施与服务的场所。同时,该办法第32条规定,区域性股权市场不得为其所在省级行政区域外企业证券的发行、转让或者登记存管提供服务。

〔2〕 参见国务院发展研究中心金融研究所:《场外股权交易市场的困境摆脱:国际借鉴及启示》,载《改革》2012年第5期。

〔3〕 参见中国证监会《关于〈区域性股权市场监督管理试行办法(征求意见稿)〉的起草说明》。

〔4〕 具体业务活动范围包括:(1)为参与本市场的企业提供改制辅导、管理培训、管理咨询、财务顾问服务;(2)为证券的非公开发行组织合格投资者进行路演推介或者其他促成投融资需求对接的活动;(3)为合格投资者提供企业研究报告和尽职调查信息;(4)为在本市场开户的合格投资者买卖证券提供居间介绍服务;(5)与商业银行、小额贷款公司等开展业务合作,支持其为参与本市场的企业提供融资服务;(6)中国证监会规定的其他业务。

条的规定,区域股权市场不得为公开发行证券提供投融资服务。2012 年中国证监会《关于规范证券公司参与区域性股权交易市场的指导意见(试行)》(以下简称 20 号公告)明确了区域股权市场具有私募证券市场的性质;在《区域性股权市场监督管理试行办法》制定过程中,中国证监会进一步阐明,将区域性股权市场定位为私募证券市场,是落实新国九条关于培育私募市场要求的需要,有利于将其与其他资本市场体系组成部分区分开来,实现功能互补和错位发展。[1] 国务院办公厅 2017 年 11 号文第 1 条明确,区域性股权市场是主要服务于所在省级行政区域内中小微企业的私募股权市场;第 4 条进一步规定,不得采用广告、公开劝诱等公开或变相公开方式发行证券,除法律、行政法规另有规定外,单只证券持有人累计不得超过法律、行政法规规定的私募证券持有人数量上限。《区域性股权市场监督管理试行办法》第 13 条规定,在区域性股权市场发行证券,应当向合格投资者发行。单只证券持有人数量累计不得超过 200 人,法律、行政法规另有规定的除外。第 15 条规定,在区域性股权市场发行证券,不得采用广告、公开劝诱等公开或者变相公开方式。因此,根据相关法律和规范性文件的规定,我国区域股权市场当属于私募证券市场的范畴。

综上所述,从法律视角来看,可对我国区域性股权市场作出如下的初步定义:独立于证券交易所市场,主要满足特定区域的中小微企业股权流转和融资需求,同时也可提供综合金融服务的私募证券市场,是我国多层次资本市场体系的重要组成部分。

(二)我国区域性场外市场的流变及其发展现状

从证券市场发展历史来看,中国乃至世界各国的证券市场无不发轫于柜台交易。[2] 我国从 1986 年最早出现柜台交易开始,先后发展出了各地证券交易中心、全国证券交易自动报价系统(Securities Trading Automated Quotations System,STAQ)和 NET 自动交易系统(National Exchange and Trading Stystem)等场外交易市场形态。但是,场外交易市场始终呈现原始、分散状态且缺乏适度监管而未获得持续性发展。为防范相关金融风险,1998 年我国制定《证券法》时对场外交易采取了完全回避的做法。至 1999 年 9 月,随着 STAQ 和 NET 系统被关闭,除沪深交易所以外的其他证券交易市场均被关闭。此后,为解决 STAQ 和 NET 系统关闭后及沪深交易所退市公司的股权转让问题,经国务院批准,2001 年 7 月证监会设立了由中国证券业协会负责具体管理的代办股份转让系统,全国性场外市场再度恢复。

在地方层面上,为满足企业融资和股权转让需求,各地逐步发展出了一些地方性

---

〔1〕 参见《中国证监会关于〈区域性股权市场监督管理试行办法(征求意见稿)〉的起草说明》。

〔2〕 参见王连洲、李诚编著:《风风雨雨证券法》,上海三联书店 2000 年版,第 21 页。

的交易场所,最为普遍的是各种以产权为标的的市场交易平台。这类市场一般由省级或地市级政府审批或直接组建,其称谓不尽统一,如“产权交易所”“产权交易中心”等;其交易标的十分宽泛,涉及物权、债权、股权、知识产权、土地使用权、企业经营权等,部分企业还通过产权交易机构直接融资。〔1〕 上述市场的设立运营尽管并不完全符合公司法和证券法的规定,但因其对于地方经济发展贡献良多而受到地方政府的支持。

2008年以来国务院先后批准天津、上海、武汉、重庆、成都等地探索建立股权交易市场,〔2〕2011年后为清理整顿各类地方市场,国务院先后发布若干政策文件和规范性文件,〔3〕证监会则根据相关政策精神发布了20号文件。在此情况下,区域性股权市场获得了较为快速的发展。根据统计,截至2016年年底,全国已设立40家区域性股权市场,挂牌企业1.74万家,展示企业5.94万家,2016年为企业实现融资2871亿元。〔4〕区域性股权市场不仅在挂牌企业数量上获得了快速发展,而且在服务小微企业私募融资、股权转让以及帮助小微企业提升公司治理与规范运作水平、增强金融服务普惠性等方面均发挥了积极作用。为进一步推进区域性股权市场的规范发展,2017年1月11日国务院常务会议审议了规范发展区域性股权市场的政策措施,1月26日国务院办公厅出台2017年11号文,而自2015年6月开始制定的《区域性股权市场监督管理试行办法》于2017年5月由证监会正式发布。

二、我国区域性股权市场发展的现实困境

尽管我国区域性场外市场的发展在近年取得了不俗成绩,但是其发展规模和质量以及服务实体经济的能力都亟待提升,比如,目前各地股权托管交易市场普遍存在挂牌企业少、融资量少和交易冷淡的共同问题。〔5〕 总结而言,我国区域股权市场发展的

〔1〕 例如,原四川地方产权交易市场曾在宜宾天原集团公司上市前为其提供了定向融资7亿元,参见《宜宾天原集团股份有限公司首次公开发行股票招股意向书》。

〔2〕 例如,2008年3月13日国务院在《关于天津滨海新区综合配套改革试验总体方案的批复》中明确,天津市政府要为在天津滨海新区设立全国性非上市公众公司股权交易市场创造条件。

〔3〕 其主要政策文件有《国务院关于清理整顿各类交易场所切实防范金融风险的决定》(国发〔2011〕38号)和《国务院办公厅关于清理整顿各类交易场所的实施意见》(国办发〔2012〕37号),以下分别简称国发38号文和国办37号文。

〔4〕 参见《证监会新闻发言人就〈国务院办公厅关于规范发展区域性股权市场的通知〉答记者问》,载中国证监会:http://www.csrc.gov.cn/pub/newsite/zjhxwfb/xwdd/201701/t20170126_310210.html,最后访问日期:2017年1月29日。

〔5〕 参见鲁丰:《发展我国场外市场的思考》,载中国社会科学网:http://www.cssn.cn/jjx/jjx_gzf/201412/t20141211_1438565.shtml,最后访问日期:2016年12月23日。

现实困境包括以下几个方面。

(一)法律法规具体规定及配套制度的缺失

我国2005年《公司法》《证券法》的修改为场外交易的发展预留了空间。《公司法》第138条规定,股东转让其股份,应当在依法设立的证券交易场所进行或者按照国务院规定的方式进行。《证券法》第39条规定,依法公开发行的股票、公司债券及其他证券,应当在依法设立的证券交易所上市交易或者在国务院批准的其他证券交易场所转让。上述规定说明,法律许可证券在证券交易所以外的合法场所进行交易。[1] 但是,公司法、证券法并没有对证券交易所以外市场构建具体制度,导致场外市场的法律地位、交易方式、监管体制等主要内容仍付诸阙如。此外,根据上述规定,依法设立和国务院批准或规定是认定其他交易场所合法性的前提条件,但是除国务院对新三板市场作出明确界定外,关于其他场外市场长期以来一直缺乏必要的配套规定。法律地位的不明确,导致相关区域市场一度被认定为非法场所和“打非”、清理整顿的对象。综此,法律法规具体规定及配套制度的缺失,已然成为区域股权市场发展的最大困境。

(二)顶层设计缺乏系统性

在国务院办公厅2017年11号文发布前,相关政策文件并未专门针对区域性股权市场作出系统性规定,导致在关于区域性股权市场发展的重大问题上,或者缺乏具体指引,或者既有规定相互龃龉,政策指引力度不够。例如,国务院发38号文和国务院办公厅37号文等文件的初衷是清理整顿地方市场,而《国务院关于国有企业发展混合所有制经济的意见》(国发〔2015〕54号)涉及场外市场的规定系根据国企混合所有制改革需求而设,均难成为区域股权市场的专门顶层设计。此外,根据国务院发38号文和国务院办公厅37号文的规定,区域股权市场不得采取集中竞价、做市商等集中交易方式进行交易,不得将权益按照标准化交易单位持续挂牌交易,任何投资者买入后卖出或卖出后买入同一交易品种的时间间隔不得少于5个交易日。而国务院发54号文则提出,建立规范的区域性股权市场,健全股权登记、托管、做市商等第三方服务体系,完善股权公开转让和报价机制。由此可知,上述文件相关规定之间存在重大差异甚至直接冲突。再如,国务院曾批复天津、重庆等地建立全国性或者国家级场外市场,但在全国股份转让系统成立后,上述市场明显无法按照全国性市场来定位和发展,而相关市场业已形成的跨区域业务还将面临限期清理整顿之尴尬。

国务院办公厅2017年11号文虽然较之此前政策文件对区域性股权市场作出专门的制度安排,而成为规范发展区域性股权市场的纲领性文件,但其仍主要立足于对现

---

〔1〕 参见周友苏主编:《新证券法论》,法律出版社2007年版,第230页。

有相关政策文件的规定进行总结和重述,在制度安排上并无实质性突破,对于上述重大未决问题均未提供彻底解决之道。

(三)市场监管的制度安排尚不完善

作为证券场外市场和私募市场,区域性股权市场的投资风险较大,在此情形下如果缺乏适度监管,则容易出现发展乱象。有学者指出,部分区域性市场为了谋求迅速发展壮大,采取一种"朝底竞争"的非理性竞争模式,加之规范和监管的缺乏,长此以往可能会诱发区域性乃至全国性的金融风险。[1]

根据国务院发38号文和国务院办公厅2017年11号文等的规定,目前对区域性股权市场采取"地方批、地方管"的监管体制;区域性股权市场由所在地省级人民政府按规定实施监管并承担相应风险处置责任,省级人民政府要建立健全监管机制,指定具体部门承担日常监管职责,依法查处违法违规行为。但是,上述文件均未能对具体监管制度进行细化,例如,对于地方政府监管权限、监管措施的规定语焉不详,导致具体监管与执法"无法可依"或难以到位。在云南昆明泛亚有色金属交易所2015年兑付危机中,有地方监管机构指出,国务院文件仅要求地方清理整顿,没有赋予监管机构行政处罚、采取行政强制措施的权力,导致其监督管理的能力非常有限。[2]《区域性股权市场监督管理试行办法》对市场监管安排进行了一定的细化,但是其规定的监管措施仍难以满足监管需求,例如,只能处以3万元以下的罚款明显过轻。[3]

三、区域性股权市场法治化治理之路径选择

作为多层次资本市场体系的有机组成,区域性场外市场在缓解地方中小企业融资难、满足投资者股权流转的需求、促进国资国企改革等方面,均具有不可替代的作用。因此,将其作为我国加快发展场外市场的重要突破口,实为题中应有之义。但是,目前关于该市场发展的基本理念、路径选择等重大问题仍未达成共识。以关于其发展路径的认识为例,一种观点认为我国横向多体的资本市场体系仍有待建立,场内和场外市

---

〔1〕 参见蒋大兴:《论场外交易市场的场内化——非理性地方竞争对证券交易场所的负影响》,载《法学》2013年第6期。

〔2〕 参见王逸群:《泛亚日金宝深陷兑付危机 监管部门:有责任但缺依据》,载中国之声—央广网:http://china.cnr.cn/yaowen/20150918/t20150918_519897390.shtml,最后访问日期:2016年12月25日。

〔3〕《区域性股权市场监督管理试行办法》第43条规定,运营机构或者区域性股权市场参与者违反本办法规定的,地方金融监管部门可以采取责令改正、监管谈话、出具警示函、责令参加培训、责令定期报告、认定为不适当人选等监督管理措施;依法应予行政处罚的,给予警告,并处以3万元以下罚款。

场都应当破除垄断,形成竞争型的市场格局;[1]另一种观点则认为,我国目前的地方化场外交易市场模型是一种基于地方利益竞争而产生的非理性选择,应当将所有场外市场内化于交易所中,成为交易所内不同的板块,以节省交易成本和控制交易风险。[2]为此,需要进一步厘清和探索我国区域性场外市场发展的理念和路径。

(一)坚持证券私募市场的发展理念和路径

长期以来,作为多层次资本市场底层生态的场外市场生存发展空间逼仄,市场各方习惯于将场内和公募市场的思维应用于场外市场。例如,针对新三板投资者适当性制度,有观点认为,个人投资者的500万元人民币的投资者适当性门槛过高,导致交易冷清、股票交易定价不活跃,并呼吁降低门槛。[3] 这实际上是场内市场甚至主板市场意识的反映,与新三板的定位格格不入:后者侧重于为尚达不到上市标准、股权转让需求及大规模融资需求均不甚强烈的中小微企业提供服务,由于投资风险较大,顶层设计上将其定位于以机构投资者为主的市场,故在制度上实施了较场内市场更严格的投资者适当性制度。在区域性场外市场发展中也存在类似问题,一些地方性的场外交易市场热衷于复制交易所的地位和结构,按照交易所模型演变和发展。[4]

因此,需要破除传统公开市场的发展理念,明确区域性场外市场私募市场的基本定位,据此在组织设立与运行、挂牌与交易、投资者适当性、市场监管等方面实施区别于场内市场的制度安排。

(二)兼顾"理性设计"和"历史形成"

在美国等国家和地区,场外市场总体上呈现出自发演进和自由竞争的特点。相对而言,我国资本市场更多地强调自上而下、集中统一布局,"理性设计"的色彩更为明显。发展区域场外市场需要人为设计,但也应兼顾境内外可比证券市场的发展经验。从境外来看,随着全球化以及电子技术的发展,区域性交易所逐步减少或消亡,[5]但此

---

[1] 参见时建中、刘国胜:《我国资本市场多层次结构模式探析》,载《河北经贸大学学报》2014年第5期。

[2] 参见蒋大兴:《论场外交易市场的场内化——非理性地方竞争对证券交易场所的负影响》,载《法学》2013年第6期。

[3] 参见韩松等:《坚持信息披露 完善市场制度——对话全国中小企业股份转让系统有限责任公司副总经理陈永民》,载《当代金融家》2015年第2期。

[4] 参见蒋大兴:《论场外交易市场的场内化——非理性地方竞争对证券交易场所的负影响》,载《法学》2013年第6期。

[5] See John C. Coffee, "Racing Towards the Top? The Impact of Cross-Listings and Stock Market Competition on International Corporate Governance", Accessed February 25, 2017. http://ssrn.com/abstract_id=315840.

过程一般较为漫长。在我国,由于政策和制度的直接作用,近年来区域性股权市场遍地开花,由此形成我国区域场外市场发展的特殊国情。

鉴于此,笔者认为:一方面,对区域性股权市场的现状法律需明确其定位,将其与其他类型市场作出明确界分,不宜按照证券交易所的模式寻求发展;另一方面,区域性股权市场仍属于新生事物,诸多方面都在探索之中,遽然改变其发展现状而采取学者所主张之"将其内化于交易所发展的模式"在相当长的时间内几无可能。就此而言,采取全国性市场与多个区域性市场相互连通和支撑的双层递进式的体系结构,更加契合我国场外市场的发展实际。〔1〕

(三)区域股权市场的竞争及其与全国性市场的错位发展

国务院办公厅2017年11号文强调了区域股权市场的地域性和不得跨区域经营,要求对不符合规定的区域性股权市场,省级人民政府要按规定限期清理,妥善解决跨区域经营问题。应予指出,没有跨区域经营,区域股权市场的充分竞争将难以出现。根据上述文件规定,目前前海股权交易中心等部分市场在全国范围内开展业务和展开竞争的情况,将因清理整顿而可能发生重大变化。尽管国务院办公厅文件出于防范和化解金融风险的目的强调不得进行跨区域经营,但是这种通过行政化方式确立区域股权市场地域属性和行政化配置资源的方式早已遭到市场诟病。有观点认为,相关制度人为条块割裂市场,在当前市场经济体制已经基本建立的时空背景下,场外市场发展若依然采用政府驱动模式,深陷行政化泥淖难以自拔,则只能是"穿新鞋走老路"作茧自缚。故笔者建议取消区域性股权市场之"区域性"定性,鼓励其与新三板市场开展错位竞争,最终实现不依行政区域而依经济区域、产业集群等市场需求自然形成的差异化市场板块。〔2〕依笔者之管见,从长远来看,确应废除场外市场经营的地域限制,通过不同市场之间的自由竞争和并购等方式,促进区域性场外市场的发展。

目前,区域性场外市场与全国性市场尤其是交易所市场的差异泾渭分明,但是二者也存在对接、连通的需要,因此需要对其错位发展确立相应制度。总体而言,全国性市场可以设立非公开交易市场和组织证券的非公开交易,区域场外市场可以组织证券的非公开交易。对于二者之间(场外业务)的竞争不应压制,因为随着电子化、互联网技术的发展,交易所对市场的垄断程度被逐步削弱,来自场外市场的竞争和挑战促使

〔1〕 参见高峦:《资本市场蓝皮书——中国场外交易市场发展报告(2009~2010)》,社会科学文献出版社2009年版,第299页。

〔2〕 参见刘安:《论"区域性股权交易市场"定性之误及其法律矫正》,载《法制与社会》2015年第4期。

交易所不断改进技术和服务，市场参与者由此可获得更加多元和优质的服务。[1]

四、区域性股权市场法治化治理之制度重构

对我国区域性股权市场发展理念和路径做出前述预设后，沿循资本市场法治化的发展方向，需要尽快完善区域性股权市场的法律规制体系及重大制度安排。

（一）区域性股权市场法律规制体系的完善

在我国，证券市场的规范体系包括了法律、行政法规、监管规章、自律监管规则等层次。考察区域性股权市场的法律规制现状可知，目前关于该市场的规范体系不够统一，高位阶尤其是法律和行政法规层面的规定明显缺乏。因此，当务之急是解决法律法规的完善及其授权问题。

首先，在我国《证券法》修订过程中应当扬弃该法制定之初回避场外交易以及2005年修订时不作明确规定的做法，将区域性股权市场明确纳入调整范围。《证券法修订草案一审稿》规定了证券交易场所的四个层次，即证券交易所、国务院批准的其他证券交易场所、证券监管机构批准的证券交易场所、组织股权等财产权益交易的其他交易场所，对于区域性股权市场仍未作明确规定。《证券法修订草案二审稿》则将证券交易场所划分为证券交易所、国务院批准的其他全国性证券交易场所和按照国务院规定设立的区域性股权市场3个层次。鉴于按照国务院规定设立的区域性股权交易市场目前的发展情况，在《证券法》中对其只作原则性规定，授权国务院制定具体管理办法。诚如前文所述，此前及现行相关政策文件对于区域性股权市场的设立、运行等具体制度或者缺位或者相关规定相互龃龉。鉴于此，建议《证券法》对场外市场的重大制度作出原则性安排，国务院采取类似对新三板的做法对区域性股权市场主要制度作出系统性规定。

其次，在完善法律法规和政策性规定过程中，需要解决对证券监管机构制定监管规则授权不足的问题。中国证监会发布20号公告时，尚未获得制定区域性股权市场监管规则的授权，但为了推动其健康发展，通过规范证券公司参与区域性股权市场的方式，间接对市场提出了规范要求。目前，证监会在制定区域市场规章所依据的法律、国务院规定等制度环境仍未发生重大变化，因此要获得充分授权尚需证券法等相关法律法规予以明确规定。从目前《证券法修订草案》的相关规定来看，关于区域性股权市场监管规则的制定并未向证券监管机构授权。笔者认为，修订草案规定仍沿袭了原有

[1] See James Angel, Lawrence Harris & Chester S. Spatt, "quity Trading in the 21st Century". Accessed Februar, 25, 2017. http://ssrn.com/abstract = 1584026.

主要向国务院的证券立法授权模式,建议未来直接授权证券监督管理机构制定实施区域股权市场监管规则。

(二)区域性股权市场主要制度的构建与完善

从完善区域性股权市场制度体系的路径来看,笔者建议,应在《证券法》中确立市场的法律地位和重大制度,由国务院对市场发展的主要内容作出原则规定;具体制度的构建与完善方面,由证券监管机构制定统一的业务及监管规则,省级人民政府在职责范围内制定具体实施细则和操作办法,市场运营机构制定自律监管业务规则。以下就区域股权市场主要制度的构建和完善分述如下,以期为《证券法》的修订、行政法规的制定以及监管规则的完善提供参考。

1. 区域性股权市场的准入制度

证券市场的准入条件主要包括企业挂牌的准入条件和投资者准入两个方面的内容,二者相互影响、相辅相成:对挂牌企业而言,层级越低的市场,企业准入条件越宽松;但对投资者而言,层级越低的市场投资风险越大。在多层次资本市场体系中,区域性股权市场属于基础层次市场,因此需要对其实行严格的投资者适当性管理制度。

根据前述原则,区域性股权市场一般不对企业挂牌条件作出实质性要求,尤其是财务指标的要求。企业合法成立和存续、不存在重大违法违规是不同地区市场所普遍采用的企业准入条件。《区域性股权市场监督管理试行办法》第10条规定,企业在区域性股权市场发行股票,应当符合下列条件:有符合《公司法》规定的治理结构;最近1个会计年度的财务会计报告无虚假记载;没有处于持续状态的重大违法行为以及法律、行政法规和中国证监会规定的其他条件。上述条件实质上为最低要求,为满足不同主体的融资和交易要求、提供差异化服务并活跃市场交投,各区域性股权市场完全可以在内部设置不同层次,并作出不同的挂牌条件要求。

合格投资者制度是私募市场的基础性制度,对投资者准入和适当性进行要求是私募证券市场管理的通用理念和惯常做法。为建立证券市场统一的合格投资者制度,2016年12月12日中国证监会公布了《证券期货投资者适当性管理办法》。国务院办公厅2017年11号文第5条规定:区域性股权市场实行合格投资者制度。合格投资者应是依法设立且具备一定条件的法人机构、合伙企业,金融机构依法管理的投资性计划,以及具备较强风险承受能力且金融资产不低于人民币50万元的自然人。上述规定统一界定了区域股权市场合格投资者的最低标准,有利于纠正此前一些各行其是尤其标准过低的做法。[1] 但是需要指出,通过区域股权市场发行和转让的私募证券可以多样化,其复杂程度和风险情况无法整齐划一。为此,各区域市场在不低于该标准的前提下,可以结合所在区域的经济发展水平和投资者情况,对不同产品规定差异化的合格投资者标准。

2. 区域性股权市场的交易制度

传统上,交易方式是区分不同证券市场的重要标准,公开集中的交易是场内市场的本质特点,场外市场不得实施这一交易。国务院发38号文和国务院办公厅2017年11号文要求各类市场不得采取集中竞价、做市商等集中交易方式进行交易。由此,各区域股权市场目前以协议转让为主,交易模式单一。

如何保证区域性股权市场交投的基本活跃度,是我国场外市场发展中无法回避的问题。笔者认为,国务院38号文在地方各类交易市场发展出现一定问题时,本着风险防范原则而明确禁止做市商等集中交易制度有其历史合理性;国务院办公厅2017年11号文一方面受制于业已存在的政策文件规定;另一方面在防范和化解金融风险的背景下,政策天平在规范和发展中向前者大幅倾斜,由此亦存在现实合理性。但是,在区域性股权市场逐步规范后,上述交易制度势必成为制约其进一步发展的"紧箍咒"。诚如有学者所言,新三板市场和地方股权市场均属服务非上市公司的场外市场,应该在交易制度等方面采取类似的制度安排。[2] 鉴于此,建议适时对区域性股权市场进行政策调整,且在《证券法》修订中为其采用做市商等协议转让外的交易制度预留政策和制度空间。

3. 区域性股权市场的监管体系

国务院相关政策文件对区域性股权市场的监管明确了统一监管与地方监管相结合的模式,但相关规定过于原则性。未来对于区域性股权市场监管体系的完善,核心应在于进一步界定二者的职权和职责及完善协同监管体系。

从有效保护投资者权益角度来看,统一监管首先指监管标准的统一,以减少和避免实践中可能出现各行其是的情况。《区域性股权市场监督管理试行办法》发布后,对于交易场所定位、交易规则、中介机构、监管权限与责任等基本内容作出了统一规定。需要指出,统一监管规则不应排斥各市场根据所在地区的特点做出个性化的安排。因此,地方监管机构后续应根据所在行政区划的实际情况制定监管细则,并进行相应的

---

〔1〕 例如,根据《浙江股权交易中心投资者适当性管理规则(试行)》的规定,可以参与认购、交易该中心挂牌企业股权的合格个人投资者各类金融资产总额不低于人民币30万元。

〔2〕 参见鲁丰:《发展我国场外市场的思考》,载中国社会科学网:http://www.cssn.cn/jjx/jjx_gzf/201412/t20141211_1438565.shtml,最后访问日期:2017年2月25日。

市场探索和创新。

从区域性股权市场的发展过程来看,地方政府介入监管既可以弥补证券监管机构监管资源不足的问题,也有利于充分调动地方政府在发展场外交易市场的积极性。根据区域性股权市场的相关制度安排,目前中央和地方监管职责分工为,证券监管机构负责制定统一的监管规则,对参与监管的主体进行指导监督,但不参与日常监管的具体工作,审批设立以及日常监管由地方政府负责。在上述基础上,后续需要重点解决如何将中央和地方监管职责落到实处的问题,防止证监会派出机构和地方金融监管部门在监管过程中相互推诿或者重复监管。此外,为充分发挥中央和地方两个积极性,完善监管协同机制势在必行。

要实现区域性股权市场的有效监管,还应重视自律监管的作用:一方面,与证券监管管理机构一样,地方政府监管也面临资源不足的问题;另一方面,区域股权市场的私募属性对市场化发展的需求更大。在实践中,由于区域性股权市场基本是在地方政府直接主导下形成的,从市场设立、运行和监管等角度来看,都存在非常突出的行政干预,行业自律和交易场所自律的特点并不明显。[1] 因此,有必要明确区域性股权市场行政监管与自律监管的分工:行政监管侧重于"底线监管",需要突出市场的自律监管,发挥运营机构、参与券商等在督导挂牌企业依法依规进行信息披露、公司治理和规范运作中的作用。

4. 区域性股权市场与其他市场的联通机制

在处理场外市场与场内市场的关系上,部分境外市场要求"在场外交易市场挂牌是股份有限公司上市必不可少的一个阶段",[2] 这一制度安排使场内和场外市场均实现良性发展。例如,我国台湾地区强制性地将兴柜市场定位于台湾证券交易所和证券柜台买卖中心上柜市场的"后备市场",通过纵向联动形成互补效应。台湾当局规定,自2003年1月1日起,除了公共事业外,初次申请上市、上柜的股票都必须先在兴柜股票市场交易满6个月后才能转到更高层次的资本市场挂牌。通过上述安排,兴柜股票市场不但能够为较高层次的市场输送优质的上市(柜)公司,同时也可以实现自身良性发展。此外,更多市场采取转板机制,以实现企业在不同市场的有序流转。

相比较而言,我国多层次资本市场发展中不同市场层次间的联通问题较为模糊,不同市场功能互补和错位发展的实现手段较为有限。笔者建议借鉴我国台湾地区做

---

〔1〕 参见蒋大兴:《论场外交易市场的场内化——非理性地方竞争对证券交易场所的负影响》,载《法学》2013年第6期。

〔2〕 王勇等:《场外交易市场的作用机制和发展策略研究》,载《北方经济》2008年第10期。

法，将区域性股权市场定位于高层次资本市场的预备市场，要求在全国性市场上市或者挂牌前在该类市场挂牌一定期限。同时，通过转板制度的设计，支持满足条件者升板。

五、结语

区域性股权市场是我国多层次资本市场“金字塔”体系之“塔基”，促进其规范发展是完善多层次资本市场体系的重要举措。囿于发展时间短、系统性顶层设计不尽科学以及法律法规的不够完善等原因，我国区域性股权市场的发展还面临诸多制约和挑战。有鉴于此，我们要坚持法治化的治理与发展思路，通过顶层设计和法律法规的完善，筑牢区域性股权市场规范发展的制度篱笆。唯其如此，逐步建成“融资功能完备、服务方式灵活、运行安全规范、投资者合法权益得到充分保护”的区域性股权市场之目标方可尽早实现。

转基因食品安全风险信息交流法律机制研究

——兼评孟某某等诉农业部转基因油信息公开案*

王　怡**　宋宗宇***

目　次

一、问题的提出

2016 年 8 月 17 日，西安公民孟某某、北京公民沈某某起诉农业部致函教育部阻碍各地学校食堂使用非转基因油信息不公开案在北京开庭审理。[1] 原告方指出，2011 年 9 月 28 日，农业部致函教育部办公厅，要求教育部"纠正"禁止学校食堂采购、使用转基因油的行为。由于转基因的生物性技术关系子孙后代的生命健康，原告方先后向

---

* 基金项目：国家社会科学基金青年项目《社会共治视角下食品安全风险防控法律机制研究》(16CFX041)。

** 电子科技大学政治与公共管理学院讲师，法学博士。

*** 重庆大学法学院教授，法学博士。

〔1〕 参见李艳洁：《农业部因转基因食用油公函涉密拒公开被诉》，载《中国经营报》2016 年 8 月 22 日，第 A02 版。

农业部提交了公函的信息公开申请。但农业部依据《农业工作国家秘密范围的规定》，以该公函属于国家"秘密"文件为由拒绝公开。原告方认为农业部没有举证证明将该公函确定为国家秘密的正当理由，故请求法院责令农业部向社会公开公函的相关内容(以下简称孟某某等诉农业部转基因油信息公开案)。该案迅速在互联网上发酵，形成了专家、公众、与媒体等多方参与的大规模争论。无独有偶，从 2012 年的黄金大米事件，[1]到 2014 年原央视主持人崔永元与方舟子关于转基因食品的争论，[2]对转基因食品的争议已逐渐演变成为影响我国食品安全的公共议题和社会事件。

转基因食品(Genetically Modified Foods，GMF)是指利用基因工程技术，改变基因组构成的生物生产的食品和食品添加剂。[3] 对转基因食品安全的风险信息交流是风险管理机关、风险评估专家、公众、企业、媒体等利益相关方就转基因食品安全风险相互交换信息和意见的过程。[4] 转基因食品安全风险信息交流法律机制涉及转基因食品安全风险信息交流制度、规范和运行，对提高政府公信力，促进食品产业健康发展，保障国民身体健康有着举足轻重的作用。本案中，农业部虽强调"公函"的涉密性，但长期以来，频繁曝光的转基因食品安全事件不断强化公众对此的不信任感。如何把握公权力在私权利面前的限度，现行转基因食品安全风险信息交流法律机制如何适应"互联网 +"[5]背景下食品安全信息的高速增长，已成为我国面临的重大挑战。2016 年中央 1 号文件《关于落实发展新理念、加快农业现代化实现全面小康目标的若干意见》就提出，"加强农业转基因技术研发和监管，在确保安全的基础上慎重推广"。同年 8 月习近平主席在全国卫生与健康大会上发表重要讲话时也指出："要贯彻食品安全法，完善食品安全体系，加强食品安全监管，严把从农田到餐桌的每一道防线。"[6]通过转基因食品安全风险信息交流制度、规范和运行，以法律形式固定风险信息交流中

---

[1] 参见朱晓萌：《"黄金大米"事件真相大白——相关责任人受处罚，监管部门遭质疑》，载《中华工商时报》2012 年 12 月 11 日，第 10 版。

[2] 参见刘炜炜：《炮轰转基因商业化，小崔两会上说事儿》，载《粮油市场报》2014 年 3 月 12 日，第 2 版。

[3] See S. Ghoshray, "Genetically Modified Foods at the Intersection of the Regulatory Landscape and Constitutional Jurisprudence", *American Journal of Law & Medicine*, 2015, 41, (2/3).

[4] Food and Agriculture Organization of the United Nations, "Food Safety Risk Analysis: A Guide for National Food Safety Authorities", FAO, 2006.

[5] "互联网 +"是把互联网的创新成果与经济社会各个领域深度融合，提升实体经济的创新力和生产力。

[6] 新华社：《习近平总书记在全国卫生与健康大会上的讲话引起强烈反响》，载新华网：http://news.xinhuanet.com/2016 -08/21/c_1119428119.htm，最后访问日期：2016 年 9 月 6 日。

各主体的定位及侧重,对主动适应我国经济发展新常态,形成政府主导、市场与社会协同保障食品安全的共治格局具有重要意义。

二、我国转基因食品安全风险信息交流法律机制的现状分析

转基因食品安全风险包含对环境的潜在风险和对人体健康的潜在风险。因此,转基因食品安全风险信息交流不仅是生物技术性问题,还涉及社会伦理等因素。我国目前初步建成的转基因食品安全风险信息交流法律机制下主要设有转基因食品标识机制、市场准入机制和安全评价机制。针对转基因食品的标识、审批、食用安全性等搭建了制度框架,为我国转基因食品安全的风险信息交流法律机制的运行提供了依据。

(一)我国转基因食品安全风险信息交流法律机制运行效果

我国现行转基因食品安全风险交流法律机制更多的是对转基因生物技术安全性的考虑,在公众参与的保障、专家与公众关系的协调、媒体沟通的维护等方面鲜有涉及。存在风险信息交流法律机制运行不畅、风险信息交流效果不佳、配套机制不健全等问题。

1. 转基因食品安全风险信息交流法律机制运行不畅

我国转基因食品安全风险信息交流法律机制运行不畅主要体现在立法权限分散和制度、规范可操作性不强两个方面。

在立法层面上,我国目前尚无一部专门适用转基因食品的法律。转基因食品安全风险信息交流立法多散见于部门规章中,立法位阶不高、专门性不强、内容缺乏可操作性,难免出现监管部门职能交叉、信息对接不畅等情况。例如,国家质检总局的《进出境转基因产品检验检疫管理办法》与农业部的《转基因生物进口安全管理办法》在调整范围上就存在重合。在制度、规范的操作层面上,我国对转基因食品风险交流的规制较为宏观,适用范围极为有限。例如,我国《农业法》第64条第2款、《农业转基因生物安全管理条例》和《转基因农业生物标识管理办法》都强调对转基因食品从生产到销售过程中实行严格的安全控制措施和分级安全评价,却未就转基因食品安全评价的具体标准、等级之间的差异和相关步骤进一步细化。我国2015年新修订实施的《食品安全法》也在第69条明确了转基因食品标识的强制属性,但对于强制标识的范围、执行方式等方面的规定过于笼统,导致执行力度不够、标识率低下。

2. 转基因食品安全风险信息交流效果不佳

我国现行转基因食品安全风险信息交流法律机制仅涵盖转基因食品安全管理和安全评估中的风险信息交流,未涉及公众所关心的转基因食品对人体的潜在危害及商业化进程等内容,使得转基因食品安全信息交流缺乏有效性,公众接受度较低。一是

主管部门和专家缺乏公众立场。部分专家排斥公众参与的行为进一步加剧了在转基因问题上双方风险认知的差距。一些“挺转”专家认为公众缺乏基本的科学素养，对转基因生物技术没有发言权。公众则确信这些转基因技术的倡导者折服于市场和权力，不值得信任。二是食品安全领域的社会团体不能真正反映公众诉求。例如，在转基因食品安全争议中，中国消费者协会几乎没有起到政府与公众之间的桥梁作用，促进公众与政府、专家的沟通。三是在“互联网＋”背景下，以微信、微博为代表的新媒体迅速成为转基因食品安全信息转播中最具有影响力的媒介。而这类新媒体在面对转基因食品安全问题时往往缺乏严谨性和客观性，倾向于以情感掩盖科学性真相，增加了公众的不确定感。

3. 转基因食品安全风险信息交流配套机制不健全

目前，我国转基因食品安全风险信息交流法律机制下，针对信息采集机制、信息公开机制和媒体沟通机制等配套机制的建设仍很不完善。在转基因食品安全信息的采集上缺乏制度层面的总体设计，对信息的采集、处理也没有可执行的标准。加之自2013年食品安全体制改革以来，各地改革进度不一，政府机构间信息源参照不一致、不规范，难以集成利用。在转基因食品安全信息的公开上，政府信息发布原本应致力于维护公众合法权益，减少信息不对称带来的困扰。但鉴于转基因食品潜在危害存在不确定性，尚属不公开范畴。孟某某等诉农业部转基因油信息公开案就反映出我国转基因食品安全信息缺乏透明的公开机制。在媒体沟通上，我国食品安全监管部门不善于与媒体开展互动性沟通，不善于把握交流口径。

（二）我国转基因食品安全风险信息交流法律机制低效之成因分析

尽管我国在转基因食品安全风险信息交流制度、规范的构建和运行上做了许多有益尝试，但在转基因生物技术这一新兴技术领域依然处于摸索前进状态。现行转基因食品安全风险信息交流法律机制失灵主要缘于立法不完善、执法的傲慢与偏见和司法保护不周。

1. 立法不完善

其一，相关立法对转基因食品安全风险信息交流要素界定模糊。转基因食品安全风险信息交流静态要素包含风险交流主导机构、参与主体资格范围、风险交流事项；动态要素涉及食品安全风险交流的方式、评价机制。同时强调政府在发布风险信息的同时与多元主体的平等交流的有机结合。[1] 而我国新修订《食品安全法》除第23条对食品安全风险交流作出宽泛规定外，对其制度要素的界定尚不明确。其二，转基因食

〔1〕 参见宋世勇：《论我国食品安全风险交流制度的立法完善》，载《法学杂志》2017年第3期。

品安全风险信息交流制度化程度不高。转基因食品安全风险信息交流制度化在我国尚未得到足够重视,更多倾向于单向的信息公开。在立法层面上没有对社会团体的主体进行明确的定位,政府和专家基于体制压力和专业束缚缺少公众立场,即便有调查会、听证会、座谈会等参与渠道,但其是否开通往往取决于政府的决定。其三,转基因食品安全风险信息交流软法缺失。风险信息交流目标的实现主要缘于共识的达成。相较于硬法的强制力,软法的开放性、回应性可依据信息特点、交流主体的不同提供规范性指引。[1] 目前,我国涉及转基因食品安全风险信息交流的软法仅有国家卫计生委的《食品安全风险交流工作技术指南》,而该指南因定位陈旧,局限于单向的信息传播,风险信息交流目标不明确,对风险信息的影响因素覆盖不全。作为转基因食品安全风险信息交流的依据存在较大局限性。

2. 执法的傲慢与偏见

转基因食品安全风险信息交流过程中,有的政府监管部门并未将自己定位在倾听者的角色,而是不断借助专家的言论强调自身对转基因食品理解的权威性,涉及转基因食品安全的行政诉讼案件存在执法傲慢与偏见。特别是在相关信息公开案件中,一旦涉及公开我国转基因食品的安全评估依据、市场准入审批材料、具有生产销售资格的企业目录等内容,相关部门往往含糊其辞。孟某某等诉农业部转基因油信息公开案中农业部在执法中存在的傲慢与恣意,一是基于转基因食品安全信息公开与保密的边界模糊,信息的供给与需求对接不上,公众所关注的问题难以从政府公开信息中获得答案。[2] 二是在执法理念上,部分监管执法人员仍拘泥于用行政手段谋事干事,习惯凭传统经验分析和处理问题,缺乏创新思维、市场意识和战略眼光,不能有效调动市场主体积极参与。

3. 司法保护不周

从2003年雀巢转基因标识案的提起,[3] 到2014年食用油转基因标识案的集中爆发可以看出,转基因食品安全侵权案多因生产商转基因标识不规范,或对国家要求醒目的“转基因”标识模糊标示,对国家没有要求“非转基因”标识夸大其实,漠视公众的知情权和选择权。然而,2006年雀巢转基因标识案历经曲折却宣告败诉,转基因标识

---

〔1〕 参见沈岿:《风险交流的软法构建》,载《清华法学》2015年第6期。

〔2〕 参见徐信贵:《食品安全风险警示的制度属性与法治要素》,载《西南民族大学学报》(人文社会科学版)2016年第6期。

〔3〕 参见张磊:《雀巢是否侵犯了中国消费者知情权》,载《中国消费者报》2003年12月29日,第B01版。

案被束之高阁,[1]反映出我国在转基因食品安全侵权上司法保护严重不足。未明确各利益相关方在转基因食品安全风险信息交流中的责任。一方面,我国政府部门主要采取以告知、教育为主要目的的交流方式,在交流形式上仍停留于单向信息传播,未能涵盖食品安全风险信息交流中的各利益相关方。这种强调结果信息的公布,忽视过程的风险信息交流,不仅将矛盾后置,交流中使各利益相关方产生逆反情绪,也无法让各方的诉求在同一个平台上得到公开表达和回应,通过彼此说服、权衡利弊达成共识。另一方面,在转基因食品侵权案中,由于对专家、公众、食品生产经营者、媒体等利益相关方的责任划分不明确,公众局限于对政府监管不力的声讨,食品生产经营者没有第一责任人的认知,媒体难以科学传播风险信息。最终,专家的风险评估受到质疑,政府公信力下降,公众对政府的食品安全秩序建构无法建立应有的稳定预期,对缺乏甄选、约束机制的专家群体产生集体不信任,对受声誉罚过度的食品生产经营企业产生普遍不信任。[2]

三、转基因食品安全风险信息交流法律机制的域外经验及借鉴

我国转基因食品安全风险信息交流法律机制尚不完善,而以美国、欧盟、日本为首的主要发达国家在食品安全风险信息交流领域起步较早,已经建立起一套比较完善的转基因食品安全风险信息交流法律机制,深入总结这些经验对我国具有重要的现实意义。

(一)域外转基因食品安全风险信息交流法律机制的经验总结

美国、欧盟和日本虽然对转基因食品"安全性"的接受度各不相同,在转基因食品安全风险信息交流制度、规范的设计理念上也存在较大差异,但其法律机制的运行都主要都围绕以下内容展开。

1. 转基因食品安全标识信息交流机制

对转基因食品安全标识的信息交流不仅是对标识文本的信息公开,还包括标识的制定过程及依据的信息沟通。美国国民对转基因食品的认知度较高,持相对宽容的态度。通过美国《转基因食品有权被知悉法案》建立的自愿标识机制,强调对转基因食品的标识和上市咨询应基于自愿。欧盟在经历了疯牛病(Bovine Spongiform Encephalopathy,BSE)等食品安全事件后,公众对转基因食品的接受度并不高。欧盟从1997年到2000年出台的各项条例对转基因食品安全立法不断完善,确立了转基因食品强制标

[1] 参见姜虹:《金龙鱼再遭毒手,转基因是靶心》,载《粮油市场报》2013年4月20日,第B02版。

[2] 参见吴元元:《食品安全共治中的信任断裂与制度因应》,载《现代法学》2016年第4期。

识机制。[1] 并对标识的形式、规范也有着具体的要求。日本在强制标识与自愿标识之间选择了较为折中的方式。2001年4月出台的日本《转基因食品标识法》规定了强制标识的两种情形和自愿标识的例外情况。[2] 各国和地区虽然在设立转基因食品安全标识制度上有所不同,但对转基因食品安全标识信息的交流均围绕专家意见的披露、会议纪要的公开、行业协会的意见反馈等展开,[3] 有利于公众准确理解标识的含义,促进对其科学性的认可。

2. 转基因食品安全信息双向交流机制

如何有效促进风险管理机关、风险评估机构与公众之间进行双向沟通,是转基因食品安全风险信息交流法律机制运行的核心。实践中,美国一方面着力提高美国食品药品管理局(Food and Drug Administration,FDA)独立监测、评估转基因食品安全风险信息的能力,通过FDA网站和网络工具作为与不同利益相关者交流的主要工具,让专家更多地参与交流计划的设计和信息开发工作。另一方面则加强政府和非政府组织的紧密联系。欧洲食品安全局(European Food Safety Authority,EFSA)不仅重视建立利益相关方关系网,还通过网站、电子出版物、公众咨询、研讨会、博客等渠道促进信息的双向交流。日本以食品安全委员会为主导,通过设立转基因食品安全信息意见交换会、利益相关方信息交流会、官方网站、咨询专线等信息沟通平台,并以派遣食品安全监督员的形式来促进转基因食品安全风险信息交流中多元主体间的双向交流。[4]

3. 转基因食品安全公众参与机制

由于转基因食品安全风险信息的形式呈现很强的技术性,公众参与的意识与能力直接影响双向信息沟通的品质。美国的FDA采用以结果为导向的风险信息交流机制,通过与各类不同背景受众的交流增进其对转基因食品的了解,改进处理公众查询信息的能力,并提高对转基因食品安全风险信息交流有效性的反馈。欧盟的EFSA认为,由于转基因食品存在诸多不确定性,转基因食品安全风险信息交流应体现“跨部门、独立和公开透明”的特点,确保通过公众参与全面了解其诉求,并依据公众需要对交流进行

---

〔1〕 See JR Houghton, G Rowe, LJ Frewer, et al., “The Quality of Food Risk Management in Europe: Perspectives and Priorities”, *Food Policy*, 2008, 33(1).

〔2〕 [日]食品安全委員会,「遺伝子組換え食品(種子植物)の安全性評価基準」,https://www.fsc.go.jp/senmon/idensi/gm_kijun.pdf,2016.7.20。

〔3〕 参见姚国艳:《论我国食品安全风险交流制度的完善——兼议〈食品安全法〉第23条》,载《东方法学》2016年第3期。

〔4〕 参见王怡、宋宗宇:《日本食品安全委员会的运行机制及其对我国的启示》,载《现代日本经济》2011年第5期。

调整。[1] 日本依据《食育基本法》推出了“食育推进基本计划”，分别在学校教育层面、利益相关方层面和媒体层面推进转基因食品安全风险素养的培育，[2]同时鼓励公众通过社会组织参与转基因食品安全的风险信息交流。

（二）域外转基因食品安全风险信息交流法律机制对我国的启示

1. 社会共治的风险信息交流理念

社会共治理念贯穿于发达国家和地区的转基因食品安全风险信息交流法律机制，是对公众知情权和食品安全监管权、参与权的保障，是程序正义的有效实现方式。其强调的治理权威来源及治理主体的多元性、社会秩序的稳定性和自组织的调和性对培育社会组织，对健全多元参与机制，创新我国转基因食品安全风险信息交流模式有着积极作用。例如，美国为保障信息发布的一致性，主要以 FDA 为核心，协同美国农业部、环境保护局对转基因产品进行管理，同时也强调公共部门与私营机构之间转基因食品安全风险信息的交流。[3] 欧盟 EFSA、欧盟委员会和各成员国作为转基因食品安全风险信息交流的主要负责者，在转基因食品安全风险信息交流中擅长于对媒体的运用，将媒体作为独立于政府和公众的第三方，对传统媒体和新媒体运用、引导，协助政府和公众进行交流。[4] 日本则以食品安全委员会为风险评估、协调机构，结合厚生劳动省和农林水产省分别垂直管理与地方监管相结合的模式，通过制订转基因食品安全教育计划和开展教育活动，使公众、食品企业从业人员和媒体进一步了解相关信息，明确各主体在信息交流过程中的作用与责任。[5]

2. 科学的制度设计

域外发达国家和地区对转基因食品安全风险信息交流法律机制以原则为主线，以制度为本体，保障转基因食品安全风险信息交流法律机制的运行。美国的制度设计遵

---

〔1〕 See Y. Devos, J. Aguilera, Z. Diveki, et al., “EFSA’s Scientific Activities and Achievements on the Risk Assessment of Genetically Modified Organisms (GMOs) During its First Decade of Existence: looking back and ahead”, *Transgenic Research*, 2014, 23, (1).

〔2〕 ［日］農林水産省，「我が国の食生活の現状と食育の推進について」，http://101.96.10.65/www.maff.go.jp/j/syokuiku/pdf/meguji_201603.pdf，2016.9.16。

〔3〕 See Z. Meghan, “Risk Assessment of Genetically Modified Food and Neoliberalism: An Argument for Democratizing the Regulatory Review Protocol of the Food and Drug Administration”, *Journal of Agricultural and Environmental Ethics*, 2014, 27, (6).

〔4〕 See EFSA. “Use of EFSA Comprehensive European Food Consumption Database for Estimating Dietary Exposure to Genetically Modified Foods”, *EFSA Journal*, 2015, 13, (2).

〔5〕 ［日］食品安全委員会，「遺伝子組換え食品（種子植物）の安全性評価基準」，https://www.fsc.go.jp/senmon/idensi/gm_kijun.pdf，2016.8.15。

循"可靠科学原则",强调转基因食品安全风险信息交流须以风险评估结果为依据,总体上贯彻了公众科学与理性的思想,通过风险分析网络对风险进行识别、评估、控制以及就风险进行沟通等环节来实现对风险形成科学完整的认识。同时还建立了多种信息沟通渠道,以便自下而上广泛、可靠地收集公众的反馈,提高风险分析的明确性以及风险管理的有效性。欧盟与日本则采取严格监管与鼓励发展并存模式。欧盟 EFSA 以"风险预防原则"为引导,于 2005 年启动了消费者对食品供应链中风险认知的研究计划,对普通民众进行了大量的风险认知调查,为其后有效的风险信息交流打下了良好的基础。并搭建了利益相关者的咨询平台,通过该平台及时接收利益相关者回馈的信息,对重要的科学问题开展听证会,实现面对面的信息交流,有利于公众知悉转基因食品的来源和流向,厘清各主体的责任,促使公众作出科学合理的选择。日本则介于"可靠科学原则"和"风险预防原则"之间,[1]一方面在食品安全委员会下设的风险信息交流专门调查会主要负责协调风险管理机关之间的信息互换;另一方面致力于对公众、媒体的教育、沟通来正确引导和宣传转基因食品。

3. 完善的配套机制

转基因食品安全风险信息交流需要根据食品安全风险评估所传递的信息来进行风险预防和应对,其本质是信息在各个主体之间传递和共享的过程。只有做到了信息共享与协调,才能及时发现问题,采取应对措施。因此,转基因食品安全风险信息交流法律机制的有效运行离不开完善的配套机制,如美国的市场准入机制旨在提高转基因食品进入流通领域的门槛。欧盟建立了转基因食品追溯机制,与强制标识机制相互结合,使转基因食品标识的内容有据可查。日本的国际合作机制让公众和转基因食品生产销售企业充分了解各国转基因食品安全监管措施及风险信息交流的实施效果,并通过建立国际研究者网络,促进各国在转基因食品安全风险信息交流方法、行动预测方法、风险认知等领域的共同研究。[2]

四、我国转基因食品安全风险信息交流法律机制的完善

发达国家转基因食品安全风险信息交流法律机制建设都强调通过制度、规范引入多元主体参与来促进机制的有效运行。我国新《食品安全法》第 3 条虽然确立了"社会共治"理念,但基于我国转基因食品安全风险的复杂性、多样性和社会性特点,在借鉴

---

〔1〕 [日]吉田沙由美,「技術における安全の社会的形成:遺伝子組換え食品を事例として」,*Journal of Information and Management*,2015,36,(2)。

〔2〕 参见王怡、宋宗宇:《社会共治视角下食品安全风险交流机制研究》,载《华南农业大学学报》(社会科学版)2015 年第 4 期。

域外先进经验的基础上，应当以社会共治理念为引导，立足我国国情，采取折中的方式平衡“可靠科学原则”与“风险预防原则”，从静态制度设计和动态机制运行保障两个层面完善我国转基因食品安全风险信息交流法律机制。

（一）我国转基因食品安全风险信息交流的制度设计

1. 转基因食品安全信息公开制度

信息公开是转基因食品安全风险信息交流的前提，是相关行政主体为了实现转基因食品安全风险信息交流的目的，依法将转基因食品安全有关的信息向特定的个人或组织公布。而转基因食品安全风险信息交流中的信息公开制度侧重于强调过程，是对食品生产、经营、销售环节进行风险信息交流的过程中的信息公开。我国转基因食品安全信息公开制度应从明确信息公开主体、充实信息公开内容、丰富信息公开方式、完善信息公开救济几个方面进行完善。首先，须进一步加强跨部门、跨区域之间食品安全监管部门的信息交流协作，明确信息报告制度中相关主体的责任。其次，应在信息公开中充实转基因食品安全评估信息、企业信用信息和国外相关动态信息等内容。再次，食品安全监管机关应统一信息发布口径，加强与媒体的沟通，实现多渠道传播，防止信息垄断。最后，应加快构建转基因食品安全信息公开监督机制，通过完善行政复议、行政诉讼等方式维护相对人的合法权益，避免孟某某等诉农业部转基因油信息公开案的重演。

2. 转基因食品安全公众参与制度

公众参与是实现转基因食品安全风险信息有效交流的重要保障。在转基因食品安全风险信息交流过程中，政府应更多地扮演组织协调者的角色，引导公众及社会组织参与治理，而公众及社会组织不仅能与政府充分互动，还能监督政府的行为，优化决策以提高其公正性。我国新《食品安全法》第 9 条、第 10 条和第 23 条对公众参与已有所体现。在此基础上，转基因食品安全公众参与制度应着眼于公众参与意识与能力的培育，拓展公众参与的形式，完善公众参与的配套制度。在公众参与意识与能力培养上，需通过制订教育计划，开展教育活动，对有关食品安全的知识进行讲解，组织对《食品安全法》及《消费者权益保护法》等相关法律法规的学习，使公众具备一定的转基因食品安全风险认知能力，增强其参与转基因食品安全风险信息交流的主体意识与责任意识，具有运用所掌握的知识维护自身权益的条件。在参与形式上，可通过壮大社会组织力量，使个体通过组织形式参与，提高利益表达的理性。同时，顺应互联网的发展趋势，开辟实体论坛和网络讨论区，展开电话咨询和公开征求意见，利用微博、微信、移动平台等渠道，丰富公众参与的方式。在配套制度的完善上，通过细化听证制度，落实社会协商制度的实施机制，保障转基因食品安全风险信息交流中公众参与的真正实现。

3. 转基因食品安全信息双向沟通制度

"民主对话"是有效实现食品安全风险信息交流目的的前提。[1] 当前国际上公认的食品安全风险信息交流多是以双向互动沟通为主,相关受众的信息反馈不仅有利于增强信息管理机构的权威性与可信度,还能帮助政府在食品安全方面做出行之有效的正确决策。转基因食品安全双向沟通制度是通过促进风险管理者、风险评估者和利益相关者之间的互动和评价反馈,最终影响风险管理决策与决定执行。[2] 其制度核心应包含决策理由说明、意见反馈和交流效果评估。首先,监管部门须对涉及转基因食品安全问题的意见及可能采取的措施进行说明。特别是在立法、决策前应定期举办政府与利益相关代表方的意见交换会,考虑行业协会、企业、消费者、社会组织等利益相关主体的意见。其次,在风险信息交流过程中,以受众为本,积极反馈各利益相关方的观点、意见,并及时予以回应,建立彼此间的信任。最后,对转基因食品安全风险信息交流的效果评估不仅直接关系到政策的调整和交流技巧的提升,也可从侧面确保风险交流符合法律、规范的要求。应通过转基因食品的追溯机制完善和食品安全监管部门的经验总结,科学评估风险交流的实施效果,进一步提升交流水平。

(二)我国转基因食品安全风险信息交流的运行保障

1. 建立独立的食品安全风险信息交流机构

食品安全风险信息交流机构独立于生产商和其他利害关系人是发达国家共同的特点,有利于确保信息交流的科学性、公正性。我国2013年食品安全监管体制改革后,对食品安全的风险交流由国家卫生和计划生育委员会下属的食品安全风险评估中心负责。为避免因多头监管带来的信息壁垒,提高我国食品安全风险交流水平,应设立位阶较高的独立的食品安全风险信息交流机构,负责转基因食品安全风险信息交流的战略规划的建立、实践标准的制定和交流效果的评估。一方面,须明确转基因食品安全风险信息交流机构的职权与职责,通过其协调、促进政府各部门之间,政府与专家之间,以及政府与公众之间的双向交流;另一方面,应统一协调、整合各部门的资源优势,避免部门间的职权与职责重合、冲突,形成全面系统的转基因食品安全风险信息交流体系。

2. 促进"互联网+"时代的信息化建设

"互联网+"时代的信息化建设应促进"互联网+"与政府信息公开相融合,解决转

---

[1] See National Research Council, *Improving Risk Communication*, Washington D. C: National Academy Press, 1989.

[2] See S. Cope, L. J. Frewer, J. Houghton, et al. "Consumer Perceptions of best Practice in Food Risk Communication and Management: Implication for Risk Analysis Policy", *Food Policy*, 2010(35).

基因食品安全数据割裂和信息集成利用等问题。主要可分为以下几个步骤:第一,构建转基因食品信息大数据库。可通过风险监测数据挖掘、数据关联对比分析,及时掌控风险点的规律及特征,促进信息的显性化供给。第二,建立针对不同受众的信息沟通平台。虽然我国于2015年5月推出了"转基因微问答"在微信、微博的平台,致力于将转基因知识以通俗易懂的语言、趣味多样的方式呈现给公众,但仍缺乏针对受众的区分。可借助互联网优势,拓展信息沟通平台,以满足不同类型受众的信息需求。第三,加强新媒体的应用。我国目前在风险交流中对新媒体的应用仅局限于官方微博、政务微信或个别APP客户端。应充分利用新媒体互动性和开放性等特点,引导新媒体传播科学的食品安全信息,利用公众号"谣言过滤器"等手段避免风险放大效应,使新媒体在食品安全风险信息交流中发挥正确的舆论导向作用。

3. 组建转基因食品安全风险信息交流的专业队伍

组建专业的风险信息交流队伍,一是可为转基因食品安全风险信息交流活动提供实践指导和技术支持,提升风险信息交流的科学性,引导公众、食品生产经营企业和媒体等利益相关方形成合理的风险认知。二是可有效协助风险信息交流各参与主体之间沟通。例如,转基因食品安全风险信息交流的主体中,作为风险管理机关的政府部门具有社会公信力,作为风险评估者的专家具有较高的专业性,作为风险传播媒介的媒体则具有传播信息的能力。风险信息交流的专业队伍可利用不同的交流方式和内容促进各主体之间的沟通,再由以上主体以不同方式将信息传递给各个层面的公众,有助于公众对信息的理解和接受。

五、结语

转基因食品安全风险信息交流不仅是科学信息的沟通,更是社会价值观的反映。我国转基因食品安全风险信息交流法律机制应立足于社会共治理念,注重传统食品安全立法和监管体系对转基因食品安全风险信息交流的补充、支撑作用。在新《食品安全法》基础上,以法律形式固定政府及利益相关方的角色定位,促进各方对彼此观点的理解。通过制度、规范和运行来保障公众对转基因食品安全的知情权、参与权和监督权。此外,还应借助"互联网+"时代新形态的传播方式,推动公众参与的转基因食品安全信息显性化供给,实现安全、有序、良性互动的风险信息交流。

互联网不正当竞争案件酌定赔偿考量因素的实证研究

——以312份法院判决为样本*

吴太轩**

目　次

一、引言

近年来,互联网领域的不正当竞争案件呈"井喷式"爆发,法官们在审理这些案件时,如何确定侵权损害赔偿额是一个难点问题。因为在互联网环境下,无论是界定原告的损失大小,还是查证被告的获利数额,皆非易事。在此背景下,法官们多数适用酌定赔偿方法[1]来确定互联网不正当竞争案件的损害赔偿额。换言之,酌定赔偿已然

* 基金项目:2015年国家社科基金项目《互联网新型不正当竞争行为法律规制的实证研究》(15BFX125);2016年中国法学会部级法学研究课题《互联网即时通讯工具规制法律问题研究》[CLS(2016)C3]。

** 西南政法大学副教授,法学博士。

〔1〕 目前学术界及实务界对于"酌定赔偿"的称谓有不同观点,有观点认为"酌定赔偿""法定赔偿"或"定额赔偿"。(参见孙海龙、赵克:《侵害著作权法定赔偿问题研究——以不同阶段抽样裁判文书为研究视角》,载《中国版权》2015年第3期。)笔者认为"法定赔偿"更强调法定幅度内确定判赔数额,"定额赔偿"是借鉴日本、德国立法例根据许可使用费推定赔偿额的说法,相较之下,"酌定赔偿"更符合我国著作权法及相关司法解释中规定的法院根据一系列因素酌情确定赔偿数额的内涵。

成为此类案件主要的赔偿方式。[1] 然而,我国1993年制定的《反不正当竞争法》并未对酌定赔偿方法作出明确规定。根据2007年颁布的《最高人民法院关于审理不正当竞争民事案件应用法律若干问题的解释》第17条第1款[2]的规定,在司法实践中,法官在确定不正当竞争行为的损害赔偿额时,通常参照知识产权侵权类案件的处理方法。但是,通观有关知识产权侵权损害赔偿确定方法的法律文件,仅将"侵权行为的性质和情节"作为酌定因素的总称,而相关的司法解释对酌定赔偿考量因素的规定也甚为简单。[3] 因此,司法实践中法官适用酌定赔偿时考量因素不统一,甚至出现严重分歧,对类似的互联网不正当竞争案件,法官确定的损害赔偿额相差悬殊。此外,法官在这些案件的判决书中,极少阐明所考量的酌定因素与赔偿数额之间的量化关系,少数法官甚至不公布具体的考量因素。由此可见,在互联网不正当竞争案件的审理过程中,酌定赔偿考量因素欠缺统一标准,俨然成为此类案件审判中的棘手问题。[4] 在互联网不正当竞争案件不断涌现的背景下,法官们审理此类案件时应当如何科学适用酌定赔偿?其具体考量哪些因素?各考量因素适用比重如何?……这些问题皆需要解答。鉴于此,本文拟通过SPSS实证研究分析方法,探究互联网不正当竞争案件酌定赔偿考量因素的适用现状,总结此类案件酌定赔偿考量因素存在的问题并剖析其内在原因,在此基础上,提出此类案件酌定赔偿考量因素的具体建议。

二、实证考察:互联网不正当竞争案件酌定赔偿考量因素的数据统计

(一)数据录入情况说明

1. 数据来源

笔者通过北大法宝、北大法意、中国裁判文书网及各大法院官网等途径,收集到1999~2014年16年间的互联网领域不正当竞争案件判决书,共计389份,经筛选最

---

[1] 在无法证明损害赔偿额时,考虑到损害已客观存在,损害赔偿的基础已然具备,单纯因原告无法证明损害的具体程度从而驳回其赔偿请求无疑与正义诉求相左。为了贯彻实现反不正当竞争法维持竞争秩序、保护经营者合法利益的这一立法目的,应以合理的方式确定被告的赔偿责任,对损害赔偿额的确定方法进行灵活变通和创新。在原告损失或被告获利都难以证明时,法律赋予法院以自由裁量权,即根据个案酌情确定赔偿数额。具体适用情况见本文第一部分。

[2] 参见本文第二部分。

[3] 参见本文第二部分。

[4] 参见李友根:《论竞争法中的法定赔偿:制度变迁个案的解剖——基于不正当竞争案例的整理与研究》,载《中国法学》2009年第1期。

终得到312份有效样本作为本文进行实证研究的对象。

2. 分析工具及分析方法

本文所采用的数据分析工具为SPSS软件。首先在SPSS软件中设计变量,其次将判决书中的相关信息按照变量设计依次录入SPSS软件,利用频次分析、主成分分析等分析方法,对数据进行解析。

3. 变量设计

在分析过程中,笔者共设计了24个变量,分别为年度、省份、审级、胜败诉情况、法官是否适用我国《反不正当竞争法》第2条进行判决、法官是否认定原、被告具有同业竞争关系、法官是否认定被告具有主观恶意、新型案件侵权行为方式、是否涉及第三方平台、法官有无对互联网经济秩序进行说理、判决中是否对行为为何违反了商业道德或诚实信用原则进行了详细说明、判决理由中是否考虑了互联网的特殊性、行为人担责原因、赔偿依据、判决数额、索赔数额、担责主体及方式、判决是否在网站消除影响或赔礼道歉、可期待利益损失是否纳入了损害赔偿范围、商誉损失是否纳入了损害赔偿范围、酌定赔偿中考虑的酌定因素有哪些、法官在采用酌定赔偿方式时对于酌定因素是否进行了具体阐述、是否支持由被告承担合理举证费用、是否引入专家证人等。

(二)数据结果展示

本文通过表格形式对互联网不正当竞争案件审理过程中法官适用酌定赔偿时具体的考量因素予以展示,详见表1至表5。

表1　互联网不正当竞争案件赔偿依据

样本	赔偿依据	频率	百分比(%)	有效百分比(%)
有效	原告损失	62	19.9	26.6
	被告获利	1	0.3	0.4
	酌定赔偿	170	54.5	73.0
	合计	233	74.7	100.0
缺失	系统	79	25.3	—
合计		312	100.0	—

表 2 互联网不正当竞争案件酌定赔偿主要考量因素

考量因素	是(%)	否(%)
主观过错	60.8	39.2
侵权持续时间	58.9	41.1
侵权范围、规模与能力	44.3	55.7
侵权方式与手段	72.6	27.4
反映原告损失与被告获利的相关事实	52.9	47.1
企业形象或商誉受损程度	7	93
合理开支	88.6	11.4

表 3 互联网不正当竞争案件酌定赔偿主要考量因素成分分析

主要考量因素成分	初始特征值			提取平方和载入		
	合计	方差的(%)	累积(%)	合计	方差的(%)	累积(%)
主观过错	1.406	23.436	23.436	1.406	23.436	23.436
侵权持续时间	1.183	19.724	43.160	1.183	19.724	43.160
侵权范围、规模与能力	1.061	17.678	60.838	1.061	17.678	60.838
合理开支	1.013	16.884	77.722	1.013	16.884	77.722
侵权方式与手段	0.698	11.637	89.359	—	—	—
反映原告损失与被告获利的相关事实	0.638	10.641	100.000	—	—	—

表 4 法官在适用酌定赔偿方式时对于酌定因素是否进行了具体阐述

样本		频率	百分比(%)	有效百分比(%)	累积百分比(%)
有效	是	22	7.1	12.4	12.4
	否	155	49.7	87.6	100.0
	合计	177	56.7	100.0	—
缺失	系统	135	43.3	—	—
合计		312	100.0	—	—

三、理论分析:互联网不正当竞争案件酌定赔偿考量因素存在的问题及其原因

(一)互联网不正当竞争案件酌定赔偿考量因素存在的问题

从表1可知,法官在审理互联网不正当竞争案件时,大多采用酌定赔偿方式,酌定赔偿所占比例高达73%,由此可见,酌定赔偿成为此类案件主要的赔偿方式。导致这一现象的原因主要是互联网环境下对于原告无形财产的侵害后果没有明确的判定界限因而难以计算,查证被告的侵权获利较传统的不正当竞争案件而言也更为棘手。互联网不正当竞争行为更为隐蔽、多样,带有明显的技术特征,被告的侵权获利特别难以核实,这给原告举证及法院查证都增加了难度。在无法证明原告的损害额时,考虑到损害已客观存在,损害赔偿的基础已然具备,单纯因原告无法证明损害的具体程度从而驳回其赔偿请求无疑与权利保护原则相左。[1] 故在此情形下,法律赋予法官以自由裁量权,采取酌定赔偿方法来确定损害赔偿额。

从表2统计结果来看,在所收集的312件互联网不正当竞争案件中,法官在适用酌定赔偿方法时考量的因素主要有以下各项:(1)反映原告财产损失和被告获利的相关事实;[2](2)企业形象或商誉受损程度;(3)主观过错程度;(4)侵权持续时间;(5)侵权范围、规模与能力;(6)合理开支;(7)侵权的方式与手段;(8)其他。然而,法官在适用这些考量因素时缺乏统一标准,造成这些因素对确定损害赔偿额的影响权重各异,具体表现如下:

第一,同一考量因素在类似案件中适用情况不一。比如,对于企业形象或商誉受损这一考量因素的认定,仅有7%的案件将其作为酌定赔偿的考量因素,而多达93%的案件对此因素则不加以考虑。对侵权持续时间这一因素,也只有58.9%的案件将其纳入酌定赔偿考量体系。相比之下,在研究的案例群中,以主观过错作为酌定赔偿考量因素的判决书较多(占60.8%),但仍有39.2%的案件在适用酌定赔偿时对主观过错这一因素不予考量。与此类似的是,对于侵权范围、规模与能力以及反映原告损失与被告获利相关事实这两个因素,法官在适用酌定赔偿时也未给予应有的重视。

第二,类似案件具体考量因素分歧较大。通过主成分分析方法(见表3)可知,主观过错、侵权持续时间、侵权范围(规模)与能力、合理开支这4个因素乃主要成分,意味着法官在适用酌定赔偿时主要考量这四个因素,对其他因素如企业形象或商誉受损程

〔1〕 参见胡晶晶:《知识产权"利润剥夺"损害赔偿请求权基础研究》,载《法律科学》2014年第6期。

〔2〕 如收入、月度活跃用户数量、用户覆盖率、新注册用户数量、合作伙伴数量、软件下载量、软件受欢迎程度排行榜等。

度、侵权方式与手段等因素则很少考虑。在有的案件中，法官将反映原告财产损失与被告获利的相关事实作为确定损害赔偿额的参考因素，弱化或不考虑其他因素，例如，2011 年河南省高级人民法院审理的河南 DK 酒业股份有限公司等侵害商标权及不正当竞争纠纷案，〔1〕就重点考虑了“反映原告损失及被告获利的相关事实”，其他考量因素在判决书中未得以体现；在 2011 年北京市海淀区人民法院审理的上海 XL 国际贸易有限公司诉 HR(北京)信息技术有限公司不正当竞争纠纷案〔2〕中，法院就以被告进货价格和销售价格之间的比对价作为认定损害赔偿额的依据。但在另外一些案件中，法官在适用酌定赔偿时将损害赔偿额的参考因素锁定于侵权行为的方式、手段，却忽略了对其他因素的认定，例如，2003 年北京市第一中级人民法院审理的中国 ZH 集团公司诉杭州 ZH 网络技术有限公司等侵犯商标权不正当竞争纠纷案〔3〕在确定赔偿额时就只考量了侵权的情节，基本上未考量其他因素。

从表 4 的数据可知，实践中大多数法官更倾向于采取不确定的表述方式，鲜有法官对酌定赔偿具体考量因素进行说理阐述，在所调研的案例群中，仅有 22 个案件的法官具体阐明了酌定赔偿的考量因素，高达 87.6% 的案件法官未解析其具体考量因素。法官往往采取笼统的表述方式，例如，“由本院依据本案的实际情况，结合原告的诉请，被告实施不正当竞争行为的手段、规模、情节、主观故意程度、造成的后果等因素，酌情认定”，〔4〕对于其中各个因素在该案中的具体体现、对损害赔偿额的影响权重等往往不予说明。故各考量因素与法官所确定的损害赔偿额之间的量化关系并不明确。

综上所述，目前法官在审理互联网不正当竞争案件适用酌定赔偿时，存在考量的具体因素不统一，具体适用标准模糊的问题，其将引发以下后果：

其一，类似案件损害赔偿额判决悬殊，造成“同案不同判”现象。酌定赔偿考量因素适用标准的混乱，导致法官在类似案件对酌定情节的理解、把握及适用上存在较大分歧，不同法官对类似的互联网不正当竞争案件，甚至是对同一案件，其考量的具体因素也不尽一致，而各考量因素直接影响损害赔偿额的确定，进而导致不同法官所确定的损害赔偿额相差悬殊。这不仅导致个案的不公平和不正义，也影响互联网不正当竞争侵权赔偿的精确性，降低法律应有的严谨性。

---

〔1〕 参见河南省高级人民法院(2011)豫法民三终字第 194 号民事判决书。

〔2〕 参见北京市海淀区人民法院(2011)海民初字第 25061 号民事判决书。

〔3〕 参见北京市第一中级人民法院(2003)民初字第 9923 号民事判决书。

〔4〕 参见上海市第二中级人民法院(2000)沪二中知初字第 109 号民事判决书。

其二,考量因素不统一,各地法院做法不一,[1]法官运用自由裁量权的空间过大,容易引发司法腐败,酌定赔偿可能异化为法官通过办案谋利的工具及筹码,对法律的权威性也带来挑战。

其三,法官在适用酌定赔偿时未充分说理,提高了因不服损害赔偿额的上诉率。由于当事人无法从判决书中获取酌定赔偿额所依赖的有力、准确的依据,对判决的赔偿结果往往不信服,常常造成当事人围绕损害赔偿额提起上诉。上诉率的增长既不利于节约司法资源,也不利于社会和谐。

(二)互联网不正当竞争案件酌定赔偿考量因素存在问题的原因

由于我国《反不正当竞争法》并未直接规定酌定赔偿方法,[2]根据《最高人民法院关于审理不正当竞争民事案件应用法律若干问题的解释》第17条的规定,对于侵犯商业秘密不正当竞争行为对应的损害赔偿额,可参照《专利法》规定的侵害专利权对应的损害赔偿额计算方法;对于虚假宣传等不正当竞争行为对应损害赔偿额,则可参照侵犯注册商标专用权所对应的损害赔偿额计算方法。据此,司法实践确定不正当竞争行为损害赔偿额,大多参照知识产权侵权案件确定损害赔偿的方法。[3] 然而,从知识产权侵权案件确定酌定赔偿因素的相关法律文件来看,知识产权3大基本法(包括《商标法》《专利法》《著作权法》)对于酌定赔偿的考量因素只提及“侵权行为的性质和情节”,[4]未有其他酌定因素可作为参照,而其他相关司法解释[5]对于酌定情节的规定

[1] 比如,各地法院对是否应将行为人的主观过错程度纳入酌定赔偿的考量因素存有分歧和争议。安徽、北京等地法院就曾在司法指导性文件中明确“侵权情节”包括侵权人的主观过错,同时,侵权人的主观状态成为很多判决书表述的法定赔偿酌定情节之一。而在《商标法》等知识产权法律及最高人民法院的司法解释中,侵权人的主观状态未列为酌定情节。据此,可以看出审判机构对酌定赔偿的性质尚存在模糊认识,换言之,司法实践与最高人民法院司法解释存有分歧。

[2] 从《反不正当竞争法》第20条规定可得知。

[3] 《反不正当竞争法》制定后,该法第20条关于损害赔偿的规定,虽然其表述顺序与商标法规定不尽一致,但其内容基本一致,也足见其受到商标法的直接影响。而且无论是学者的理解还是相关部门的解释,均以《商标法》的赔偿制度作为理论与实践依据。

[4] 对酌定因素作出规定的有2008年《专利法》(第65条)、2013年《商标法》(第63条)和2010年《著作权法》(第49条)。

[5] 对酌定因素作出规定的司法解释有:《最高人民法院关于全国部分法院知识产权审判工作座谈会纪要》(1998年)、《最高人民法院关于审理专利纠纷案件适用法律问题的若干规定》(2001年)第21条、《最高人民法院关于审理商标民事纠纷案件适用法律若干问题的解释》(2002年)第16条和《最高人民法院关于审理著作权民事纠纷案件适用法律若干问题的解释》(2002年)第25条等。

也过于简单。[1] 因此,"侵权行为的性质和情节"即为该类案件适用酌定赔偿所考量因素的总称。"性质和情节"这一概念意指和侵权行为相关的,能直接、间接地反映侵权行为主观恶性与客观后果严重程度以及侵权人应承担赔偿责任的各种事实情况。其既包括行为的具体体现,也包括行为造成的各种后果,在《反不正当竞争法》和《侵权责任法》的立法中均未具体列明。

正是由于目前立法对酌定赔偿考量因素规定得过于简单,作为正解前提的普适性标准无法在立法中获得,法官只得依自身法律素养和审判经验进行裁判。酌定赔偿考量因素的不确定和高度抽象性,导致法官对于酌定考量因素的具体内涵和法律意义可能缺乏清楚认识。加之不同法官在审判素养、知识水平、主观感受、社会经验、价值判断、社会理想、性情气质等方面的差异,[2] 对酌定情节的理解、把握和适用上存有分歧甚至是争议,导致在个案中所具体适用的考量因素欠缺统一标准,进而引发类似案件判决的损害赔偿额相差悬殊。

四、对策建议:互联网不正当竞争案件酌定赔偿考量因素的明确与具体化

综上可知,由于酌定赔偿考量因素的立法规定过于概括笼统,加上法官审判经验及审判素养的差异,导致互联网不正当竞争案件适用酌定赔偿时考量因素的极大差异。考虑到法官审判素养存有差异难以避免,短时间提高法官审判素养也不现实,因

---

〔1〕《最高人民法院关于审理商标民事纠纷案件适用法律若干问题的解释》(2002 年)第 16 条规定:"侵权人因侵权所获得的利益或者被侵权人因被侵权所受到的损失均难以确定的,人民法院可以根据当事人的请求或者依职权适用商标法第五十六条第二款的规定确定赔偿数额。人民法院在确定赔偿数额时,应当考虑侵权行为的性质、期间、后果,商标的声誉,商标使用许可费的数额,商标使用许可的种类、时间、范围及制止侵权行为的合理开支等因素综合确定。"《商标法》(2013 年)第 63 条第 1 款规定:"侵犯商标专用权的赔偿数额,按照权利人因被侵权所受到的实际损失确定;实际损失难以确定的,可以按照侵权人因侵权所获得的利益确定;权利人的损失或者侵权人获得的利益难以确定的,参照该商标许可使用费的倍数合理确定。"《最高人民法院关于全国部分法院知识产权审判工作座谈会纪要》(1998 年)提到:"对于已查明被告构成侵权并造成原告损害,但原告损失额与被告获利额等均不能确认的案件,可以采用定额赔偿的办法来确定损害赔偿额。定额赔偿的幅度,可掌握在 5000 元至 30 万元之间,具体数额,由人民法院根据被侵害的知识产权的类型、评估价值、侵权持续的时间、权利人因侵权所受到的商誉损害等因素在定额赔偿幅度内确定。"《最高人民法院关于审理著作权民事纠纷案件适用法律若干问题的解释》(2002 年)第 25 条规定:"权利人的实际损失或者侵权人的违法所得无法确定的,人民法院根据当事人的请求或者依职权适用著作权法第四十八条第二款的规定确定赔偿数额。人民法院在确定赔偿数额时,应当考虑作品类型、合理使用费、侵权行为性质、后果等情节综合确定。"从以上这些规定可知,对于酌定赔偿相关考量因素的规定过于简单,法律规定的含糊、司法实践的不统一使得法官在适用酌定赔偿时考量因素不统一,导致最终确定的损害赔偿额相差悬殊。

〔2〕参见沈岿:《行政诉讼确立"裁量明显不当"标准之议》,载《法商研究》2004 年第 4 期。

而完善互联网不正当竞争案件酌定赔偿考量因素适用机制应主要着手于立法层面。由于《反不正当竞争法》并未对酌定赔偿作出直接规定,司法实践中在确定不正当竞争案件的损害赔偿额时,依然参照知识产权侵权案件的确定方法,而知识产权3大基本法及其各自对应的司法解释规定得也甚为简单,[1]因此,本文建议完善知识产权法相关司法解释对酌定赔偿考量因素的具体规定。结合笔者实证调查的结果,建议知识产权法相关司法解释规定法官在审理互联网不正当案件时,应将"过错程度、侵权持续时间、侵权方式与手段、侵权范围、规模与能力、反映原告损失及被告获利的相关事实、企业形象或商誉受损程度、合理开支"一并纳入酌定赔偿法定考量因素的体系。法官应在遵守基本审判思路的基础上综合考量上述各因素,并强化判决书对各考量因素的说理,尽量厘清各考量因素与所确定的损害赔偿额之间的量化关系。为了有助于法官准确理解、适用互联网不正当竞争案件酌定赔偿的考量因素,下文将分别对各考量因素进行具体阐释。

(一)主观过错

所谓过错,是一个客观与主观要素相结合的概念,是行为人借由违背道德、法律的行为而呈现出来的应受责难的主观状态。[2] 由于作为酌定因素的总称——"侵权行为的性质、情节"并未明确将过错程度排除在外,将过错程度视为"性质""情节"的具体内容之一并非无理无据。[3] 不考虑行为人的主观心态所得出的结论反而是对社会道德与公众普遍正义观的偏离。事实上,过错是对注意义务的违反,[4]将过错程度作为酌定赔偿的考量因素,有利于通过惩处故意违法的行为,从而发挥法律责任葆有的遏制功能。[5]

具体到互联网不正当竞争案件,一方面,被告应知、明知其行为构成不正当竞争却仍然为之,甚至在原告诉之法院后,被告仍继续实施该行为,这说明被告获利的动因超过了其停止侵权的动因,非以严厉的惩戒不足以制止该行为;另一方面,被告明知其行为的性质乃不正当竞争仍为之,这本身也可推定其行为获利丰厚,责令其承担较高的赔偿额也于情于理。[6] 鉴于此,在适用酌定赔偿时,多数法官就明确考虑了被告着手

---

[1] 参见本文第二部分(酌定赔偿适用标准不统一的说理部分)。

[2] 参见王利明:《侵权行为法规则原则研究》,中国政法大学出版社2003年版,第219页。

[3] 参见杨建成等:《知识产权侵权赔偿额的证据认定》,载蒋志培主编:《知识产权民事审判证据实务》,中国法制出版社2008年版,第187页。

[4] 参见王家福:《中国民法学:民法债权》,法律出版社1991年版,第465页。

[5] 参见袁秀挺、凌宗亮:《我国知识产权法定赔偿适用之问题及破解》,载《同济大学学报》(社会科学版)2014年第6期。

[6] 参见张家勇、李霞:《论侵权损害赔偿额的酌定——基于不正当竞争侵权案例的考察》,载《华东政法大学学报》2013年第3期。

不正当竞争行为的过错程度。[1]

那么如何判断被告的主观过错是否明显、是否严重？“意志决定行为，行为是意志的外在表达。”被告主观过错程度的判断依据与其行为方式、行为采取的手段有直接关联。“明知”抑或“应知”都是一种内在的心理状态，只能从外部事实加以判断。[2] 一般认为，在接到原告通知后，仍继续实施不正当竞争行为的，其主观过错程度往往较大。以未经原告授权而抄袭、仿冒原告网页内容这一“网页仿冒”行为为例，在原告起诉后，直至庭审之前，被告存有不真实陈述的，或者是原告与被告协商调解之后，被告仍未删除作品的，均可认为被告具有较大的主观过错。

（二）侵权持续时间

侵权持续时间，也称侵权期间，是指被告借助互联网进行不正当竞争行为持续的时间跨度。一般而言，侵权行为持续的时间与行为造成的后果具有高度的正相关关系，短期的侵权行为给被告带来的获利较小或使被告未能获利。[3] 相反，长期的侵权行为中，被告的获利往往较大，给原告带来的损失也相应更大。侵权行为持续得越久，原告遭受的损害程度越深，被告所获利益亦越多。[4] 故在互联网不正当竞争案件中适用酌定赔偿时，也应考虑侵权持续的时间。

通常看来，侵权行为持续的时间应自不正当竞争行为发生之日起计算。虽然自该不正当竞争行为发生之日起就给原告造成损害，但并非侵权持续过程中的每段时间给原告造成的损失都可等量齐观，例如，“产品”成熟后，仿冒“产品”的行为就比“产品”在开拓市场阶段的损害大。在衡量原告损失时，应考虑该不正当竞争行为的不同阶段

---

〔1〕 参见张家勇、李霞：《论侵权损害赔偿额的酌定——基于不正当竞争侵权案例的考察》，载《华东政法大学学报》2013年第3期。

〔2〕 参见王迁：《论“网络传播行为”的界定及其侵权认定》，载《法学》2006年第5期。

〔3〕 例如，2008年甘肃省张掖地区（市）中级人民法院审理的甘肃滨河食品工业（集团）有限责任公司诉张掖市天地方圆广告装饰有限责任公司域名商标侵权和不正当竞争纠纷案判决书所言，本案中，被告明知原告“滨河”商标驰名度高、商誉好、无正当注册和使用理由却擅自注册与原告商标主体部位相同的网络域名，有违诚实信用原则，给原告的商标和商誉造成了一定的损害，应当予以赔偿，但考虑被告注册域名的时间不长，给原告造成的损失不大，原告提出的1万元侵权损失应酌情考虑判赔3000元为宜。参见甘肃省张掖地区（市）中级人民法院（2008）张中民初字第37号民事判决书。

〔4〕 北京鸿宇昊天科技有限公司诉沈某不正当竞争纠纷案判决书指出，沈某在收到鸿宇公司来信等通知后，明知自己网站的链接没有经过鸿宇公司的同意，可能侵害了其合法权益，本应及时断开链接以避免损害结果扩大，但其却不及时采取这种正当措施，直到2004年8月25日还在进行链接，在9月鸿宇公司起诉前才撤掉链接，致使不正当竞争行为状态得以延续，沈某应对此承担相应的法律责任。参见北京市海淀区人民法院（2004）民初字第19192号民事判决书。

所带来的有差异的损害结果。

(三)侵权范围、规模与能力

通常而言,侵权行为的范围越广,侵权规模越大,该行为人的侵权能力往往也越大,质言之,侵权范围、侵权规模也与行为人的侵权能力高度相关,故而将侵权范围、侵权规模与侵权能力合并为同一考量因素。

互联网企业实施的不正当竞争行为涉及范围广,可遍布全球互联网的终端。有学者认为互联网不正当竞争行为侵权范围的认定,可依据互联网、联网计算机终端、局域网的数量等对之进行量化。[1] 也有学者认为,互联网不正当竞争案件中的侵权范围主要包括网络传播的广度(如网页的点击量、网页内容的下载量视频的播放次数等)、网络的开放程度、仿冒作品的篇幅等。[2] 例如,北京第一中级人民法院于2003年审理的北京世纪豪杰计算机技术有限公司与北京金山软件有限公司不正当竞争纠纷案[3]中,法院正是按照侵权行为的范围来确定损害赔偿额的。

侵权规模、侵权能力直接影响对被告获利、原告损失的认定。侵权规模越大的,其给原告造成的损失以及被告获利可能就越大。侵权能力越大的,行为的侵权规模往往亦越大,所带来的侵害性也越强。网络规模与网络影响力同样具有高度的等同关系。[4] 影响力越大的网站,往往拥有更多观众。其借助互联网实施的仿冒行为,相较于知名度不高的网站,会有更多点击率,对权利人带来的损害也就更大。例如,最高人民法院审理的北京奇虎科技有限公司等与腾讯科技(深圳)有限公司等不正当竞争纠纷上诉案[5]判决书认为,在极短时间内就有至少超过1000万用户使用了侵权软件,给原告带来了不可估量的损失。在互联网环境下,侵权能力和侵权规模呈正相关关系。因此,在审理互联网不正当竞争案件确定酌定赔偿额时,可以考量侵权人的侵权

---

[1] 参见朱丹:《侵犯信息网络传播权赔偿额的确定》,载《人民司法》2011年第11期。

[2] 参见易珍春、李青:《涉网络著作权案件酌定赔偿问题研究》,载《中国版权》2014年第5期。

[3] 参见北京市第一中级人民法院(2003)一中民终字第2421号民事判决书。

[4] 参见谢兰芳:《论互联网不正当竞争中消费者利益的保护》,载《知识产权》2015年第11期。

[5] 判决书中所言:“互联网环境下侵权行为的迅速扩大及蔓延。被告于2010年10月29日发布扣扣保镖软件,2010年11月4日宣布召回扣扣保镖,360安全卫士恢复与QQ软件兼容,2010年11月20日,原、被告的冲突正式化解。虽然被告侵权行为持续时间不长,但‘360安全中心’于2010年11月1日发布的《360宣布扣扣保镖72小时内用户量突破千万》消息称:‘刚刚推出72小时的扣扣保镖软件下载量突破千万,平均每秒钟就有40个独立下载安装量,创下了互联网新软件发布的下载记录。’该证据与原告主张扣扣保镖推出市场极短时间内就有2000万用户安装了侵权软件扣扣保镖的证据相互印证,可以确定使用侵权软件扣扣保镖的用户至少超过1000万。被告的侵权行为凭借互联网环境下的传播特点迅速波及腾讯QQ的广大用户,造成的负面影响迅速扩散。”参见最高人民法院(2013)民三终字第5号民事判决书。

能力。在考量互联网企业的侵权能力时，一般可参考该被告的注册资金、经营规模来加以认定，特别应考察被告在实施互联网不正当竞争行为时所具备的营销能力。

(四)侵权方式与手段

侵权方式与手段，主要是指侵权行为的表现形式、具体采取的手段及行为的性质等。具体到互联网不正当竞争案件，侵权方式、手段主要是指互联网不正当竞争行为的表现方式、行为手段、性质等。一般而言，行为方式、手段的性质越恶劣的，反映侵权人的主观过错越大，往往对受害人的侵害程度也越大，所造成的影响一般也更严重。换言之，行为的可苛责性越强，行为人承担的法律责任往往也越重。互联网的广域性也使得借助互联网开展的不正当竞争行为给权利人带来更大损失。比如，借助互联网进行的侵害他人商业秘密的行为中，窃取后向不特定主体公开的行为无疑比窃取后自用的行为所造成的损害范围更大、损害程度更严重。因此，在审理互联网不正当竞争案件适用酌定赔偿方法时，有必要考量侵权的方式与手段。

北京市第一中级人民法院于2003年审理的中化集团公司诉杭州中化网络技术有限公司等侵犯商标权、不正当竞争纠纷案〔1〕在认定损害赔偿额时就主要考虑了侵权行为的方式与手段。有时候，个别法官在判决书中会笼统将侵权行为的方式、手段表述为“侵权程度”，如2006年北京市海淀区人民法院审理的北京视点电子技术有限公司诉北京视翰科技有限公司不正当竞争纠纷案、〔2〕北京市第一中级人民法院审理的洪恩电脑有限公司诉惠斯特科技开发中心不正当竞争纠纷案〔3〕等。

在适用侵权行为方式与手段作为酌定赔偿考量因素时，考虑到互联网不正当竞争行为手段复杂多样，通常而言，不同的不正当竞争侵权手段和方式所造成的侵害后果有所区别，这需要法官结合个案具体的侵权表现形式，评判其侵害影响，确定合适的损害赔偿额。

(五)反映原告损失与被告获利的相关事实

以原告实际损失的计算方式和以被告侵权获利的计算方式最能彰显“全部赔偿”原则，也最符合法律的公正之义。侵权行为造成的实际损失，应当是损害赔偿计算的中心。任何一种方法都不能脱离实际损失或者损害事实而单独存在，否则就成了无源之水，无本之木。因此，法官在审理互联网不正当竞争案件适用酌定赔偿时，应当考虑反映原告损失、被告获利的相关事实。

---

〔1〕 参见北京第一中级人民法院(2003)一中民初字第9923号民事判决书。

〔2〕 参见北京市海淀区人民法院(2006)海民初字第29346号民事判决书。

〔3〕 参见北京第一中级人民法院(2015)一中民终字第03870号民事判决书。

所谓原告损失,是指没有加害行为时可以预见的利益状态(原状)与加害行为导致的现实利益状态之间可以用金钱进行评价的差额。[1] 在互联网不正当竞争案件中,原告受损事实主要表现为因其网页点击率的减少而导致的收入减少。网页点击率是反映权利人作品受用户关注的客观记录,是权利人公平竞争权受侵害程度的重要反映。如权利人得以证明其网页的点击次数乃缘于被告的侵权行为而减少的确定数额,则法官可依据产品的利润率、行业的一般利润率、酌定的合理利润率从而得出相应的损害赔偿额。[2] 一般而言,网站在提供在线作品的观看或下载服务时,大抵会对作品的点击率开展自动统计这一技术设置。权利人一旦发现其他网页经营者不当谋取竞争优势、损害本人公平竞争权时,可以通过公证机关对相关的网页作品的点击次数进行公证取证。直接证明原告的损失,对于原告而言容易导致证据苛责。通过借助反映原告损失的相关事实如知名度、产品的品牌价值、产品的市场占有率或覆盖率、点击率等,对于查明原告损失有一定助益。比如,河南省高级人民法院2012年审理的河南杜康酒业股份有限公司与汝阳县杜康村酒泉酒业有限公司等侵害商标权及不正当竞争纠纷案,[3]就考虑了原告产品的知名度、原告产品的市场价值和品牌价值、产品的覆盖率,这些皆能作为反映原告损失的相关考察指标。

此外,须考虑反映被告获利的相关事实。司法实践中,审查被告的获利一般需通过审计其财务账册方能确定。然而,实际情况是,被告除生产该侵权产品外,也生产其他产品,而其账册反映的是企业全部销售收入及支出费用,难以单独计算出侵权产品的单项费用收支。故而从企业全部费用中合理分摊、计算出被告获利额实属不易。所以法官在适用酌定赔偿方法认定损害赔偿额时,经常会考虑反映被告获利的相关事实。[4] 与被告获利相关的酌定因素主要包括侵权产品的销售价、侵权产品的通常利润额以及产品的销售量等。法官难以精确计算被告获利额时,一般可通过比对产品售价

---

〔1〕 参见段文波:《事实证明抑或法官裁量:民事损害赔偿数额认定的德日经验》,载《法学家》2012年第6期。

〔2〕 参见杨建成等:《知识产权侵权赔偿额的证据认定》,载蒋志培主编:《知识产权民事审判证据实务》,中国法制出版社2008年版,第177页。

〔3〕 判决书中有述:"本案中杜康酒业公司没有提供证据证明因酒泉酒业公司侵权所受到的损失数额或酒泉酒业公司因侵权所获利益的数额,参考'杜康'商标的知名度,其在酒产品中的品牌价值……杜康酒业公司为制止侵权行为所支出的合理费用等情节,将赔偿数额酌定为15万元。"参见河南省高级人民法院(2011)豫法民三终字第190号民事判决书。

〔4〕 比如,北京市海淀区人民法院2011年审理的上海XL国际贸易有限公司诉HR(北京)信息技术有限公司不正当竞争纠纷案判决书中写道:"对赔偿数额,本院参照被告网站的规模、进货和销售的价格、被告的过错程度等情况,酌情予以认定。"参见北京市海淀区人民法院(2011)海民初字第25061号民事判决书。

及其成本从而估算得出产品的合理利润,或者也可以比照该相关市场上同一类产品的通常利润,再结合产品的销售量,进而算出产品的大致获利额。然而,所得的数额并非最终确定的赔偿额,法官仍需以此为参照(产品销售价格、利润),同时考虑其他因素进行适当增减,如上文提及的原告产品的知名度、市场覆盖率等。

(六)企业形象或商誉受损程度

诚如曾世雄先生所言:"损害的构成因素可分为普通因素和特别因素。普通因素乃就某特定损害事故而言,其存在不因被害人而异之因素,又可称客观因素。特别因素乃因被害人而异之因素,又称主观因素。计算损害时,如仅斟酌普通因素,则计算方式称为客观计算法,如兼而斟酌普通因素和特别因素者,其计算方式称为主观计算方式。"[1]之所以作出如此区分,是考虑到某些特殊类型案件,如仅采用客观计算法而不加考虑被害人的特殊因素,难以确定合适的赔偿额。现实中,有些互联网不正当竞争案件就损害了原告的商誉,对于此类案件,在计算损害赔偿额时,与原告损失程度有关的酌定因素应涉及原告企业形象或商誉的损害。

企业形象或商誉是指社会公众对某经营者的信用状况、经济能力等方面综合给予的社会评价,即该经营者在市场经营生活中的声望及信用的定位。损害企业形象或商誉的行为,必然会给权利人带来较大的损失。权利人的企业形象、商誉受损与其本身的知名度、声誉的具体情况有关。权利人的声誉越大,在相同情况下,其因被告侵权行为而所遭受的商誉损害程度也就越大。[2] 对于权利人的企业形象、商誉损害的进一步判定,往往通过评估被侵害客体的市场价值而做出判断。而产品的市场价值一般可通过评估方式确定,即由相关的评估机构、鉴定机构开展鉴定、评估后方可作为参考值,以此交由法官作为适用酌定赔偿方法时的考量因素。实践中,除通过鉴定、评估方式确定原告受损的商誉价值之外,还可采取替代方法,参考原告在重新投入广告宣传时的资金投入等情况来认定原告商誉损失。

(七)与维权相关的合理开支

知识产权领域的维权成本高昂往往阻却权利人诉诸司法的决心,即便其通过司法途径获得胜诉,但其前期支出成本过高,仍可能无法充分激励原告进行维权。对此,《与贸易有关的知识产权协议》(Agreement on Trade-Related Aspects of Intellectual Property Rights,TRIPs)规定,司法当局应责令侵权主体支付权利人包括适当律师费等其他开支。我国《商标法》《专利法》《著作权法》以及《反不正当竞争法》也作出明确规

[1] 曾世雄:《损害赔偿法原理》,中国政法大学出版社2001年版,第161~162页。

[2] 参见白江:《我国应扩大惩罚性赔偿在侵权责任法中的适用范围》,载《清华法学》2015年第3期。

定,侵权人应承担的损害赔偿额包括权利人为制止该侵权行为而付出的合理费用,即合理开支。

对合理开支应如何计算?是与其他性质的损害赔偿额分别计算,抑或将合理开支与其他性质的损害赔偿额合并计算?理论及实务界目前对此看法不一。司法判决中,多数法院将合理开支与其他性质的赔偿额合并进行计算得出最终赔偿额,或者综合考虑合理开支等多个因素以确定损害赔偿额。本文更倾向于在判决主文中将合理开支与其他性质的赔偿额分开表述,明晰各自数额,这有助于明确侵权人的赔偿责任,也能加大打击侵权行为的力度。

在计算合理开支时,应以权利人实际支出的维权费用为限。与制止侵权行为无关的调查费用则不纳入该范畴,如顺带旅游等;而且此种支出应当是最为合理的成本,差旅费、报酬费也应与国家的相关标准、调查地的经济发展水平相关联。通常认为,维权支出的合理开支主要是调查取证的费用及律师费用这两部分。调查取证费用主要包括:原告申请公证机关进行调查取证所支付的费用以及为调查取证而必需的交通费和住宿费等。实务当中计算调查取证费用争议不大,只要数额较为合理,也符合相关的收费标准,法院通常会予以采纳,由被告全额承担。争议较大的是如何确定律师费。对于律师费,法院大抵根据原告的诉讼请求额和判决支持额的比例来确定侵权人所应当支付的原告律师费用。本文认为,对于律师费用的核定,法院可以判决支持额为依据,以此计算得出符合律师收费标准的律师费用。对于未超出该额度的律师费用则可全额支持,而对于超过额度的部分则应视侵权人的侵权程度等,进而合理分摊原被告双方各应承担的比例。

(八)其他因素

法官在审理互联网不正当竞争案件适用酌定赔偿时,除了考虑上述因素之外,还应考虑其他因素。其他因素主要包括侵权人的因素、原告付出的劳动成本(如资金成本、时间成本等)。所谓侵权人因素,主要包括侵权人的经济状况、经营规模、影响力等。有学者认为,在适用酌定赔偿方式时以侵权人的经营规模、经营状况作为考量因素具有劫富济贫的嫌疑,也在某种程度上诱导经营状况相对较差的企业、个人实施侵权行为。[1] 对比,本文并不苟同。事实上,将侵权人的经营规模、经济状况作为酌定赔偿的考量因素的一部分,并非唯一的考量指标,将其纳入参考因素,其机理主要体现在该因素能直接认定侵权人的可能获利和侵权后果程度。此外,法官在审理互联网不正

〔1〕 参见张春艳:《我国知识产权法定赔偿制度之反思与完善》,载《法学杂志》2011年第5期。

当竞争案件确定损害赔偿额时,通常也会考虑原告的付出成本。[1] 鉴于部分案件中原告未提供(或难以提供)充分证据证明其经济损失,而原告所受损害是客观存在的,在损害已然存在而损失难以证明时,有些法官也会酌情参考原告的成本。例如,北京海淀区人民法院1999年审理的北京汇盟国际商务咨询有限公司与北京创联通信网络有限责任公司不正当竞争及著作权侵权纠纷案中,[2]法官在确定损害赔偿额时就主要以原告注册项目的成本为参考基数。因此,法官在审理互联网不正当竞争案件适用酌定赔偿时,除了考虑上述7个因素之外,也应考虑侵权人的经济状况、原告付出的成本等其他因素。

〔1〕 判决书阐明赔偿事项的原文是,关于赔偿问题,创联公司要求汇盟公司赔偿经济损失人民币20万元、商誉损失人民币30万元,但没有提供充分合理的证据支持,因此,本院将参考创联公司开发在线注册项目的成本为基数考虑对其著作权侵权部分的赔偿。参见北京第一中级人民法院(1999)海知初字第112号民事判决书。

〔2〕 参见北京市海淀区人民法院(1999)海知初字第112号民事判决书。

反垄断执法中的没收违法所得与罚款关系研究

——基于411起案例的实证分析*

王　贵**

目　次

一、没收违法所得与罚款的反垄断执法实践速览——以若干案例为样本

(一)样本选取

我国《反垄断法》第46条和第47条规定了经营者实施垄断协议和滥用市场支配地位行为的法律责任,即停止违法行为、没收违法所得、并处上一年度销售额1%以上

---

* 基金项目:最高人民法院2016年度司法研究重大课题《供给侧改革背景下相关司法对策研究》;国家2011计划司法文明协同创新项目。

** 武汉大学竞争法与竞争政策研究中心助理研究员,武汉大学法学院经济法专业博士研究生。

10%以下的罚款。[1] 此种法定责任形式,给反垄断行政处罚提供了合法性依据,两家执法机关(国家发展和改革委员会和国家工商行政管理总局)也不断加强执法工作,取得了骄人成绩。

在此基础上,本文收集了我国《反垄断法》自2008年8月1日实施以来到2016年12月31日的8年多时间之中,[2]两家执法机关对经营者实施垄断协议和滥用市场支配地位行政处罚案件,着重关注"没收违法所得"这种责任方式在反垄断行政处罚体系中的地位和实践意义,以及"没收违法所得"与"罚款"的关系问题。在样本选取过程中,以一份行政处罚决定书作为一件案例,包含两机关自查和授权执法的案件。[3]

(二)数据概览

截至2016年12月31日,工商行政管理机关竞争执法公告共发布48份,共计155件案例,2016年、2015年、2014年、2013年公布公告数据分别为14份、14份、8份、12份,受到处罚的行政相对人案件数(行政处罚决定书)分别为54件、40件、15件、48件。[4] 其中,只有30件被课以数量不等的"没收违法所得"处罚(见表1),有85件没有被处以"没收违法所得";在这85件中,有12件(其中包括同一起案例中的9份处罚决定书)案件说明了应当没收而没有没收违法所得的理由(见表2)。

---

〔1〕 我国《反垄断法》第46条规定:"经营者违反本法规定,达成并实施垄断协议的,由反垄断执法机构责令停止违法行为,没收违法所得,并处上一年度销售额百分之一以上百分之十以下的罚款;尚未实施所达成的垄断协议的,可以处五十万元以下的罚款。

经营者主动向反垄断执法机构报告达成垄断协议的有关情况并提供重要证据的,反垄断执法机构可以酌情减轻或者免除对该经营者的处罚。

行业协会违反本法规定,组织本行业的经营者达成垄断协议的,反垄断执法机构可以处五十万元以下的罚款;情节严重的,社会团体登记管理机关可以依法撤销登记。"

第47条规定:"经营者违反本法规定,滥用市场支配地位的,由反垄断执法机构责令停止违法行为,没收违法所得,并处上一年度销售额百分之一以上百分之十以下的罚款。"

〔2〕 此处时间以案件公布时间为准,包含官方网站公布或首次媒体公布。

〔3〕 国家工商行政机关建立"反垄断案件公布平台",所有查处案件以竞争执法公告为依据进行搜集。而发改委尚未建立统一的反垄断行政处罚公布平台,部分案件可查找到行政处罚决定书,部分案件则只能依靠媒体报道抓取;并且有的由国家发改委公布,有的由省级发改委或物价局公布,较为分散。因此,个别案例可能无法搜集到,不能保证穷尽所有案例。

〔4〕 其中,浙江省慈溪市建设工程检测协会组织本行业经营者从事垄断协议案和北京盛开体育发展有限公司垄断行为案含中止调查决定书和终止调查决定书各一份,为避免重复,在计算总件数时算作一件。

表1

序号	案件名称	垄断类型	没收违法所得数额(元)	罚款比例(%)	罚款数额(元)
1	江苏省新港混凝土公司横向垄断协议案	分割销售市场	26,896.08	1	78,248.34
2	江苏省苏锦混凝土公司横向垄断协议案	分割销售市场	24,247.83	1	97,933.87
3	江苏省东盛混凝土公司横向垄断协议案	分割销售市场	18,993.83	1	46,226.95
4	江苏省中港混凝土公司横向垄断协议案	分割销售市场	30,357.91	1	185,260.54
5	江苏省润丰混凝土公司横向垄断协议案	分割销售市场	35,985.56	1	123,053.49
6	江西省泰和县液化石油气经营者垄断协议案	分割销售市场	205,537	1	130,230
7	河南省安阳市旧机动车垄断协议行案	分割销售市场	1,592,190.9	不明	140,931.55
8	广东省惠州大亚湾溢源净水公司滥用市场支配地位案	附加不合理交易条件	860,236.09	2	2,363,597.45
9	海南省东方市自来水公司垄断案	附加不合理交易条件	38,521.48	2	593,208.06
10	太平洋人寿保险湖北分公司垄断协议案	分割销售市场	914,000	6	65,300
11	富德生命人寿保险湖北分公司垄断协议案	分割销售市场	433,200	2	14,500
12	永诚财产保险湖北分公司垄断协议案	分割销售市场	433,200	2	14,500
13	泰康人寿保险湖北分公司垄断协议案	分割销售市场	433,200	2	14,500

续表

序号	案件名称	垄断类型	没收违法所得数额（元）	罚款比例（%）	罚款数额（元）
14	中国大地财产保险湖北分公司垄断协议案	分割销售市场	433,200	2	14,500
15	中国太平洋财产保险湖北分公司垄断协议案	分割销售市场	433,200	2	14,500
16	中国人寿保险武汉市汉阳区支公司垄断协议案	分割销售市场	433,200	2	14,500
17	中国人民财产保险武汉市汉阳区支公司垄断协议案	分割销售市场	259,900	2	14,500
18	太平财产保险湖北分公司垄断协议案	分割销售市场	130,000	2	14,500
19	合众人寿保险湖北分公司垄断协议案	分割销售市场	117,700	2	14,500
20	平安养老保险湖北分公司垄断协议案	分割销售市场	420,100	2	14,500
21	青岛新奥新城燃气有限公司滥用市场支配地位案	附加不合理交易条件	52,308.49	3	6,818,533.79
22	内蒙古自治区阿拉善左旗城市给排水公司滥用市场支配地位案	附加不合理交易条件	300,741	2	451,600
23	内蒙古广播电视网络集团有限公司锡林郭勒分公司滥用市场支配地位案	搭售、附加不合理交易条件	91,600	1	98,000
24	内蒙古赤峰市盐业公司滥用市场支配地位案	差别待遇	1,940,544	2	1,047,814
25	安徽海基业密码器公司垄断协议案	分割销售市场	19,854,770.81	8	75,913.85

续表

序号	案件名称	垄断类型	没收违法所得数额(元)	罚款比例(%)	罚款数额(元)
26	安徽信雅达密码器公司垄断协议案	分割销售市场	4,113,690.09	8	76,170.94
27	安徽兆日密码器公司垄断协议案	分割销售市场	5,380,259.16	8	258,502.50
28	重庆西南制药二厂有限责任公司滥用市场支配地位案	拒绝交易	482,883.9	1	17,240.00
29	宿迁银控自来水有限公司滥用市场支配地位案	制定交易	3,665,347.08	3	1,835,071.66
30	湖南盐业股份有限公司永州市分公司滥用市场支配地位行为案	搭售	698,300	1	272,887

表2

序号	案件名称	未没收违法所得理由
1	浙江省江山市混凝土经营者从事垄断协议案	因混凝土行业的特殊情况,3名当事人无法提供实施垄断协议期间关于混凝土销售收入与原材料成本的财务资料,其在该特定期间的违法所得无法准确计算
2	内蒙古自治区赤峰中心城区烟花爆竹批发企业实施垄断行为案	考虑到当事人批发销售额中可能存在部分零售商因交通条件以及对供货商的信赖等因素自愿与其交易而形成的合理交易额,但由于其中的“合理交易额”与因分割市场形成的“强制交易额”不易划分清楚,其违法所得应按无法计算处理
3	重庆巫溪县东翰采石场等四家采石场垄断协议案	因当事人为个体经营且未建立财务账册,成本及已缴纳的税金等无法核算,故当事人以垄断协议分割销售市场所获违法所得无法计算
4	麻阳苗族自治县页岩砖经营者垄断案(9份处罚决定书)	由于当事人没有完整的财务账册和记账凭证,当事人生产销售页岩砖的利润无法计算

发改委系统处罚的案件因相对分散而较难统计，根据官方公开和媒体报道的情况来看，截至 2016 年 12 月 31 日，共查处各类案件 256 件，自 2010 年到 2016 年的 7 年间，各年度的案件数为 2 件、5 件、3 件、52 件、43 件、85 件、66 件。[1] 其中只有 8 件被课以“没收违法所得”处罚（见表 3）；剩余的 202 件中既没有被“没收违法所得”，也没有说明不予没收的理由。

表 3

序号	案件名称	垄断类型	没收违法所得数额（万元）	退还数额（万元）	罚款数额（罚款比例不明）（万元）
1	山东省潍坊顺通医药有限公司滥用市场支配地位案	不公平高价	37.7	无	650
2	山东省潍坊市华新医药贸易有限公司滥用市场支配地位案	不公平高价	5.26	无	10
3	韩国三星公司液晶面板垄断案	操纵价格	2187	2187	6766
4	LG 公司液晶面板垄断案	操纵价格	372	372	3943.5
5	奇美公司液晶面板垄断案	操纵价格	0 元	0 元	3147
6	友达公司液晶面板垄断案	操纵价格	1034	1034	0 元
7	中华映管公司液晶面板垄断案	操纵价格	80	80	540
8	瀚宇彩晶公司液晶面板垄断案	操纵价格	2	2	12

（三）数据可视化分析

在对数据进行分类概览之后，下面将进一步对数据进行可视化图表处理和分析。

从工商系统查处的反垄断案件数据来看，在总数 155 件案件中，行业协会垄断案件 13 件约占 8.4%，其余经营者垄断 142 件约占 91.6%；因案件中止或终止未被处罚的有 8 件约占 5.2%，达成而未实施垄断协议的有 18 件约占 11.6%，拒绝配合调查而被处罚的有 1 件约占 0.6%，因“一般责任”[2] 而被处罚的有 115 件约占 74.2%。（见图 1）在“一般责任”的 115 件案例中，没收了违法所得的有 30 件约占 26.1%，而未没收

[1] 该部分的数据统计，2015 年之前的部分数据来源于《中国反垄断行政执法报告 2008 ~ 2015》。参见林文：《中国反垄断行政执法报告 2008 ~ 2015》，知识产权出版社 2016 年版，第 127 ~ 150 页。

[2] 此处一般责任，指根据《反垄断法》第 46 条、第 47 条规定应当“停止违法行为，没收违法所得，并处上一年度销售额 1% 以上 10% 以下的罚款”的行为责任。下同。

违法所得的有85件约占73.9%,并且只有12件约占10.4%说明阐述了未没收违法所得的理由。(见图2)

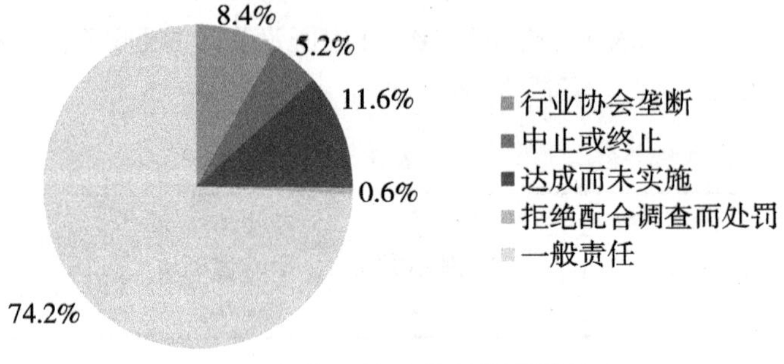

图1　工商系统反垄断处罚情况

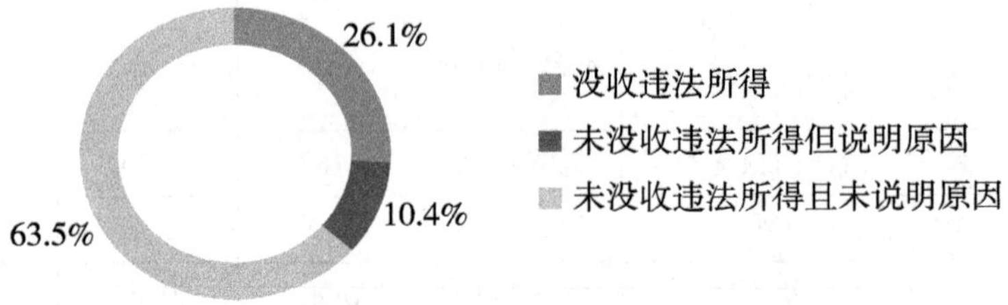

图2　工商系统反垄断没收违法所得实际情况

从发改委系统查处的反垄断案件数据来看,在总数256件案件中,行政性垄断12件约占4.7%,行业协会垄断9件约占3.5%,其余经营者垄断235约占91.8%;中止或免除处罚的有15件约占5.9%,达成而未实施垄断协议有10件约占3.9%,因"一般责任"而被处罚的有210件约占82%。(见图3)在"一般责任"的210件案例中,仅有8件被处以没收违法所得约占3.8%,未没收违法所得且未说明理由的有202件约占96.2%。(见图4)

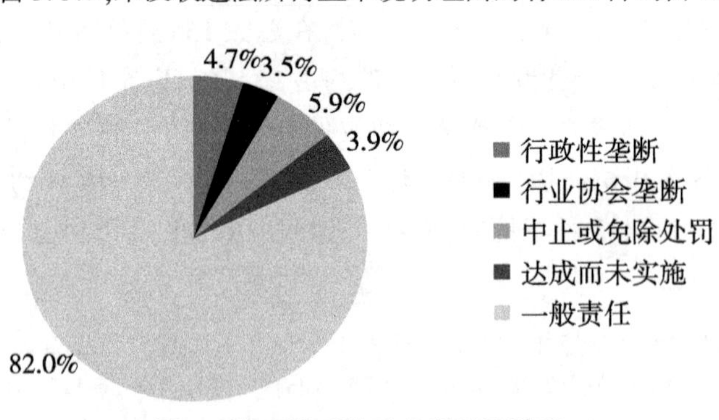

图3　发改委系统反垄断处罚情况

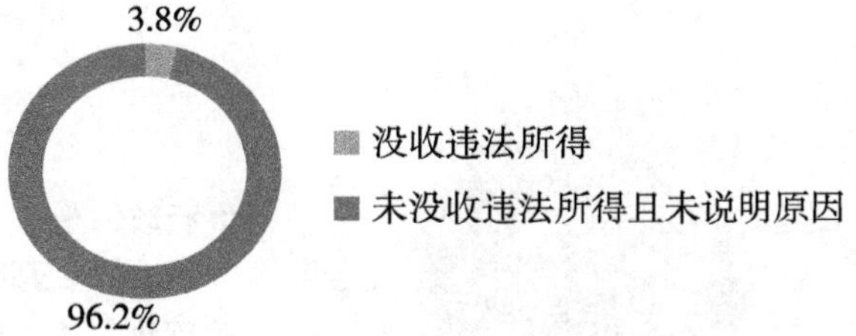

图 4　发改委系统没收违法所得实际情况

对比来看,绝对数量上来说,工商系统没收违法所得案件数 30 件,高于发改委系统的 8 件。从相对比率上来说,工商系统没收违法所得案件数占(理论上)应没收案件的比例为 26.1%,高于发改委系统的 3.8%;工商系统未没收违法所得但说明原因所占比例为 10.4%,也高于发改委系统的 0%。(见图 5)

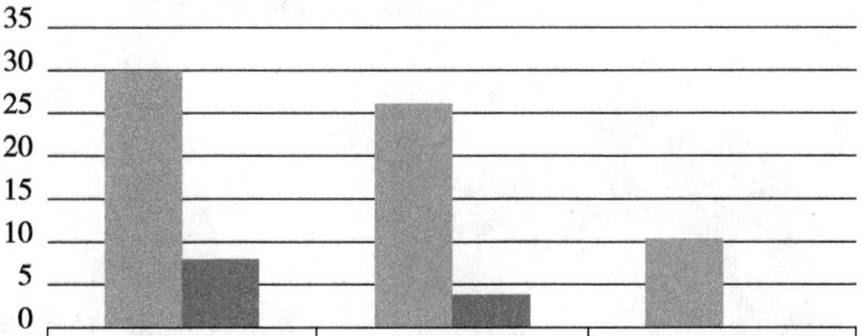

	没收违法所得数量(件)	没收违法所得比例(%)	未没收违法所得但说明原因比例(%)
工商系统	30	26.1	10.4
发改系统	8	3.8	0

图 5　对比

总体来看,两系统自 2008 年到 2016 年共处理案件 411 件,行业协会垄断 22 件约占 5.4%,行政性垄断 12 件约占 2.9%,剩余经营者垄断 377 件约占 91.7%。在 377 件中,中止、终止或免除处罚 23 件约占 5.6%,达成而未实施垄断协议案件 28 件约占 6.8%,拒绝配合调查而处罚 1 件 0.2%,剩余一般责任 325 件约占 79.1%。(见图 6)在"一般责任"的 325 件案例中,仅有 38 件被处以没收违法所得约占 11.7%,未没收违法所得但说明理由的有 12 件约占 3.7%,未没收违法所得且未说明理由的有 275 件约占 84.6%。(见图 7)

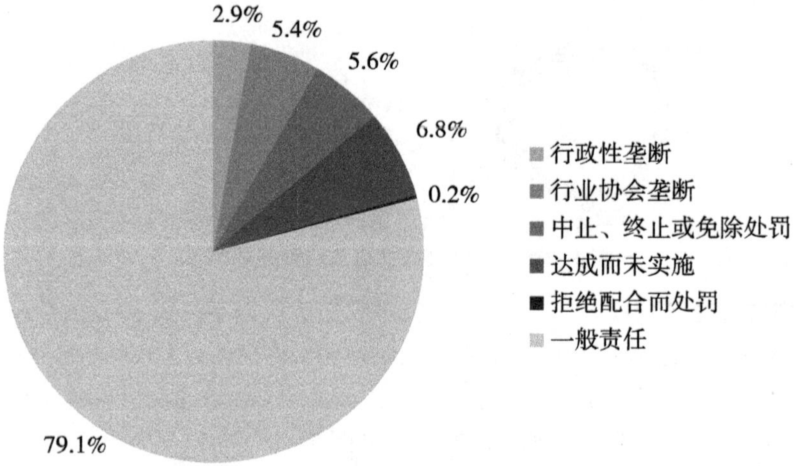

图 6　两系统总体反垄断处罚情况

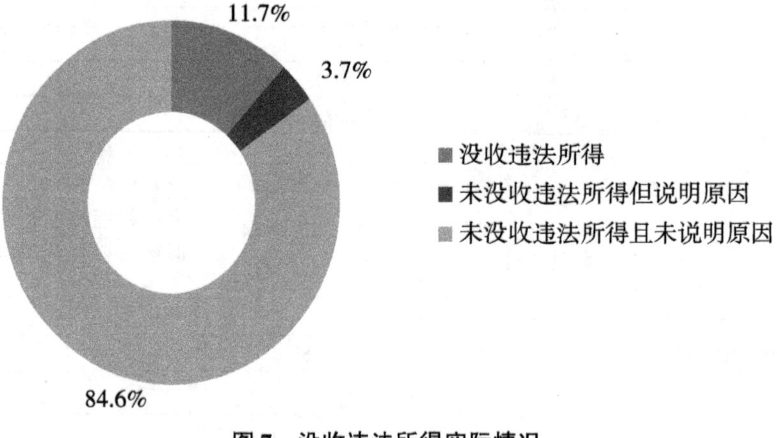

图 7　没收违法所得实际情况

(四)问题提炼

首先,从反垄断法文本上来看,反垄断执法机构对经营者实施垄断协议和滥用市场支配地位行为应当课以“停止违法行为、没收违法所得,并处罚款”3 种责任方式。尤其是从 3 种责任方式顺序和逻辑关系来看,应当首先责令停止违法行为和没收违法所得,而“并处罚款”则是在上述两种责任形式的基础上再附加罚款处罚。但是根据上文中两系统行政处罚案件的实证情况来看,排除特殊情形,所有应当处以“一般责任”的案件,全部被处以数量、比例不等的罚款,但是其中仅有 11.7% 的案件中经营者被处以没收违法所得;实际上,行政罚款成为了主要和基本行政处罚方式,而没收违法所得则处于一种“可有可无”的尴尬状态。所以,在没收违法所得与罚款两者的关系上,存在法律文本与执法实践的背离,有必要明晰这种差异的原因并妥善协调。

其次,在被没收违法所得的案件中,关于“违法所得”范围的确定和计算上,也存在不一致。小部分案件扣除了返还相应受害当事人后计算违法所得,而大部分案件违法所得未考虑相应受害当事人,直接全部没收;违法所得范围计算方法在两大执法系统中也存在差异,甚至在工商系统内部,计算方法也不尽相同;还有,部分案件公布了违法所得计算过程,而大部分案件则没有阐明如何计算和审查;此外,个别案件委托了独立的第三方专业审计机构来计算违法所得,而绝大部分案件则是执法机关自行计算。所以,有必要规范并统一反垄断执法中违法所得的范围确定和计算方式。

最后,未没收违法所得原因说明与如何处理违法所得难以计算的问题。在所有未没收违法所得的案件中,仅有极小一部分说明了原因,而原因也比较相似——难以准确计算。所以有必要进一步探究解决之道。

二、从法律文本到执法实践:没收违法所得与罚款关系之背离

(一)没收违法所得与罚款关系的法律文本考察

检阅涉及“违法所得”的法律法规后,不难发现没收违法所得与罚款往往联系密切,归纳起来主要有3种方式:第一种是单纯没收违法所得,并不附加罚款,如《彩票管理条例》第38条,[1]当然这种方式比较少见。第二种是没收违法所得,并以违法所得额为基数设定罚款。这种方式情形较多,具体实施又有所区别:一是没收违法所得、处违法所得一定基数的罚款,如《教育法》第76条;[2]二是有违法所得时并处一定基数的罚款,并规定没有违法所得的情形下,直接处以一定数额范围内的罚款,如《农药管理条例》第43条;[3]三是违法所得额达到一定数值时,并处一定基数罚款,而违法所得未达到规定数值,直接处以一定数额范围内的罚款,如《计划生育法》第37条。[4] 第

---

〔1〕《彩票管理条例》第38条规定:“违反本条例规定……有违法所得的,没收违法所得。”

〔2〕《教育法》第76条规定:“学校或者其他教育机构违反国家有关规定招收学生的……对学校、其他教育机构给予警告,可以处违法所得五倍以下罚款……”

〔3〕《农药管理条例》第43条规定:“生产、经营假农药、劣质农药的……由农业行政主管部门或者法律、行政法规规定的其他有关部门没收假农药、劣质农药和违法所得,并处违法所得一倍以上十倍以下的罚款;没有违法所得的,并处十万元以下的罚款。”

〔4〕《计划生育法》第37条规定:“伪造、变造、买卖计划生育证明,由计划生育行政部门没收违法所得,违法所得五千元以上的,处违法所得二倍以上十倍以下的罚款;没有违法所得或者违法所得不足五千元的,处五千元以上二万元以下的罚款……”

三种是没收违法所得,且并处罚款,但是两者之间无必然联系,如《农产品质量安全法》第51条。[1]

回归到《反垄断法》第46条、第47条之中,没收违法所得与罚款属于上述第三种方式,而理解其关系则有必要从法律规范的内在逻辑进行解释,关键在于对“并处”2字的诠释。“并处”法律上指同时处以两种或几种处罚。所以,“并处”的重点在于同时处罚,从法律文本文义解释来说,反垄断行政处罚中没收违法所得应当与罚款并行实施。甚至刑法中“并处”还蕴含一种主次关系的意涵,在主刑之外同时课以附加刑。按照立法本意来解释,也能得到相同的答案,“……反垄断违法机构应当没收其违法所得;此外,还应当对经营者处以较高数额的罚款”。[2]

(二)没收违法所得与罚款关系的执法实践观测

根据上述对法律文本的分析解释,经营者实施垄断协议和滥用市场支配地位行为,除了中止、终止调查、免除处罚、达成而未实施垄断协议等情形外,均应当同时被没收违法所得,且处以上一年度销售额一定比例的罚款。但是从执法实践来看,325件应当没收违法所得的案件中,只有11.7%没收了违法所得,大部分案件似乎都有意或无意地选择遗忘“没收违法所得”责任方式;即使没有违法所得或者违法所得难以计算,也仅有寥寥10余件案件说明了情况,大部分案件均未提到没收违法所得。

执法实践与法律明文规定如此明显的背离,从法治要义来看,反垄断执法机关未做到严格依法行政,实质上“人为”地减轻了垄断经营者的行政责任,偏离了立法原旨;从“过罚一致”原则来看,因垄断违法行为获利未被追缴,仅处罚经营者上一年度销售额之比例罚款,难以完全消弭或填补其行为违法性;从竞争倡导来看,“忘记”没收违法所得可能会伤害普通民众的法感情,[3]既不利于反垄断法权威的确立,也不利于全社会竞争文化的倡导和宣传。

(三)背离的原因探析

法律文本与执法实践之间存在如此之大的“鸿沟”,必然有其根源所在,追本溯源是解决问题的前提,而功能定位不明、立法疏漏与执法中的现实问题均可能是导致此种情形的原因。

首先,在反垄断立法和执法实践中似乎均未明确没收违法所得与罚款的功能定

---

〔1〕《农产品质量法》第51条规定:“违反本法第三十二条规定,冒用农产品质量标志的,责令改正,没收违法所得,并处二千元以上二万元以下罚款。”

〔2〕全国人大法工委经济法室编:《〈中华人民共和国反垄断法〉条文说明、立法理由及相关规定》,北京大学出版社2007年版,第276~277页、第295页。

〔3〕参见吴应海:《反垄断罚单别忘了“没收违法所得”》,载《检察日报》2013年8月14日,第6版。

位。立法上,“没收违法所得”已经是一种常见的行政处罚方式,在其他法律法规中与罚款并用屡见不鲜,直接拿来放在反垄断法中也“无可厚非”,不需再对二者进行界分定位。这就给执法实践带来了困惑,而且从统计数据来看,执法似乎也有种趋向,就是有意或无意“忽略”没收违法所得,或者直接将“没收违法所得”吸收合并进“罚款”之中,这在发改委系统查处的案件中表现得尤为明显。

其次,在二者关系处理上立法存在瑕疵和不完善之处。比如,没收违法所得未规定当事人违法所得是否应当返还受到垄断行为损害的当事人;在无违法所得时如何处理,其对于罚款数额或比例是否有影响;违法所得确实难以计算时如何处理,能否因此适当增加罚款比例;已经没收违法所得,该种处罚是否会纳入罚款比例的考量之中。

最后,执法机关自身因素导致没收违法所得在实践中功能不彰。在意识上没有对没收违法所得这种责任方式给予足够的重视,甚至忽略;没有制定统一的违法所得计算的方法和标准,尤其是两执法系统计算方式之间存在不一致;没有规定难以计算时如何处理,当遇到这种情况时,执法机关为了避免麻烦,可能就回避“没收违法所得”;当垄断行为违法所得过大时,若全部没收,可能对垄断企业造成较大损失,为了减小执法阻力、防止对抗或逃避执法,执法机关不没收违法所得。

三、反垄断法中没收违法所得与罚款关系之本相追问:功能定位的视角

欲进一步厘清反垄断法中没收违法所得与罚款的关系,辨明两种责任方式本质上所要追求的制度功能或目标尤为重要。反垄断行政罚款最重要的功能就是彰显惩罚功能。经营者实施垄断行为,会侵犯其他经营者自主经营权和公平竞争权,损害他人权益;更大范围上,还破坏了市场竞争秩序,减损了消费者福利,不利于经济民主和经济自由的实现。正是因为垄断行为的负面效应,我们制定反垄断法律来保护正当经营者和消费者而谴责垄断经营者,而法律的有效运转和发生作用必须有相应的强制惩罚手段予以保障实施,否则形同虚设,也无法被信仰。反垄断法强制惩罚手段就是罚款,通过行政罚款对垄断行为人予以物质惩罚,使其受到经济利益损失,以谴责其违法行为,所以,“罚款在这里是惩罚性的,用以惩戒违法行为”。[1] 在罚款的惩罚功能基础上,通过提高罚款的数额和严厉程度以及惩罚概率,来加大经营者的违法成本和违法风险,以有效威慑其他潜在的可能实施垄断行为的经营者,以减少类似行为的再次发

〔1〕 尚明等:《〈中华人民共和国反垄断法〉理解与适用》,法律出版社2007年版,第329页。

生,这就是罚款的延伸功能——威慑功能。[1]“只有赋予反垄断执法机构足够大的处罚权,才能够对经营者起到有效的威慑作用,让他们不敢轻易制定和实施垄断协议。”[2]

“没收违法所得”是对行为人从事违法行为所获得的收益予以收缴的一种责任方式。其法理上的正当性来源于一种古老的自然正义观,如法谚所言“任何人不得从自己的错误行为中获益”,基于原因行为的违法性,经原因行为所获利益,自然也如“毒树之上所结之果”,不应由违法行为人正当取得所有权,应由法律剥夺其对这部分获益的占有,否则可能产生鼓励其他人为之违法行为的风险。所以,没收违法所得本质上体现的是对于违法收益的追缴,“无论是没收违法所得还是没收财物,没收的对象并不是违法者的合法财产,没收的行为实质上具有追缴的性质……”[3]反垄断法上的没收违法所得也不例外,“对违法所得的没收,本质上是一种追缴,而不是违法行为人因实施违法行为而付出的代价”,[4]对当事人能产生心理和精神上的惩戒效果,[5]更多的是体现一种消极防护功能——防止其从垄断中获益。

反垄断法中的罚款和没收违法所得各有其自身的功能定位,二者不能偏废,尤其是不能忽略没收违法所得对于预防垄断行为的防护功能。比如,当垄断违法所得收益高,远超过上一年度销售额1% ~10%时,单单罚款更是无法使违法行为人在经济或物质利益上受到损失的。这时,违法不仅总体上不会受损,甚至有可能因此而获益时,就会反向增加其他经营者实施垄断行为的概率,使反垄断法打击垄断和威慑功能大幅弱化与消解。因此,不论是在反垄断立法和执法中均应明确没收违法所得与罚款的不同定位和功能目标,并以此指导实践,如此方能正本清源。

四、没收违法所得与罚款关系的立法完善

(一)违法所得受害人返还问题

没收违法所得是“反垄断执法机构依法将经营者通过违法行为获取的财产收归国

---

〔1〕 参见王健、张靖:《威慑理论与我国反垄断罚款制度的完善——法经济学的研究进路》,载《法律科学》2016年第4期。

〔2〕 全国人大法工委经济法室编:《〈中华人民共和国反垄断法〉条文说明、立法理由及相关规定》,北京大学出版社2007年版,第277页。

〔3〕 应松年主编:《行政法学新论》,中国方正出版社1998年版,第376页。

〔4〕 尚明等:《〈中华人民共和国反垄断法〉理解与适用》,法律出版社2007年版,第335页。

〔5〕 参见冯军:《行政处罚法新论》,中国检察出版社2003年版,第120页。

有的处罚形式”,[1]但是直接将违法所得收归国有是否真的合理?没收违法是为了不让违法者在违法行为中获益,或者说不能从违法行为中获得报酬,但是并不代表违法所得必须收归国库。因为经营者实施垄断行为,即可能存在受到垄断行为侵害的受害当事人,而经营者违法所得的获取正是因为特定主体受到损失,既然予以追缴,就不能当然收归国家,还应考虑返还受害当事人的问题;而违法所得不论最终归属受害人还是国家,只要最终没有留给违法行为人,均能达到该种处罚方式的设计目的。有人提出,“违法所得应当首先返还受害人;仅在找不到受害人或者受害人不要求违法者赔偿时,国家才将无法返还给受害人的违法所得予以没收”。[2] 进一步来说,《反垄断法》第50条规定了垄断行为人侵权民事责任承担的问题,若行政机关直接将违法所得收归国有,而此时受侵害当事人又要求其承担民事责任赔偿损失,实际上就让垄断行为人在收益被没收的基础上再赔偿与没收收益等额的利益,这样就造成对同一事由、同一标的的二次处理,实质上违背了“一事不再罚”的法律原则。[3]

其实,在部分法律文件中,已存在对违法收益的返还相关规定。比如,《民办教育促进法》第62条就规定了退还违法所收费用、再没收违法所得的规定。《国有土地上房屋征收与补偿条例》第33条也有退还违法所得的规定。比较典型的是《制止牟取暴利的暂行规定》第12条,直接要求向遭受损害的一方退还违法所得,不能退还的予以没收。与《反垄断法》“血缘更近”的《价格法》也有类似规定,第41条规定了多付价款应当退还消费者或其他经营者,再没收违法所得。更重要的是,该项规定还有实例佐证,上文图表中提到的6家液晶面板企业价格垄断案因行为发生时《反垄断法》尚未实施,实际上当时依据的就是《价格法》进行的处罚,这也是迄今为止垄断案件中唯一的一起违法所得返还受害当事人的案例。遗憾的是,《反垄断法》没有违法所得先行返还受害人的规定,在实际执法存在许多案件中均存在并可以轻易判定受害当事人的情形,如海南省东方市自来水公司垄断案、内蒙古广播电视网络集团有限公司锡林郭勒分公司滥用市场支配案。而且在有些反垄断案件中,受害人往往比较分散,单个受害人可能损失也不大,通过民事诉讼获取垄断损害赔偿举证困难、成本较高,故受害人不倾向提起诉讼,而行政机关将违法所得追缴后再返还给受害人,实质上在执法中也能起到保护私人利益的效果。[4]

---

[1] 尚明等:《〈中华人民共和国反垄断法〉理解与适用》,法律出版社2007年版,第335页。

[2] 肖泽晟:《违法所得的构成要件与数额认定——以内幕交易为例》,载《行政法学研究》2013年第4期。

[3] 参见叶平、陈昌雄:《行政处罚中的违法所得研究》,载《中国法学》2006年第1期。

[4] 参见刘武朝:《价格垄断行为违法所得的认定及处理》,载《中国物价》2013年第11期。

因此,在反垄断立法中有必要借鉴《价格法》的立法和实践,规定违法所得在有受垄断行为侵害的受害人时,应当先行返还受害人;在返还之后或无法找到受害人以及受害人放弃时,再行没收。

(二)没收违法所得与罚款具体关系检思——日本课征金制度的参考与启示

没收违法所得与行政罚款并处是我国比较独特的现象,美国及欧盟等法域在相关反垄断法律中没有单独规定没收违法所得,但无独有偶,我们仍可从日本反垄断的课征金制度中找到许多共通之处。日本在其《禁止垄断法》中规定了课征金制度,综观课征金制度几十年的发展变迁,其宗旨和性质上也呈现出剥夺不当得利和罚款惩戒功能的摇摆,本质上是没收违法所得和罚款制裁在同一制度功能中的权重变化,参考该制度在日本的因应调整,对于我国妥善协调没收违法所得与行政罚款的关系亦会有所启示。

第二次世界大战之后,日本《禁止垄断法》是以美国反托拉斯法为蓝本制定的,带有较为浓厚的美国烙印,简单的法律移植并不适应日本社会的需求。法律中规定垄断行为的刑事制裁措施和反垄断民事诉讼水土不服,多未被使用,导致该法功能不彰,也未得到有效应用;而此时主要依靠行政处罚中的排除措施命令来制止垄断行为,经营者因垄断而获得的不当经济利益也不会被剥夺,违法行为成本低而使得反垄断成效不大。〔1〕于是在日本1977年《禁止垄断法》修改之时,日本正式引入课征金制度,以当时测算企业的平均利润率为基准,将课征金征收比例设定为违法期间全部营业额的1.5%。彼时引入课征金制度的直接目的在于剥夺行为人因垄断行为而获得的不正当收益,“使违法行为人不能保持该利益,确保社会公正的同时,谋求抑止违反行为,确保卡特尔禁止规定的实效”。〔2〕在随后的一段时间内,由于日本企业平均利润率的提高,课征金的比例在1991年法律修改时提升到6%。进入21世纪之后,国际上反垄断执法罚款比例不断提高;同时,日本反垄断执法机关对过去违法案例进行实证分析后发现,违法行为不当得利所占营业额的平均比例已接近9%;再加上国家对竞争政策需求的进一步强化,执法机关认为单纯征收与不当得利相近的课征金已不足以抑制垄断违法行为。〔3〕因此,在2005年修法之时,课征金的比例被增加到10%,已经超过违法行为的不当得利比例,并设计了相应的加重、减轻情形及减免要件,此时的课征金征收

〔1〕参见王玉辉:《日本〈禁止垄断法〉罚款及其减免制度研究——兼谈对我国〈反垄断法〉相关制度的借鉴》,载《河北法学》2010年第3期。

〔2〕郭姬丽:《日本课征金制度的重大变革及争议焦点》,载《日本研究》2007年第1期。

〔3〕参见吴汉洪、权金亮:《日韩对达成垄断协议行为的处罚规定及其对中国的启示》,载《中国物价》2015年第3期。

已不再仅仅具有剥夺不当得利的功能，还兼具制裁违法的性质。之后2009年修法时进一步完善了课征金制度的法律责任。

不难看出，课征金制度在损益修补过程中始终绕不开的一个焦点问题就是其功能性质之界定。课征金所征收比例本质上是法律对于垄断行为不当得利的额度预先进行的法律拟制，拟制之后的结果数额可能低于、等于或高于经营者实施垄断行为实际所获的不当收益，当前者低于或等于后者时基本达到没收违法所得之目的，当前者高于后者时会不自觉地兼具剥夺不当得利与制裁违法的行政罚款之性质。此时，另外一个问题浮出水面，即课征金是否会与禁止垄断法刑事制裁中的罚金“竞合”，进而违背日本《宪法》第39条“禁止双重处罚”之原则。尽管日本公正交易委员会表示二者并处并非双重处罚，[1]但由于争议颇大，2005年修法时对此作了折中式的妥协规定，明确并处时课征金可以扣除相当于罚金一半的金额。[2]

日本课征金制度的发展演变对于我国没收违法所得与罚款关系的立法处理，至少有两点启示：一方面，日本课征金和刑事罚金并行不悖，从域外实践验证了我国没收违法所得并处罚款的合理性，再加上我国立法传统影响，反垄断执法中二者采并处模式亦无不可。另一方面，若执法机关严格遵守“并处”之规定，难免会在实际情况中有机械适用和处罚过重之虞，[3]因此，我国立法中可以借鉴日本针对课征金与罚金之“调整规定”，对二者关系稍作变通，留出一定空间由执法机关裁量，使执法机关能够较为灵活地应对、避免僵化，防止处罚不当、畸重畸轻。具体来说，若无违法所得，不予没收，罚款时不予考虑该因素；若有违法所得且反垄断执法机关已没收违法所得，则在确定罚款比例时，可以酌情将其作为一种从轻或减轻的考量因素；若有违法所得但无法或难以科学合理认定，则在确定罚款比例时，可以酌情将其作为一种从重或加重的考量因素。

---

〔1〕 日本公正交易委员会表示：这是将课征金从以往的征收相当于不当得利金钱，变更为征收超过不当得利的金额的行政制裁，与从道义上对卡特尔进行谴责的刑罚不同，课征金是为了确保禁止卡特尔规定的实效性，即使在处罚金的同时征收课征金也不违反“双重处罚”的宪法规定。参见［日］根岸哲、舟田正之：《日本禁止垄断法概论》（第3版），王为农、陈杰译，中国法制出版社2007年版，第323页。

〔2〕 日本《禁止垄断法》第7条之二第19款，在并处罚金和课征金的情况下，从课征金中扣除相当于1/2罚金的数额。但是如果课征金额本身不超过1/2的罚金额，或者扣除后的课征金额不足100万日元时，不在此限。

〔3〕 参见黄勇、刘燕南：《垄断违法行为行政罚款计算标准研究》，载《价格理论与实践》2013年第8期。

五、反垄断执法中没收违法所得的规范调适

(一)明确没收违法所得适用的基本态度

我国《反垄断法》第46条、第47条已经明确规定了垄断协议和滥用市场支配的法律责任,没收违法所得是其中法定、必备且重要的责任形式。但是,从上文中案件的数据统计来看,反垄断执法中处以没收违法所得案件占应没收违法所得案例比例总体偏低,仅占11.7%,工商系统相对较好,比例为26.1%,发改委系统比例则仅为3.8%。

不论原因如何,数据至少直观地反映了反垄断执法机关中当前重"行政罚款"而轻"没收违法所得"现状,这实质上已经违反了"依法行政"的法治要义,不利于补偿公众和消费者因垄断行为而受到的社会福利之减损,反垄断法权威难以树立。究其原因,反垄断执法机关尚未形成"没收违法所得"的意识和惯性,尚未在日常执法工作中足够重视该种责任形式,对于没收违法所得与罚款定位不清晰。因此,反垄断执法机关应进一步明确"没收违法所得"为基本责任形式,一以贯之在所有应当适用的案件之中,不能"选择性适用"或"遗忘性适用"。

(二)统一违法所得认定标准

虽然在《行政处罚法》中明确了没收违法所得作为行政处罚方式,但是并没有对违法所得的概念给出明确释义,这也使理论研究和实务操作中众说纷纭,莫衷一是。学界理论上有全部收入说、获利说和折中说3种观点,[1]不同行业和部门行政处罚实务中认定违法所得也五花八门,如全部收入、销售收入、收入扣除合理支出后的部分、违法所得、非法收益、贿赂所得等,[2]司法审判认定中也存在困惑和不一致之处。[3]

具体到反垄断执法中来看,两执法系统对于违法所得认定也存在不一致之处。上文提到工商系统没收违法所得比例高于发改委系统,其原因之一就在于工商系统没收违法所得执法较早展开,积累了一定的经验,且制定了较为明确的标准。早在1989年即发布了有关非法所得计算的文件,之后不断有各项通知或批复进一步阐述,尤其是2009年出台了《工商行政管理机关行政处罚案件违法所得认定办法》(以下简称《认定

---

〔1〕 参见刘武朝:《价格垄断行为违法所得的认定及处理》,载《中国物价》2013年第11期。

〔2〕 参见汪家元:《行政处罚中的"违法所得"认定探究——基于相关判例的整理与研究》,载《安徽行政学院学报》2015年第2期。

〔3〕 参见朱加嘉:《行政违法所得的司法认定》,载《人民司法》(应用)2013年第11期。

办法》),将本系统内违法所得认定问题进行了规范统一,[1]为工商系统反垄断执法中没收违法所得提供了指引。这在广东惠州大亚湾溢源净水有限公司滥用市场支配地位案中即有所体现,违法所得计算方法为垄断行为存续期间的收入合计减去相关成本与缴纳税费。发改委系统之前一直没有出台关于违法所得计算的规定,以致发改委系统处罚反垄断案件案件过程中无据可依,真正适用没收违法所得的仅有2件。不过,在2016年由发改委牵头起草的《关于认定经营者垄断行为违法所得和确定罚款的指南(送审稿)》(以下简称《指南》)公布,对违法所得认定作了较详尽的规定。[2]

《认定办法》和《指南》中对违法所得的认定各有不同,但本质上来说,均采用的是获利说,这也印证没收违法所得功能定位是防止行为人因垄断而受益。而且《指南》相较《认定办法》更为周延,将"减少支出"也纳入为违法所得计算范畴,以避免出现表面上无收入增加但实际上因支出减少而变相获利的情形,减少"漏网之鱼",因此,在《指南》颁布之后,两系统关于违法所得的认定均应遵循统一的标准,尤其是工商系统在反垄断执法时也应当遵循"特别法优先于一般法"原则,优先适用《指南》中的规定,防止出现冲突和不一致。此外,尽管《指南》中违法所得的认定方法较为科学合理,但是计算多得收入或减少支出,仍然需要测算假定收入、假定支出与实际收入、实际支出做对比,本来在有些案件中实际的收入和支出都难以计算核实,而测算假定收入与支出需要考虑的因素更多,不确定性更强,这无疑会给行政机关增加执法难度,一定程度上会降低行政效率,尤其是计算错误也会减损执法效果。所以,为兼顾科学性与实用性,违法所得认定方法须更加具体可行,并以相应的辅助手段促使行政机关准确认定。

(三)健全没收违法所得辅助措施

1. 增强处罚文书中对理由和计算过程的说明

上文数据显示,在所有325件"一般责任"的案件之中,有287件约88.7%没有没收违法所得,这些案件中仅12件说明了未没收违法所得的理由,剩下275件更是连没收违法所得的理由也没有提到。对于认定为无违法所得或者违法所得难以计算的案件,理由的说明对相关经营者、受到垄断行为侵害的消费者等利害关系人知情权的保障意义重大,也是行政公开原则的应有之义;同时,理由的公开也表明行政机关严格遵

---

[1] 《工商行政管理机关行政处罚案件违法所得认定办法》第2条规定:"工商行政管理机关认定违法所得的基本原则是:以当事人违法生产、销售商品或者提供服务所获得的全部收入扣除当事人直接用于经营活动的适当的合理支出,为违法所得。"

[2] 《关于认定经营者垄断行为违法所得和确定罚款的指南(送审稿)》第5条规定:垄断行为违法所得是指经营者实施《反垄断法》禁止的垄断协议和滥用市场支配地位行为,垄断行为存续期间因该行为多得的收入或减少的支出。

守《反垄断法》,未没收违法所得是特定原因,并非故意忽略违法行为人的违法所得。

至于如何说明理由,对于垄断行为无违法所得的情形,在处罚文书中应当说明垄断行为实施期间特定商品在一定地域内销售价格、交易数量或市场竞争状态并未发生明显变化,且垄断行为人并未因此而多获收入或少付支出;对于有违法所得但难以计算的情形,也应说明缘由,如上述案件中无会计财务数据、无法获取历史资料予以佐证等,还须说明在确定垄断罚款比例时如何对这种情况进行考量,如何在进行估算的基础上适当增加多大的罚款比例。

对于适用没收违法所得的案件,则应加强对计算过程的细化说明。在38件课以违法所得没收的案件中仅有重庆西南制药二厂有限责任公司垄断行为案、江西省泰和县液化石油气经营者从事垄断协议案等寥寥案例在处罚文书中较为详细地说明了计算过程,行政相对人和利害关系人也就无法通过处罚文书获悉违法所得计算是否准确有据,而且也无从监督。

2. 建立特定情形下第三方机构认定制度

在部分情形下,由于垄断行为所涉行业专业性强、隐蔽度高、问题复杂,尤其是互联网背景下带来商业经营模式和经营手段的巨大变化,而仅依靠执法机关的有限理性、知识储备及技术上的局限性,是难以全面测算行为人在垄断持续期间的市场竞争状况、销售数量和交易价格,无法进行有效的市场调查和经济分析的,这就会导致执法效率较低,耗费时间成本高,也难以保证违法所得计算的准确性,甚至会使执法机关因"畏难"而有益忽略适用没收违法所得。此时,执法机关即可尝试委托独立、无利害关系且信用状况良好的专业机构或人员,如会计事务所或评估事务所进行测算违法所得,将"专业的事情交给专业的人做"。在青岛新奥新城燃气有限公司滥用市场支配地位案、海南省东方市自来水公司垄断案中,执法机关委托会计师事务所对"预付气费款""保证金"所产生的利息进行了鉴证计算,效果良好。

六、结语

当前我国无论是反垄断法理论研究还是执法实践,都将更多的目光和注意力投向反垄断罚款而较少关注没收违法所得,但是回归到法律文本之中,不难发现没收违法所得其实在反垄断行政处罚责任体系中占有一席之地。既然《反垄断法》有明确规定,那么不论出于何种因素考虑,我们均不应也没有理由忽视没收违法所得这种责任方式在我国反垄断执法体系中的作用。

基于对400余起反垄断执法案例的大数据分析,不难发现,没收违法所得与罚款的关系上存在法律文本和执法实践上的背离,而背离的原因则与两者功能定位不清、立法疏漏和没收违法所得执法不完备等息息相关。为弥合文本与实践中二者关系的分野,结合实践案例样本分析中暴露出来的问题,有必要准确定位没收违法所得的追缴功能和罚款的惩戒威慑功能,二者并行不悖。立法上,增加违法所得返还受害人的规定,在调整两者具体关系时,可借鉴日本课征金制度,将违法所得有无、是否已经没收违法所得作为确定罚款比例高低的影响因素;执法上,须强化执法机关适用没收违法所得的意识,统一不同系统内违法所得计算标准,增强执法文书中对相关理由和计算过程的说明,必要时还可以委托独立且信用良好的第三方机构协助认定。

反行政垄断诉讼的解构与重构

——以《行政诉讼法》第12条第8项为切入点*

廖丽环**

目　　次

一、反行政垄断诉讼的静态考察:概念界定

从学理层面界定反行政垄断诉讼概念是陌生的。一方面,行政垄断在目前的行政法实体法中并没有独立的理论体系;另一方面,反行政垄断诉讼司法实践一直处于低迷状态,我国修改前的《行政诉讼法》并未将行政垄断纳入受案范围,能够研判的概率很小,实践难以反哺理论。即便如此,我们仍可借由另一进路,即通过对其上位概念——反垄断行政诉讼或者反垄断的司法审查的援引进一步界定反行政垄断诉讼。反垄断行政诉讼是指针对行政机关的反垄断执法行为或者行政垄断行为提起的行政诉讼。[1] 而反垄断的司法审查则源于英美法系,例如,美国反垄断司法审查指涉所有反垄断诉讼,并都纳入民事诉讼,不论是司法部提起的"公共执行"诉讼,还是经营者、消费者提起的"私人执行"诉讼,并没有纯粹意义上的行政诉讼。即便是德国和法国有

---

* 项目基金:2014年国家社科基金项目《法治中国视阈下的司法与政治关系研究》(14BFX002)。

** 厦门大学诉讼法专业博士研究生。

〔1〕 参见应品广:《论经济法理念对行政诉讼体制的冲击和渗透——以反垄断行政诉讼为视角》,载《学术探索》2011年第1期。

行政诉讼概念,也没有明确将其涵摄为反垄断行政诉讼(英美法系司法权控制行政垄断称为司法审查,我们则称其为行政诉讼)。[1] 可见域外国家并不特别强调反行政垄断诉讼,不论是政府实施的还是私人实施的垄断行为都一律适用相关的反垄断法律。

由此可见,反行政垄断诉讼并不是一个学理概念,甚至也不属于法律概念,但根据我国《行政诉讼法》第 12 条第 8 项的规定并结合反垄断行政诉讼概念,可以将反行政垄断诉讼初步定义为:针对行政机关滥用行政权力排除或者限制竞争的行为提起的诉讼。细心的读者一定能够发现,笔者在该处是有所保留的,私以为依据第 12 条第 8 项做出的定义是不够完整,它并不能完全涵摄所有的行政垄断行为,并且该条款项的背后有更多值得深思的地方:其一,可以由什么人提起?其二,是否仅限于限制和排除这两种竞争行为?排除、限制竞争的行为到底是哪些?之所以提出这两个问题,是因为对第一个问题的回答决定了反行政垄断诉讼的原告资格,而原告资格是由该诉讼类型的诉讼构造和诉讼价值所决定的,因而在解决第一个问题时就不可避免需要先解决反行政垄断诉讼的诉讼构造和价值定位;而对第二个问题的回答,则有助于我们厘清反行政垄断诉讼的具体受案范围,将行政垄断行为类型化,从而搭建起实体法与程序法之间的衔接。

二、反行政垄断诉讼的动态考察:司法迷思

根据国家工商总局的统计,早年也有部分相对人曾针对行政机关的行政垄断行为提起的诉讼,但皆囿于《行政诉讼法》受案范围限制,法院几乎无一例外地予以驳回、不予受理。然而,并不能因此否认它们的司法实践价值。个案解决的意义在于通过个案审理形成的规则之治,它不仅能够反哺实践,指导未来该诉讼类型的具体运行,更能敦促理论界对该问题的关照和探讨,从而填补行政垄断理论在行政法实体行为理论体系中的缺失,可以说能够在行政垄断实体行为与反行政垄断诉讼程序构造之间搭建起桥梁。因此,整理既有的反行政垄断诉讼案件,从中归纳并反思行政垄断的类型,从而更全面地解读《行政诉讼法》第 12 条第 8 项所指的排除和限制竞争行为,审思和剖析当下反行政垄断诉讼面临的障碍,从而对未来反行政垄断诉讼的诉讼构造和诉讼规则作进一步的建构和修正。

(一)存在问题:整体表现不佳

我国 2015 年《行政诉讼法》修改之前,行政垄断一直处于司法审查的真空带,即便在行政垄断已经渗透到公共管理事务的各个方面,严重损害市场自由竞争的状况下,

---

[1] 参见叶卫平:《司法审查与行政性垄断规制》,载《法学》2009 年第 1 期。

司法权在行政垄断行为审查中依旧缺位。可见过去审查难度之大,行政权与司法权关系之微妙。受制于此,反行政垄断诉讼司法实践一直处于困境。

表1　反行政垄断诉讼现状〔1〕

序号	起诉时间	原告	被告	第三人	受理法院	诉讼方式	诉讼争议、理由、诉求	诉讼阶段/结果	其他救济方式
1	1994年11月	永春照相馆等38家照相馆业主、承包人、负责人	某市教育局	某市教育实业公司(市教育局开办的经济实体)	某市法院	私人诉讼、共同诉讼	限制竞争,违反《反不正当竞争法》,停止侵害、赔礼道歉、赔偿损失	不属受案范围,裁定驳回起诉	起诉前,向江都市工商局、信访、人大反映情况。驳回后上诉(但仍被驳回,维持)
2	—	三家家用轿车生产企业	某地方政府部门	—	该地区法院	私人诉讼、共同诉讼	以发文形式强制要求缴纳解困资金、抽象行政垄断	抽象行政行为不予受理	—
3	2000年11月	刘工超	北京市环保局、市交通局、公安交通管理局		北京市海淀区人民法院	私人诉讼	以发文形式限定购买指定商品,抽象行政垄断	抽象行政行为不予受理	1998年12月向国家环保总局申请行政复议

〔1〕 样本选择的缘由:从既有资料来看,无法收集到关于反行政垄断诉讼受案数量的完整统计。主要是各学者统计的对象不同。比如,国家工商行政管理总局公平交易局、中国社科院国际法研究中心在其《反垄断典型案例及中国反垄断执法调查》一书中,统计出关于行政垄断的案件,1995～1999年有36件,2000～2004年有209件,2005年1～6月有18件,总计263件。其中,反垄断行政诉讼1995～2005年,合计74件。王健《关于推进我国反垄断私人诉讼的思考》一文中,也只是简单提到2008年国家质检总局行政垄断案、余姚市政府行政垄断案。蒋岩波、喻玲《反垄断司法制度》一书中,关于反行政行政诉讼案也只提到国家质检总局行政垄断一案。受囿于现有资料,想要全部罗列出所有行政垄断案件,是不可能的,笔者只能通过整合这些资料,列举典型的行政垄断行为的案件,以此为读者和今后的研究提供一些详细的资料整理。

续表

序号	起诉时间	原告	被告	第三人	受理法院	诉讼方式	诉讼争议、理由、诉求	诉讼阶段/结果	其他救济方式
4	2008年8月	北京兆信信息技术有限公司、东方惠科防伪技术有限责任公司、中社网盟信息技术有限公司和恒信数码科技有限公司4家防伪企业	国家质检总局	中信国检信息技术有限公司（国家质检总局在中信国检公司中占有30%的股份）	北京市第一中级人民法院	私人诉讼、共同诉讼	限制竞争，违反《反不正当竞争法》和《反垄断法》	诉讼期限已过，不予受理	—
5	2008年8月	名邦所	余姚市政府	阳明税务事务所（余姚市国税局创办、现任所长是原税务局局长）	—	私人诉讼	违反《反不正当竞争法》和《反垄断法》确认被告行为违法	和解后撤诉	2008年5月向宁波市政府申请行政复议
6	2008年8月	上海中网网络有限公司、江苏南大数码科技有限公司	国家质检总局	中信国检	—	私人诉讼、共同诉讼	涉嫌行政垄断，主张停止违法行为，消除影响	未进入实体审理	—
7	2008年8月	深圳市倍诺通讯技术有限公司、贵阳高新华美龙技术有限公司	国家质检总局	中信国检	—	私人诉讼、共同诉讼	涉嫌行政垄断，主张停止违法行为，消除影响	未进入实体审理	—

续表

序号	起诉时间	原告	被告	第三人	受理法院	诉讼方式	诉讼争议、理由、诉求	诉讼阶段/结果	其他救济方式
8	2014 年 4 月 22 日	广东深圳市斯维尔科技有限公司	广东省教育厅	广联达	广州市中级人民法院	私人诉讼	滥用职权、指定产品,违反《反垄断法》规定	一审法院确认被告行为违法,二审尚未宣判	2014 年 4 月 16 日向教育部申请行政复议

从表 1 的 8 起案件中,我们可以发现反行政垄断诉讼存在如下几个问题:

1. 司法需求与司法能力供不应求

表 1 超过 1/2 的案件是在 2008 年后提起的,尤其是在 2008 年 8 月 1 日《反垄断法》实施之后,有 4 起案件先后在 8 月 1 日、9 日、11 日、17 日提起,而 2008 年之前的案件较少。这意味着当事人寻求规制行政垄断的意愿由来已久,但之前既有制度未能回应,以致《反垄断法》施行后出现相对频密的诉讼。可见,强烈的反行政垄断意愿与无力的制度回应形成较大落差,社会发展与法律成长无法形成和谐关系,阻碍反行政垄断诉讼发展。

2. 立案遭遇"瓶颈",诉讼案件低迷

8 起案件中有 5 起案件因为不符起诉条件、超过审限而不予受理或者未进入实体审理,立案难问题突出。根据国家工商行政管理总局公平交易局等主编的《反垄断典型案例及中国反垄断执法调查》一书的统计,反垄断行政诉讼 1995 ~ 2005 年,合计 74 件,[1] 而吊诡的是 2014 年深圳斯维尔科技诉广东省教育厅一案才成为全国首起反行政垄断诉讼。其实隐射了行政诉讼中立案难的问题。更不容乐观的是,即便我国现行《行政诉讼法》第 51 条将立案审查制改为立案登记制,但这并不意味着今后的起诉难能够得到根本解释,因为立案难的痼疾——诉讼要件前置于起诉条件并未得到改善。

3. 诉讼主体不周全,诉讼方式局限于私人诉讼

表 1 中反行政垄断诉讼的原告都是私人,包括企业或者公民个人。这直观地反映出我国过去行政诉讼的诉讼构造仍囿于传统型,即排除国家机关,尤其是检察机关等的原告资格。不仅如此,诉讼方式也都是以单独诉讼为主,缺少代表人诉讼,一

---

[1] 参见国家工商行政管理总局公平交易局、中国社科院国际法研究中心:《反垄断典型案例及中国反垄断执法调查》,法律出版社 2007 年版,第 207 ~ 217 页。

旦受害者过多时,单独立案、分别审理或者合并审理等,都会提高诉讼成本、延长诉讼程序。

4. 诉讼类型单一

8 起案例中诉讼理由大多是限制竞争、指定经营、抽象行政垄断等,而忽略了其他垄断行为,尤其行政主体或其官员参与企业性活动(参与自主的企业活动以及拥有企业)。例如,在案例 1 中,第三人市教育实业公司实为市教育局开办的经济实体;在案例 4、案例 6、案例 7 中,被告国家质检总局在第三人中信国检中拥有 30% 的股份;在案例 5 中,阳明税务事务所由余姚市国税局创办,其现任所长是原税务局局长。这些论据都指向一个论点,行政垄断主体与第三人之间有着极为密切的联系,往往表现为参与自主的企业活动或者拥有企业、创设企业。但遗憾的是,在具体的诉讼理由中,并没有指向该种行政垄断行为。

5. 抽象行政垄断身处可诉性质疑

案例 2 和案例 3 皆因为抽象行政垄断不属诉讼受案范围,遭致拒绝受理。然而,行政垄断在实践中多以"红头文件"、规章等规范性文件的形式出现,例如,案例 1 江都市教育局下发了《关于统一拍摄中学生学籍照片的通知》,案例 2 地方政府发文规定办理拍照前必须缴纳解困金,案例 3 中北京市公安交管局、北京市交通局及北京市环保局这 3 家执法机关联合发布《关于对具备治理条件轻型小客车执行新的尾气排放标准的通告》,都是以规范性文件实施行政垄断。这类行为之所以难以进入诉讼,原因在于法院并未认识到抽象行政行为最终是以具体行政行为体现出来,因而其可能具有可诉性,比如案例 8 深圳斯维尔诉广东省教育厅一案,对于国赛发布的文件是否属于抽象行政垄断,专家及法院认为:本案中的广东省工程造价基本技能省级选拔赛,是由广东省教育厅主办的,而省赛组委会发布的各种"赛项通知""赛项技术规范""竞赛规程",也都是经过省教育厅审核通过方才对外公布的。因此,"指定独家参赛软件"行为是广东省教育厅作出的具体行政行为。[1]

6. 行政复议与行政诉讼之间的互补功能并未发挥实效

案例 3、案例 5、案例 8 都是在起诉之前申请行政复议,但案例 3、案例 5 并未得到良好解决,行政复议并未对实体行为作出实质的处理,以致相对人选择起诉,案例 8 因为通过专家论证该行为违法后,原定的国赛没有举行,原告撤回行政复议申请。总而言之,行政复议在行政垄断处理之中并没有切实发挥作用。

---

[1] 参见万静:《首例行政垄断司法判决:广东教育厅被判违法》,载凤凰财经:http://finance.ifeng.com/a/20150304/13527941_0.shtml,最后访问日期:2015 年 12 月 24 日。

7. 诉讼中缺少赔偿请求

8起案例中,大多诉讼请求止于停止伤害、确认行为违法、撤销行政行为等,没有看到有关赔偿的主张。这是审判依据《反垄断法》的缺陷造成的。《反垄断法》中并未规定行政主体实施行政垄断的赔偿机制,因此,相对人受损的利益也得不到赔偿。国家赔偿目前也未将行政垄断行为造成的损害纳入其中。

(二)制约因素:审查艰难

反行政垄断诉讼整体低迷,最大的问题在于审查难度大,现有审查依据没有为何种行政垄断行为应纳入审查范围提供明确的规则指引,不论是《反垄断法》第32条至第37条还是《行政诉讼法》第12条,这些规则都具有高度的抽象性,不利于司法适用。

首先,审查依据的模糊性。我国立法传统是宜粗不宜细,《反垄断法》中关于垄断,甚至是行政垄断的界定都未作出明文表述。这种粗疏的立法技术表现在以下3个方面:一是《反垄断法》第3条所规定的本法垄断行为并未将行政垄断纳入其中。二是第五章行政垄断行为列举不周延,忽略了当下最为隐蔽的行政垄断形式,比如,行政主体通过参与自主的企业活动以及拥有企业实施行政垄断,例如表1名邦所诉余姚市人民政府行政垄断一案中,阳明税务所的创办人就是前余姚市国税局局长,而实践中行政机关设立的中介组织以及具有行政管理职能的企业也普遍存在。不仅如此,第37条对抽象行政垄断行为的界定中使用"规定"一词有欠妥当。[1] 就实体法角度而言,抽象行政行为包括行政立法行为和非立法性的抽象行政行为,前者包括行政法规和规章,后者是指这些以外的规范性文件,但并没有将其称为规定。除《反垄断法》外,"规定"一词还出现在《行政复议法》第7条,而第7条最后明确指出该规定不包括行政规章。那么《反垄断法》第37条所言的"规定"具体指涉的范围包括哪些?这些都未有答案。三是《反垄断法》第53条只规定了反垄断执法纳入司法审查范围,没有交代行政垄断是否纳入审查范围,而且就算其允许反垄断执法纳入审查范围,也没有进一步规定该如何判定其合法性。

其次,审查范围的有限性。现行《行政诉讼法》第12条第8项规定:"认为行政机关滥用行政权力排除或者限制竞争的可以提起诉讼。"再加上第2条规定:"公民、法人或者其他组织认为行政机关和行政机关工作人员的行政行为侵犯其合法权益,有权依照本法向人民法院提起诉讼。"该条最大的改变在于将原先的具体行政行为改变为行政行为,这样的修改似乎隐含立法者的用意,即淡化抽象——具体行政行为的二元划分,那么我们是不是可以认为抽象行政行为纳入司法审查的范围有可能扩大?然而,

---

〔1〕 参见黄学贤:《反垄断法中若干行政法问题探讨》,载《苏州大学学报》2009年第1期。

第53条依然将附带审查的范围限定在国务院部门和地方人民政府及其部门制定的规范性文件,保留行政诉讼对抽象行政行为实行有限的附带审查原则,即对规章以下的抽象行政行为的提起只能以具体行政行为的发生为前提,而不能直接提起诉讼。我们知道,实践中大量的行政垄断诉讼是通过抽象行政行为提起的,这种形式的行政垄断往往具有受害者不确定、侵害公共利益以及造成大范围的损害等特点。通过抽象行政行为实施的行政垄断行为往往在具体行政行为还没发生时我们就能够预见其可能或即将造成损害,一旦只允许对此提起附带审查,那么对这些即将或可能发生的损害就无法预防,对这些损害可能造成的利益也就无法事先救济。

三、反行政垄断诉讼的规范分析:主客体再造

显然,审查规则模糊性是制约反行政垄断诉讼发展的"瓶颈"。什么是行政垄断行为,什么人,可以针对哪些行政垄断行为提起行政诉讼?这几个问题决定了今后反行政垄断诉讼朝向何种趋势发展。《行政诉讼法》第12条第8项规定,"人民法院受理公民、法人或者其他组织提起的下列诉讼:……认为行政机关滥用行政权力排除或者限制竞争的",我们可将此分解为两个要点,前半部分属于主体范畴即原告资格,后半部分属于客体(争点)范畴即审查范围。行政垄断作为反行政垄断诉讼的客体,其独特的行为性质和特征会影响到原告资格的认定,我们只有先界定什么是行政垄断行为,哪些行政垄断行为属于受案范围,才能判断该行为所侵害的利益主体,从而确定原告资格。

(一)客体反思

对行政垄断的系统研究,将依循行为性质(特征)—构成要件进行解构。这需要我们统合规范层面的行政垄断和实践层面的行政垄断,将静态和动态相结合,重新构造反行政垄断诉讼中的行政垄断。

表2　行政垄断案例

案例序号	年份	地区	投诉人	被投诉人	受理机关	相关第三人	争议事由	救济方式	处理方式
1	1991	辽宁省抚顺市	相关群众	结婚登记处	抚顺市工商局	结婚服务中心(与结婚登记处同属一套人员)	独家指定经营,强制交易	申请反垄断调查	建议上一级人政责令其改正
2	1997	吉林省吉林市	群众	殡葬管理处	吉林市工商局	—	强制消费	申请反垄断调查	罚款

续表

案例序号	年份	地区	投诉人	被投诉人	受理机关	相关第三人	争议事由	救济方式	处理方式
3	1998	江苏省某市	相关群众	某市住房基金管理中心	江苏省某市工商局	中国人民保险公司某分公司	强制交纳保险费，强制交易	申请反垄断调查	建议上一级人政责令其改正
4	1998	江苏省邳州市	相关群众	邮电局	徐州市工商局	中国工商银行邳州市支行	限制交易（独家指定）与强制交易	—	建议上一级人政责令其改正
5	1999	山东省聊城市	—	电信局	聊城市工商局	—	差别对待	—	罚款
6	2000	某省	相关群众	某省旅游局	某省某市工商局	某省中国国际旅行社有限公司	独家指定经营	申请反垄断调查	行政告诫，建议改正违法
7	2000	乌鲁木齐市新市区县	新疆乌苏卢云啤酒有限公司	新市区人民政府某街道办事处	乌鲁木齐市工商局	新疆啤酒集团	独家指定经营，市场封锁、行业垄断	申请反垄断调查	建议上一级人政责令其改正（行政协助）
8	2000	原江西省吉安地区	群众	供销社	江西省工商局	吉安废纸回收有限公司	以报告形式指定经营，地区封锁、地方性垄断	申请反垄断调查	建议上一级人政责令其改正

续表

案例序号	年份	地区	投诉人	被投诉人	受理机关	相关第三人	争议事由	救济方式	处理方式
9	2000	山西省某市	普通群众	交通局客运管理站	山西省工商局	中国人寿保险公司某市南城支公司	独家指定经营，强制买卖保险	申请反垄断调查	建议上一级人政责令其改正
10	2001	浙江省绍兴市	相关群众	某县运输管理所（交通局下事业单位）	绍兴市工商局	两家保险公司	强制买卖保险，强制交易	申请反垄断调查	没收超出保险费
11	2001	安徽省舒城县	相关群众	县委、县政府	安徽省工商局	—	会议纪要只能销售部分商品，封锁市场	申请反垄断调查	建议上一级人政责令其改正
12	2001	辽宁省大洼县	群众	专卖事业管理局	辽宁工商局	—	地区封锁、歧视对待、地区性垄断	申请反垄断调查	建议上一级人政责令其改正
13	2001	安徽省某县	媒体	某县委、县政府	安徽省工商局	安徽省会飞联合开发公司	会议纪要，独家经营、地区封锁、地区性垄断	申请反垄断调查	建议改正

续表

案例序号	年份	地区	投诉人	被投诉人	受理机关	相关第三人	争议事由	救济方式	处理方式
14	2004	吉林省某市	某市人大	某市信息化工作领导小组五部门	吉林省工商局	某市信息公用管网开发有限公司	发文形式，独家指定经营	申请反垄断调查	建议上一级人政责令其改正
15	2004	辽宁锦州市	—	公安局	—	—	强制交易，指定经营	申请反垄断调查	建议上一级人政责令其改正
16	2004	吉林省	群众	吉林省长春市信息办等五部门	吉林省工商局	—	联合发文指定经营	申请反垄断调查	建议上一级人政责令其改正
17	2004	福建泉州市	群众	公安局	福建工商局	—	强制消费、交易	申请反垄断调查	建议上一级行政机关责令其改正
18	2014	河北省	韩国大使馆	河北省交通厅、物价局、财政厅	国家发改委	—	出台歧视性规定	申请反垄断调查	建议省政府责令其改正

续表

案例序号	年份	地区	投诉人	被投诉人	受理机关	相关第三人	争议事由	救济方式	处理方式
19	2015	山东省	群众	山东省交通运输厅	国家发改委	九通公司建设	《山东省道路运输车辆动态监控社会化平台服务商备案管理办法（试行）》价格歧视、地方保护	申请反垄断调查	责令改正
20	2015	云南省	—	云南省通信管理局	国家发改委	中国移动通信集团云南分公司、中国电信股份有限公司云南分公司、中国联合网络通信有限公司云南分公司、中国铁通集团有限公司云南分公司	牵头组织达成价格垄断协议《云南基础电信运营企业规范各类赠送活动的协议》	—	云南发改委督促其整改

1. 性质与特征

(1)行政垄断区别于其他垄断的标志在于其“行政性”。[1] 行政是行政垄断行为性质和特征的判断起点,没有行政主体的行政活动,就没有行政垄断存在的可能。行政行为的概念滥觞于法国行政法,后经德国行政法继受,例如,奥拓迈耶提出,“行政行为”是行政官署对个别时间宣示何者为适法行为之公权力行为。“行政机关对具体事

〔1〕 关保英、黄辉、曹杰:《行政垄断之行政法规制》,中国政法大学出版社2008年版,第1页。

实做出的具有直接外部法律效果的处理行为。"[1]毛雷尔这一权威的认定与我国目前学界通说的行政行为较为契合。通说认为,行政行为是指行政主体在实施行政管理活动,行使行政职权过程中作出的具有法律意义的行为。[2] 在外延上包括具体行政行为和抽象行政行为,而行政垄断也可分为抽象的行政垄断和具体的行政垄断。抽象行政垄断是指行政主体通过制定行政规章和一般规范性文件的方式实施行政垄断。[3] 具体行政垄断,是指通过行政主体的具体行政行为实现的垄断形式。而行政行为是一个动态概念,其具有延展性和持续性,"行政行为的过程性说明行政行为是一个不断发展的动态过程"。[4] 由此可以得出,行政垄断不仅仅是一种垄断行为,而更应是状态与行为结合说。[5] 行政垄断是指凭借政府行政机关或其授权的单位所拥有的行政权力,滥施行政权力,而使某些企业得以实现垄断和限制竞争的一种状态和行为。[6] 这样的界定,对下文将行政垄断纳入诉讼范围具有脾益。(2)方式多样性。通过行政合同设立,表1案例8广联达通过与教育厅订立合作意向书后,双方达成意愿,取得国赛软件的竞标。表2案例7新市区政府与新疆啤酒集团签订合同,约定铁路区域内只能销售本地啤酒。通过许可设立,对有限资源的开发利用、公共资源的配置以及直接关系公共利益的特定行业的准入制度,需得到批准。通过立法或制定规范性文件的形式设立,这类行政垄断行为最常见,如表1案例8教育部组委办公室发布的《"工程造价基本技能"赛项规程》。表2案例19山东省交通运输局《山东省道路运输车辆动态监控社会化平台服务商备案管理办法(试行)》规定,所有车辆进入山东省市场时必须接入九通公司的卫星定位终端。(3)隐蔽性。行政垄断的隐蔽性表现为行为主体身份、手段和目的3个方面。首先,从表2我们可以看出行政垄断行为主体有两个特征。其一,往往涉及第三红利中介。行政审批改革之后,虽然审批项目少了,但前置评估的项目却增多了,这无疑是地方政府及其部门将行政审批权下放给第三中介机构。这些中介机构主要负责技术性审查、评估、鉴证、咨询报告或意见书,包括环境影响评价、可行性

---

[1] [德]哈特穆特·毛雷尔:《行政法学总论》,高家伟译,法律出版社2000年版,第182~179页。

[2] 参见罗豪才:《行政法学》,北京大学出版社1996年版,第105~106页。

[3] 参见郑鹏程:《行政垄断的法律控制研究》,北京大学出版社2003年版,第59页。

[4] 朱维究、胡卫列:《行政行为过程性论纲》,载《中国法学》1998年第4期。

[5] 有关行政垄断到底是状态还是行为,学界有三种代表性观点。一是状态说,主张"行政垄断是凭借行政权力而形成的垄断,是特殊的垄断"。参见曹士兵:《反垄断法研究》,法律出版社1996年版。二是行为说。认为"行政垄断是指政府及其部门滥用行政权力限制竞争的行为"。参见沈敏荣:《法律的不确定性——反垄断法规则分析》,法律出版社2001年版。三是行为与状态结合说。即笔者支持的观点。

[6] 参见各国反垄断法汇编编选组:《各国反垄断法汇编》,人民法院出版社2001年版。

研究、节能、地质勘探、施工图设计审查等环节。例如,表2案例3某市住房基金管理中心委托银行办理建住房低息贷款,导致保险公司强制买卖,再如,表2案例14吉林某市信息化工作小组发文规定今后该市各需要建设信息基础官网项目,统一由市信息公用管网开发有限公司报审批。其二,由中心政府向行政性公司、企业、事业单位或其他公司转移。行政机关将原本属于自己的显性权力转移到其他第三者,变为一种隐性权力。表2案例1结婚服务中心的工作人员与结婚登记处同属一套人员,表1案例5中阳明税务事务所是由余姚市国税局创办、现任所长是原税务局局长,这些在主体身份的掩饰上更具隐蔽性。其次,手段和目的具有隐蔽性。手段和目的往往密切联系,传统行政垄断主要通过招标、投标、行政协议、行政许可和审批等方式实现俘获不当利益,随着现代社会行政管理的深入,通过行政立法或者行政处罚等更为间接的方式来达致目的。甚至往往出现看似形式合法,但实质上却能够造成行政垄断结果和危害的行为,因隐藏于合法形式之下而免受法律规制。这也引发了我们对现行行政诉讼以合法性审查为主要审查标准的再反思,显然仅仅依靠合法性审查规制行政垄断是远远不够了,这会造成大量形式合法实质违法的行政垄断行为处于法律约束的边缘和飞地。(4)侵害不特定人利益。行政垄断是政府对市场竞争和市场活动的不当干预,极其容易滥用公共权力对公共领域内的公共产品和公共服务限制或排除竞争,而竞争最终反映在消费者身上。因此,政府指定不当的价格管控、设置高门槛的市场准入、制定歧视性政策和规范性文件,最终损害消费者选择权,造成公益的损害。(5)结果损益性。行政垄断在法律规制领域应作为一种贬义存在,是指造成违法或不合理的结果。这一点跟行政许可受益型的行政行为是不同的。因此,对遭受行政垄断行为侵害的权益给予及时且必要的保护尤为重要。

2. 构成要件

《行政诉讼法》第12条第8项对行政垄断的表述较为简练,“行政机关滥用行政权力排除或者限制竞争的”,分解为两个要件:主体——行政机关,客观——滥用行政权力(行为要件)(见图1)、排除或限制竞争(结果要件)。根据表2及上文我们对行政垄断性质和特征的分析,可进一步拓展该条款所涵摄的构成要件,即主体—客体—主观—客观(见图2)。

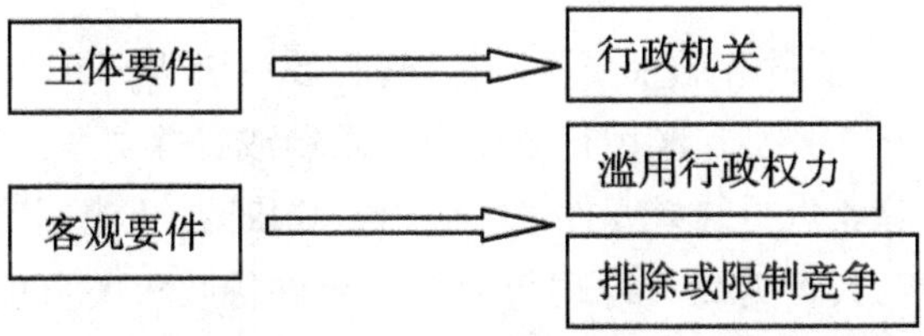

图1 《行政诉讼法》第12条第8项构成要件(初步)

(1)主体要件

行政垄断行为的主体必须是行政主体与第三人结合的结构性整体侵权。尽管行政垄断的实施主体是行政机关及其授权组织,但是行政垄断行为的发生离不开第三人,其一般是中介组织或同行业竞争者。他们在行政垄断中的角色和功能是不同的,并且不可转换。行政垄断行为无法脱离任何一方而单独完成,其一定是行政主体和相关利益第三人的共同作用,行政垄断的直接后果就是为第三人带来不正当的竞争利益,而利益的获得可能出于强制,也可能出于合意。

(2)客体要件

客体要件是指行为所侵害的社会关系或某种利益。行政垄断造成的利益损害有两个层面,即私益和公益。但这两种利益不是非此即彼,公共利益中不排除私益的存在和主张,私人利益也可能转化为公共利益。而其所损害的社会关系主要有4组(见图2)。行政垄断行为损害了经营者公平竞争权、侵害了消费者的选择权和公平交易权、破坏了市场自由竞争和社会管理秩序。即便竞争权、公平交易权等不属于行政诉讼中的人身权和财产权,也无法在宪法中找到原权利,但仍应视为法律保护的合法权益。

(3)主观要件

主观要件即要求行为主体有凭借国家行政权力产生变更或者消灭某种行政法律关系的意图,并有追求这一效果的意思表示。笔者认为,主观要件在判断行政行为成立中至关重要,它反映了主体的行为意志,且该意志的判断可以作为日后法院合法性审查与合理性审查的考虑因素之一。行政主体在实施行政垄断时,可能存在两种主观状态,即故意或者过失。行政行为违法具有滥用权力、超越权力的特征,滥用权力属于故意的范畴,超越权力则更接近于过失的范畴。从这一层面来说,行政垄断行为的主观要件既包括故意也包括过失,行政垄断不仅包括行政机关有意滥用职权实施寻租行为,还包括本来基于对特定行业的合法保护,如交通、电信等基础和公共行业,但由于过度使用权限而造成对竞争秩序的破坏。这种行政垄断是一种过失违法,因此也应当纳入行政垄断。

(4)客观要件

客观要件包括行为要件和结果要件。依据《行政诉讼法》第12条我们可以得出行政垄断客观要件有两个,分别是滥用行政权力和限制或排除竞争。滥用行政权力是行为要件,而限制或排除竞争是结果要件。①滥用行政权力。“滥用”的前提是这个行政行为本身属于裁量行为,否则羁束行政行为是不允许行政机关自由裁量的,其必须严格依照法律规定进行。自由裁量权的存在决定了滥用行政权力可能是违法或者不合理造成的,那么行政垄断的审查就存在合法性和合理性两个面向。因此,行政垄断性质不限于违法行为。即使行政主体实施的行政许可或者行政审批等行为是符合法律规定的,但造成了垄断的结果,那么就应该对其作出否定评价,这其实就是实质理性对形式理性的挑战,也因此才有了在反行政垄断诉讼中引入合理性审查标准的可能性。②造成限制或排除竞争的结果。行政主体介入经济生活所实施的有关经济调节的行为,如市场进入、推出、投资、价格的监督与管理,具体表现为行政审批、行政许可、招标、投标、交通管理、检验检疫、行政协议或者针对经济活动颁布的规范性文件等造成限制或排除竞争的结果,并且限制、排除之间存在递进关系。根据行为强度及竞争参与度,可以看出限制的强度较弱,造成低度参与,而排除行为强度最大,基本造成无竞争状态。同时,行为后果是造成侵害之虞或者之实。行政垄断的最终判定,不需要一定造成垄断实际损失,行政垄断更应注重对公益(竞争秩序)的假性救济或者说事前预防,这种事前预防是面向未来的,既能够对未来行政行为起到警示作用,也能预先防御公益被侵害,因此,行为后果包括即将造成损害和已经造成损害两种情形。

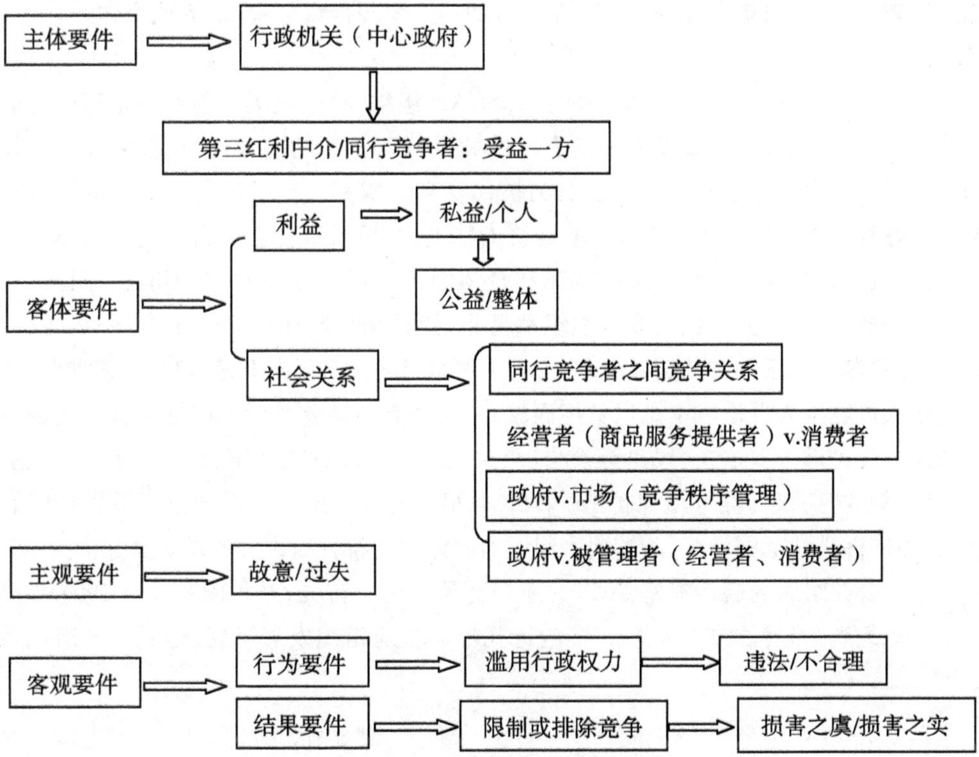

图 2　《行政诉讼法》第 12 条第 8 项构成要件(衍生)

(二)主体反思

古语言"没有原告就没有法官",形象阐明了司法权运作的根本特点,因此,建立反行政垄断诉讼必须先解决好原告资格的认定问题。原告范围的宽窄,不仅反映着权益受保护的宽度,也能决定该诉讼类型的诉讼构造和诉讼价值取向。《行政诉讼法》第12条明确规定公民、法人或者组织可以提起行政诉讼。然而反行政垄断诉讼具有不特定受害者,可能涉及社会公益,这决定其原告资格必然要突破传统行政诉讼,具体如下:

1. 原告类型:受害者、代言人

受害者。行政垄断主体实施的是限制、排除、阻碍市场竞争的行为,其受害群体较于一般行政行为的相对人,具有以下性质:具有隐性,行政垄断不仅损害当下竞争者、消费者,还将损害未来进入该市场的参与者,而这些往往容易被忽视;具有开放性,不仅包括已经感受到损害的受害者,还包括潜在的尚不知情的受害者;具有间接性,损害的是整个市场的竞争秩序,而非个人权利,受害者往往因为竞争秩序被破坏而间接受到损害。[1] 因此,提起诉讼的受害者可以是直接受害者,也可以是间接受害者,可以是当下受害者,也可以是潜在受害者。受害者的形式为同行竞争者(法人或个体户)和消费者。

代言人。主要是具有公益职能的社会团体或组织、检察机关。他们不是行政垄断行为的受害者,只是囿于私人力量的有限性和反行政垄断的专业性,往往需要他们作为受害者的代言人,充当工具性目的,为被代言人争取利益。承认公益组织的原告资格可以弥补私人诉讼不足。个体具有经济人特点,其诉讼选择会以自己的利益偏好为导向,一般会选择那些与自身经济保障和身体健康最密切相关的,而不能实施普遍意义上的公益。相反,公益性团体和组织都是非营利性的,在其活动中除了"公共利益"以外,并不存在自己特殊的利益追求,客观上更接近公共利益的代表。[2] 不仅如此,私人诉讼很可能因为诉讼成本难以负担而放弃,这一点团体公益诉讼能够弥补。我国目前的团体公益诉讼资格在《民事诉讼法》第55条、《环境保护法》第58条、《消费者权益保护法》第47条、《海洋环境保护法》第90条得到确定。但基本对团体起诉资格限制较大,团体诉讼的范围较窄,能够代表起诉的团体都要符合极高的要求。

对于公益组织的起诉资格,私以为应当宽严并济。首先,必须限制。自1994年第一个公益组织"自然之友"成立后,国内近几年非政府组织发展迅猛,但是很多组织系

---

〔1〕 刘水林对行政垄断受害者作过较为详细的分类和讨论,参见刘水林:《反垄断法的观念基础和解释方法》,法律出版社2011年版,第156~162页。

〔2〕 参见[美]理查德·B.斯图尔特:《美国行政法的重构》,沈岿译,商务印书馆2002年版,第134页。

因活动水平低、经费不足,组织影响力弱而难以为继,因而通过筛选具有一定起诉能力的组织具有必要性。其次,门槛不宜过高。虽然非政府组织数量多,但在民政部门登记的却并不多,如果对公益组织条件作出严格限制,无疑会将更多的非政府组织排除在外,引发公益诉权的垄断,比如,现在的消费者公益诉讼就是由消费者协会垄断。而且一旦条件过于严苛会造成大量的公益诉讼最后都由检察机关提起,增加检察机关负荷。建议今后对公益组织的限制应当在年限上稍微作出调整。[1]

检察机关作为公益诉讼的代表。在讨论反行政垄断诉讼时,曾有学者建议借鉴国外经验,将反垄断执法机构纳入公益诉讼的机关代表中,这样的做法就带来了反垄断执法机构既是内部监督的主力也是外部监督的参与人,行政机关告行政机关,不仅破坏两造格局,也会伤害行政内部格局的和谐,免不了出现乏善可陈的诉讼效果。因此,检察机关提起公益诉讼,有 3 个理由支撑:第一,历史发展的渐进性。从 1997 年 12 月河南省方城县人民法院支持检察机关以原告身份提起的公益诉讼,1998 年河南省新野县检察官针对国有资产流失提起的诉讼,都得到法院支持。且在民事诉讼中环境诉讼和消费者诉讼中赋予检察机关原告资格已得到法律公允。第二,已为司改政策所落实。2014 年党的十八届四中全会《关于全面推进依法治国若干重大问题的决定》明确指出要探索建立检察机关提起公益诉讼的制度。第三,已有具体的制度规范支撑。《人民法院审理人民检察院提起公益诉讼案件试点工作实施办法》对检察机关提起行政公益诉讼的规则作出了具体规定。但检察机关在提起诉讼之前,应先向实施行政垄断的主体发出检察建议,这也是《人民法院审理人民检察院提起公益诉讼案件试点工作实施办法》中明确规定的。[2] 之所以检察建议先行,是出于对行政机关的尊重,能够通过内部程序自我纠正,就应减少公共资源不必要的消耗。但对于如何提起检察建议,《行政诉讼法》以及《人民法院审理人民检察院提起公益诉讼案件试点工作实施办法》都未明确。但根据《行政诉讼法》第 101 条的规定,人民检察院对行政案件的监督,如果本法没有规定,可以适用《民事诉讼法》相关规定。那么转引到《民事诉讼法》第 208 条可以得出,人民检察院应向同级人民法院提出检察建议。同时,笔者认为,检察建议可以载明行政主体在 15 天内(笔者认为行政垄断虽受害面更广,但不会像经济垄断那样每日造成的损害都在叠加性地累计,因此,为确保救济及时又留有足够的实践给行政机关改正,确定为 15 天,该 15 天包含非工作日)改正行为,逾期不改正,将向人

〔1〕 比如,现在环境公益诉讼中要求公益组织是专业从事公益活动 5 年,笔者认为过于严苛,3 年更为妥当。

〔2〕 参见《人民法院审理人民检察院提起公益诉讼案件试点工作实施办法》第 12 条第 3 款。

民法院提起反行政垄断诉讼。

2. 原告顺位选择

当反行政垄断诉讼涉及公益诉讼时原告类型较多,需要对起诉顺位作出规定。公益诉讼包括自益形式和他益形式,前者由受害者(消费者、同行竞争者)以自己名义提起,后者由无利害关系人提起。对于自益形式公益诉讼,起诉顺位不做限制,但要先经过反垄断执法前置。他益形式中若是社会组织或者团体提起反行政垄断诉讼,也不做前置限制,这是出于鼓励公私合作模式,尽量在诉讼中引入社会力量帮助分担检察机关讼累的考虑。

由此,我们通过梳理行政垄断行为的行政性质及其构成要件,对《行政诉讼法》第12条第8项有了更为透彻的认识和把握。同时,应进一步拓宽原告范畴,在司法实践层面上为反行政垄断诉讼提供更宽阔的发展空间。但对反行政垄断诉讼的探讨,不能仅仅停留于此,通过对原告资格以及受案范围的双重讨论决定了今后反行政垄断诉讼的走向。

四、反行政垄断诉讼的未来走向:客观诉讼

反行政垄断诉讼作为规制行政垄断的另一种路径,其最终价值不仅是针对个人权利侵害展开事后救济,更重要的是能在行政垄断造成损害之前起到规制和预防的作用,这种事先预防比事后救济更能在源头上控制行政垄断,降低损害,减少行政垄断发生的频率。因而监督行政权力在行政垄断审查中显得格外重要。这也决定了反行政垄断诉讼更多的是规制意义上对世的一种效力,而非囿于对人效力。这种价值定位是由两个方面的因素决定的:其一,反行政垄断诉讼内生性需求。鉴于行政垄断行为侵害不特定群体和公益,原告资格具有扩张性,不限于传统的利害关系当事人,因此判决往往具有对世的效力。不仅如此,《行政诉讼法》第1条的修改似乎也隐含着这样的趋势。最初"维护和监督行政机关依法行使行政职权,根据宪法制定本法",修改为"监督行政机关依法行使职权,根据宪法制定本法"。前后比照上,立法机关对行政机关的态度发生了截然变化,从过去的维护与监督,到现在只保留监督,同时取消维持判决。这种变化隐含了立法目的的调整,也影射了未来行政诉讼向客观诉讼发展的趋势。其二,《反垄断法》社会规制属性。社会规制法在有机的整体主义社会中居于主导地位,其主要解决的是主体在内在关系中功能的协调问题,主要办法就是告知各类主体其社会责任,以防止风险行为或者结构行为造成的社会损害。[1] 社会规制法以整体利益和

---

〔1〕 参见刘水林:《反垄断法的观念基础和解释方法》,法律出版社2011年版,第131页。

秩序建构为核心,制度的设计主要围绕对风险行为的规制及行为主体的责任承担。因此,社会规制法在价值取向上青睐于整体利益,以保护社会整体利益为其出发点和归宿点;功能预设上倾向于规制指引,抑制行为风险,以保障社会秩序为其主要功能。《反垄断法》第1条社会公共目标中明确了"为了预防和制止垄断行为"制定本法,以及各个章节中对主体行为、责任等的设定,都显露出其社会规制属性。因而从这两个角度来看,客观诉讼是必要且现实的,反行政垄断诉讼如何朝着这个方向跨出更大的一步,还需要往返于实务—理论的双向互动而臻于完善。

金融风险的维度原理

邓　纲*

目　次

次贷危机以后,各国监管机构纷纷认识到,应当把系统性金融风险和金融消费者保护作为金融监管重点关注的对象。针对前者主要采取宏观审慎监管,而对后者主要选择微观审慎监管。相比而言,系统性金融风险在风险的双峰中更突出,这是因为金融的系统性崩溃给社会造成的巨大冲击在政治和经济上都令人难以承受。在以银行为主导的金融体系国家,系统性金融风险与银行业风险的关联度更加紧密。因此,本文选择以银行系统为中心,考察金融风险的形成及其防范进路,对于金融系统整体而言仍然具有显著的参考意义。

迄今为止,历史上各个时期发生的金融风险表现各异,相应地出现了各式各样的风险防范路径。然而,如果把这些风险和防范路径合并考察,竟然发现它们与几何维度之间有着神奇的联系。几何是研究空间结构关系的数学分支,在几何领域中,空间可以由点、线、面3个维度的变化组成,进而以此描述大千世界、宇宙万象。本文借鉴几何的点、线、面3维关系描述金融风险这样一种社会现象,以更加直观的视角展示金融风险的规律性和关联性,深化对各种金融风险防范路径的理解,以期为金融监管提供有益的分析工具。

---

* 西南政法大学经济法学院教授,法学博士。

一、金融风险的点维度——系统重要性金融机构

（一）系统重要性金融机构的几何透析

在几何中，点位于线段两端，每个端点可能是起点，也可能是终点。如果是射线，则是从一个起点向某一方向引出直线，这似乎更加形象地反映出金融风险肇始的传播效应。在防范金融风险过程中，控制风险发散点无疑是防范系统性金融风险的关键，经过众多的金融危机之后，这个关键点有了一个现代称谓——系统重要性金融机构。系统重要性金融机构可以是风险的触发器，这时它是系统性金融风险的起点；也可以是终点，这时它是系统性金融风险的终极承受者。在金融风险的多维视角中，"点维度"最合适的代表莫过于系统重要性金融机构。

如果某个金融机构发生风险事件，会给整个金融体系带来难以承受的巨大冲击，那么就可以认定该金融机构具有系统重要性。巴塞尔委员会比较详尽地列举出系统重要性金融机构的5个认定标准，包括规模、关联性、跨国业务、可替代性和业务复杂程度。[1] 尽管首批全球系统重要性金融机构的认定出现在美国次贷危机之后的2011年11月4日，然而对它的研究可以一直追溯到"大而不能倒"问题。早期的金融理论认为，由于可能存在巨大的风险外溢效应，因而不能轻易任由一些大型金融机构倒闭，以致有观点认为，"大而不能倒"的更准确的表述应该是"由于具有系统重要性而不倒"。[2] 对金融风险中的"大而不能倒"问题的处置，自然也就聚焦在系统重要性金融机构身上。

金融风险具有发散性，风险的起点基本决定了风险的扩张范围。相对一般企业而言，系统重要性机构一旦成为风险的源头，影响犹如高压的消防喷水枪，其喷出的却不是消除风险的阻燃剂，而是扩大风险的助燃剂。判断系统重要性机构的影响力不能简单以生产经营规模来判断，使用苹果手机的人虽然很多，但如果苹果公司破产，对苹果手机客户而言不过是换个手机而已。然而如果一家较大规模的银行破产，危及个人和企业在该银行的账户存款以及其他债权债务，其影响或许会超过资产规模更大的其他企业。因此，对系统重要性金融机构的选择不是单纯由规模确定，更重要的是在发生风险后对金融系统以及实体经济的影响力，这就还要考察机构在系统内的关联性、替代性、活跃性和复杂性，从而筛选出真正最具系统重要性的机构。

---

〔1〕 参见黄孝武、柏宝春、徐昕：《国外系统重要性金融机构监管的实践及借鉴》，载《中南财经政法大学学报》2012年第6期。

〔2〕 王兆星：《大而不倒与系统重要性机构监管》，载《中国金融》2013年第15期。

另外,系统重要性金融机构成为风险终点的情况也不可不防。金融业是一种服务业,以为实体经济提供资金、资本为基础性的营业手段。金融利润的真实源泉是实体经济的盈利,而不是资金在内部的自我循环。倘若金融业长期脱离实体经济,则必将产生巨大的泡沫和风险。不过,如果金融业和个别实体经济领域联系过于频繁紧密,其潜在风险同样不可忽视。利益的源头往往也是风险的中心,尽管实体经济给金融业可以带来巨大利润,但其风险也同样可以传递到金融系统,包括具有中心枢纽地位的系统重要性金融机构。导致雷曼公司破产、美国国际集团(American International Group,AIG)接受紧急援助的次贷危机,其风险起源于房地产市场的价格大跌,就是金融机构承担实体经济风险的一个例证。中国除一线城市外,许多其他城市房地产库存大量增加,煤炭、钢铁等传统行业产能大量过剩,这些行业沉积的资金多来自于金融机构,一旦风险爆发,不排除可能发生类似次贷危机的风险,直至触发系统性金融风险。

用点维度来认识系统重要性金融机构,并不是说在一个领域内只能有一家机构具备系统重要性。最初中国的全球系统重要性金融机构仅有中国银行一家,后来又相继增加了中国工商银行、中国农业银行和中国建设银行。在此基础上,银监会又在确定实施资本管理高级方法的范围时,在4大行之外增补了交通银行和招商银行,作为国内银行业的系统重要性机构,依据巴塞尔协议对这六家重要银行机构的风险治理建设提出了更高的要求,[1]这也反映了上述6家机构在国内银行业中的重要性和不同于其他银行业金融机构的地位,由此产生出对其特有的、更高的风险监管要求。随着银行业的发展,可以预见类似的高标准会适用于越来越多的商业银行。

(二)点维度金融风险的防范

点维度金融风险产生的理论解释可以帮助寻找相应的解决路径。对于点维度的金融风险的产生,其理论解释可谓众说纷纭,主要围绕金融机构的脆弱性展开。早期观点认为,银行天然具有脆弱性,不过研究者们对导致脆弱的原因看法各不相同,凯恩斯提出银行以经营货币为主业,脆弱是货币与生俱来的特征,因而银行的脆弱性是货币特性的反映。马克思认为,银行是将私人资本转化为社会资本的枢纽之一,所以脆弱是私人资本转化为社会资本的必然。费歇尔指出,脆弱是宏观经济周期和债务清偿关系所致。[2] 这一时期的理论虽然已经年代久远,但其揭示出的基于银行与货币、私人资本与社会资本、金融风险与经济周期关系产生的无可回避的脆弱性特征,迄今依

---

〔1〕 参见《银监会核准工商银行等六家银行实施资本管理高级方法》,载中国银行业监督管理委员会:http://www.cbrc.gov.cn/chinese/home/docView/4E68F2339C35494EACF280C42E8827FC.html,最后访问日期:2017年3月18日。

〔2〕 参见王玉、陈柳钦:《金融脆弱性理论的现代发展及文献评述》,载《贵州社会科学》2006年第3期。

然有一定的参考价值，与当今金融风险防范中的明确中央银行货币调控职能、强调监管的反周期性等思路相吻合，对从宏观视角预测和防范点维度的金融风险具有指导意义。

与前述解释的宏观视角不同，对金融脆弱性还可以关注金融企业的微观视角。明斯基采用类型分析方法，把企业分为抵补、投机和庞氏3种类型，其中抵补型企业属于资金流动正常的企业，而投机型企业和庞氏企业都有较强的脆弱性。投机型企业通常会出现在借款的早期，这时预期收入小于债务本金，因而存在债务敞口和不确定的风险，不得不选择滚转债务或再融资，在银行业中通常表现为借新还旧。庞氏企业借款用于回收期很长的项目，短期内的收入甚至无法弥补利息，必须不断增加借款滚动融资，给企业资金的流动性带来极大的风险。[1] 银行要避免上述风险和危机，就应在借贷前辨识出申请借款的企业究竟是抵补型、投机型还是庞氏型，然后在此基础上决定是否给予资金支持，并相应进行合理的资产配置。掌握交易对象的风险状况，就是掌控了金融机构自己的风险状况。

宏观经济环境的改变也会直接影响系统重要性金融机构的风险敞口和脆弱性。利率市场化通常会引起利率升高，竞争压力加大，银行特许权价值降低。基于风险收益的正比关系，风险偏好大的企业占银行客户的比例会增加，形成风险激励效应，引发出增强审慎监管的激励。混业经营提升了资本的集中度，削弱了经营的灵活性，容易造成泡沫泛滥，加剧市场波动，金融机构变得更加脆弱。金融创新则可能掩盖传统风险和新增风险，刺激投机性融资，助长风险的全球传播，增加金融体系的脆弱性。资本自由化下形成的国际游资，尤其是短期资本可能引发经济泡沫化、汇率无规则波动、货币政策失灵以及风险传播扩散，也被认为是整个国际金融体系脆弱的根源之一。因此，保障系统重要性银行充分适应外部宏观环境的变迁，对防范金融风险有着不可忽视的作用。

由于存在机构内部的脆弱性和外部环境的可变性，因而要想完全掌控和消除系统性金融风险其实是非常困难的。有限的资源和理性迫使监管部门需要牢牢盯住最重要和最具影响力的大型金融机构，选择微观和宏观两种审慎监管并行的途径。经过多次系统性金融风险的洗礼后，无论是国际层面还是国内层面，都总结出了一系列相应的举措。在国际规则方面，巴塞尔委员会对具有系统重要性的商业银行在资本要求和信息披露等方面提出了更高标准；在国内规定方面，美联储对大型复杂金融机构也制定更严格的资本、风险管理、流动性和信息披露规则，欧盟设立系统性风险委员会，负

[1] 参见王玉、陈柳钦：《金融脆弱性理论的现代发展及文献评述》，载《贵州社会科学》2006年第3期。

责识别和预警系统性风险,提出政策建议。近年来,中国银监会也相继发布了一些文件,加强了对系统重要性银行的监管,如《商业银行全球系统重要性评估指标披露指引》(银监发〔2014〕1号),对全球系统重要性银行和表内外资产余额1.6万亿元以上的商业银行提出了12个指标的披露要求,这些指标基本借鉴了巴塞尔协议的规则。上述种种表明,无论是国际组织还是国内监管部门,对系统重要性金融机构的监管的思路和具体措施渐趋一致。

二、金融风险的线维度——资金债务链

(一)资金债务链的几何透析

几何中的线可以分为直(曲)线、射线和线段。无论哪种线都可以看作由无穷多个点组成。换言之,线上的点是不可计数的。如果把现实世界的企业看成点,那么动态变化的企业数量,虽然没有达到无限和不可计数的程度,但数量不确定的大量企业相互之间的联系,犹如众多的点串联起来的多个链条。本文所谓的线维度,主要是指市场主体之间通过货币、商品或服务交易形成的资金债务链。当金融机构出现在该链条的两端或者中间某个节点时,市场风险的一部分就会表现为金融风险。金融机构参与下典型的资金债务链可以用一个简化的图例示范(见图1)。

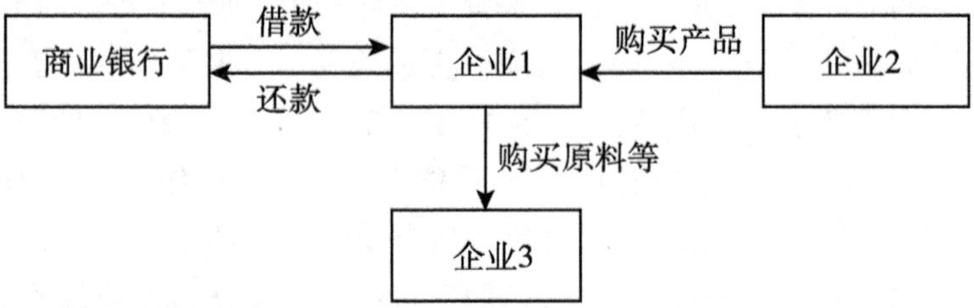

图1

图1描述了一个有银行参与的市场交易活动。为了配合对资金债务链的理解,箭头方向代表货币资金的流向。整个交易过程如下:商业银行贷款给企业1,企业1用贷款和自有资金向企业3购买原料等用于生产,企业2向企业1购买其生产的产品,企业1用企业2购买产品支付的款项偿还银行贷款。整个图中共有4条资金债务链,每段包含两个当事人,犹如线段的两个端点。这4条资金链分别反映了下列资金走向:银行借款给企业1、企业1付款给企业3、企业2付款给企业1、企业1还款给银行,可以分为两个基本的走向:资金从银行到企业1,再从企业1到企业3,这是资金从金融市场向实体经济发散的过程;而资金从企业2到企业1,再从企业1回到银行,这是资金从实体经济向银行回笼的过程。

图1中有4个市场主体进入资金链,真实的经济活动可能相比要复杂得多。假定企业2的资金也来自银行贷款,于是新的商业银行加入,资金链会继续延长。市场主体加入越多,和金融的联系会更加错综复杂。如果在商业银行的左边增加"城乡居民"这个储蓄主体,则更能反映间接融资中资金链的起点和风险的最终承受者。不过,任何一个国家都不可能让普通城乡居民承担过大的风险责任,所以银行是上述经营活动中评估和防范融资风险的主要责任者,如要求企业1提供抵押或保证。该链条的风险同样可能发生在企业间的资金债务链上,因此,银行不仅需要企业1为其借款提供抵押或保证,也要针对企业债务链条上采取化解风险的措施,如掌握企业主要交易对象的情况,必要时通过对第三人诉讼实现债权。

(二)资金链与金融风险

站在法律的视角来看,资金链也是一条契约链。既然是契约,就可能出现违约,而契约链上的违约会在整个链条上产生连锁反应。[1] 契约链越长,违约产生的影响就越大。20世纪90年代初,全国工业企业相互之间不正常拖欠达到2000亿元,当时的国内生产总值才刚超过18,000亿元,资金债务总量达到国内生产总值的1/9,国民经济陷入严重的三角债困境,直接影响社会安定。例如,沈阳电缆厂欠鞍山钢铁公司3000万元钢材货款,鞍山钢铁公司就以此为由拖欠煤矿企业煤炭款,煤炭企业以此为由不给鞍钢发煤,而煤炭不能发出又造成煤炭企业拖欠工资,影响职工及其家庭的生活。[2] 由于对信用缺乏正确的认识,有些地方政府和企业认为拖欠有理,拖欠有利,这种思维进一步搞乱了整个市场秩序。

这次20世纪90年代出现的大范围三角债,是改革开放之后第一次比较严重的系统性经济危机。尽管不是发生在金融领域,但其风险处置方式有重要的参考价值。当时我国还处于计划经济体制时期,经过国务院有关部门反复调研,发现债务的起点主要是政府拖欠固定资产投资项目资金。于是决定采取了以下有针对性的措施:首先给拖欠的固定资产投资项目注入贷款,后续监督项目建设单位用该款项偿还生产建设企业,生产建设企业再把款项还给银行。[3] 这个处理流程用前述图例解读,可以形象地理解为先注入款项给企业2,企业2支付企业1货款,银行再从企业1收回贷款,由此基本解决了三角债问题。

上述经验表明,预防线维度的风险,一是要防范资金链断裂;二是牢牢盯住债务链

---

〔1〕 参见周其仁:《供应链就是契约链》,载《21世纪经济报道》2005年1月17日,第9版。

〔2〕 参见宋怡青、李欣:《周正庆:会议清理三角债始末》,载《发展》2015年第3期。

〔3〕 同上。

上的债务源头的机构或个人,根据其欠债原因采取有针对性的处理措施。[1] 线维度的金融风险近年来主要出现在区域性或行业性范围,例如,浙江省、内蒙古自治区等地民间借贷风险频发。一些地方政府和法院在实践中总结出有效的对策,包括应重点关注中小微企业的资金链、民间借贷和担保的资金链、一些地方政府债务的资金链和房地产开发商与购房按揭者的资金链。[2] 由此可知,防范资金链断裂应当着重关注中小微企业、民间借贷、地方融资平台公司、房地产开发等几个领域的借贷情况,及时化解其中潜在的风险。

除民间借贷外,地方政府债务是另一颗危险的"债务地雷"。地方官员的城建压力、地方财权与事权不均衡等因素,催生出各式各样为地方建设筹集资金的地方政府融资平台公司。这些平台公司主要以当地政府的土地资源为依托,通过商业银行或影子银行等途径融资,从事城市公共基础设施开发建设。由于预算约束软化、政府监管不到位、经营操作不透明等原因,已经成为区域性系统风险的隐患。地方政府融资平台大多为国有独资,自身几乎没有初始流动资金,企业流动资金主要来自银行或社会融资,偿还债务主要依靠土地一级市场交易。随着房地产市场进入"去库存"时代,地方融资平台爆发风险的可能性随着还款压力的膨胀,可能在某个时间点骤然增大。《国务院关于加强地方政府性债务管理的意见》(国发〔2014〕43 号)提出的主要解决方式是允许地方政府适度发行一般债券或专项债券的方式,对已有债务进行置换,同时对地方政府债务实行规模控制和预算管理,牢牢控制住商业银行这个地方政府融资的主渠道,确保债务规模逐渐缩小。[3] 发行债券和置换有利于防止资金链断裂,盯住商业银行和融资平台公司的债权债务是控制住债务链端点,上述做法再次印证了三角债时期的经验。

三、金融风险的面维度——大规模违约

(一)大规模违约的几何透析

平面是线移动生成的形迹。把射线的端点固定,然后将射线以该端点为中心转动,其所覆盖的区域即为一个平面。用射线画出的面是无限大的,而用线段画出的面则是一个圆饼状的有限平面。以此作为比喻,无限大的平面犹如金融风险在世界各国

[1] 参见钟朋荣:《三角债与线形债——两种不同债务链及两种清债方法》,载《银行与企业》1990 年第 4 期。

[2] 参见金霖萍:《注 4 条资金链,把握 5 类涉案问题》,载《浙江法制报》2012 年 8 月 21 日,第 2 版。

[3] 参见许鑫:《化解地方债务难题的根本之道在哪里》,载《上海证券报》2015 年 11 月 19 日,第 A02 版。

各地区的疯狂蔓延,而有限大的平面好比是发生在某个有限区域之内的金融风险。

面维度的金融风险可谓风险的总爆发,一般有一个从点到线,由线到面,逐渐扩大的过程。典型的面维度金融风险通常先是在经济周期的扩张阶段,系统重要性金融机构的脆弱性悄然滋生;经济的表面繁荣催生出大量纵横交错的债权债务链,这些资金链中的债权债务通过各式各样的金融工具,形成以系统重要性金融机构为枢纽的网状平面,债务的突然失控导致风险在平面内沿着资金链肆意扩散,最终构成覆盖全系统的大规模违约。大规模违约的出现意味着众多金融交易合同出现违约,而且违约行为达到一定规模且具有系统性特征。[1]

大规模违约产生出类似骨牌被推倒后向四面八方散开的多米诺效应。推倒骨牌的能量在骨牌间传递,如同金融风险在大量相关联的市场主体之间传播。要阻止风险多米诺效应的发生,一种办法是通过抵消外力或者转移外力以消除风险传染效应。20世纪 90 年代初,我国几家主要银行的不良资产剥离给了资产管理公司(Assets Management Company,AMC),就是一种转移系统重要性金融机构风险的举措。另一种办法是通过消除传导风险的某个环节以中断风险传播途径,如图 2(c)所示的把 H 取掉,骨牌连续被推倒的现象就能戛然而止。在金融法中,这种办法的典型是《格拉斯—斯蒂格尔法》确立的分业经营体制。

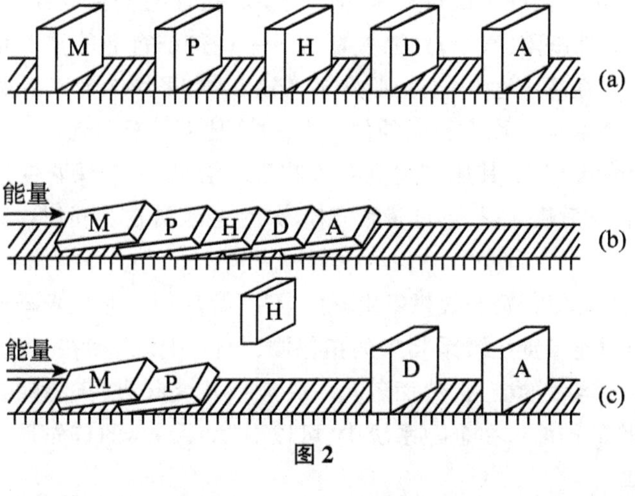

图 2

面维度下的大规模违约往往是由于在同一场域存在大量线维度的资金债务链,这些资金债务链相互构成密集的辐射或井格型联系。在辐射状或井格型的紧张关系中,

〔1〕 参见陈醇:《金融领域的大规模违约对违约责任制度的挑战》,载《法治研究》2014 年第 7 期。

只要某一资金债务链发生断裂,很快引起其他资金债务链张力不平衡,进而陷入集体性崩溃态势。网状的紧张关系大多来自于与信贷资金相联系的某种触发机制。在美国次贷危机中,触发机制是担保债务凭证(Collateralized Debt Obligation,CDO)、信用违约互换(Credit Default Swap,CDS)等高杠杆风险产品。我国金融衍生品交易不发达,所以大规模违约的触发机制在法律关系上远不如衍生金融品复杂,近年来江浙一带广为采用的互保联保,就是这样一种颇具代表性的机制。

(二)大规模违约与金融风险

互保联保机制实际包含互保贷款和联保贷款两种情况。互保贷款是指企业相互之间为彼此提供对等的贷款担保,它是一种松散型、交叉性的担保,不以企业组成联保体为前提。企业联保贷款则是以联保体存在为前提的贷款担保模式,由3家或3家以上企业组成担保联合体,联保体中的所有成员对其他成员在联保合同所确认的授信范围内的贷款承担连带责任。在联保体中一般有一家核心企业,该企业对某个行业内的企业有比较深入的了解,可以向金融机构推荐一些信用较好的同行企业,一方面有利于解决银行对企业的信息不对称问题,另一方面也方便了处置行业专用设备形成的反担保物。

互保联保机制起初主要用于农村信用社对农户的贷款。近年来,为了满足中小企业发展的需要,该机制被许多银行机构引入对中小企业的贷款业务之中,以弥补此类企业信用不足的天然缺陷,甚至对钢铁、能源等一些传统行业的重点企业贷款也借鉴了该模式。在民营经济发达、中小企业众多的浙江省,采用企业互保联保的融资约占企业总融资比例的40%。而在民间的估算中,这个比例甚至达到60%~70%,[1]与全国其他绝大部分省市相比,其比例之高令人咋舌。结果,因互保联保形成的担保圈牵连,引发捆绑式金融危机,银行不良贷款规模激增,金融借款合同纠纷案件呈高位增长态势。[2]

互保联保机制为银行资金提供了更好的信用保障,但同时也隐藏着巨大的经营风险。这种企业间用连带责任维系起来的担保圈,仿佛用铁链锁在一起的赤壁战船,虽然提高了单船抵抗风浪的能力,然而若其中一艘或几艘起火,火势就会蔓延到整个船队,造成无法收拾的局面。在金融系统中,可以引发“火势”的首先是企业和金融机构

[1] 参见郭芳:《危险的互保链:浙江民企染上金融瘟疫》,载《中国经济周刊》2012年第41期。

[2] 据公开资料显示,温州市瓯海区法院2013年1月设立金融审判庭,至2015年12月的3年间,受理的民间借贷纠纷增速放缓,但金融借款合同纠纷持续大幅增长,该类纠纷占金融商事案件的比例高达57.95%,其案件数量是2010~2012年的12倍。参见《瓯海发布金融审判数据,金融借款纠纷三年升12倍》,载温州网:http://news.66wz.com/system/2015/12/24/104671566.shtml,最后访问日期:2017年3月18日。

都无法掌控的宏观经济风险。互保联保模式多集中在同行企业或上下游企业,当经济整体处于萧条甚至更糟的阶段时,一旦行业整体陷入困境,风险就会通过众多的担保链传递到银行。其次,受限于银行间的竞争关系和沟通渠道,一家银行很难掌握清楚别的金融机构对同一企业已经授信的准确情况,企业基于自身利益的考虑,也有隐瞒实情的激励,因而出现过度担保和过度授信的情况,也会加大银行的风险。再次,互保联保本来具有以成员相互监督代替担保物的效应,不过在操作中有些成员由金融机构撮合,成员间相互间并不熟悉,加之缺乏识别风险的专业能力,往往是等到代偿风险出现后,才后悔没有实施有效的监督。最后,担保圈风险的传导具有显著的选择性,银行在催收不良贷款时首先会选择资产良好的担保企业,越是健康的"经济细胞",越容易受不良"债务细胞"的牵连和吞噬,这也加大了风险的损害程度。

金融创新给面维度风险带来了一些新的表现形式。以美国次贷危机为例,通过对银行次级贷款债权的证券化,方便了该类资产对外交易和转移风险。面对如火如荼的次贷债券市场,保险公司、"两房"、社保基金等机构本应采取审慎经营的态度,然而最终还是按捺不住逐利动机,以保证或保险责任的形式加入金融交易之中。这类新金融工具和互保联保异曲同工,只是更好地掩盖了本应暴露的次级贷衍生品市场风险。监管部门过分强调市场自由交易原则,没有意识到隐藏在繁荣下的泡沫随时破裂的危险。当房地产市场崩盘迅速通过次级贷和相关金融衍生品传染到众多金融机构时,即使是具有系统重要性的金融寡头集团也难以幸免。可见,无论是传统的互保联保还是创新的衍生产品,大都由外部崩溃触发风险,然后在系统内部形成大规模违约。

四、金融风险维度原理的现实意义

(一)金融风险的3个维度提供了观察风险的独特视角

金融风险的维度展示了金融风险在金融体系内由点到线,由线及面扩张的过程。在这个过程中,无论风险波及全球或一国国内的金融系统,甚至只是一个地区的区域性金融系统,大都会形成一个中心外围结构。该结构的中心是一家或几家系统重要性机构,在它们的周围通过金融市场中的借贷、理财、保险、证券等延伸出多条资金链,这些资金链借助担保圈或更复杂的金融产品形成大规模的利益联合体。因此,系统性风险往往以系统重要性机构为风险集聚核心,资金链为风险传递路线,担保或保险责任为风险衍生因子。

在中心外围结构中,外围对中心的影响同样不容忽视。早期的金融风险多来自外围实体经济的市场风险和政策风险,这些风险首先冲击实体经济,使资金链上端的违约催生出下游更多的违约行为,然后沿着资金链逐级扩散,进而通过实体经济与金融机构之间的债权债务传入金融业内,再由金融同业市场在系统内交互感染。如果系统重要性机构热衷于参与不谨慎的交易,这种行为又因该机构的地位和影响力在行业内被竞相效仿,相同的风险敞口不仅会让该机构陷入风险泥沼,甚至还会由此演变成金融系统的灾难,这是一种由合成谬误效应、多米诺骨牌效应和风险自放大效应形成的组合效应。次贷危机展示了上述3种效应最终引发系统性金融风险的路径,基于金融市场的共通性和关联性,这种情况同样可能出现在美国以外的其他国家或地区。

(二)金融风险的3个维度提供了防范风险的多重思路

金融风险的3个维度是借鉴几何学对金融风险进行的形象化归纳,不可避免地存在修辞所固有的不确切,所注重的是其建设和启发意义。金融风险,尤其是系统性金融风险,在法律层面上一定会表现为普遍和大量的违约现象。违约的大规模发生不是一朝一夕所致,而是有一个较为漫长的风险积累过程。在这个过程中,根据不同维度下风险呈现出的态势采取相应措施,有利于对系统性金融风险尽早防微杜渐。例如,银监会曾经在2014年发布《关于加强企业担保圈贷款风险防范和化解工作的通知》(银监办发〔2014〕214号),从准入管理的源头上提出严格控制联保体内单户贷款额度、防止担保链条过长和每家企业担保客户不得超过5户3项风险防范措施,分别契合了点、线、面3个不同维度的特征。

点维度下的风险防范犹如增强人的免疫力以抵抗疾病的侵袭。早期的银行业监管主要关注单个金融机构被挤兑引起的系统性风险,解决途径是通过资本充足率、存款准备金、备付金等要求加强单个金融机构的储备性财产,确保银行流动性和风险应对能力,同时限制大型金融机构的财产规模扩张和权利延伸。线维度下的风险防范,可以从资金链的长度、节点、信息等方面着手,对高风险交易资格、交易频率、交易衍生次数、投机杠杆率和信息披露等作出规定。[1] 面维度下的风险防范可以采取有针对性的责任预防措施,如健全系统性或区域性风险预警体系、强化关联企业间的监督机制等措施。

(三)金融风险的3个维度提供了处置风险的综合手段

既然系统性金融风险存在由点到线、由线及面的扩散特征,因此,金融风险防范和处置工作可以根据维度变化有序地展开。首先要关注点维度风险中的重点——系统重要性机构,如在国家金融业层面包括四大国有银行以及部分股份制商业银行。由于银行与实体经济存在资金链关系,系统性风险的源头可能并不在金融体系内部,所以还要同时关注与系统重要性机构密切相关的主要行业,如房地产、能源等。在区域经

---

〔1〕 参见陈醇:《权力结构理论——以商法为例》,法律出版社2013年版,第205~206页。

济层面，地方政府债务是区域性金融风险的主要隐患。地方政府平台企业往往存在严重的预算软约束，流动资金先天不足，主要依靠土地储备变现、财政资金支持等实现资本周转。一旦资产变现困难，就可能发生区域性的系统金融风险。由于地方政府融资平台与政府的紧密关系，其风险给社会经济秩序带来的冲击势必远大于民间借贷危机。因此，防范系统性风险要以系统重要性机构为中心，充分识别此类机构的风险输入和输出。

金融风险的处置不仅要抓住重点，还要有牵一发动全身的意识，从资金链和担保关系等其他方面提升风险处置能力。金融风险的点、线、面 3 个维度是相互关联的，处置风险的方式应当结合具体情况，采取灵活的措施，有时可以由点到线，有时需要由线到点或者由面到线。例如，可以沿着资金链找到位于上游的债务源头企业，对可以抵消的三角债，进行相应的冲抵，以减轻清理债务的工作量和难度。当资金债务由于担保等原因变得错综复杂、影响广泛时，就需要从中发现核心企业，首先处理好这类企业的债权债务。

五、结语

本文所展现的金融风险的 3 个维度，都是基于金融主体之间的联系所形成的风险传递或归总，没有探讨风险随着时间推移不断累积的问题。由于金融风险，尤其是系统性金融风险是一个随时间累积的过程。现实中金融风险严重的顺周期特性，已经提醒监管者应通过资本留存、杠杆率、流动性等监管工具，发挥风险自动稳定器的作用，进行逆周期的风险缓释。因此，在进一步的研究中可以增加时间维度来更全面地展现风险的多维特征。

论利率监管的多维均衡理念*

张瑞玺**

目　次

在现代市场经济体系中，基于利率本身与分配正义和创造正义之间的逻辑关涉，其影响就不可避免地会衍射到社会、经济和法律等不同维度内部的各种市场要素上，从而影响各种市场要素关联主体的权利和义务的界定，进而对全部社会合作体系的运营状态产生影响。[1] 实践证明，只有实现了各种市场要素的关联主体在权利和义务上的相对均衡，才有利于社会合作体系的稳健运行，并在此基础上源源不断地创造合作剩余，为社会整体福利水平的不断攀升创造条件。正是通过利率纽带，各种市场要素的关联主体相互之间发生着日益广泛和深入的影响，这就内在地决定了我们必须把多维均衡作为利率监管的基本理念之一。

一、多维均衡理念的法经济学内涵

在实现财富增殖所必须依赖的社会合作体系中，均衡理论的核心指向是能够保障

---

* 基金项目：教育部哲学社会科学研究重大课题攻关项目《民间借贷和非法集资风险防范法律机制研究》(12JD038)。

** 法学博士。

[1] 笔者认为，在以市场经济机制为主导的社会合作体系中，从全要素生产率的视角来看，参与价值创造的要素可以划分为人力资本、货币资本、自然资本和智力资本四种资本形态，全部社会主体也可以相应地划分为四类权利主体，为追求合作剩余而展开博弈性合作。参见张瑞玺：《论利率监管的实质正义理念》，载李昌麒主编：《经济法论坛》(第16卷)，法律出版社2016年版，第140页。

实现集体理性最优结果的竞争规范和分配规范，其在法经济学上的表现形式应当是合乎经济规律的比例适当。这里的“多维”意指利率在社会维度、经济维度和价值维度上的不同涵摄。具体来说，主要包括不同形态资本权利主体在合作剩余分配份额上的比例适当、利率与同期社会平均利润率或行业细分意义上的平均利润率之间的比例适当以及涵摄在利率内部的公平、效率、安全和自由等价值维度上的比例适当。

(一)社会维度上的利率均衡

将全社会各种资本权利主体划分为自然资本权利主体、一般人力资本权利主体、智能资本权利主体和金融资本权利主体，并将其纳入“合作体系——合作剩余”的法经济学分析框架之中，可以推论，事先达成一个公平分配合作剩余的“社会契约”，是各型资本权利主体自愿参与到创造合作剩余所必需的社会合作体系之中的逻辑前提，尽管我们知道此种“社会契约”从未在事实上存在过，然而我们绝不能因此排除各型资本权利主体基于相互信任而达成的类似合意。并且此种关乎合作剩余分配的份额安排，必然能够基本体现实质公平的内在要求，否则就无法为合作体系安全且有效率地运营提供激励。

在前工业化社会中，由于智能资本发展滞后，社会生产力主要依附于手工作业，加之社会制度和法律的各种约束，货币更多地充当着一般等价物的交换媒介，虽然其在一定程度上发挥着组织其他各型资本参与到社会合作体系之中的功能，但这种组织功能只是一种原始的自发状态。借贷资本权利主体通过利率取得利息收入的途径，主要是将借贷资本出借给迫于生活性消费压力而无奈借贷的贫苦农户，只有少部分借贷资本出借给商业流通领域的商人，这就意味着借贷资本主要用于分配性目的，很少用于生产性目的。同时，这也意味着前工业化社会中的货币资本尚未进化出现代工业社会中的货币资本的功能，或者说当时的生产力水平尚且无法提供将货币资本大规模转化为金融资本的时代条件。

在现代市场经济条件下，货币资本的主要形式已经进化为金融资本，且金融资本已经在生产、流通和消费领域展现出了日益重要的组织功能和调控功能，或者说货币资本诱导其他各型资本参与到社会合作体系之中的组织功能已经进化到了一种自觉状态。由于金融资本权利主体主要是通过利率来分割合作剩余的，一旦其通过畸高利率而长期分割到超额合作剩余，就会激励其他各型资本权利主体千方百计地转化为金融资本权利主体。如此一来，各种资本形态在总量上的配置比例就必将失衡，而合作剩余所赖以实现的社会合作体系的稳续运作，却内在地要求自然资本、一般人力资本、智能资本和金融资本在总量配置上保持均衡或者比例适当。当各类形态资本在总量配置上的失衡达到一定程度时，社会合作体系就必然处于一种高风险状态，合作剩余的产出效率也必将大打折扣。最终,金融资本权利主体通过畸高利率而分割超额合作剩余的预期也必将破产。

因此,社会维度上的利率均衡,实质是金融资本权利主体在分配合作剩余的份额上与其他各型资本权利主体之间保持比例适当,或者说是金融资本权利主体遵守其与其他各型资本权利主体为参与到合作体系之中而达成的公平分配合作剩余的"社会契约"的应然义务。

(二)经济维度上的利率均衡

利息来源于利润的经济学公理,内在地决定了利率不应当高于利润率。推而论之,就意味着宏观利率不应当高于当期社会平均利润率。由于利率之中蕴含着一定的风险阈值,而风险又是难以精确度量的,这就为人性中的过度贪婪成分以风险为借口化身为利率的一部分创造了条件,同时也为金融资本攫取超额利润提供了貌似正当的理由。

又由于微观主体在风险评估控制能力及利润生产能力上的千差万别,在实践上很容易使得具体的利率水平和利润生产能力之间产生倒挂现象,即某一市场主体在一定时空范围内的融资利率高于其利润率。这既为政府通过利率工具实现投资诱导、优化资源配置提供了依据,又为检视利率是否均衡打开了一扇视窗。

首先,经济维度上的利率均衡,表现为宏观平均利率与当期社会平均利润率之间应当保持适当的比例。只有这样,各型资本权利主体才有机会分配到适当份额的合作剩余,才有动力继续参与到创造合作剩余的社会经济合作体系之中去。如果宏观平均利率高于当期社会平均利润率,就意味着金融资本权利主体有机会将当期合作剩余吞噬殆尽,合作剩余创造机制就会濒临瓦解的风险。

其次,经济维度上的利率均衡,并不排斥微观上某一市场主体的融资利率高与其利润生产能力的倒挂现象。对于这种倒挂现象,我们必须进行定性分析和定量分析,然后通过微观主体与宏观主体之间的辩证关系判断利率政策是否应当调整以及如何调整。

在定性分析方面,如果某些非金融性市场主体的利润率偏低是由于其技术落后或管理不善造成的,就不能归因为利率失衡。对于那些技术先进、管理良好,但由于市场波动而导致利润生产能力暂时性疲软的非金融性市场主体,也不能归因于利率失衡。同时,也要考虑非金融性市场生产经营主体的负债率。对于那些负债率过高而融资利率适中的非金融性市场主体,要综合考虑其技术水平、管理水平、产品竞争力等因素,而不能简单地得出利率失衡的结论。因此,考察利率是否失衡,在微观样本上应当主要选取那些负债率适中,技术、管理和产品均处于中游水平且工资水平适中的非金融性市场生产经营主体。在一定期间内,如果其生产的利润无法覆盖以法定利率上限所计算出的利息支出,就应当考虑利率失衡问题了。

在定量分析方面,在一定的时间周期内,一旦相当数量的非金融性生产经营主体出现了利润无法覆盖利息支出的状况,即使这些具有较大数量规模的市场主体的负债率偏高,也应当考虑利率失衡问题。比如,根据民生证券债券团队的研究结果,2014 年上半年 1730 家有“利息费用/EBIT”数据的公司中,利息支出占 EBIT 88% 的有近 350 家,这些上市公司仅依靠自身盈利无法正常支付利息。从“利息/经营性净现金流”的指标来看,上市公司偿还利息的尾部风险更为严重。2166 家上市公司中有一半公司的经营现金流不能覆盖利息支出,经营性现金流只能覆盖 64% 的利息费用。[1] 应当说明的是,这些公司均为非金融性上市公司。而在同期,金融性市场经营主体的利润俘获能力却居于历史高位。

应当强调说明,当非金融性市场生产经营主体出现了某类产业性、行业性利润率的畸高或畸低状况时,此时还要考虑国家产业政策方面的失衡。比如,我国 2005 年以来房地产业的宏观调控政策,使房地产的利润率畸高,最终不仅抬高了宏观利率,不适当地侵占了其他实体经济融通到金融资金的应有份额,积聚了很大的行业性经济风险,而且埋下了爆发局部性或系统性金融风险的隐患,其中的经验和教训应当深刻总结和汲取。

(三)价值维度上的利率均衡

由于利率本身应当涵摄公平、效率、安全和自由等法的价值因子,利率水平的高低实质上就反映着各种价值因子在排序上的差异,或者说反映着各种价值因子在利率内部的涵摄量上的不同比例。某种价值因子排序越靠前,就意味着利率对该种价值因子的涵摄量越大。涵摄在利率中的价值因子序列在排序上的正当性和涵摄量上的比例适当,应当是利率均衡的内在要求。

从涵摄在利率内部的公平、效率、安全和自由四种价值因子的排序来看,不同的市场主体从各自的利益本位出发,肯定会得出迥然相异的排序方式,并且也会寻求到相应的理论支点。比如,从古典自由主义的理论视角来看,无疑应当将自由置于第一序位,即强调通过借贷双方主体的意思自治来确定利率水平。但是,实践证明,这种过度强调借贷双方主体意思自治来确定利率水平的古典自由主义利率将难以避免地导致

---

[1] 民生证券研究院执行院长管清友:《“经济”破旧远未结束》,载《经济观察报》2014 年 9 月 22 日,第 4 版。EBIT 指息税前利润,即未计利息和所得税之前的利润。“尾部风险”,意指发生概率很低然而一旦发生则代价高昂的风险。参见管清友:《对中长期利率和市场走势的思考》,载凤凰财经:http://finance.ifeng.com/a/20140918/13124749_0.shtml,最后访问日期:2014 年 9 月 29 日。

显失公平的博弈结果,最终占据垄断优势的市场主体就会高举经济自由的旗帜滥用利率确定权,从而损害公平、效率和安全价值的实现,最终损害社会合作剩余的有效实现。[1]

1. 公平价值因子的序位

本文认为,从长期来看,应当从社会本位或者说社会整体利益最优化的视角,来确定各种价值因子在利率内部的排序次第,并寻求或构建相应的理论支点。从肯定这一前提性假设的逻辑视角来审视涵摄在利率内部的公平、效率、安全和自由等价值因子,公平无疑应当排在第一序位。

从哲学的视角来看,如果抽离了公平,效率、安全和自由等价值目标,其就会成为无源之水,必然难持久远。正是公平价值因子为自由价值维度设定了理论边界和实证标准,以致脱离了公平这个价值因子,社会主体将无以避免地会陷入通过追求自身的过度自由权利而挤压全社会总和自由权利并最终影响自身自由权利实现程度的逻辑困境。这一点前文已有论述,并且有诸如《正义论》等许多更为深彻的宏论巨著,因此不再赘述。

从历史的视角来看,可以毫不夸张地说,公平是人类社会永恒的价值追求。在专制社会中,从表象上来看,似乎是统治阶级通过限制和剥夺被统治阶级的应然自由权利而为自身攫取了过度的自由权利,导致被统治阶级高举自由、人权的旗帜发动武装革命,来争取本阶级所期望的自由权利;从实质上来看,导致社会动荡的根本原因却是全社会总和自由权利的分配不公平。因此,与其说人民是在为争取自由权利而斗争,毋宁说人民是在为争取公平权利而斗争。从长期来看,唯有公平价值因子,才是抵御极端自私或者说自由权利滥用等不端行为最有效的武器,而这种极端自私或者说自由权利滥用的倾向是存在于每一个人灵魂深处的、从人类先祖身上所继承下来的先天性生物学本能。这种生物学本能可以通过内在修养进行自觉抑制,同时也可以通过外在规范进行被动抑制,但无论如何也无法根本祛除。一旦社会主体认为自己受到了显失公平的对待,就必将失去对相应规则甚至是既有的意思自治协议内心服从的理由和动力,其负面后果不言而喻。

从市场经济的视角来看,保障市场经济健康运行的核心要义主要体现在3个方面:其一,建立在公平基础上的自由竞争;其二,竞争的过程注重安全和效率的均衡兼顾;其三,通过税收制度及社会保障制度等法治手段对过度失衡或者说过度损害公平

〔1〕 参见张瑞玺:《利率监管的嬗变分析》,载李昌麒主编:《经济法论坛》(第15卷),法律出版社2015年版,第140页。

的竞争结果进行理性修正。这3个方面应当相辅相成,体系化地统一于市场经济运行的全部过程之中。理性地看,这3个方面均无一能够脱离公平价值因子而长久地实现。因此,保障市场经济机制的良好运行态势,绝然离不开法治和法律的有效规范,所以说市场经济就是法治经济,并且法治理念和体系愈趋近于"良法善治"的境界,市场经济的运行态势就会相应地愈加稳健顺利,社会整体福利才会源源不断地有序增进。

从社会实践来看,将公平价值因子排列在利率所涵摄的各种价值因子序列的第一序位,也具有充分的实现条件。由于在市场经济条件下利率本身已经获得了显见的社会性特征,加之利率又是政府调控宏观经济运行非常重要的货币政策工具,特别是脱离了金本位制之后的中央银行,已经具备了通过调控流动性供应量来影响利率水平的巨大能动性,这些因素都为将利率水平控制在一般均衡利率区间之内提供了现实可能性,而一般均衡利率区间正是筑基于公平价值维度之上的利率值浮动范围区间。同时,那些以高负债率经营为特征的金融机构"大而不能倒"的特点,以及潜藏于市场经济机制内部的市场失灵、政府失灵甚至市场和政府双重失灵的风险威胁,都为将公平价值因子排列在利率所涵摄的诸多价值因子的第一序位提供了充足的理由。因为对金融机构的利率自由进行适度的限制,可以视为动用行政资源救助因市场风险而濒临倒闭的金融机构的一部分对价,尽管这种风险往往就是金融机构规避金融监管法规而片面追求超额利润所导致的。虽然这种救助并不符合理想的公平价值的内在规定性,但通过立法让金融机构承担接受利率监管等金融监管的法定义务,作为其在特定情形下享有行政救助的对价,无疑向趋近相对公平迈进了一步。同时,这一逻辑理路也为将公平价值因子作为利率所涵摄的价值因子序列的第一序位提供了实证上的正当性。

应当强调说明的是,这里所言的公平并非绝对意义上的公平,更不是平均主义式的所谓公平,而是在自然资本权利主体、金融资本权利主体、一般人力资本权利主体和智能资本权利主体共同参与的社会合作体系的分析框架内,各类形态资本权利主体基于其对创造合作剩余所做出的贡献而进行的有利于社会整体福利最优化的理性分配状态,这也是将公平价值因子作为利率所涵摄的价值因子序列的第一序位的潜在意蕴。总之,一旦脱离了公平的价值因子,效率就无以持远,安全无以存久,自由无以共享。

2. 效率价值因子的序位

在明确了将公平价值因子排列在利率所涵摄的价值因子序列的第一序位之后,本文认为排列在第二序位的价值因子应当是效率。主要理由是,市场经济机制的最大优势就是其本身所具有的人类社会迄今为止效率最高的资源配置功能,而利率之所以能够被确定为优化市场资源配置重要的经济调控工具,是因为其内在地具有一种渊源于市场主体的自利性的工具属性,即通过诱导金融资本流向从而优化自然资本、一般人力资本和智能资本等各型资本的配置模式,进而优化社会合作剩余的创造效率。换句话说,利率所涵摄的效率价值因子和社会合作剩余创造过程所需要的效率价值因子具有同质性。当然,从长期来看,只有在相对公平的轨道上运行,这种效率价值因子才能获得恒久的内动力,或者说才能保持各型资本权利主体参与社会合作体系的积极性,从而为持续创造合作剩余提供条件。从辩证联系的哲学视角来看,也只有将社会合作剩余创造效率维持在一定的水平之上,公平、安全和自由等价值维度才能获得稳续增进的物质条件。

3. 安全价值因子的序位

在利率所涵摄的价值因子序列中,安全价值因子应当被排列在第三序位。因为在当代市场经济视野中,利率本身除了投资诱导和财富分割功能外,还有强大的风险聚变功能,尽管这种风险聚变功能主要表现为间接的、潜在的作用方式。一旦利率长期严重失衡,不同形态资本权利主体在合作剩余分配上的相对均衡状态就会被破坏,马太效应的逻辑结果就会持续得到强化,金融资本权利主体就有更多的机会攫取其他形态资本权利主体本应分享的合作剩余份额。一旦金融资本借助市场优势掠夺超额合作剩余达到了某一个"临界点",局部性或系统性金融风险的爆发就会获得其内在规定性。如果此时具有重要影响的金融机构出现了巨额亏损等市场信息,就必定引燃以"挤兑"为典型的"导火索",局部性或系统性金融风险的爆发就会获得其外部规定性。当这种外部规定性通过内部规定性而发生作用时,爆发局部性或系统性甚或全球性的金融危机就水到渠成了。如此一来,维持社会合作体系稳续运行所必需的安全价值维度将无以避免地遭到侵蚀,加之某些大型金融机构"大而不能倒"的政府社会治理考量,全社会就被迫为金融资本权利主体因其自身过度贪婪而导致的经济危机买单。而这种过度贪婪的主要外在表现形式就是畸高利率。因此,在设定均衡利率区间时,在充分考量利率所涵摄的公平和效率两种价值因子之后,还应当充分考量安全价值因子的涵摄阈值。

4. 自由价值因子的序位

自由价值因子被排列在利率所涵摄的价值因子序列的第四序位,并不意味着自由价值因子没有其他价值因子重要,而是基于本文对利率自身的特定属性的深层考量,认为将自由价值因子排列在第四序位更加符合客观实践。单就利率中的自由价值因子而言,其在实践上所对应的是经济权利自由,转换成法律语言就是高度意思自治,表现在利率上就是赋予借贷双方主体最完全的意思自治权。这种完全的意思自治权内在地倾向于反对一切外在干预,这就意味着任何水平的高利贷和复利计算方式都是应当受到法律保护的。然而,实践证明,这种表现在利率上的高度意思自治权利,必将导致金融资本权利主体通过畸高利率在短期内攫取超额合作剩余而最终伤害自身利益并损及社会合作体系的整体困境,因为利息来源于合作剩余,社会经济合作体系的瓦解就意味着合作剩余的枯竭。这就意味着自由价值的实现必须建立在公平、效率和安全等诸多价值所构建的坚实基础上,或者说自由价值的实现必须以公平、效率和安全价值的实现为前提。正如卢梭所言:“人生而自由,但却无往不在枷锁之中。”[1]如果用此话阐释利率所涵摄的价值因子序列的应然序位,可以说,公平、效率和安全价值的实现程度,限定了自由价值的阈值范围,同时为金融资本权利主体戴上了实现意思自治权利的枷锁,以防范其因贪婪过度而滥用优势权利伤害其他形态资本主体的权利。这也符合社会本位理念及市场经济规律的内在规定性。如果不对利率中的自由价值因子适度限制,资本市场上就必然到处充斥着假借畸高利率承诺编织“拆东墙补西墙墙墙不倒,借新债偿旧债债债不清”的类“庞氏骗局”现象。

最后,必须强调指出,上述对价值因子的排序是在市场经济条件下,着眼于长期视野而得出的结论。如果就短期来看,并不排除将某种价值因子排列在第一序位的合理性,比如,安全价值因子有时也可能被排列在第一序位,尤其是在政府使用行政资源救助某些“大而不能倒”的金融机构之际。总之,只要符合社会本位理念的内在要求,在特定时点将任一价值因子排列在利率所涵摄的价值因子序列的第一序位,都可以被认为具有充分的正当性。

二、多维均衡理念的实现机制

一定时点上的利率水平,可以被视为涵摄在利率内部的公平、效率、安全和自由等价值因子序列之序位次第或涵摄量比例配置的外在映像。但是,受国内国际市场因素、政治因素及偶然因素等多重因素的影响,加之人性中的过度贪婪倾向,市场失灵、政府失灵甚至双重失灵的风险无时不在,内在地决定了这些价值因子在利率内部的排序次第经常会表现出失衡的一面。因此,涵摄于利率内部的各种价值因子的多维均衡不会自动实现,需要一个体系化的实现机制。

(一)确立利率监管的法治化范式

利率作为价格属性和社会属性统合的产物,实质上决定着金融资本分割相应期间内全部合作剩余的比例份额。由于我们无法从根本上完全祛除人性中固有的过度贪婪自利倾向,而道德教化甚至宗教信仰在巨大的利益诱惑面前也会呈现出失灵的一

[1] [法]卢梭:《社会契约论》,何兆武译,商务印书馆2003年版,第2页。

面,最终我们不得不求助于法律治理。正如施塔姆勒所言:“如果想拥有一种正义的社会生活,法律规则的适用就不可或缺。而每一种对这种规则的任意违犯,原则上已经构成一种非正义。”[1]

利率所涵摄的各种价值因子之间的内在逻辑和社会经济运行实践证明,利率畸高或利率畸低都将导致某种形态资本权利主体在合作剩余总量上的分配失衡,并且这种失衡状态往往具有较大的惯性力量,只有政府的适度干预才能加以矫正,但政府干预也并非“万验灵丹”,只不过在现代社会治理架构中,我们尚未发现比政府更适合担当利率调控职能的其他社会主体。

虽然政府是迄今为止人类社会所发现的最有可能和实力代表社会整体利益的主体,但由于政府本身也是市场主体之一,并且政府最终无法脱离人的组合,这就决定了很难根除其在经济上追求自利性的一面,从而损及政府自身代表社会整体利益的公信力。事实上,自从国家诞生以来,公众对政府滥用权力而自肥的忧虑就没有停止过,道格拉斯·C.诺斯就是在此意蕴上提出了著名的“国家悖论”。[2] 因此,政府在利率监管上如何能够契合社会整体利益最优化的内在需求,也是一个需要法律进行规范的现实问题。值得庆幸的是,作为利率调控权力主体的各国的中央银行,在行使货币政策权力方面正被政府赋予越来越大的独立性,这样做的主要目的是防范政府为达到某些从长期来看并不利于社会经济合作体系健康运行的政治目的而操纵利率或其他货币政策工具。

我们可以通过法治化手段,限制政府谋求经济自利性的机会,以使其更好地从社会本位出发,通过行使利率监管和利率调控权力以及其他经济和行政权力,促进自然资本、金融资本、一般人力资本和智能资本等各种形态资本权利主体更有效率地参与、组织和运营社会经济合作体系,同时更加公平地分配合作剩余。

遵循上述逻辑,实现政府行使利率监管等经济和行政权力的法治化范式,前提是确保相关经济信息的透明化。[3] 这就要求政府部门通过制度化范式有效消除经济信息偏差,除非法律规定的国防和商业秘密类经济信息,都应当使全部社会主体能够以

---

[1] 参见[德]施塔姆勒:《正义法的理论》,夏彦才译,商务印书馆2012年版,第61页。

[2] 参见[美]道格拉斯·C.诺斯:《经济史上的结构与变迁》,厉以平译,商务印书馆1992年版。诺斯提出:“国家的存在是经济增长的关键,然而国家又是人为经济衰退的根源”,因而形成了一个“国家悖论。”

[3] 此处的“经济信息”当然地包括利率信息。因为利率信息和其他各类经济信息尤其是当期社会平均利润率和全行业平均利润率之间均具有内在关联,所以将利率信息扩展为经济信息,有利于利率监管主体和一般社会主体更好地判断当期利率水平是否合乎实践理性,从而更加审慎、理性地做出利率调控和投融资决策,以有效减少社会合作体系的运行风险。

趋近于零的成本轻而易举地获取。为实现这一目标,相应的制度建构应当满足3个条件:其一,经济信息公开的主体法定。依法明确经济信息公开的主体,是依法赋权、行权、监督和追责的前提。尤其是在自媒体时代,只有信息公开的主体法定,才有可能保持主流信息的社会公信力。其二,经济信息公开的权力和责任法定。只有依法明确相应主体经济信息公开的权力和责任范围,才能为经济信息公开的质量监督和责任追究奠定基础,确保依法应当公开的经济信息必须公开。否则,就无法防范信息公开主体滥用职权牟取不正当利益。其三,经济信息公开的质量监督和责任追究机制。信息公开的内容是否真实,范围、对象和程序是否合法,时间是否及时等,都应当列为经济信息公开的质量监督对象。如果发生法定主体与其他社会主体恶意串通作出信息垄断、信息欺诈等阻滞公众及时获取法定公开信息的行为,就必须确保对相应主体依法追责到位。

将经济信息透明化视为实现利率监管法治化的必要前提的一个重要理由是,经济信息透明化是政府科学设定一定经济周期内的一般均衡利率区间的社会基础。一般均衡利率区间在为利率监管主体设定监管目标的同时,也为其行使利率自由裁量权预设了一定的空间,目的是为利率监管主体将原则性和灵活性有机结合起来提供机会,有利于其运用利率工具通过市场机制不断优化资源配置,促进社会经济合作体系健康运行,同时更有效率和质量地发挥利率本身所具有的回应性和投资诱导功能。

然而,如果大多数社会主体不能认同或理解政府通过法律法规所设定的一般均衡利率区间,或者对设定一般均衡利率区间所依据的经济信息参数的真实性及择取理由存在较大的质疑,可以设想,相应的利率监管法规政策的执行效果也必将大打折扣。换言之,仅靠政府单方面难以生成一般均衡利率区间的社会公信力,更不要说市场主体对一般均衡利率区间的内心服从了。这就需要政府和利率监管主体针对当期一般均衡利率区间的设定理由和依据与所有社会主体或者说社会公众进行有效沟通,如果能够依法确保重要经济信息的透明化管理,尤其是设定一般均衡利率区间所依据的样本参数类经济信息的透明化管理,沟通的质量和效率就易于取得"水到渠成"的效果。当政府和利率监管主体可以清晰地传达和解释当期一般均衡利率区间的设定理由时,利率监管的目标指向就会更加透明,利率监管法规政策就会更加富有实施效率。这一点很像中国的油价形成机制,虽然有关价格监管主体所选取的油价联动参数不尽合理,但至少实现了油价浮动的透明化管理,为市场主体的相关消费和经营行为提供了进行理性预期的机会。毫无疑问,与政府单方面定价相比,这是更加符合绝大多数市场主体之集体理性诉求的油价形成机制。

利率监管的法治化范式,除了要求政府对重要经济信息和一般利率区间的透明化管理,还必然要求政府对那些严重影响利率监管目标和具有巨大潜在风险的企图规避利率监管的行为依法进行规制。就目前实践而言,此类行为主要包括高息揽储、垄断定价、额外收费、信贷权力寻租、限定转存、息差畸高、畸息融资以及金融衍生工具滥用等。企图规避利率监管的行为无论如何花样翻新,其本质都无外乎通过规避利率监管法规而达成牟取畸高利率之手段,实现金融资本权利主体以"貌似合法"的形式分割超额合作剩余之目的。如果此类行为蔓延开来,毫无疑问必将构成威胁社会合作体系健康运行的潜在风险。因此,判断变相抬高利率行为的标准主要有两个:一是实际利率超出"一般均衡利率区间"的阈值范围;二是损害其他形态资本权利主体共享合作剩余的实质公平。

此外,实现金融监管的法治化范式,还要求监管主体针对那些因具有系统重要性以致"大而不能倒"金融机构的利率风险和经营风险制定特殊的监管法规。此类特殊的监管法规主要应能实现3个目的:一是从法理逻辑上能够证明对具有系统重要性以致"大而不能倒"的金融机构濒临倒闭危机时提供行政救助的正当性;二是对接受行政救助的特定金融机构科以特殊的义务,以使其所导致的风险后果与法律责任相适应,尤其是要着力实现风险后果与公司责任及相关个人责任之间的一一对应;三是能够加强对金融消费者的保护。

应当说明的是,任何法律都不可能一劳永逸地科学界定好相应社会主体之间的权利和义务关系,利率监管法规体系也不例外。但这并不会削弱利率监管法遵循法治逻辑的重要性,反而为我们打开了通过不断修正利率监管法规以确保社会合作体系健康运行的社会本位意义上的理性视窗。正如施塔姆勒所言:"法律缺陷的弥补既不能通过道德和某种理想法实现,也不能通过一切其他外在的上诉法庭实现。一旦法律沉默,我们必须回到法的基本原则本身——如果实在法不能解决我们的问题。而我们这里想要澄清的事情仅仅是:存在着一个我们到了那里就必须参照正义法理念的点。"[1]对于利率监管法律法规而言,尤为如此,因为从利率监管法规诞生之日起,相应的规避行为就会如影随形,万象纷呈。

但无论如何,利率监管主体以及其他社会主体都必须明白:利率在数值上存在这样一个"点",在这个"点"上,实际利率已经偏离了利息始终来源于利润的经济规律,以致金融资本权利主体通过畸高利率分割到对其他形态资本权利主体来说显失公平的超额合作剩余。此时,我们就必须参照正义法的理念,完善和制定利率监管法律法规,将利率约束在更加符合社会合作体系健康运行所必须依赖的创造正义和分配正义的

〔1〕[德]施塔姆勒:《正义法的理论》,夏彦才译,商务印书馆2012年版,第154页。

内在规定性的范围区间之内。

（二）完善利率监管法规

实践证明，法律是人类社会迄今为止所能找到的最先进的社会治理工具，并且“良法”是实现“善治”的基础，而“恶法”必然难以持久。然而，“良法”本身的评价标准更多地意味着一种价值判断，而价值判断又具有一定的地域性、历史性、时代性特征，即此时此地被社会主体广泛评价为具有正当性的法律或行为在彼时彼地很可能会得到截然相反的评价结果，这无疑会为如何界定“良法”的内涵带来一定困惑。

但是，这并不会影响人们渴求良法的热情，而且还为人们通过历史比较和国际比较等研究方法深入揭示良法的内涵与特征提供了条件。就利率监管法律来说，良法至少应当满足两个条件：其一，能够为社会本位视野下的各型资本权利主体之间的积极合作提供有效激励；其二，能够契合社会本位视野下人类文明进化的规律性趋向。

第一个条件要求利率监管法律规范本身能够体现公平、效率、安全和自由等价值维度之间的均衡，从而为市场机制有效配置各形态资本要素提供基础，同时为某些资本要素权利主体攫取不正当的超额合作剩余提供有效约束。因此，第一个条件主要为规范各种形态资本权利主体的当前行为提供规则保障。

第二个条件要求利率监管法律规范本身应当体现一定的前瞻性目标，即能够通过市场机制为各类形态要素资本权利主体的合作行为提供方向性指引，以促使其沿着符合人类社会文明进化规律的方向不断前进。从现阶段来看，主要是为各类形态资本权利主体采取符合制度与科技文明演进方向的合作范式提供有效激励。[1]

如果利率监管法规中有偏离上述两个条件的内容，我们就应当及时做出修正和完善。否则，这些内容就会成为社会合作体系健康运行的阻滞因素。比如，由于我国的利率管制和金融管理法规未能充分重视与上述两个条件要求的契合性，不仅导致了市场要素资源的低效率配置，而且是当前多数小微企业融资难、融资贵问题的深层动因，落后产能的大量重复建设就是典型表现之一。再如，民间借贷市场上的畸高利率，也是我国的利率管制法规背离上述两个条件内在要求的重要表征，客观上已经形成了民

---

〔1〕 笔者认为，从文明进化的历史视角来看，人类社会主要经历了农耕文明、工商文明和科技文明三个阶段。其中，农耕文明阶段的法律主要侧重于规范人力资源和土地要素的结合与分配关系，工商文明阶段的法律主要侧重于规范人力资源和贸易要素的结合与分配关系。到了科技文明阶段，法律应当主要侧重于规范人力资源和技术进步要素的结合与分配关系。同时，在同一历史时期内，这三个文明阶段并不是孤立存在的，而是表现为并存状态，只是在比例和程度上有所区别。并且从历史比较和地域比较的视野来看，一定地域范围内的主流文化和法律规范只有能够为该区域在文明阶段进化向度上提供比较优势，才能居于相对先进的地位。

间借贷市场积聚巨大违约风险的制度性缺口。

然而,利率监管法律的完善必然是一个与时俱进的发展过程。一方面是因为利率监管立法理念的前瞻性在很大程度上取决于立法层面对社会经济发展内在规律性的认识和把握能力;另一方面是因为法律规则滞后于社会实践具有必然性,同时还因为立法理念的实现还会受到政治取向、立法技术及传统文化等法律生态环境的限制。

虽然"通过实在法规则内容以及从其有限含义中所作的推论绝对完整地理解所有可以想象的法律问题是永远不可能的",[1]但这并不排斥立法理念在契合社会经济内在规律方向上的适度超前。而且这种立法理念的适度超前,正是我们不断检视、修正和完善利率管制或监管法规的必要前提。

比如,1900年开始实施的《德国民法典》中关于规范高利贷行为的条文,就体现了这样一种立法理念:"任何交易,如果某人由此利用他人的急难、思虑不周和缺乏经验为他本人或某个第三人获取任何超值利润或超值利润的承诺作为某种对价的交换,而这种利润超过对价的程度如此严重,以致在当时情景下与该对价完全不成比例——如果这样,那么这种交易都是无效的。"[2]并且当时的立法层还将这一理念体现到当时德国刑法的有关条文中。

具体到利率监管法律规范来说,良法就意味着超越国家本位和个人本位在目标取向上的不合理的自利内容,站在社会本位视角将全部市场主体的正当利益诉求凝集在一起,从而使每一种要素资本权利主体的利益实现方式都符合社会经济合作体系整体目标的内在要求,进而使每一个主体的目的都能够成为服务于其他主体目的的手段,以为利率监管法规的有效实施奠定基础。

(三)严格违规责任追究

生活在2400年前的孟子就已经指出:"徒法不能以自行。"[3]建设现代法律治理社会,"良法"和"善治"两个要素缺一不可。这就意味着利率监管法规的施行,离不开严格的违规责任追究机制。

由于存在于人性中的不可根本祛除的自利性取向,在巨大的利益预期面前,部分个体通过挑战法律规则获取超额收益的危险时刻存在,尽管这部分个体对其行为的违法性及由此对全部社会合作体系的潜在损害心知肚明。因此,只有建立了严格的责任追究机制,才能在最大程度上确保实现正义诉求的必然性和及时性,并在此基础上有

---

〔1〕[德]施塔姆勒:《正义法的理论》,夏彦才译,商务印书馆2012年版,第155页。

〔2〕同上书,第225页。

〔3〕参见《孟子·离娄》(上)。

效管控那些威胁社会合作体系健康运行的风险因素。并且为了严格违规责任追究,我们必须注重树立法治思维,将立法问题和司法问题严格区分为两个层面的问题加以区别对待。

这就意味着在司法环节,即使发现已经生效的法律规范存在瑕疵,也只能通过法定程序逐级反映相应情况和问题。在该法律效力未被废止以前,就应当以"恶法亦法"的严肃态度对待它。诚如施塔姆勒所言:"如果由于某些法律的非正义性,我们就擅自在一种情形下弃之如敝履而在另一种情形下遵循它们,那就意味着我们的社会不是一个普遍实施法律的社会,而是一个任意行事的部落。"[1]

在此意义上来说,严格违规责任追究,就是赋予生效法律以不可违犯性,直至其被废止的那一刻。如果我们因为生效法律具有某种非正义性就拒绝遵照执行,或者免予追究相关违规行为人的法律责任,则其本质上就是对司法权力的滥用。这是因为"如果想拥有一种正义的社会生活,法律规则的适用就不可或缺,而每一种对这种规则的任意违犯,原则上已经构成一种非正义"。[2]

另外,修正那些具有显见非正义性质的法律规范,属于立法机关的专属权力。如果在法律适用过程中发现法律规范本身存在某种缺陷,我们完全有机会诉诸立法机关,促其通过法定程序进行修改或完善。[3] 换言之,在法治社会中,某种法律规范的非正义性,只能作为引起法律变动的原因,而绝不能成为任何人拒绝适用的理由。

---

〔1〕［德］施塔姆勒:《正义法的理论》,夏彦才译,商务印书馆2012年版,第61页。

〔2〕同上。

〔3〕面对经实践验证具有显见非正义的法律规范,立法机关也可能存在不作为或作为不到位的问题。但这种情形已经超出了本文的讨论范围,因此不予涉及。

论电子交易所全球竞争格局下的衍生品上市供给侧制度改革*

史广龙**

目　次

伴随着互联网技术在传统交易所的广泛运用,以美国洲际交易所(Intercontinental Exchange,ICE)为代表的纯电子化衍生品交易所不断涌现,凭借更加透明、更加高效、流动性强、交易成本低的显著优势,短期内大量蚕食了沿用交易员公开喊价方式的传统交易所的市场份额。同时,以德意志交易所集团(Deutsche Börse AG)为代表的传统证券交易所,借助于完全拥抱信息技术发展金融衍生品市场的先发优势,迅速发展为集证券交易所(法兰克服证券交易所,Frankfurt Stock Exchange)与金融衍生品交易所(欧洲期货交易所,Eurex Exchange)两翼于一身的交易所集团公司,实现了相对于纽约证券交易所(New York Stock Exchange,NYSE)、伦敦证券交易所(London Stock Exchange,LSE)和其他金融衍生品交易所等传统强劲竞争对手的弯道超车。这些领先的电子化交易平台启开了在全球范围内争夺金融衍生品上市品种的新纪元。

---

* 基金项目:北京市博士后工作经费资助项目。

** 特华博士后工作站金融学博士后,中欧陆家嘴国际金融研究院研究员,法学博士。

一、电子化交易所全球扩张范围日益广泛

电子交易平台的初期整合主要集中于各主要金融中心腹地。英国伦敦国际金融期货期权交易所（London International Financial Futures and Options Exchange，LIFFE）1996 年收购伦敦商品交易所（London Commodity Exchange，LCE），2002 年又被泛欧交易所（Euronext）合并，合并后称为泛欧伦敦国际金融期货期权交易所（Euronext. Liffe）。2006 年 10 月美国芝加哥商业交易所（Chicago Mercantile Exchange，CME）和芝加哥期货交易所（Chicago Board Options Exchange，CBOT）宣布合并成全球最大的衍生品交易所——芝加哥商业交易所集团（CME Group），并于 2008 年并购了纽约商业交易所（New York Mercantile Exchange，NYMEX）。在亚洲，新加坡证券交易所（Stock Exchange of Singapore，SES）与新加坡国际金融交易所（Singapore International Monetary Exchange，SIMEX）于 1999 年 12 月合并，成立了目前的新加坡交易所（Singapore Exchange，SGX）。为提高香港的竞争力和迎接市场全球化所带来的挑战，2000 年 6 月香港联合交易所有限公司（Stock Exchange of Hong Kong，联交所）与香港期货交易所有限公司（Hong Kong Futures Exchange，期交所）实行股份化并与香港中央结算有限公司（Hong Kong Securities Clearing，香港结算）合并，由单一控股公司香港交易所（HKEX Group）拥有。2013 年东京证券交易所集团（Tokyo Stock Exchange）与大阪证券交易所（Osaka Securities Exchange）合并，组建日本交易所集团（Japan Exchange Group），将合并后的金融衍生品业务统一集中至大阪。

随后，跨国跨洲跨界并购开始愈演愈烈。2000 年阿姆斯特丹证券交易所（Amsterdam Stock Exchange）、布鲁塞尔证券交易所（Brussels Stock Exchange）、巴黎证券交易所（Paris Stock Exchange）合并为泛欧交易所（Euronext N. V. ），并在此基础上天价收购伦敦国际金融期货及期权交易所，最终将金融衍生品业务集中于伦敦。2006 年纽约证券交易所（New York Stock Exchange，NYSE）与泛欧证券交易所合并，组成横跨大西洋的纽约—泛欧证交所公司（NYSE Euronext），伦敦国际金融期货期权交易所的控制权落入美国人手中。2007 年电子化交易平台先驱美国纳斯达克证券交易所（National Association of Securities Dealers Automated Quotation，NASDAQ）与北欧证券交易商欧麦克斯（OMX）公司并购后的新集团（NASDAQ OMX）宣布成立，为纳斯达克成功拓展了欧洲金融衍生品业务及相关软件服务市场。2012 年 11 月香港交易及结算所有限公司成功并购了伦敦金属交易所（London Metal Exchange，LME）。在德意志交易所集团收购纽约泛欧交易所集团被监管部门阻止后，2012 年 12 月美国衍生品巨头

洲际交易所成功将纽约—泛欧交易所集团收入囊中。[1] 2016年年初,德意志交易所集团再次考虑并购整合伦敦证券交易所,实现英吉利海峡两岸最主要的股票现货和金融衍生品交易平台的整合,随后,美国洲际交易所也对收购伦敦证券交易所表示出了浓厚的兴趣。

二、交易所全球化竞争背后是争夺衍生品上市品种

对全球交易所整合的历史进行分析,不难发现初期整合对象主要是境内同类平台。在这一阶段,领先的衍生品交易所会吸收合并其他交易所,从而增加交易品种。例如,伦敦国际金融期货期权交易所并购伦敦期权交易市场,将股票期权纳入业务领域,收购伦敦商品交易所相当于新增了农产品期货交易品种。美国芝加哥商业交易所通过收购芝加哥期货交易所进入了其一直比较薄弱的农产品期货市场和利率期货市场。

中期整合主要发生在境内或者临近的证券与衍生品平台之间。随着欧美国家企业资产证券化率的不断提升,成熟资本市场的证券交易所面临新股发行量的"瓶颈",很难批量增加新的股权或者债权交易品种。衍生品交易所却没有这样的天花板,可以根据市场需要灵活设计交易产品。同时,股指期货与股票期权等金融衍生品与现货市场具有紧密的联系,促成了证券交易所与金融衍生品交易所之间的整合。新加坡证券交易所与新加坡国际金融交易所的合并、香港联合交易所与香港期货交易所携手均属此类。德意志交易所集团则是通过与瑞士证券交易所(Swiss Exchange,SIX)合作,整合德国期货及期权交易所(Deutsche Terminbörse,DTB)与瑞士选择权与金融期货交易所(Swiss Options and Financial Futures Exchange,SOFFEX),主要借助内部力量培育出欧洲期货交易所,实现了现货市场与衍生品市场的一体两翼布局。

近期全球电子交易所整合的看点主要是跨国跨界平台。例如,香港交易及结算所有限公司并购伦敦金属交易所(London Metal Exchange,LME),实现了发展金属类衍生品的夙愿。这类交易之所以发生,除了电子交易所追求全品种服务提升国际竞争力的初衷之外,反垄断法也为跨平台的跨国整合创造了机遇。德意志交易所集团收购纽约—泛欧交易所集团因涉及垄断问题而搁浅。美国洲际交易所利用其与被收购方业务重叠较少的优势,趁机将纽约—泛欧交易所集团收入囊中,在原有农产品衍生品、金属衍生品、能源衍生品业务上嫁接了股票、债券的现货业务和相关金融衍生品业务。

---

〔1〕 参见史广龙:《组建中国交易所集团,提高跨市场监管能力》,载《学习时报》2015年11月23日,第4版。

三、资本市场现货与衍生品整合与协同的主要模式

随着互联网技术在金融要素市场的广泛运用与中国、印度等亚太国家和地区资本市场的迅速崛起,全球金融要素市场的格局正在发生变化,这突出的表现为纽约、伦敦、东京、法兰克福等传统国际金融中心在股票市场上依然保持强有力的竞争优势,但是受益于本国经济的迅速发展带来的公司上市潮,上海、深圳、孟买等亚太金融中心城市迎来了历史上最好的发展时期。

(一)股票交易所发展进入"瓶颈",亚太新兴市场一枝独秀

2005 年世界主要股票交易所股票市值超过万亿的有 9 家,除了上海证券交易所外,其余交易所都集中于欧美发达国家的金融中心。此时的深圳证券交易所股票总市值为 9334 亿美元,尚未达到万亿门槛。(见表 1)10 年来,纽约、东京、伦敦 3 大全球性股票交易所汇聚地依靠传统优势,依然在全球金融要素市场的竞争中保持领先地位。但是在这期间,纽约证券交易所虽然吞并了泛欧证券交易所成为很跨大西洋的国际交易所集团,但是营收能力并未获得根本性的提升;东京证券交易所在日本经济泡沫危机之后,股票市场长期表现低迷,上市公司总市值仅仅略微增长;伦敦证券交易所 10 年间上市股票总市值增长幅度略高于纽约证券交易所,但仍大幅度落后于亚太新兴市场(见表 2)。

表 1　2005 年世界主要股票交易所市场数据

排名	交易所	股票总市值(亿美元)	上市公司数(个)	累计交易额(亿美元)	指数名称	年底收盘(亿美元)
1	纽约证交所	133,106	2270	141,253	道琼斯工业平均指数	10,505
2	东京证交所	45,729	2331	44,266	日经 225 指数	16,111
3	纳斯达克交易所	36,040	3164	100,867	纳斯达克综合指数	2306
4	伦敦证交所	30,582	3091	56,739	英国富时 100 指数	5760
5	泛欧证券交易所	27,068	1259	26,760	CAC40 指数	4948
6	上海证券交易所	23,096	832	19,642	上海综合指数	1161
7	多伦多证交所	14,822	3758	9045	加拿大综合指数	11,272
8	法兰克福证交所	12,211	764	19,123	DAX 指数	5674
9	香港交易所	10,550	1135	4643	恒生指数	15,753
10	深圳证券交易所	9334	544	12,621	深圳成分指数	2864

数据来源:《证券市场导报》2005 年年底数据统计。

10年间,新兴市场的证券交易所发展迅猛,有4家证券交易所进入万亿总市值的阵营。中国的深圳证券交易所、上海证券交易所异军突起上市公司股票总市值大幅度攀升,此外,印度的孟买证券交易所、国家证券交易所也成功晋升至万亿股票总市值俱乐部(见表2)。上述现象出现的根本原因在于随着地区经济的持续高增长,上市公司资源丰沛,保证了本国交易所上市公司数量的猛增,股票总市值水涨船高。因此,不难理解香港证券交易所在10年间股票总市值增加近两倍,但是同时期其他成熟市场的证券交易所股票总市值或者上市公司数仅保持微增的现状。

表2　2015年世界主要股票交易所市场数据

排名	交易所	股票总市值(亿美元)	上市公司数(个)	累计交易额(亿美元)	指数名称	年底收盘(亿美元)
1	纽约证交所	177,868	2424	174,773	道琼斯工业平均指数	17,425
2	纳斯达克交易所	72,808	2859	125,153	纳斯达克综合指数	5007
3	东京证交所	48,949	3513	55,407	日经225指数	19,034
4	上海证交所	45,493	1081	213,428	上海综合指数	3539
5	伦敦证交所	42,864	2301	20,924	英国富时100指数	6242
6	深圳证交所	36,387	1746	196,112	深圳成分指数	12,665
7	香港交易所	31,849	1866	21,259	香港恒生指数	21,914
8	法兰克福证交所	17,158	619	15,555	德国DAX30指数	10,743
9	多伦多证交所	15,919	3559	11,848	加拿大综合指数	13,009
10	瑞士证交所	15,193	270	9910	瑞士股票指数	8818
11	印度孟买证券交易所	15,162	5836	1208	印度SENSEX指数	26,118
12	印度国家证券交易所	14,851	1794	6766	印度NIFTY指数	7946
13	OMX北欧交易所	12,680	832	7546	OMX斯德哥尔摩30指数	1447
14	韩国交易所	12,312	1961	19,296	韩国成分指数	1961
15	澳大利亚证交所	11,871	2108	7991	澳洲普通股指数	5345

数据来源:世界交易所联合会网站、伦敦证券交易所网站。

(二)股票交易所与衍生品交易所协同发展模式的形成

有鉴于成熟市场本国新上市公司资源日渐枯竭的长期趋势,以及全球范围内场内衍生品的重大发展机遇,各国的股票市场与衍生品市场整合趋势日渐明显,单一的股票交易所与衍生品交易所逐渐被交易所集团吞并,最终形成了各具特色的协同发展模式(见表3),其中以芝加哥商业交易所集团、印度国家证券交易所、德意志交易所集团和洲际交易所最为典型:

1. 专注于综合性衍生品的协同发展模式:芝加哥商业交易所集团

芝加哥商业交易所集团在全球范围内的崛起肇始于2006年之后对于芝加哥和纽约主要衍生品交易所的整合,一举囊括了芝加哥商业交易所(CME)、芝加哥期货交易所(CBOT)、纽约商业交易所(NYMEX)、纽约商品交易所(COMEX),并于2014年获得了金融监管部门对于其在伦敦设立衍生品交易所的正式批准,成为真正意义上的全球性衍生品交易所集团。除此之外,芝加哥商业交易所集团收购了道琼斯指数90%的股权,并因此而持有了标准普尔道琼斯指数接近1/4的股权,这为芝加哥商业交易所集团开辟了新的利润增长点,为进一步拓展股指衍生品打开了大门。芝加哥商业交易所集团交易品种包括农产品商品期货类衍生品、能源期货类衍生品、股指期货类衍生品、外汇期货类衍生品、利率期货及期权类衍生品、金属期货类衍生品、天气衍生品、不动产衍生品、场外衍生品等。此外,除了中央场外结算交易以外,芝加哥商业交易所集团所属各交易所产品的交易提供交易平台、中央结算与市场信息。

2. 股票与衍生品协同的交易所发展模式:印度国家证券交易所

印度国家证券交易所在印度政府的主导下由印度主要金融机构发起成立于1992年,并于1994年成为《证券合约监管法》(Securities Contracts Regulation Act)意义上的交易所,获得了开展业务的合法身份。印度国家政权交易所在发展前期主要以股票市场为主,直至2000年6月才开始发展衍生品业务,先后推出了不同类型的基于NIFTY指数的期货产品。2011年印度国家证券交易所推出了基于标准普尔指数与道琼斯工业平均指数开发出的股指期货产品,以及标准普尔指数期权产品;2012年印度国家证券交易所推出英国富时100指数的期货与期权产品;从2013年开始,印度国家证券交易所开始与东京证券交易所合作,推动后者发展日元计价的NIFTY指数衍生品。除了股指期货与期权之外,从2008年开始,印度国家证券交易所先后推出了美元、欧元、英镑、日元等外汇期货与期权产品,2009年推动利率期货等衍生品的上市。2013年12月印度国家证券交易所又推出了获得监管部门认可的国债期货品种。

3. 发端于股票交易所的衍生品协同模式:德意志交易所集团

类似于其他古老的交易所,德意志交易所集团可以追溯至1585年由商人在法兰克福发起成立的货币集中交易市场。经过长期发展,法兰克福证券交易所的影响力日益扩大,1991 年 12 月正式更名为德意志交易所股份公司,并全资控股德国期货交易所(DTB)。为了应对欧元(Euro)时代的来临,面对日益激烈的竞争态势,DTB 的集团母公司德国交易所集团与瑞士交易所决定建立策略联盟,共同投资成立欧洲期货交易所(EUREX Zurich AG),总部设于瑞士苏黎世。欧洲期货交易所再 100% 转投资设立在法兰克福的欧洲期货交易所德国子公司(EUREX Frankfurt AG),二者均沿用原 DTB 的交易与结算系统。欧洲期货交易所凭借电子化的优势,迅速击溃了伦敦金融期货交易所等欧洲其他衍生品交易所,占据了欧洲场内衍生品交易的主导地位。德意志交易所集团由此形成了法兰克福证券交易所与欧洲期货交易所并举的局面。欧洲期货交易所上市品种涵盖利率衍生品、股票衍生品、股指衍生品、外汇衍生品、固定收益衍生品、ETF 衍生品、商品衍生品、财产衍生品,种类达到 2000 个以上。

4. 发端于衍生品交易所的股票协同模式:洲际交易所

洲际交易所的崛起肇始于 2000 年左右互联网应用普及阶段,其创始人联合全球最主要的能源交易商为 OTC 能源交易创建更为便捷、透明、高流动性、低成本的电子化交易平台。洲际交易所的成长伴随着衍生品交易所的全球性整合步伐。2001 年洲际交易所并购位于伦敦的国际石油交易所(International Petroleum Exchange),进而介入石油等能源期货交易领域。2005 年洲际交易所收购了纽约期货交易所(New York Board of Trade)与具有 120 年历史 Winnipeg 商品交易所(Winnipeg Commodity Exchange),后者油菜籽期货著称,洲际交易所大举进入农产品期货市场。2010 年通过收购气候交易所(Climate Exchange),该交易所总部位于伦敦,它是欧洲气候交易所(European Climate Exchange)、芝加哥气候交易所(Chicago Climate Exchange)以及芝加哥气候期货交易所(Chicago Climate Futures Exchange)的运营商,洲际交易所由此打开了排放权衍生品市场。2013 年洲际交易所借力德意志交易所集团受困于反垄断法而无法成功并购纽约泛欧证券交易所,趁机将其收入囊中。近年来,洲际交易所还收购了天然气衍生品领域的 APX Endex 交易所以及专注于能源、黄金和外汇衍生品的新加坡商业交易所(Singapore Mercantile Exchange)。通过持续性并购、整合与业务扩张,洲际交易所的产品除了纽约泛欧证券交易所的股票、债权之外,广泛涵盖了其他各交易所的农产品衍生品、能源衍生品、股票衍生品、外汇衍生品、运费衍生品、利率衍生品、金属衍生品、排放权衍生品以及场外衍生品的结算等。

表 3 2015 年世界主要衍生品交易所市场数据

排名	交易所	特征	成交量(万手)
1	芝加哥商业交易所集团(CME Group)[1]	大型衍生品交易所集团	353,176
2	印度国家证券交易所	股票与衍生品协同的交易所	303,189
3	欧洲期货交易所(Eurex)	混合交易所集团下属衍生品交易所	227,245
4	洲际期货交易所(Intercontinental Exchange)[2]	混合交易所集团下属衍生品交易所	199,881
5	莫斯科交易所	股票与衍生品协同的交易所	165,944
6	巴西证券期货交易所(BM & FBovespa)[3]	股票与衍生品协同的交易所	135,859
7	芝加哥期权交易所集团(CBOE Holdings)[4]	大型衍生品交易所集团	117,393
8	大连商品交易所	单一衍生品交易所	111,632
9	郑州商品交易所	单一衍生品交易所	107,034
10	上海期货交易所	单一衍生品交易所	105,049
11	纳斯达克 - OMX 集团(Nasdaq OMX)[5]	混合交易所集团下属衍生品交易所	104,565

〔1〕 其衍生品交易平台主要包括 Chicago Mercantile Exchange、Chicago Board of Trade、New York Mercantile Exchange。

〔2〕 其衍生品交易平台主要包括 ICE Futures Europe、NYSE Amex、NYSE Arca、ICE Futures U. S. 、ICE Futures Canada、Singapore Mercantile Exchange。

〔3〕 其衍生品交易平台主要包括 Bolsa de Valores de Sao Paulo、Bolsa de Mercadorias & Futuros。

〔4〕 其衍生品交易平台主要包括 Chicago Board Options Exchange, C2 Exchange, CBOE Futures Exchange。

〔5〕 其衍生品交易平台主要包括 Nasdaq OMX PHLX, Nasdaq Options Market, Nasdaq OMX Nordic, Nasdaq OMX Boston, Nasdaq OMX Commodities, International Securities Exchange, International Securities Exchange Gemini。

续表

排名	交易所	特征	成交量(万手)
12	韩国交易所	股票与衍生品协同的交易所	79,494
13	印度孟买证券交易所(BSE)	股票与衍生品协同的交易所	61,489
14	南非约翰内斯堡证券交易所(JSE)	股票与衍生品协同的交易所	48,852
15	BATS Exchange	股票与衍生品协同的交易所	39,642
16	日本交易所集团	股票与衍生品协同的交易所	36,146
17	香港交易所集团(HKEC)[1]	股票与衍生品协同的交易所	35,936
18	中国金融期货交易所	单一衍生品交易所	34,087
19	台湾期货交易所	单一衍生品交易所	26,450
20	迈阿密国际证券交易所(MIAX)	股票与衍生品协同的交易所	25,261
21	澳大利亚证券交易所集团	股票与衍生品协同的交易所	23,418
22	印度大宗商品交易所(MCX)	单一衍生品交易所	21,635
23	新加坡交易所[2]	股票与衍生品协同的交易所	18,387
24	泛欧衍生品交易所(Euronext Derivatives Market)	交易所集团下属衍生品交易所	13,552

数据来源:美国期货业协会、中国期货业协会、各交易所网站。

四、供给侧改革:境外衍生品上市制度应时而变

全球交易所的竞争格局正在经历传统证券交易所衰落与新型衍生品交易所崛起的新阶段。各国在交易品种上市制度上纷纷简政放权是近年来衍生品交易所之所以能够异军突起的最核心的制度推手,也是促进股票市场与衍生品市场协同发展的关键。

(一)美国衍生品上市制度:从审批到备案

美国衍生品市场起步早,发展快,是全球上市品种最多,交易规模最大的期货市场。美国期货品种上市机制在经历了100余年的变迁之后,逐步成熟和完善起来,集中

[1] 其衍生品交易平台主要包括 London Metal Exchange, Hong Kong Exchanges & Clearing。

[2] 其衍生品交易平台主要包括 Singapore Exchange, SGX Asiaclear。

体现了成熟资本市场衍生品上市制度的演化历程,对于新兴市场国家具有重要的参考价值。总体而言,在衍生品市场的发展初期,联邦政府并未介入衍生品上市的审核,随后政府对衍生品上市的控制不断增强,并在达到高峰之后,逐步退出了上市品种的行政审查体系,从审批制过渡到了备案制。美国的相关联邦法律也随着衍生品市场的发展逐步进行调整和完善。

美国衍生品交易所的发展源于纯粹的商业性动机,完全由市场参与者主导,而非由政府借助市场的力量创设。1848 年芝加哥的 82 位商人组建了世界上第一个期货交易所——芝加哥期货交易所。随后,其他期货交易所也逐步发展和成熟起来。在这一时期,美国各地的期货交易所根据自身的业务发展需要,决定是否开发新的期货产品上市交易。上市规则完全由交易所自己制定,并不受联邦法律的限制。美国期货市场的自由放任时期,在 1922 年被打破。《谷物期货法》(Grain Futures Act of 1922)在经历美国最高法院违宪性波折之后,最终于 1922 年 9 月 21 日颁布实施。《谷物期货法》对美国期货市场的影响主要集中在两个方面:一是限定了谷物期货只能在特定的期货交易所内进行交易,农业部对特定交易所的认定享有独立的审批权,并由其下属部门谷物期货管理局(Grain Futures Administration)负责报告交易情况与调查散布可能误导价格信息的不法行为;二是建立了由美国农业部部长、美国商务部部长以及美国司法部部长组成的谷物期货委员会(Grain Futures Commission),该委员会的监管对象为各谷物期货交易所,有权暂停或者撤销特定交易所进行谷物期货交易的资格。《谷物期货法》的实施并没有影响交易所自主决定上市谷物期货新品种的权利,交易所在开发谷物期货上市品种方面仍然具有排他性的自主权。

然而,商品期货的发展速度远远超过了立法者当初的预期,谷物期货之外的期货品种因为并不属于该法的调整范围,长期不受联邦法律的监管。联邦政府在期货领域监管权的延伸在 1936 年有了进一步的发展。1936 年 6 月 15 日,《商品交易所法》(Commodity Exchange Act)正式取代《谷物期货法》颁布实施。《商品交易所法》一方面将联邦法律的监管权扩充到了除谷物期货之外的商品期货领域,另一方面将谷物期货委员会更名为商品交易所委员会(Commodity Exchange Commission)。该法对美国期货市场最为深远的影响在于禁止了所有商品期货的期权交易,该影响一直延续至 1981 年。《商品交易所法》并未将期货品种上市审核权收归联邦政府,由此美国各期货交易所在这一时期可以继续自主开发新的期货品种。然而,由于《商品交易所法》对其所监管的期货品种采取的是列举的方法,因此也就不得不随着期货交易所新品种的不断增加而不断扩充监管范围。

在《商品交易所法》颁布实施后的将近 40 年时间里,美国商品期货委员会在有限的法律权限之内,发挥监督商品期货市场的功能。在此期间,发生了多起重大的投机性事件,促使立法者重新思考联邦政府在期货市场的监管定位。1974年10月美国国会通过了《商品期货交易委员会法》(Commodity Futures Trading Commission Act of 1974),成为联邦政府监管期货市场的制度核心。建立在《商品期货交易委员会法》基础之上的商品期货交易委员会(Commodity Futures Trading Commission,CFTC)成为独立的监管机构,并拥有了更为广泛的监管权,例如有权监管所有的商品期货(而不仅仅是农产品期货)。1975年CFTC正式开始运行,吸收了农业部的期货交易监管权,并颁布管理指令,将期货品种上市的审核权收归至联邦政府。根据该指令,如果期货交易所要上市交易新的期货合约,则必须向CFTC提出申请,并提交包括现货市场报告、合约规则和条款设计报告、新品种服务国民经济的详细解释,以及说明拟上市的期货品种与公众利益不发生冲突的说明。CFTC审查集中于通过可交割量分析新期货品种被操纵的可能性。[1] 在获得CFTC批准之后,交易所才能够将新的期货品种上市。

CFTC行使期货品种上市的审批权虽然可以在一定程度上起到规范市场的作用,但是由于受到行政效率等因素的制约,美国期货交易所在新期货品种上市上长期落后于美国本土之外的对手,处于非常不利的竞争地位。另外,美国本土放松金融监管的呼声越来越高,无论是学术层面还是政治层面都具有了压倒性的优势。在这样的大背景下,克林顿于2000年10月21日正式签署了《商品期货现代化法》(Commodity Futures Modernization Act of 2000)。《商品期货现代化法》赋予CFTC调整现有期货监管法律制度,建立更为灵活市场结构的广泛权力。CFTC取消了长期被各界诟病的期货品种上市的审核制度。此后,交易所可以根据自己的需要,在新的期货品种上市前向CFTC提交相关备案材料,要求获得上市前的批准。具体而言,期货交易所仅仅需要满足如下条件即可上市新的期货品种:一是根据CFTC的有关形式与方式的要求,以电子方式提交备案材料;二是CFTC应于期货品种上市前的工作日收到了上述备案材料;三是备案材料符合规定,包括(1)按要求提供备案材料封面单;(2)新产品的交易规则,包括所有与其相关的条款;(3)计划上市日;(4)上市期货品种符合相关法律与CFTC规则要求的书面保证;(5)上市期货品种符合相关法律与CFTC规则要求的简要说明;(6)交易所提交有关计划上市期货品种至CFTC以及提交备案材料已经在其网站上进行通知的书面保证;(7)在情况允许时,可以要求保密。从CFTC要求提交的备案材料来看,联邦政府并无意于从实质上判断期货交易所上市品种是否具备商业上的可行性,然而从监管目的考虑,CFTC仍然保留了要求期货交易所提供其他有关符合相关法

[1] 参见杨迈军:《美国期货市场法律规范研究》,中国金融出版社2007年版,第12页。

律与CFTC规则的相关证据、信息与数据的权力。[1] 原则上,在期货交易所准备上市的期货品种符合相关法律与CFTC规则的情况下,CFTC都必须同意上述期货品种上市。从现有法律来看,事前的批准并非是期货品种上市的必要条件,至少从理论上说,期货交易所有权利在不经CFTC事先批准的情况下,自行决定期货品种的上市,随后仍有权决定是否要求CFTC对此进行审核。[2] 然而,为了保证交易安全,防备不必要的法律风险,期货交易所可以根据具体新产品的情况提交材料要求CFTC进行事前审核。法律规定,CFTC完成事先审核不得超过90天,从而保证了期货品种上市的效率。[3]

需要特别指出的是,在证券衍生品领域,交易所上市新的品种由CFTC与美国证券交易委员会(U. S. Securities and Exchange Commission, SEC)共同监管。为此,相关法律设定了更为严格的标准,交易所在未向委员会提供上市金融衍生品符合相关法律要求的情况下进行的上市交易行为违法,包括但不限于以下方面:一是作为基础性金融产品的证券要符合相关法律的要求;二是如果证券衍生品产品不以现金结算,应该确立符合法律要求的交割结算机制;三是仅有非常有限的适格主体可以从事证券衍生品的交易与服务;四是证券衍生品及其基础性证券不得被用于价格操纵;五是建立相关的监控制度与程序安排;六是保证金制度应该符合相关法律要求。

(二)欧盟市场衍生品上市制度:统一规则下的注册制

欧盟有关期货品种上市制度主要体现在欧盟指令以及各成员国对这些指令进行转化而形成的国内法之中。《欧洲议会与欧盟理事会关于金融工具市场的第2004/39/EC号指令》(Markets in Financial Instruments Directive, MIFD)规定,在允许金融工具进行交易方面,成员国应要求受管制的市场在有关允许金融工具进行交易方面确立明确和透明的规则。这些规则应确保任何允许在受管制的市场进行交易的金融工具能够以公平、有序、有效的方式进行交易。在衍生产品领域,这些规则尤其应确保衍生产品的合同设计应使其有序地定价,并包含了有效的结算条件。除此之外,成员国应该确保受管制的市场建立起了必要的机制有规律地审查已经允许进行交易的金融工具是否符合相关条件。[4] 总体而言,金融工具市场指令确立了期货品种上市的基本标准,并将审核期货品种上市的权力下放给成员国与受管制的市场。然而,这些规则仍然过于模糊,需要更具体的指令对其中的细节进行规定。为了弥补上述缺憾,旨在实施金融工具市场指令的《欧盟委员会第1287/2006/EC号条例》[Commission Regulation

〔1〕 CFTC regulations, Article 40.2.

〔2〕 CFTC regulations, Article 40.3.

〔3〕 Commodity Exchange Act, Sec. 5c(c).

〔4〕 Markets in Financial Instruments Directive, Article 40.

(EC) No. 1876/2006]最终得以颁布。

《第1287/2006/EC号条例》进一步规定,在审核期货品种上市时,受管制的市场应该核实如下条件已经得到满足:一是金融工具的合约条款应明确而无歧义,并能够保证金融工具的价格与基础金融产品的价格或者其他价值尺度(Value Measure)存在相互关系;二是基础金融产品的价格与价值尺度不仅应可靠,而且必须公开;三是对衍生产品定价所必需的信息应该充分与公开;四是决定金融工具合约结算价格的机制必须恰当地反映基础金融产品的价格或者其他价格尺度;五是在相关衍生品的结算要求或者可能要求交付基础证券或者商品而不是以货币结算的情况下,应有充分的机制保证市场参与者获得有关基础金融产品的相关信息,以及基础金融产品结算与交付的适当程序。[1] 立法者同时也注意到,金融衍生品由于基础金融产品存在极大的差异,不能可能要求商品期货以及与气候变化、运费、排放限额、通胀率以及其他经济统计数据等,完全满足基础金融产品的价格与价值尺度可靠且公开的要求。为此,《第1287/2006/EC号条例》同时也规定了在满足下列条件的情况下,上述条件可以不予适用:一是在基础金融产品的价格或者其他价值尺度未采取其他方式公开的情况下,架构金融工具的合约必须包含向市场提供信息的方法,或者能够使得市场获得基础金融产品的价格以及其他价值尺度;二是受管制的市场必须保证建立恰当的监管制度监督该类金融工具的交易与结算;三是受管制的市场必须保证金融工具的结算或者交付,无论是实物交付还是金钱结算,能够根据该金融工具合约的条款生效。[2]

由于金融工具市场指令在欧盟并不具有直接的法律效力,需要各成员国将其转化为国内法才能产生拘束力。对欧盟成员国落实上述指令情况的考察,有助于进一步了解欧盟金融衍生品上市制度。鉴于德意志交易所集团控股的欧洲期货交易所在全球期货市场,尤其是金融衍生品市场上占据的重要地位,下文以德国的法律制度为例,对欧盟期货品种上市机制进行成员国层面的考察。德国《交易所法》(Börsegesetz)规定,在交易所交易的产品首先应该获得交易所董事会(相当于中国的公司管理层)的批准。同时,在正式批准之前需要获得交易所监事会(相当于中国的公司董事会)同意上市产品的交易条件。上市产品除了应该满足《金融工具市场指令》与《第1287/2006/EC号条例》的要求,在正式批准之前,交易所还必须公布金融衍生品的合约条款。[3] 由于德国《交易所法》以法律的形式将期货产品上市的审核权赋予了受管制的交易所,交易

[1] Commission Regulation (EC) No. 1876/2006, Article 37 paragraph 1.

[2] Commission Regulation (EC) No. 1876/2006, Article 37 paragraph 2.

[3] Börsegesetz, § 23.

所的批准行为在法律上属于行政行为。[1] 具体而言,金融衍生品上市属于德国《行政程序法》第35条意义上的一般处分行为。[2] 由此,无论是金融衍生品的上市还是退市,一旦产生争议,都受到《行政程序法》相关条款的制约。[3]

(三)印度金融衍生品上市制度:权力下放到交易所

印度《证券合约监管法》(Securities Contracts Regulation Act)规定,在认可的证券交易所进行交易,并且通过该认可交易所结算部门结算的衍生品合法有效。[4] 该法律同时规定,除非获得中央政府的批准,任何个人都不得为了协助、缔结或者履行与证券有关的合约,而组织、协助组织未获得认可的证券交易所或者成为未获得认可的证券交易所的成员。[5] 通过上述规定,证券类金融衍生品实际上只能在政府认可的交易所进行交易。衍生产品交易所与证券交易所的特定部门为自律性的监管组织,印度证券交易委员会(Securities and Exchange Board of India,SEBI)作为资本市场的监管机构也是金融衍生品市场的监管者。

在股票期货与股票期权领域,印度采取了设定统一的基本标准,衍生品的交易有进有退,相对灵活的做法。股票期权与个股期货如要上市必须满足以下3个条件:一是该种股票必须在前6个月按照平均每日市值以及平均每日成交值滚动计算属于前500种股票;二是在过去6个月内,若要通过集中市场交易影响股价,并使该股票价格变化1/4的标准差,下单所需金额不得少于10万卢比;三是股票的市场持仓限额不应少于5亿卢比。在上述条件得到满足的情况下,即可交易该种股票的衍生品。然而,如果该种股票在允许进行衍生品交易后,无法满足上述条件的情况持续超过3个月,则必须停止该股票衍生品的交易。

在商品期货领域,印度虽然发展较早,但也曾经在20世纪60年代中期至整个70年代几乎禁止了所有商品期货的交易。随后,印度政府从20世纪80年代开始陆续重新批准了商品期货品种的上市,并在2003年取消了所有商品期货交易方面的禁止性规定。根据印度《远期合约监管法》的有关规定,如要成为商品衍生品的交易平台,该组织需要获得印度联邦政府的批准而成为受认可的交易所。目前,印度有6家全国性的商品期货交易所,有16家地区性的商品期货交易所属于被政府认可的交易所。根据《远期合约监管法》(Forward Contract Regulation Act),远期市场委员会(Forward

---

[1] Beck, in Schwark/Zimmer, § 23 Börsegesetz Rn. 9.

[2] Seiffert, in Kümpel/Wittig, Bank-Kapitalmarketrecht, S. 397.

[3] Gross, § 23 Börsegesetz Rn. 3.

[4] Securities Contracts Regulation Act, Article 18A.

[5] Securities Contracts Regulation Act, Article 19.

Markets Commission,FMC)是有权批准商品衍生品在认可的交易所进行交易的审核机构。政府认可的交易所应该提交商品衍生品的合同细节供FMC进行审核,FMC作为类似于SEBI的法定监管机构在审核商品衍生品合约后,以公告的形式允许认可的特定交易所上市商品衍生品合约交易品种。在2010年《远期合约监管法》进行了进一步的修订,原则上允许在经过政府认可的交易所进行审核后,推出任何一种商品衍生品合约,以及商品衍生品的期权合约。

总体而言,印度逐渐放开了各类衍生品上市品种,并且在上市审核阶段保持了比较高的宽容度。鉴于印度政府对于该国的证券交易所以及衍生品交易所在公司章程以及具体制度方面具有审核权,能够比较好地监督和影响各类交易所的规则设计。此外,印度政府在批准各类金融衍生品进行交易的同时,也会在批准文书中申明,交易所作为监管金融衍生品交易的最前沿机构,有义务向监管部门提供信息。在市场上交易的金融衍生品发生不健康的投机情况时,监管部门有权采取紧急措施,包括在必要的情况下撤销任何以及所有已经做出的对于衍生产品交易合约的批准。由此,印度在放松事前审核环节的同时,加强了事中、事后的监管。

五、困扰境内交易所衍生品上市效率的根源

我国场内金融衍生品市场经过近30年的发展,境内交易所衍生品上市品种与国外竞争对手存在巨大差异,甚至远远落后于同为新兴市场国家的印度,至今尚未有任何一家证券或期货交易所正式推出期货期权产品,个股期权、利率衍生品、外汇衍生品亦尚空白。场内金融衍生品市场欠发达的现状与中国作为大宗商品的主要进口国的地位极不匹配。在人民币相对于全球主要货币汇率大幅波动的背景下,更无力为中国外向型企业套期保值提供坚实后盾。寻求解决这些问题的答案,必须深刻认识困扰境内交易所衍生品上市效率的制度根源。

首先,与境外金融衍生品上市决定权逐步下放相反,中国的上市品种审核权则经历了由下至上逐年回收,这一截然相反的发展历程。在中国衍生品市场发展初期,国内交易所林立,在监管缺位的情况下,各交易所为了自身经济利益,竞相批准交易品种上市,酿成多起风险事件,迫使中央政府下达《关于坚决制止期货市场盲目发展的通知》及《关于进一步整顿和规范期货市场的通知》,交易所上市品种的审核权最终收归刚刚成立不久的证监会。1999年《期货交易所管理暂行条例》第17条正式将期货交易品种的上市、中止、取消和恢复的权力由国务院赋予证监会。但是在实际操作过程中,逐渐演变为国务院部委的联合审批制,证监会的权力被架空,并经过2007年《期货交易管理条例》制度化,证监会批准期货交易所上市新的交易品种,须征求国务院有关部

门的意见。据此，如果衍生品的上市申请无法通过国务院部委的联合审批，根本就不可能进入证监会的最终决策程序。

其次，中国的场内金融衍生品被人为地分割在不同的交易所内。农产品期货上市品种在大连商品交易所和郑州商品交易所之间进行分摊；金属期货上市品种归于上海期货交易所；股指期货和国债期货品种是中国金融期货交易所的领地；股指期权和个股期权品种从目前的趋势来看，最终将由上海证券交易所、深圳证券交易所和全国中小企业股份转让系统三分天下。从表面上来看，各交易所分别开发和上市不同的交易品种可以充分利用其研究优势，提高金融衍生品的上市效率，但实际上却因为形成了市场分割与垄断，影响了交易所之间的竞争，降低了金融衍生品的上市效率。除此之外，各电子化交易所与证券期货监管部门之间的上下级关系，决定了部分金融衍生品上市交易可能因陷入部门利益之争而暂时不愿触及。利率衍生品和外汇衍生品当属此类。

最后，中国金融市场以个人投资者为主，投机氛围浓厚，股指具有暴涨暴跌的显著特色。金融衍生品保证金交易在散户主导的市场下，能够进一步放大市场的乐观与恐慌情绪。特别是在市场断崖式下行阶段，衍生品市场的任何风吹草动，都可能触发证券现货市场散户的恐慌性抛售。除此之外，衍生品市场本身也是过度投机的天然土壤，曾引爆“327”国债风波等早期重大风险事件，不仅严重拖延了整个中国场内金融衍生品的发展进程，而且也对后期各交易所管理层的行为模式产生了深刻影响。交易所管理层清楚地了解推动市场热门品种上市是其职责所系，但是也对上市品种投机性炒作可能产生的负面影响忧心忡忡。

六、全球化竞争格局下中国衍生品上市配套制度的供给侧改革

境外电子化交易平台通过跨国交易所并购、跨界上市品种整合等方式，基本完成了场内金融衍生品市场的集中，形成了芝加哥商业交易所集团、美国洲际交易所、德意志交易所集团 3 大巨头，欧美市场的活跃衍生品上市品种几乎已被瓜分殆尽。亚太地区的日本和中国香港特区也都完成了境内交易所的整合，组建了日本交易所集团和香港交易所形成防守格局。后者利用中国体制内交易所在证券现货和金融衍生品上市制度上的弱点，并借机人民币国际化与汇率改革，领先于境内交易所开发各种人民币外汇衍生品。除香港交易所外，海外亦有多家交易所已然上市了人民币衍生品，但我国作为发行人民币的主权国家，却还迟迟没有动作。从宏观层面来看，这在一定程度上威胁了我国的经济金融安全。从微观层面来看，也影响了我国衍生品市场服务实体

经济的能力。[1] 解决上述问题,探求中国交易所在全球化竞争格局下的出路,需要从深层次的供给侧变革入手。

《证券法》和《期货法》的修订工作被纳入本届全国人大的立法规划,为系统性地完善金融衍生品上市制度,有效增强中国金融衍生品市场的国际竞争力,创造了历史性的契机。立法者应该扩大证券交易所与期货交易所的营业范围,放开证券交易所与期货交易所在衍生品领域的经营自主权,促进不同类型电子交易平台之间的直接竞争。另外,立法应该明确交易所上市金融衍生品的上市条件以及备案过程,并由国务院期货监管机构在此基础上颁布具体细则,交易所根据市场状况和自身的经营优势决定金融衍生品的上市与否,并报国务院期货监督机构备案。国务院期货监督机构依法监管交易所上市品种是否违反备案材料中陈述的事实与规则,监管上市合约交易的合法合规性,打击金融衍生品领域的内幕交易与市场操纵行为,完善对自律监管组织违法犯罪行为的认定标准、惩处措施和法律责任规定。[2]

此外,交易所自身应该完成机制转换。修订《证券法》《期货法》不仅要为公司制交易所留下空间,而且应规定从会员制转为公司制的程序。一旦交易所转为公司制,必然涉及交易所财产积累的分配乃至新公司的股权结构问题。在此期间,要正视交易所会员制的特殊历史背景,妥善处理现阶段积累财产的分配问题。鉴于当前交易所的盈利模式主要依赖于资本市场特定品种的交易平台垄断权,而政府在授予交易所独家垄断权的过程中并未定价,在交易所转制过程中,应该履行定价评估程序,确定国家对累积财产分配与国有股所占的比例。国有股的表决权应由证券期货监管部门代行,实现以大股东和监管者的双重身份监督交易所的运营,避免交易所过度商业化可能对金融市场带来的负面影响,同时监管部门应考虑逐步退出对交易所人事、财务和商业运营直接或者间接的行政干预,而主要借助于大股东的表决权影响交易所的发展方向。

在完成公司制改革之后,交易所应进一步推进职业经理人制度,改变近年来薪酬结构的畸形状态,强化激励机制,在稳健发展的同时注重考查经营业绩,通过打破股票、债券现货和衍生品市场与大宗商品、能源、利率、外汇等金融衍生品市场的界限,为个别交易所最终做大做强创造条件,以市场化机制推动和鼓励各交易平台上市品种的

---

[1] 参见赵庆明、鲍思晨:《如何应对境外人民币期货交易井喷》,载金融界评论:http://opinion.jrj.com.cn/2016/02/26094120614283.shtml,最后访问日期:2017年5月26日。

[2] 参见黄运成、王海东:《推进期货品种上市的注册制改革》,载《中国金融》2014年第10期。

竞争。最后,应该由受市场认可,运营能力强的交易所管理团队牵头,并购整合其他交易所平台,组建中国交易所集团,实现资本市场各交易所的协同,完成衍生品市场的整合。在经历一定的磨合与发展阶段之后,中国交易所集团股份公司应该整体上市,完成国有股减持与混合所有制改革,并考虑海外拓展。[1]

〔1〕 参见史广龙:《组建中国交易所集团,提高跨市场监管能力》,载《学习时报》2015年11月23日,第4版。

论统合型金融申诉专员制度之构建*

向　超**

目　次

一、问题的提出

就我国目前金融市场的发展程度而言,其本身具有脆弱性的特征,域外为了避免市场脆弱的特征所引致的金融风险,通常设计了政府行政权力主导下的风险补偿和保障机制。长期以来,我国类似的金融市场风险补偿制度和保障机制不可谓没有,但相应的法律制度在很大程度上是严重缺位的,以此对金融安全、金融效率的实现大打折扣。〔1〕此外,"消费者保护"理念下的"三足定理"所预想的配合和制衡的良性互动却有着对社会分配、社会公平回应的不足,使得偏向性的对消费者利益的保护之路遭遇

---

* 基金项目:中国市场经济法治研究中心重大攻关项目《金融安全法律问题研究》(CMEL14ZD06);重庆市科研创新项目《政府创业投资引导基金法律制度研究》(CYS16089)。

** 西南政法大学经济法专业博士研究生。

〔1〕 参见黄韬:《"金融抑制"与中国金融法治的逻辑》,法律出版社2012年版,第133页。

了"金融包容性发展"的排斥。[1] 这一方面不利于我国金融市场的持续健康发展,另一方面造就了目前多数量、多领域、以消费者为诉求发起者的金融纠纷的"泛滥"。且囿于司法途径准入、成本考虑,金融机构利用自身优势等原因,导致当前的纠纷解决呈现出被动、消极、低效的局面。于此,有学者提出了构建以"金融消费者"概念为核心的金融消费者保护统合立法体系,以有效契合金融混业发展的趋势。[2] 亦有学者提出通过构建统一权威的投诉平台,并以此构建信息披露、共享制度和法定协调监管等制度来实现对金融消费者的全方位保护。[3] 但总的来说,当前对纠纷解决层面的探讨过分追求理论上与体制上的周延,忽视了金融消费者纠纷解决是金融实践的产物,也就缺乏了对于市场和实践而言的现实性和适当性。[4] 至此,如何设计出一个良性互动、功能互补、程序衔接、彼此支持的有机体系,来实现金融解决解决机制的实质正义及对消费者的倾斜保护,已经成为学界及实务界的共同话题。在此背景下,统合性金融申诉专员制度的引介,理应成为化解和释放当前金融消费者与金融机构间的矛盾,重拾金融消费者对市场的信心的重要一环。

二、金融申诉专员制度(FOS)及其优势分析

金融申诉专员制度最早起源于英国1981年保险申诉专员署,而后被银行业、房屋建筑业、投资服务业等部门所复制。然这些覆盖金融领域的多个争议解决计划存在管辖重叠、程序各异等弊端,致使消费者在权利救济之路上常常无所适从。1997年英国通过了《2000年金融服务与市场法》将原有的8个争议解决计划[5]整合为一个独立的、法定覆盖整个金融行业的非官方法人,即金融行为局(Financial Conduct Authority, FCA)。2012年《金融服务法案》通过多个条款详细规定了FCA[6]和FOS之间的合作

---

[1] 参见管斌、张东昌:《金融排除及其制度克服——以无英案为分析对象》,载李昌麒主编:《经济法论坛》(第10卷),群众出版社2013年版,第172~183页。

[2] 参见杨东:《我国金融消费者保护统合立法体系的构建——以日本的立法经验借鉴为视角》,载《社会科学》2013年第8期。

[3] 参见吴宏:《金融纠纷非诉解决机制的借鉴与更新——金融消费者保护的视角》,载《东方法学》2015年第4期。

[4] 参见冯果:《金融法的"三足定理"及中国金融法制的变革》,载《法学》2011年第9期。

[5] 包括个人保险仲裁服务、银行申诉专员、个人投资管理局申诉专员、房屋建筑协会申诉专员、投资申诉专员、证券及期货管理局投诉事务署与仲裁服务、金融业管理局直接监管投诉组以及保险申诉专员。

[6] 金融行为局,其官方规定的职责包括:制定法规、保护消费者、增进市场诚信、促进市场竞争、执行法规、执行和监管国家标准。See Financial Conduct Authority:"Enhancing market integrity". Accessed March 26,2017. http://www.fca.org.uk/about/what/enhancing-market-integrity.

和协调,从而将金融消费者纠纷的监管协调法定化,避免行政部门之间相互推诿。鉴于 FOS 制度的强大影响力,[1]世界各国均对 FOS 制度进行了借鉴,如法国金融市场管理局(Autorite des Marches Financiers,AMF)、加拿大申诉专员机构(Canada Financial Service Ombudsman,CFSO)、新加坡金融业争议解决中心(Financial Industry Disputes Resolution Centre Ltd. ,FIDReC)等。FOS 作为"福利国家通向正义之路改革的第三次浪潮"的重要一环,在金融领域所体现出来的价值面向的是消费者的实质正义。当消费者付诸司法途径而遭遇"主体适格拒绝""成本效益拒绝""裁判公平拒绝"等困境时,金融申诉专员制度即发挥了其较于诉讼手段所拥有的补充性价值、效率性价值及实质正义的实现价值。而这些价值正是我国当前金融领域纠纷解决所阙如,因此对我国金融申诉专员制度的构建的讨论具有实践价值。[2]

FOS 制度设计的初衷即是为了公平地(fairly)、合理地(reasonably)、快捷地(quickly)、非正式地(informally)解决金融纠纷。[3] 以英国为例,其处理纠纷的程序包括金融机构内部处理阶段、纠纷受理阶段、调解阶段及裁决阶段。通过科学的结构设计与程序安排,将金融纠纷的多面性、多元行特征予以考量,有效的对上述初衷贯彻及执行。在英国,金融消费者可以直接与金融机构进行协商解决,金融消费者亦可以联系 FOS 官员帮助其与金融机构进行协商,且金融机构需在 8 周内作出处理结果。此外,在金融纠纷提交至 FOS 受理后,如果需要的话,FOS 可以免费为金融消费者安排金融申诉服务公司,为金融消费者提供网上咨询服务、信息处理服务、纠纷解决进度汇报服务等。[4] 此外,英国 FOS 机构裁决的单方终局性是其实效性、快捷性目标的确保。申诉专员裁决一经作出即不再进行审查,同个案件亦不受理。[5] 如消费者选择接受处理结果,即该结果对双方产生约束力;如消费者拒绝接受,那么裁决对双方均无约束力,消费者可以选择其他方式来解决该纠纷。而金融机构对裁判结果无权接受或拒绝。总的来讲,FOS 制度较为系统、彻底地贯彻了对消费者的倾斜性保护,并将金融纠

---

[1] 英国 FOS 制度为世界最大的金融解纷制度,在 2008 ~ 2009 年度时运作预算已达 6000 万英镑,团队人数达 900 人,处理纠纷近 100 万件。参见 Financial Ombudsman Service:"Our Publications",载 http://www.financial-ombudsman.org.uk/publications/index.htm,最后访问日期:2017 年 4 月 26 日。

[2] 参见王慧:《金融消费者权益保护的非诉讼机制探讨——以金融申述专员制度为视角》,载《商业银行》2014 年第 5 期。

[3] See Financial Ombudsman Service:"Our Aims and Values". Accessed March 26,2017. http://www.financial-ombudsman.org.uk/about/aims.htm.

[4] See Financial Services and Markets Act 2000 s. 230.

[5] See Rhoda James:"The New Dispute Resolution System in the U. K. Financial Services Industry," Journal of International Financial Markets,2002,Vol. 1.

纷解决的公正性、效率性因素注入了程序设计的考量之中,使该制度得到了消费者的认可,以资为各国所鉴益。

第一,侧重消费者的保护。与司法、调解制度相比,金融申诉专员制度在程序启动、程序运行、裁判效力等方面均体现出对弱势金融消费者的倾斜性保护。就程序启动而言,金融消费者从纠纷产生时即对纠纷的解决方式有调解和向 FOS 申诉两种选择,且一般而言,程序启动由金融消费者单方决定,金融公司只能选择"应诉"。[1] 就程序运行而言,偏向金融消费者的制度设计就包括了金融申诉服务公司、金融消费者申诉免费服务等,由此来保证金融消费者在追求正当权益的过程中免去对成本的考量。就裁判效力而言,金融消费者对裁判结果具有"可控性",即消费者接受裁决,则其对双方生效,消费者不接受裁决,则可再选择其他解纷方式。

第二,方式的非正式性和多样性。国外对金融申诉专员一般会进行专门的立法规定,如英国《金融服务与市场法》。但考虑到纠纷的产生往往并非是违法或执法不当而引起,申诉专员亦不可能作出非此即彼的裁决,在制度运行过程中会"运用一些非正式的程序和法外的救济手段来弥补正式法律调整不够灵活的缺陷",[2] 例如,在调查取证、申诉实效、救济方式等方面讲究金融消费者的实质性保护,强调调处的公正性和效率性。此外,作为第三方解纷机构,大多数国家和地区的金融申诉专员制度将当前的解纷方式在制度构建中进行了融合,使得 FOS 的解纷效率得到了保证。如马来西亚的向金融机构投诉作为申诉前置的规定、法国金融市场监管局申诉办公司促成诉讼外调解方案、我国香港特别行政区的"调解 + 仲裁"模式等。[3]

三、现有金融纠纷解决方式及其评价

目前金融消费者纠纷解决的模式主要表现为 3 个阶段,即内部投诉程序、司法程序及其他非诉纠纷解决机制,呈现出"1 + 1 + N"的局面。而这种看似渠道多元的纠纷

---

〔1〕 当然,某些国家的金融申诉专员制度会受理中小企业的申诉,例如,英国 FOS 即会受理年营业额为 200 万欧元且员工人数少于 10 人的小型企业提出的申诉。此外,有的国家将向相关金融机构投诉作为 FOS 启动的前置程序。如马来西亚,金融消费者先向金融机构投诉后,如对结果不满,则可向 FMB 提出申诉,且申诉实效为接到金融机构最后处理决定通知的 6 个月内。参见杨东:《论我国证券纠纷解决机制的发展创新——证券申诉专员制度之构建》,载《比较法研究》2013 年第 3 期。

〔2〕 杨亲辉:《行政监察专员制度比较研究——兼论我国行政监督救济体系的完善》,载《河南科技大学学报》(社会科学版)2007 年第 6 期。

〔3〕 参见[日]大森泰人、中沢则夫、中岛康夫、稻吉大辅、符川公平:《金融 ADR 制度》,商事法务出版社 2010 年版,第 227 页。

解决机制却对一般消费者而言或有走形式、不公平之结果对待,或有成本过高、准入拒绝之忧,或有公信力较低、执行力不够之虑。[1]

(一)投诉

投诉作为最快捷、成本最低的纠纷解决方式一般作为金融消费者遭遇纠纷时的首选,且目前各业别的金融机构及监管部门均设有专门接受客户投诉的渠道。且早在2007年中国银监会办公厅即发布了《关于加强银行业客户投诉处理工作的通知》,规定了银行业金融机构接受客户投诉的一系列制度。就向金融机构投诉而言,多数金融机构一般均设有职能部门受理金融消费者的投诉,但其主要是为了符合监管机构对此的硬性要求或是出于市场竞争因素及服务形象塑造的考虑,缺乏对金融纠纷解决实质程序的设计,在很大程度上还增加了金融消费者纠纷解决的成本。此外,金融机构作为金融纠纷双方主体之一,既为运动员又为裁判员,对纠纷的解决难免存有偏向性。即便金融机构做出实质性处理,也难以说服金融消费者,故其解纷效率低也就不足为奇了。再就向金融监管部门投诉而言,目前监管机构缺乏专门负责投诉的部门,导致金融纠纷求解无门。以证监会为例,其在官网上以"互动"为名设置了公众留言、信访电话、举报专栏等栏目,而此种方式也只是单方的投诉,官方并未被要求对此作出回复或有执行力的解答。此外,金融机构与金融监管机构本质上属于行政管理与被管理的关系,双方保持了较为紧密的联系,以致互为"熟人",致使纠纷解决的公信力太低,执行困难。再者,当前很多一部分金融纠纷的产生是因为金融行政部门的政策不够释明而给予金融机构打"擦边球"的机会,而由此产生的金融纠纷很难要求金融监管机构在处理时客观、公正。

(二)司法与"拒绝司法"

金融案件在很大程度上遭遇"拒绝司法",[2]其类型包括了以下几种:第一,直接拒绝;第二,胜率拒绝;第三,限制型拒绝。首先,就直接拒绝而言,最高人民法院通常采用司法文件、司法解释及领导谈话等方式来予以拒绝。自1998年起,最高人民法院

---

[1] 对金融消费者定义的讨论众说纷纭,国内学者对其概念的界定主要缘于我国《消费者权益保护法》中对消费者概念的界定,即认为"金融消费者是指为生活需要而购买或使用金融机构提供的金融商品,享受金融机构提供的金融服务的自然人"。也不乏将投资者纳入金融消费者之列,认为法人投资者只要不具备金融专业知识,亦应属于资讯弱势方,理应得到保护。本文认为,金融消费者应该是指"已经、正在或正打算购买、接受金融机构提供的金融商品或服务的自然人、法人和其他组织,但专业投资者除外"。参见邢会强:《金融消费者的法律定义》,载《北方法学》2014年第4期。

[2] "拒绝司法"本意是指一个国家的法院或其他适当的法庭拒绝受理外国人遭受损害的诉讼,或在诉讼中法院主观或客观的限制、拒绝的作为,此处取意为法院对金融案件主观或客观的限制、拒绝行为。

就对于金融纠纷案件的“拒绝式”文件近10项之多,[1]其中还不包括其公布案例、官员答复的方式所表达出来的拒绝。其次,就胜率拒绝而言,最高人民法院在拒绝司法的过程中对有些领域的准入予以了放开,例如,《关于受理证券市场因虚假陈述引发的民事侵权纠纷案件有关问题的通知》放开了对因上市公司虚假陈述而引发定民事侵权纠纷的受理限制。再如,2009年印发的《关于审理涉及金融不良债权转让案件工作座谈会纪要》,其中确立了对此类案件进行调判结合、调解优先的原则。如此似乎是对某些“禁区”打开了缺口,且北京、南京等地也有了相关案件的实践,但由于各种主客观的原因,截至2011年尚未有判决原告即金融消费者胜诉的案例。据此,此种胜率式拒绝虽然可考量因素众多,但就其否定式结果而言,不仅对金融消费者的利益并非予以真正保障,还对案件中金融消费者可能的潜在利益予以了司法否认。最后,限制型拒绝包括受理法院限定、起诉条件限定两种。就受理法院限定而言,最高人民法院在多处司法解释中将案件受理法院限定在证券交易所所在地法院(《最高人民法院关于对与证券交易所监管职能相关的诉讼案件管辖与受理问题的规定》)、上司公司所在地法院(《最高人民法院关于受理证券市场因虚假陈述引发的民事侵权纠纷案件有关问题的通知》)及中级人民法院级别,置《民事诉讼法》第18条的关于中级人民法院管辖的第一审民事案件规定于不顾,撇开《民事诉讼法》第28条关于侵权行为地法院管辖原则的适用,这也就意味着金融消费者如欲付诸法院必须到外地法院去起诉与该法院位于同一行政区域内的金融机构,难度也就不言而喻了。就起诉条件限定而言,则是对提起诉讼的方式进行限定。例如,《最高人民法院关于受理证券市场因虚假陈述引发的民事侵权纠纷案件有关问题的通知》就规定了“对于虚假陈述民事赔偿案件,人民法院应当采取单独或者共同诉讼的形式予以受理,不宜以集团诉讼的形式受理”,此规定对于人数较多的金融消费者就成本考虑而欲采取的“人数不确定的代表人诉讼”关上了大门。“即便是普通的共同诉讼,虽然法律与司法解释上从未对证券民事赔偿诉讼中的原告人数作过限定,但法院在操作时有时还会设一个人数的上限。”[2]

---

〔1〕 包括《最高人民法院关于中止审理、中止执行涉及场外非法股票交易经济纠纷案件的通知》《最高人民法院关于中止审理、中止执行已编入全国证券回购机构间债务清欠链条的证券回购经济纠纷案件的通知》《最高人民法院关于涉证券民事赔偿案件暂不受理的通知》《最高人民法院关于对与证券交易所监管职能相关的诉讼案件管辖与受理问题的规定》《最高人民法院关于人民法院是否受理金融资产管理公司与国有商业银行就政策性金融资产转让协议发生纠纷问题的答复》《最高人民法院关于审理涉及金融不良债权转让案件工作座谈会纪要》《最高人民法院关于中银信托投资公司作为被执行人的案件应中止执行的通知》等。

〔2〕 黄韬:《中国法院受理金融争议案件的筛选机制评析》,载《法学家》2011年第1期。

(三)诉讼外解纷机制

总体来看,我国金融业对调解、仲裁、第三方解纷机制等方式均有所尝试,但其解纷效果却不尽如人意。

首先,对金融纠纷的调解包括了人民调解、消费者协会主导下的调解、行业协会调解。而金融纠纷专业性、复杂性的特征也就必然致使民事应对性、民间性、缺乏专业性的人民调解失效,亦会导致消费者协会主导下的调解缺乏金融消费者所追求的公信力、执行力。再就行业协会而言,虽然现有的银行业、保险业和证券领域均设立了行业协会,但各协会的定位主要为自律、维权、服务、交流,旨在对行业长远发展做出功能设定,服务于行业发展需求的大局。即对于个体金融消费者而言,行业协会所关注的程度、制度的设定均无意对个体金融纠纷进行解决。[1]

其次,仲裁置于非诉讼解纷机制而言,其在公正性、规范性及执行力上更能为消费者所接受。但对于一般金融消费者而言,仲裁作为保护自身权益之工具又显得门槛过高,难以企及。其一,肇端于商事解纷的仲裁以解决标得金额大、复杂程度高及专业性的纠纷为己任,就成本而言,其对于日常生活中的金融消费者而言似乎又仅有“只可远观”之实效;其二,仲裁真正旨在解决的是实力相衡的商事主体之间的纠纷,其设立之目的并没有对弱势方(如一般金融消费者)进行倾斜性的保护,据此金融机构在仲裁实力上远甚于金融消费者的情况下,消费者维权之路又何其艰难;其三,目前法定的金融仲裁范围较小,难以形成金融解纷的常用工具。例如,现行有效的《国务院法制办公室中国证券监督管理委员会关于依法做好证券期货合同纠纷仲裁工作的通知》(国法〔2004〕5号)中就规定了关于证券、期货合同纠纷的仲裁范围中并没有对金融消费纠纷进行涉及,并明确规定“商事公司与证券市场公众投资人之间的仲裁解纷,另行研究制定”。再如,2015年1月1日起施行的《中国国际经济贸易仲裁委员会金融争议仲裁规则》中依然沿用了2005年《中国国际经济贸易仲裁委员会金融争议仲裁规则》对金融交易仲裁的规定,措辞为“包括但不限于下列交易”(11种)。但实践中对此一般采用严格解释,即限于对对应的11种交易纠纷进行仲裁。据此,目前仲裁的“受案”范围还停留在10年前的范围之上,对于混业发展下的金融行业而言,其涵盖性之低亦不言自明。此外,金融仲裁的规范性文件阙如,例如,1999年所确立的《关于在保险条款中设立仲裁条款条款的通知》(保监发〔1999〕147号,1999年8月30日)因《中国保险监

---

〔1〕 以保险业行业协会为例,虽然保险业协会网站上设立了投诉页面,可供投诉人传递投诉要求,然而关于保险业协会具体处理投诉的办法、程序、时限等却没有给出规范性文件作为支撑,因此其在具体的金融解纷事项中的作用及定位是十分不明确的。

督管理委员会关于废止部分规范性文件的通知》(保监发〔2012〕107 号)而失效,对相关问题的规范也并没有以任何形式予以确定。

最后,对第三方解纷机制的应用在我国香港地区、台湾地区都有所应用,如香港地区的金融纠纷调解中心、台湾地区的金融消费评议中心,且二者均对英国申诉专员制度有所借鉴。但就我国目前而言,从审慎监管到金融消费者保护的理念并没有彻底转变,跨行业统合规制的制度设计思路也并没有得到监管部门的认可,而第三方解纷机制的构建均需以二者为基础。因此,第三方机构的演进路径虽然明晰但依然任重道远。[1]

四、金融申诉专员制度移植的环境分析

制度移植是经济、高效的传统民事证据法的建构方法,现也多运用于不同国家、地区之间制度构建的借鉴和学习。其常常受制于两个因素,即受植环境存在缺陷和受移植环境的排斥。因此,制度移植应首先对受移植制度的可融合性和受植环境的可适应性进行综合性考量,并在制度具体构建的过程中"参量",形成对制度的高效移植。

(一)受移植制度的可融合性考量

当前,世界各国和地区对金融申诉专员制度的移植采用趋势日渐明显,抑或是通过对制度功能的吸收以形成自身特色的解纷机制。如美国证券仲裁制度、新加坡金融争议解纷制度以及我国台湾地区和香港特别行政区的金融争议调解制度,上述制度虽然在机构法律形式、制度定位及程序设计上并不完全一致,但究其共通性来讲,均可见诸于英国申诉专员制度之设计基础,亦可见金融申诉专员制度在移植的融合性上具有适合性。

第一,追根溯源下 FOS 制度与受体的契合。起源于保险行业的申诉专员制度从创立之初即定位为应对金融消费者之投诉,后又于 2001 年发展成 FOS 制度以形成了统合性的金融解纷机制,在有效解决金融消费争议和向金融消费者提供充分救济方面发挥了积极作用。此外,在后期被澳大利亚、法国、新西兰等国移植的过程中也保持了对金融纠纷解决的高效性特征。就我国当前的金融混业形势而言,与英国申诉专员制度创立背景极为相似:包括覆盖金融领域的多个纠纷解决机制存在管辖重叠、管辖推诿的双重缺陷,面对强弱势双方纠纷主体双方均难以公正、有效裁决以及在适用范围、赔偿标准、程序、资金来源等方面存在显著差异,且这些差异并非是为了更好地解决金融解纷及保护金融消费者而存在。因此,对我国 FOS 制度的引入的讨论并非空穴来风之

[1] 参见刘如翔:《台湾地区金融申诉专员机制述评》,载《金融理论与实践》2014 年第 4 期。

举,实乃金融环境之所需、金融消费者之所望。

第二,国际借鉴的实效考量。全球金融混业发展模式下,各国政府和地区均发现通过行政权力的强制干预及私法主体的权利申诉模式很难维护金融市场的健康发展。英国于2001年以独立的保证责任有限公司形式成立了FOS,以此为借鉴,世界各国和地区均进行了借鉴、移植,包括了美国、新加坡以及我国香港地区及台湾地区分别建立的金融行业监管局证券仲裁制度(2007年)、金融业争议解决中心(2005年)、金融纠纷解决中心(2011年)、金融消费评议中心(2011年)。[1] 虽然各个制度在具体设计上与首创的FOS制度略有不同,但在各实施地区均对金融消费者的保护有所改善。以我国台湾地区为例,据台湾评议中心发布的《金融消费评议快讯》(第5期),截至2013年3月底,评议中心已通过评议形式累计结案2368起,其中案件撤回的650起,调解结案的259起,认定由金融机构赔付的414起,认定金融机构无须赔付的达到1045起。尽管从结果来看,认定金融机构无须赔付的比例更高,但通过电话回访等形式显示金融消费者满意度高达九成以上。[2] 应当说,这归功于申诉专员机制在程序设计上对FOS制度的借鉴和创新。例如,在制度理念方面,坚持公平、便利、高效与保护消费者等申诉专员机制最为基本的原则与核心理念;在管辖范围上仅适用于弱势的金融消费者,而排除机构投资者与专业人士;在程序上采用多种ADR机制的混合设计,包括向金融机构的申诉、中心主导的调解和评议等,并且与此同时,根据本国或本地实际情况也有很多创新。[3]

(二)受植环境的适应性考量

移植的基本机理是有用的制度被移植后该制度的有用性依然存在,相反,有用性的消亡或降低则表现为移植制度与受植环境的排斥。在法律制度移植方面,可以认为我国法律制度的现代化过程基本上是一个移植、借鉴外国法的过程。而且从总体来看,这种移植和借鉴基本上是成功的。[4] 因此,对于法律制度的移植于我国而言应属于相对成熟的制度建构方式之一,这也就为金融申诉专员制度的建立塑造了良好的移植环境。此外,就移植环境的适应性来讲,还应考虑的是受植制度所必需的相关配套

---

〔1〕 除上述国家和地区之外,还包括荷兰FSCI制度、意大利银行申诉专员计划、瑞典全国性消费者投诉处理委员会、芬兰消费者争议处理委员会等。此外,也产生了一些地区性的非诉讼解决程序(Alternative Dispute Resolution, ADR),如里斯本消费者争议仲裁中心。

〔2〕 参见林育廷:《从雷曼事件之处理检视我国金融消费争议之解决机制》,载《全国律师》2009年第8期。

〔3〕 参见刘如翔:《台湾地区金融申诉专员机制述评》,载《参考与借鉴》2014年第4期。

〔4〕 参见张卫平:《民事证据法:建构中的制度移植》,载《政法论坛》2001年第4期。

制度。而本文对FOS制度的移植的主要目的是形成对金融纠纷形成系统、高效、利于保护消费者的解纷制度,即其背景正如前文所述已建立相对丰富的可替代性解纷制度。据此,就解纷制度的相关配套设施业已是相对完全和现行有效的。再者,目前"一行三会"的监管体制对于金融行业的制度构建冗余度较高,而FOS制度的构建应考虑从相关分业管理的制度中进行统合构建,以达致延续性、专业性。

(三)评述与启示

无论是从移植制度的融合性还是从受植环境的适应性来讲,FOS制度用实效证明了其对金融纠纷解决的价值。而且就境外的实践观察,从解纷解决量和金融消费者的选择来看,诉讼模式反倒成为了"可替代性"的纠纷解决机制。据英国2008~2009年年度FOS展开的一项调查显示,有69%的消费者认为FOS在处理争议上具有有效性和专业性,63%的消费者认为FOS在查明真相的基础上彻底解决了纠纷;63%的消费者认为FOS提供了一种非常好的纠纷解决服务。虽然境外的成功实践并不能保证制度移植的成功性,但却给予了我们在制度构建过程中对制度具体设计的思路借鉴,如在程序设计上对金融消费者的倾斜保护、在机构设置和运行中强调独立性、在执行力上注重与公权力部门的结合等。凡此种种均应对了我国当前金融纠纷机制和金融市场秩序维护工具的缺位,故我国金融申诉专员制度已然只是时间问题。

五、我国统合性金融申诉专员制度的构建

上述分析可见,当前国内看似多元的金融纠纷解决机制实质上存在实效性和对消费者保护的不足等问题,亦说明依靠某一种或某几种途径均不能圆满有效的解决当前金融纠纷的问题。"多元化的金融主体、多层次的金融关系、多视角的金融交易,势必对金融纠纷解决方式提出多元化的要求,以满足不同金融主体在不同金融法律关系中对公平效率在不同层次上的需求。"[1]此外,当前金融服务业态日益综合化、多样化,金融创新产品和服务日益复杂化、专业化加剧了消费者与金融机构在信息、财力等因素上的不平等,也对金融纠纷解决机制提出了更高的要求。据此,"建立金融消费纠纷第三方调解、仲裁机制,形成包括自行和解、外部调解、仲裁和诉讼在内的金融消费纠纷多元化解决机制,及时有效解决金融消费争议",[2]对于金融消费者的保护和金融市场秩序的维护大有裨益。本文通过对FOS制度在多数国家和地区的实践,结合我国

---

〔1〕 白映福、毛玉光:《金融争议多元化解决机制理论与实务》,法律出版社2011年版,第2页。

〔2〕 参见2015年《国务院办公厅关于加强金融消费者权益保护工作的指导意见》(国办发〔2015〕81号)

金融解纷机制现状,提出了构建统合性金融申诉专员制度的设想。

(一)组织形态

目前,英国、澳大利亚、新加坡、加拿大及我国台湾地区已构建了覆盖所有金融领域的统合型FOS制度,且爱尔兰、荷兰、芬兰等国也正在筹建统合型的FOS制度。对于FOS组织形态的选择,本文认为应首先考虑统合型而非分业型。虽然我国目前为"一行三会"的分业监管模式,证券业、银行业及保险业也尝试构建纠纷调解机制,但并未实现对金融纠纷解决的有效改善。[1] 我国(包括香港特别行政区、我国台湾地区)现阶段均采用的是分业监管模式,二者在制度背景、金融环境、解纷文化上有诸多共同点,且二地区的金融纠纷解决中心在设立时即定位为统合型模式。香港FDRC在设立时即包括了银行和证券市场领域的纠纷,并妥善处理了与监管机构的关系,包括将个案工作时所取得的经验提供给监管机构以助于其发展监管守则及制定政府政策、订立合作安排和共享信息等制度。此外,我国当前分业模式下的解纷机构业已有所实践,2011年8月国务院已正式批复"一行三会"下设消费者保护局;2012年9月继保监会设立保险消费者权益保护局、证监会设立投资者保护局之后,银监会和央行均已成立独立的金融消费者保护局和金融消费权益保护局。因此,我国在建立FOS制度时应采取统合型模式,将各领域零散的解纷机制进行一体化整合,并力求此统合型解纷中心能实现公平、独立、效率、便捷的解纷要求。具体而言,有以下益处:其一,可以杜绝在金融产品或服务涉及多个行业业别时造成的分业解纷机制之间的适用重叠、推诿等现象,使得金融消费者在表达诉求时免除了其对纠纷进行分业以进行解纷适用时的困扰;其二,金融消费者对诉求机构及方式的择定更加便利、直接,降低了解纷成本;其三,就境外对统合型模式采用的实践情况而言,此模式更有利于处理解纷中心与监管机构的关系。将中心设置为独立于"一行三会"且机构级别上保持平行,由此形成一对多而非多对多的信息共享平台,保证解纷机制与监管机构信息上的对称,如此既有利于保证金融解纷中心的专业性,又助于监管机构实现对本行业当前现状、问题的准确判断。

(二)机构性质及权力来源

目前世界各国和地区对FOS制度采取的机构法律形式多为公司型,如英国为独立的保证责任有限公司、美国(FINRA)为会员制非营利性公司、我国香港地区为独立的担保有限公司,且少有法国(AMF)的政府机构型与德国、日本采用的财团法人型。于

---

[1] 类似的解纷机制隶属于各分业监管机构,在解纷过程中很难处于公正的立场,且对于弱势的金融消费者而言,也很难相信自己的解纷对象所做出的解纷方案能在最大程度上维护自己的利益。

我国而言,无论是通过上述3种中任何一种形式,在行使裁决权时均可能受到来自立法纬度、行政法纬度的非难。因此,可以参照我国《仲裁法》的规定,以专门立法的形式赋予申诉专员制度独立的特殊事业单位法人性质,并在法定情况下行使裁决权。[1] 具体规定亦可参照我国《仲裁法》第6条、第8条、第14条的规定,将其与行政机关隶属关系、管辖不受行政区域限制等属性界定清楚。[2] 此外,世界各国和地区通行的创立类似FOS制度的方式一般为特别法,如英国《金融服务和市场法》、澳大利亚《金融服务改革法》、日本《金融商品交易法》及我国台湾地区"金融消费者保护法"中明确规定了金融纠纷解决制度相关内容。对我国而言,非固有立法的新设权力在权力基础、实施效力上均存在诟病,此点亦可参照我国仲裁制度的相关设定模式,如可通过金融纠纷解决机制管理办法的特别立法模式来解决机构设立、权力来源正当性的问题。

(三)申诉主体适格问题

新加坡和我国香港特别行政区将投诉人限定在个人投资者及独资经营者,英国将投诉人限定为个人及小型公司(每年营业额、收入、资产净值最高为100万英镑),我国台湾地区将金融消费者均认定为投诉人,但对专业投资机构及符合一定财力或专业能力的自然人或法人进行了排除。

由此可见,虽然具体规定及保护方式多样,但各国和地区对申诉主体的设定均显示出了对弱势的金融消费者的进行倾斜性保护的共性。例如,英国FOS制度在具体安排上,消费者对FOS的使用无须付费、申诉形式宽松且主要做实质性审查、对消费者举证责任的淡化等均体现出了通过程序设计对消费者的倾斜保护。[3] 就我国而言,可同样贯彻对消费者的倾斜性保护目标,因此,对金融消费者范围的有效限定将直接决定保护程度的高低。然传统的将金融消费者以自然人、法人来进行划分已被世界立法所摒弃,将一般自然人个体纳入金融消费者保护范畴及符合一定财力或专业能力之自然人排除出金融消费者保护范畴应属于世界经验,而将小规模法人或其他组织为代表的市场主体纳入保护范畴业已成为一种趋势。这部分主体在实践中不仅有金融消费的需求,在专业能力、信息收集能力上相对于金融机构仍处于明显的弱势地位。例如,日

---

〔1〕 例如,杨东教授认为我国可制定金融消费者保护法或金融纠纷解决机制管理办法、金融申诉专员制度管理办法以导入FOS制度。参见杨东:《金融申诉专员制度之类型化研究》,载《法学评论》2014年第4期。

〔2〕 我国《仲裁法》第6条规定:仲裁委员会应当由当事人协议选定。仲裁不实行级别管辖和地域管辖。第8条规定:仲裁依法独立进行,不受行政机关、社会团体和个人的干涉。第14条规定:仲裁委员会独立于行政机关,与行政机关没有隶属关系。仲裁委员会之间也没有隶属关系。

〔3〕 参见刘媛:《金融消费者法律保护机制的比较研究》,法律出版社2013年版,第254~260页。

本《金融贩卖服务法》即明确规定了保护对象为信息弱势之一方当事人,而不以法人、自然人或其他组织为区分。因此,申诉主体范围应限定为进行金融交易的处于弱势地位的自然人和不具备一定资金和专业知识的小型企业。

(四)裁决约束力

不可否认的是,金融纠纷解决制度的设立初衷在于更科学、有效地保护弱势金融消费者的权益,故多数国家和地区在裁决约束力问题上采取的方式是赋予金融消费者单方选择权,以保障消费者最大限度的自主性。易言之,裁决效力对金融机构为一局终裁,非法定事项异议不得提出对裁决效力的质疑,甚至不赋予金融机构其他的救济途径。于我国而言,欲采用此模式也应解决两个问题:一是单方性约束力的合法性问题;二是金融机构不服裁决可否救济的问题。首先,单方性约束力的制度安排显然对于金融机构而言属于差别待遇,且有违反宪法、诉讼法等法律平等权的嫌疑,但此种牺牲形式平等以实现实质上平等的立法模式于近些年也渐被各国和地区所采纳。且就金融纠纷解决制度而言,此种差别立法模式应贯穿于解纷制度的启动、裁决、执行过程的始终,也是本制度安排旨在解决的问题所在。其次,对于金融机构救济权利保留与否的问题,其本质而言同样接近于仲裁制度的安排,即我国《仲裁法》第9条规定的仲裁实行一裁终局的制度。裁决作出后,当事人就同一纠纷再申请仲裁或者向人民法院起诉的,仲裁委员会或者人民法院不予受理。裁决被人民法院依法裁定撤销或者不予执行的,当事人就该纠纷可以根据双方重新达成的仲裁协议申请仲裁,也可以向人民法院起诉。对于金融机构单方一裁终裁的规定同样是旨在保护弱势金融消费者的权利,同样考虑与仲裁制度相似的特别立法来予以保障。而其他国家和地区外在补强此点公信力时采取了金融申诉专员服务计划的方式,通过将管辖权分为强制管辖权、自愿管辖权及消费者信用管辖权三类。例如,英国《2006年消费者信用法》即明确规定了此三类管辖权,致使金融机构在参与该计划时存在合意,而合意的内容当然包括对裁决效力的接受,以此来缓和差别裁决的部分张力。[1] 我国台湾地区采用了法院核准的方式,即通过法院对裁决的核准来赋予裁决与司法判决同等的法律效力,且法院对除了程序违规之案件均应予核准,此方式既实现了对金融纠纷解决机制程序上的监督,也实现了裁决的既判力。就我国司法终局性理念下,金融纠纷解决机制在裁决效力问题可借鉴对评议采取法院确认的方式,将裁决执行的效力落脚于司法属性,提升裁决拘束力和执行力。

---

〔1〕 参见贾小雷、刘媛:《英国金融申述专员服务制度之述评》,载《河北法学》2011年第9期。

六、结语

当然,需要讨论和亟待解决问题还有很多,如纠纷时效问题、经费问题、人员任用问题等一系列具体程序的设计。对于金融申诉专员制度的具体实现更是需要更多改革的推手来迎接金融不断深化所带来的挑战。令人乐观的是,当前各行业对金融解纷机制均作出了一些力所能及的探索,以此为统合型金融申诉专员制度之构建奠定了基础、减少了阻力。“无救济则无权利”,当前金融市场对纠纷解纷机制的需求已然致使权力部门进行被动式的改革,且改革的进度远滞后于需求。当救济的寻求成为权利实现的绊脚石时,也就意味着市场已经失去了消费者的信赖,也失去了“自己”。因此,统合型金融申诉专员制度的构建是金融市场的需要,是金融制度完善的重要一环,是实现金融消费者保护和繁荣金融市场目标的必备良药。

论我国金融控股公司及其监管的考察及重构*

宣潇然**

目　次

一、引言

随着金融全球化进程不断深入以及互联网金融的飞速发展，现代金融行业面临着新的机遇及挑战。为了应对这种新的变革，金融混业经营（也称为综合经营）已经成为世界各国和地区大势所趋。在此背景下，金融控股公司这一从分业经营过渡到混业经营的产物出现，打破了金融行业间的壁垒。我国学术界对于金融控股公司的研究主要存在两种声音，即“监管论”及“风险控制论”。

“监管论”从我国金融监管角度对金融控股公司制度进行研究，企图通过金融监管来规范金融控股公司实践中的运行，完善我国金融控股公司制度。其主要观点如下：第一，我国现行分业监管模式不尽合理，在金融控股公司监管过程中存在监管真空及

* 基金项目：司法部法治建设与法学理论研究项目（14SFB2035）；西南政法大学研究生科研创新计划资助项目（XZYJS2015272）。

** 西南政法大学经济法专业博士研究生。

监管重复,需要建立一个常设机构作为协调综合监管机构。[1] 第二,中国人民银行应当作为综合监管机构,该监管模式基本保持了现有监管格局,不仅节约成本,且现实可行。综合监管机构还应建立监管信息共享机制,确保持续监管以及紧急情况下监管信息的共享有径可循。[2] 第三,应当引入"预先承诺法",明确监管责任和范围,建立风险预警机制,加强外部审计所发挥的作用。[3]

"风险控制论"则是从我国金融控股公司内在潜在风险及规避的角度进行研究,其主要观点如下:第一,由于金融一体化及自由化、现代化,金融控股公司是我国金融业从分业经营迈向综合经营的现实选择。金融控股公司风险可从内外二元视角进行分析,分别进行相应风险防范。[4] 第二,金融控股公司是符合现代投资组合理论的更高效的组织形式,应当建立内部风险管理体系,优化公司治理结构,形成有效的内部控制,从而达到控制风险效果。[5] 第三,金融控股公司面临主要风险有传播性风险、财务风险、经营风险、管理风险、监控风险,应从宏观及微观两个层面去进行风险防控机制的构建。[6]

值得注意的是,"监管论"以及"风险控制论"之间并非毫无关联,两种观点之中包含着交叉、重复的地方,仅是侧重点及视角有所不同。这两种理论均对于我国金融控股公司制度具有一定解析作用,但是均忽略了金融控股公司制度根源问题所在。构建、完善我国金融控股公司及监管制度,应从本源出发,厘清金融控股公司制度症结所

---

〔1〕 参见潘施琴:《构建我国金融控股公司监管立法框架的设想》,载《法学杂志》2012 年第 9 期。

〔2〕 参见刘瑛:《后次贷危机时期金融控股集团监管信息共享机制探析》,载《云南财经大学学报》2010 年第 4 期。

〔3〕 "预先承诺法"是指金融机构根据自己的风险承受能力自主选择最优的风险管理模型。也就是说,金融机构会从自身最大利益处罚考虑,自发按照资产损失的大小维持足够的资本。参见谢川波、安丽娟:《金融控股公司的有效监管——基于激励相容理论视角》,载《财经科学》2010 年第 12 期。

〔4〕 参见雷兴虎:《论我国金融控股公司的风险防范法律机制》,载《中国法学》2009 年第 5 期。雷兴虎教授认为,内部风险规制途径为,限制金融控股公司内部的关联交易、规范金融控股公司内部利益冲突、规范金融控股公司的垄断行为,外部风险规制主要途径为,规范金融控股公司的统一监管模式、完善公司法人格否认制度、对金融控股公司的资本金充足率加以监管、设置金融控股公司准入的资格与退出的机制。

〔5〕 现代投资组合理论是马克维茨所提出,其主要结论如下:第一,证券投资风险与投资组合相关,投资证券数量越多,投资风险越小,投资者可以通过在投资组合中加入新的证券来降低投资风险,即证券投资多样化原则;第二,新加入的证券与之前投资组合中证券差异性越大、相关性越低,则降低风险效果越明显,即差异化原则。参见王学军:《金融控股公司发展的理论基础及启示》,载《中央财经大学学报》2004 年第 8 期;参见张军成:《资产组合理论视角下金融控股公司风险管理研究》,载《财会通讯》2015 年第 8 期。

〔6〕 参见王涛生:《金融控股公司的风险及其防范机制研究》,载《特区经济》2006 年第 5 期。

在。因此,本文通过分析金融控股公司及我国金融监管演进路径,得出我国金融控股公司与我国金融监管之间矛盾所在,进一步通过文本分析,得出适合我国的切实可行之金融控股公司监管进路。

二、我国金融控股公司的形成与检视

(一)金融发展与金融监管的博弈

美国经济学家凯恩(E. J. kane)认为,政府对于金融的监管在某种程度上而言相当于一种隐形税负,一方面增加了金融机构的经营成本;另一方面也减少了金融机构通过规制外的盈利机会。当规制外的盈利收益足够高时,此时金融机构就会热衷于金融创新以规避金融监管。与此同时,当该金融创新对于金融业稳定以及金融监管造成较大影响时,金融创新又会倒逼金融监管方式的改变。因此可以得出,金融监管是金融创新的一个动因,金融创新又促使金融监管体制进一步完善,两者之间是一种正向的博奕关系。[1]

用凯恩的理论对于金融发展与金融监管演进过程进行分析,对于我国金融控股公司的产生和发展具有一定的阐明作用。20世纪80年代之前,我国处于计划经济时期,1948年中国人民银行的成立标志着中国金融业开始了新纪元。此时期我国实行"大一统"金融体系,央行同时承担着监管者及商业银行的作用,在此背景下,金融控股公司并无发育土壤。不过,从20世纪年代末期我国改革开放拉开帷幕,我国金融业开始快速发展,在恢复工、农、中、建4大国有行地位的同时,建立了一批如信托、证券等新型金融机构。央行的统一监管并未在不同金融行业之间设置任何限制,当时我国的金融业实际上处于混业经营体系下。金融机构为了扩展业务市场,纷纷进行金融创新,如银行控股信托公司、证券公司,金融控股公司就是此背景下的产物。我国混业经营的金融体系一直维持到1992年年底,混业经营下的金融机构追求盈利而不断扩张业务经营范围,金融创新的副作用逐渐显现。我国金融市场秩序逐渐混乱,宏观金融安全受到冲击,当初"大一统"金融监管体系明显缺乏对于混业经营风险的防御能力,迫使金融监管方式需要进行变革。从1992年年底到2003年这10年间,证监会、保监会、银监会的成立标志着我国分业监管体系正式形成。在此期间,由于外部金融监管,金融机构与非金融机构,金融部门内部证券、信托、保险等行业均被迫分业与脱钩。我国金融控股公司在这一时期实际上处于非法状态,金融控股公司与金融监管之间的矛盾在这

---

〔1〕 See Kane, E. J., 1978: "Getting along without regulation Q: testing the standard view of deposit-rate competition during the 'Wild-card experience'", *The Journal of Finance* 33, pp. 921-932.

一时期得以集中体现。2003年之后，分业经营、分业监管制度正式确立，但是随着我国金融业不断发展成熟以及金融全球化进程逐渐深入，金融行业竞争愈发激烈，盈利空间进一步被压缩。为了应对外部分业监管带来的影响，规避金融监管，金融机构纷纷通过金融控股公司这一形式实现分业监管下的混业经营。值得注意的是，这一时期的金融控股公司与改革开放初期的金融控股公司并非同一概念，改革开放初期的金融空股公司并非真正意义上的金融控股公司。由于当时不存在外部监管抑制，金融机构进入其他金融行业没有任何阻力，金融机构介入不同行业仅为抢占市场，自然也不会考虑金融控股公司的组织构架及风险防范。我国分业经营体制建立之后，金融控股公司实际上也经历了从产生到调整到再发展的过程，该时期的金融控股公司实际上是一种更加高级、更加规范的组织架构。金融控股公司的发展历程是曲折前进的，这可以用黑格尔提出的肯定—否定—否定之否定规律进行阐释。

金融发展与金融监管之间的博弈也揭示了我国金融业演进的轨迹。计划经济时期及改革开放初期我国金融监管制度变迁是由政府主导的强制性变迁，这种制度变迁模式导致在制度方面供求严重失衡，制度供给大于制度需求。随着金融发展与金融监管之间的动态博弈，制度供给与制度需求之间也由非均衡向均衡发展。随着改革开放后我国金融分业经营、分业监管体系的建成，金融监管导致金融企业经营范围受限，盈利空间被进一步压缩，金融控股公司是金融企业为了规避金融监管而带来的金融创新产物。现阶段，金融控股公司这一金融创新产物在刺激我国金融市场活跃度的同时，也对于我国金融监管及金融安全造成了一定的挑战，分业监管下金融控股公司成为了监管盲区。不难看出，监管制度供给平衡已经由之前制度供给大于制度需求逐渐转向制度需求大于制度供给。在此背景下产生了金融创新倒逼金融监管方式改变的内在需求。从上述分析中我们不难看出，金融控股公司制度是我国金融发展与金融监管之间矛盾的集中体现。因此，对于我国金融控股公司制度的研究应当立足于我国金融发展、金融创新与金融监管之间的矛盾及解决。

（二）金融控股公司现实的考察

随着金融全球化的发展，金融领域竞争越发激烈。一方面，金融机构跨业投资行为屡见不鲜，已经成为金融机构增加营业收入的一种常规手段；另一方面，更多的实业集团企业选择向金融行业进行投资，通过这种形式进军金融领域。这两方面共同决定了我国金融控股公司形式日益增多，不同种类金融控股公司逐渐形成。金融控股公司的存在，实践中已经较为普遍，这在一定程度上刺激了我国金融市场的活跃度，扩展了金融企业经营范围，增加了金融企业的盈利能力。但是由于我国金融控股公司数量逐渐增多，且公司性质、产生背景、成立目的各不相同，市场中企业水平良莠不齐、鱼龙混杂。我国分业监管的金融监管体系未能在短时间内做出应变,因此,我国目前的金融监管机制对于金融控股公司难以形成有效监管,金融控股公司处于"野蛮生长"时期。金融控股公司在刺激我国金融市场活力的同时,也由于监管层面的疏忽而给我国金融安全带来了隐患。"德隆危机"[1]的爆发就是我国金融控股公司风险的典型案例,这给我国金融控股公司的发展敲响了警钟。

(三)法律文本的考察

我国金融业遵循分业经营、分业监管的原则。那么我们不禁要问,金融控股公司"集团混业,经营分业"的经营模式与我国现行金融体系是否存在冲突?金融控股公司运行是否处于金融监管轨道之内?

我们不妨尝试从法律规范文本角度对这一问题进行解读。由于1992年后"大一统"监管和混业经营带来的金融混乱,我国确立了"分业经营、分业监管"的金融体系。这也在法律层面得以确立,我国《商业银行法》中规定了商业银行不得从事证券和信托业务,也不得向非银行金融机构和企业投资,《证券法》和《保险法》也均规定我国银行业、证券业、保险业实行分业经营、分业管理。但是实践中,金融控股公司通过设立子公司从事不同金融行业经营,实际上已经打破了分业经营的限制。对于这一现状,法律层面也进行了与之相对的回应,2003年《商业银行法》在修订时在原法条后加入了"但国家另有规定的除外",[2]新《证券法》和《保险法》[3]也分别加入了"国家另有规定的除外"这一除外条款。值得注意的是,该修改并非一般通常法律中作为"兜底条款"的除外规定,而且法律对于金融控股公司经营突破法律行为打开了"缺口"。

与此同时,中国人民银行、银监会、证监会在2005年制定并发布了《商业银行设立基金管理公司试点管理办法》,从法律层面对商业银行设立基金管理公司行为进行许可,还规定了商业银行设立基金管理公司时银监会、证监会、人民银行在监管过程中的分工及信息共享方式。[4] 2009年中国银行业监督管理委员会颁布了《商业银行投资

〔1〕 德隆集团的前身是乌鲁木齐市新产品技术开发部和天山商贸公司,成立于1986年,1992年注册成立新疆德隆实业公司,注册资本800万元。此后,逐步开始涉足金融业,先后通过控股形式控制了信托公司、证券公司、商业银行等,涵盖了大多数金融业务领域,并通过在金融机构和非金融机构之间频繁转移资产,将不同金融机构之间、金融机构与非金融机构之间的风险捆绑在一起,最终因为资金链断裂,形成了系统性风险,给我国经济造成了巨大的损失。在"德隆危机"爆发时,德隆系相关公司已超过120家,资产逾1200亿元。

〔2〕 参见《商业银行法》第43条。

〔3〕 参见《保险法》第8条、《证券法》第6条。

〔4〕 参见《商业银行设立基金管理公司试点管理办法》第5条、第19条、第21条、第22条、第23条、第25条。

保险公司股权试点管理办法》,打破了《商业银行法》中对于银行投资非银行金融机构的限制,且规定由银监会来行使监督权。[1] 2014 年保监会修改并颁布了《保险资金运用管理暂行办法》,其中也提出了保险集团(控股)公司的概念,并且规定了保险集团(控股)公司可以向保险类、非保险类金融企业、与保险相关企业进行投资。[2]

上述 3 部办法均打破了我国金融业分业经营的限制,由于《商业银行法》《证券法》《保险法》修改后增加了除外条款,作为下位法的 3 部办法虽然并不与上位法相冲突,但是却与制定《商业银行法》《证券法》《保险法》时确立起来的分业经营这一立法目的背道而驰。此外,虽然上述《办法》中涉及一些关于金融控股公司的法律规定,例如,商业银行控股设立基金公司监管方式等,但实践中金融控股公司类型远不限于上述几种。因此我们可以说,金融控股公司已经突破了我国分业经营、分业监管的金融体系,就法律层面而言虽然并不违法,但是确处在监管真空地带。我国目前尚未有一部可以普遍适用于金融控股公司的法律规范,财政部 2009 年颁布了《金融控股公司财务管理若干规定》,这是我国首部专门针对金融控股公司的规范性文件,对于未来立法即金融控股公司监管具有一定指导意义,但是仅适用于中信集团及光大集团,不具备普遍适用性。[3]

综上所述,不难看出,我国大部分金融控股公司仍处于监管空白状态,金融控股公司这一金融创新产物与我国金融监管之间的矛盾仍未解决。

三、金融控股公司:解决金融发展与金融监管冲突的现实选择

解决我国金融控股公司与金融监管之间矛盾的路径有无非有两种选择:一是限制金融控股公司发展,推行严格的分业经营体制;二是选择混业经营,改革我国现行金融监管体系,使金融控股公司完全处于金融监管下。

(一)混业经营是金融业发展趋势

"由分业经营转向混业经营是在金融自由化与全球化背景下,各国为适应新形势下金融市场的变化而对金融经营体制所作出的选择。"[4] 我国对于金融混业经营也给予了政策层面的支持,例如,2005 年《中共中央关于制定国民经济和社会发展第十一个五年规划的建议》中提出了"稳步推进金融业综合经营试点",首次提出了我国金融业

---

[1] 参见《商业银行投资保险公司股权试点管理办法》第 3 条、第 21 条。

[2] 参见《保险资金运用管理暂行办法》第 14 条。

[3] 参见《金融控股公司财务管理若干规定》第 2 条。

[4] 岳彩申、袁林等:《金融经营体制改革与金融控股公司法律制度的构建》,法律出版社 2008 年版,第 68 页。

综合经营的大方向。之后于2012国务院与中国人民银行、银监会、证监会、保监会和外管局共同制订的《金融业发展和改革十二五规划》中明确提出:“要积极稳妥的开展综合经营试点,提高综合金融服务能力与水平。”由此可见,我国对于金融业综合经营的态度是肯定的。此外,如前文所述,金融行业及金融监管的发展过程是曲折前进的,也是不可逆的。为应对外部监管规制带来的盈利空间的压缩,金融企业积极进行自发探索及创新。金融控股公司就是金融机构为实现分业经营、分业监管体制下混业经营的工具。从这个层面上来看,混业经营也是我国金融业发展趋势所在。最后,混业经营符合金融的内在本质要求。金融的本质是资金融通,若将资金在保险、证券、银行等领域之间割裂或限制,则不利于金融企业的经营。〔1〕

(二)金融控股公司是我国实现混业经营的现实选择

既然我国要从分业经营向混业经营转变,那么选择一条适合我国金融混业经营的模式就是至关重要的。混业经营模式通常有两种:第一种是以德国为代表的全能银行模式;〔2〕第二种是以美国为代表的金融控股公司模式。

全能银行模式中,金融行业之间没有经营限制,银行可以自由进入保险、证券领域进行经营,实行完全、全面的混业经营。与此同时,该模式下金融监管体系业需要实行完全的混业监管,需要较高的监管水平。我国目前尚不具备直接采取全能银行模式混业经营的制度土壤,我国分业监管体系决定了若采取全能银行模式混业经营将会对监管体系带来颠覆性的挑战。因此,虽然全能银行模式下各个金融行业融合度更高,却非一般国家可以效仿,在我国现行分业监管体系下盲目推行全能银行模式将会产生金融系统性风险的隐患。

我国应当采取金融控股公司模式作为实现混业经营的途径。在我国现阶段金融分业经营及分业监管体系下,采取金融控股公司模式不会对现行金融体系造成较大冲击,可以使得我国从分业经营较为平缓的过渡到混业经营,这符合我国渐进式改革的政策目标。

(三)金融控股公司具备正经济效应

金融控股公司本身具有正经济效应,更加符合我国现行金融体系,并且有利于金融行业经济效率的提高。金融控股公司作为实现金融混业经营的制度产物,承担着实现提高金融行业效率之任务,其正经济效应主要体现在降低金融交易成本、提高金融

〔1〕 参见陈雨露:《现代金融理论》,中国金融出版社2000年版,第95页。

〔2〕 全能银行模式混业经营的国家,一般该国法律允许一个金融类公司直接从事包括商业银行、投资银行、保险公司。

组织效率、降低金融风险等方面。

1. 降低金融交易成本

科斯认为,如果市场中不存在交易成本,那么企业就没有存在的必要性,但是实际情况是市场中确实存在交易成本。据此,科斯得出:“市场的运行是有成本的,通过形成一个组织,并允许某种权威(‘企业家’)来支配资源,就能节约某些市场运行成本。”[1]因此,企业作为市场主体之一,其存在的意义就是降低市场交易费用。金融控股公司可以有效降低金融交易过程中的交易成本,进一步而言,又可分为内部交易成本的降低以及外部交易成本的降低。

内部交易成本的降低主要是指由于金融企业自身组织架构、产品组合等要素发生改变而导致的交易成本降低。具体而言,包括以下两点:第一,金融控股公司具有规模经济效应。判断企业是否具有规模经济效应,一个重要的判断标准是该企业资产专用性[2]的强弱。金融行业中,虽然各种金融产品具有较强的专业性,但是随着金融行业不断创新发展,不同种类金融产品之间的界限逐渐模糊,各金融产品中所包含的生产要素(如资本、人力资源、信息等)在一定程度上具同质性。因此可通过适度扩大金融企业经营范围,实现规模经济效应。第二,金融控股公司具有范围经济效应。由于金融产品具有一定的同质性,因此由一家金融集团生产不同种类金融产品,可以充分发挥交叉效应,有效降低生产成本。[3]

外部交易成本的降低主要指由于金融集团通过整合而给社会带来的正外部性。金融控股公司所具有的规模经济效应、范围经济效应不仅可以带来企业内部成本的降低,还可以降低消费者选择成本,即具有消费者锁定效应。金融消费者对于金融风险的厌恶,决定了很多时候消费者不愿意将“鸡蛋放在同一个篮子里”。那么,消费者在选择不同种类金融产品过程中必然会出现选择成本。金融集团可依靠自身企业声誉,通过提供多种金融产品从而向消费者提供“一站式服务”,从而降低消费者的选择成本、信息成本。

---

〔1〕 The Nature of the firm: Origins, *Evolution and Development*, Edited by Oliver E. Williamson, Sidney G. Winter, Oxford University Press, 1993, p. 22.

〔2〕 所谓资产专用性,是指对已经投入生产过程的资产进行再配置的难易程度,或者是再配置已投入生产要素成本的高低。若企业资产专用性较强,则生产要素在不同行业间转移需耗费成本较高,反之亦然。参见谢平:《金融控股公司的发展与监管》,中信出版社2004年版,第52页。

〔3〕 值得注意的是,范围经济不仅包括正效应,有些情况下亦可产生负效应。如不同金融产品在同一销售渠道中,可能因为利益冲突而导致负效应。

2. 组织结构更具效率

既然企业存在的意义是节约交易成本,那么作为交易中介,不同企业组织架构的管理成本和效用也不尽相同。根据制度经济学理论,交易可分为买卖的交易、管理的交易、配给的交易,企业组织形式包括市场制、等级制和混合制3种。[1] 其已制特征见下表1。

表1 3种企业组织形式区别特征

企业结构			
企业组织形式	市场制	等级制	混合制
激励强度	+ +	0	+
协同作用	0	+ +	+

注:+ + =强;+ =半强;0 =弱[2]。

市场制企业注重激励手段,轻行政控制,这一企业结构可以充分发挥市场的激励作用,但却无法发挥企业间的协同作用,不适合金融市场;等级制虽然在高度行政化控制下可以发挥企业间协同作用,但同时也带来了较高的管理成本。这两种企业结构均无法适用于金融领域。混合制处于等级制与市场制中间,既能充分发挥市场制企业的市场激励作用,又具有等级制企业的协同作用。

金融控股公司就是混合制企业形式。一方面,金融控股公司下属子公司性质上属于独立法人,各子公司具有参与经济活动的自由决策权,均平等地参与到金融市场中。由于企业的逐利性,可以充分发挥市场激励作用,调动各子公司的经营积极性。另一方面,金融控股公司下属各子公司虽属独立法人,但母子公司之间实际上由于控股而形成了上下级关系,导致子公司决议需遵循母公司的决定。母公司通常会考虑集团整体利益,充分发挥集团优势,发挥各子公司之间协同效应。控股公司可以通过设立子公司的方式开展多种金融业务,隔离系统性金融风险。因此,金融控股公司是一种高效的金融企业组织形式。

3. 降低金融风险

金融风险是金融行业至关重要的影响因素。马克维茨通过严密的数学演绎推理,

---

〔1〕 参见郭敏:《威廉姆森的组织理论与金融控股公司的组织经济学分析》,载《金融研究》2003年第2期。

〔2〕 参见[美]奥利来·E.威廉森:《治理机制》,王健、方世健等译,中国社会科学出版社2001年版,第113页。

得出了著名的现代投资组合理论。[1] 虽然现代投资组合理论是通过研究证券投资得出的,但是我们将其扩大适用于金融控股公司,也可揭示出金融控股公司制度的一些规律。[2]

金融控股公司通过控股子公司,可以扩大业务范围,丰富产品种类。分业经营体制下,单一金融行业对于该行业金融风险抵御能力较低。金融控股公司通过建立各子公司之间"防火墙",可在某一金融行业风险较高时及时进行风险控制。例如,在股票市场波动较大时,传统证券公司业绩、利润均会受到影响,甚至容易受到金融风险波及,然而金融控股公司可通过将业务重心转向保险、银行等领域,良好地规避风险,即便某子公司受到金融风险波及,也可通过"防火墙"将风险隔离。

四、我国金融控股公司监管制度的重构

既然金融控股公司是我国金融业发展趋势,但是相应制度的缺失却一直是限制金融控股公司发展的"天花板"。那么,建立完善金融控股公司及监管制度就是极其必要的。

(一)我国现行监管体制的反思

我国金融业经历了从混业经营向分业经营再向实质混业经营经营转变的过程,现行金融体系遵循"分业经营,分业监管"原则,由证监回、银监会、保监会分别对证券业、银行业、保险业的机构主体行为进行监管,这是一种典型的机构监管。[3] 但随着各种金融行业内在联系不断增强,金融业对于混业经营的内在需求日渐强烈。金融控股公司的出现在一定程度上实现了金融混业经营,突破了分业经营的底线。这与我国推行的分业监管是背道而驰的,对我国现行金融监管体系造成了一定的冲击和挑战。具体而言,主要存在以下问题:

第一,现行监管体系存在冲突。由于金融控股公司的发展及互联网金融的迅速普及,金融工具的无纸化、交易的网络化以及机构的虚拟化等一系列变革都对我国金融监管体系造成了一定的挑战,[4] 导致我国金融监管存在监管真空以及监管重合等问题。具体到金融控股公司而言,虽然银监会、证监会、保监会于2003年成立专门工作小

---

[1] 马克维茨资产组合理论的主要结论如下:第一,证券投资风险与投资组合相关,投资证券数量越多,投资风险越小,投资者可以通过在投资组合中加入新的证券来降低投资风险,即证券投资多样化原则;第二,新加入的证券与之前投资组合中证券差异性越大、相关性越低,则降低风险效果越明显,即差异化原则。

[2] 参见王学军:《金融控股公司发展理论基础及启事》,载《中央财经大学学报》2004年第8期。

[3] 参见刘鹤麟:《金融控股公司:内在逻辑与现实》,载《财经科学》2002年第1期。

[4] 参见冯果、袁康:《社会变迁视野下的金融法理论与实践》,北京大学出版社2013年版,第56页。

组,起草《金融监管方面分工合作的备忘录》,并于当年召开了第一次监管联席会议,确立了对金融控股公司的主监管制度,拟加强金融监管协调配合机制及对综合金融控股集团的交叉监管。但是从实践来看,效果却甚不理想。

金融监管体系的冲突主要体现在两方面:积极冲突和消极冲突。积极冲突主要表现为监管的重合及竞争,新型金融产品以及金融衍生品由于自身性质难以定位,导致监管中各部门分工不清,容易出现监管重合现象。另外,监管部门内部各部门中存在利益划分不均问题,那么就可能出现部门利益优先、整体利益次要的情形。业务交叉领域的监管往往权责不明,导致政策出台拖沓,监管效果不理想。消极冲突主要体现为监管真空,纯粹型金融控股公司由于控股集团不参与企业实际经营,因此难以被归入到传统监管体系之中,这将造成金融控股公司本身处于监管真空。此外,金融控股公司由于业务逐渐整合,一些金融业务界限逐渐模糊,容易出现监管真空地带。

第二,金融监管变迁以政府主导为主,行政化色彩浓重。回顾我国金融监管制度的演进,我国金融监管制度是政府主导,而非以市场需求为导向,这也使得行政化在我国金融监管领域较为突出。政府主导的强制性变迁弱化了金融市场的真正需求,因此制定出来的金融产业政策难免行政色彩过重,与真正市场需求有所偏离。虽然金融业作为国家的重要产业,需要产业政府做全局性战略布局,维持我国金融安全,但也不可忽略市场的内在需求。王煜宇教授指出,金融行政化导致"金融监管制度的供给不能仅从'经济人'的角度进行理性选择,以实现社会财富的最大化,而是更多地考虑其政治利益,这样容易使金融监管部门制定的监管制度不符合市场的需求"。[1] 行政化程度高,导致监管部门在决策时易受利益集团影响,难以保证其自身独立性。

第三,对系统性风险防范不足。金融业是高风险行业,监管中要将金融安全作为首要目标。现行分业监管体系中,监管机构之间信息共享较为困难,虽然有监管联席会议,但联席会议往往具有滞后性,信息难以在各监管机构间即时分享。金融控股公司具有集团混业经营分业特性,虽然控股公司下属各子公司性质系独立法人,但各子公司间、母子公司间仍有千丝万缕的联系,关联交易难以避免。此外,各子公司也并非资产完全独立,其可能出于规避法律监管、规避风险等目的向其他子公司转移资产,甚至实施监管套利行为。[2] 因此,金融风险更加容易在金融控股公司内部蔓延。由于我国监管机构缺乏对金融控股公司整体监管,甚至存在监管缺失情形,这就导致系统性

---

〔1〕 王煜宇:《我国金融监管制度供给过剩的法经济学分析》,载《现代法学》2014年第5期。

〔2〕 监管套利是指市场主体利用制度之间的差异和不协调来转变外部制度约束或进行因制度障碍而不能直接进行的经济活动,以此来获得成本的节约或竞争利得。监管套利的实质是减轻监管负担的行为。参见董红苗:《制度套利:金融套利的又一种形式》,载《浙江金融》2003年第11期。

金融风险更加容易发生。

(二)树立金融控股公司监管理念

金融行业经历了混业—分业—混业的历程,与此同时,金融监管理念也应当随之进行创新。金融监管的理念是指金融监管法律体系的内在宗旨,其内容是实现这些宗旨的观念、途径、方法。

首先,应当正确对待金融创新与金融监管的关系。我们可以引用刑法中的威慑理论作为认识金融创新与金融监管关系的理论工具。现代意义上的威慑理论是由贝克尔提出的,[1]他认为现代意义上的威慑是最优化威慑,不同于传统意义上的完全威慑,法律制裁的目的在于求得威慑的效果维持在对社会之边际利益的贡献,等于其对社会所产生之额外的边际成本。[2] 引申到金融监管层面,笔者认为,金融监管应当投入到金融监管中的资源与金融监管给社会带来的收益相均衡的水平,如果金融监管投入资源超过这一平衡点,那么就是不经济的。在金融监管层面采用成本收益分析工具,降低监管成本,提高监管效率。在我国金融创新与金融监管的动态博弈中,政府主导起到了决定性的作用,金融监管对于金融安全的保护放在首要位置,这在一定程度上也抑制了金融创新,即这种程度的金融监管是不经济的。我国应当改变这种监管理念,放松对于金融市场的监管,充分发挥市场在监管及配置风险中的作用,由政府主导型监管逐渐转变为市场需求主导型监管。[3]

其次,强化宏观审慎监管理念。《中共中央关于制定国民经济和社会发展第十三个五年规划的建议》指出:"加强金融宏观审慎管理制度建设,加强统筹协调,改革并完善适应现代金融市场发展的金融监管框架,明确监管职责和风险防范处置责任,构建货币政策与审慎管理相协调的金融管理体制。"明确我国金融监管应将宏观系统性风险防范放在首位,央行已于2016年起将现有的差别准备金动态调整和合意贷款管理机制"升级"为"宏观审慎评估体系"(Macro Prudential Assessment,MPA)。[4] 金融控股

---

[1] 威慑理论最早由意大利法学家、经济学家贝卡利亚提出,他认为,犯罪行为与人们的日常行为一样,追求快乐而避免痛苦。人们之所以愿意从事犯罪,是因为可以从犯罪中获得收益。依照贝卡利亚的观点,法律要通过惩罚犯罪来增加其犯罪行为的成本并进而减少犯罪。贝卡利亚接着提出,法律存在的目的不是惩罚犯罪,而是威慑再犯,而法律制裁的对象,应该是对社会整体具有"净损害"的行为。

[2] 参见[美]加里·S.贝克尔:《人类行为的经济分析》,王业宇、陈琪译,上海三联书店出版社1993年版。

[3] 参见王煜宇:《我国金融监管制度供给过剩的法经济学分析》,载《现代法学》2014年第5期。

[4] MPA体系更为全面、系统,重点考虑资本和杠杆情况、资产负债情况、流动性、定价行为、资产质量、外债风险、信贷政策执行七大方面,通过综合评估加强逆周期调节和系统性金融风险防范。

公司监控应当与MPA体系相结合,建立金融控股公司风险监控指标体系,当检测数据触及预警值时,采取逆周期调控措施政策工具进行调控。此外,建立应急响应和危机救助机制,隔离金融机构风险传递路径,防范系统性金融危机。

最后,金融监管方式改革应当以降低金融交易费用为目标。要充分发挥金融监管对于金融控股公司的正效应。金融监管对于金融控股公司正效应作用路径如下:金融监管→金融控股公司信息条件改善→信息不对称减少→交易成本降低。也就是说,具备正效应的监管制度应当与金融控股公司追求利益最大化的目标方向一致。

(三)我国金融控股公司监管的重构

1.监管体系的选择

由于金融控股公司的复杂性,传统分业监管体制不能有效防范和解决金融控股公司潜在风险。综观各国金融监管制度,我国金融监管体制路径构建路径主要分为3种:第一,不改变现有监管模式,不新设监管机构,建立监管机构协调机制;第二,保持现有分业监管体制,建立统一监管机构,负责各金融监管机构之间的协调,以及信息收集、共享;第三,实行统一监管,合并"一行三会",实现功能性监管。

进行改革首先需要考虑的是改革成本问题,我国金融减缓体制改革成本包括监管运行成本以及监管体制的转换成本。[1] 针对第一种改革路径,我国建立了联席会议制度,但联席会议受制于时间及空间维度限制,信息收集不能完全共享,多头监管对话开展不够充分,影响其监管措施的效用;第三种改革路径从长远角度看来,符合混业经营及统一监管的大方向,但就现阶段而言,该路径会产生极高的体制转换成本,合并"一行三会"后人员编制问题难以解决,不符合我国渐进式改革原则;而第二种路径较为适宜,在保持我国现行监管体制的前提下,建立统一监管机构,既可以充分收集并共享各个监管机构的监管信息,又能对宏观金融安全及稳定进行整体监督。

针对第二种路径的统一监管机构的选择问题,又有两种选择,其一是不新建统一监管机构,调整中国人民银行职责,将中国人民银行作为统一监管机构;其二是在国务院下新设金融监督委员会,负责各监管部门之间的协调以及系统性风险的监管。首先,中国人民银行内部设有金融稳定局,负责系统性金融风险、金融控股公司的监测,将中国人民银行作为统一监管机构,改革成本极低。但是根据《中国人民银行主要职责内设机构和人员编制规定》,其主要职责包括"负责会同金融监管部门制定金融控股公司的监管规则和交叉性金融业务的标准、规范,负责金融控股公司和交叉性金融工

---

[1] 参见岳彩申、袁林等:《金融经营体制改革与金融控股公司法律制度的构建》,法律出版社2008年版,第143页。

具的监测”。[1] 从该条可以看出人民银行对于金融控股公司仅有监测以及协同制定监管规则的义务，并没有监管义务。其次，如前文所述，我国金融监管行政化程度过高，导致监管机构独立性受到影响。中国人民银行与银监会、保监会、证监会的关系较为复杂，中国人民银行在监管过程中难以保证其独立性，那么监管效果就会受到影响。综上所述，就现阶段而言，建立金融监督委员会较为适宜。

2. 金融监督委员会监管内容

(1)金融控股公司的资本监管

资本充足率监管最早出现于对银行业的监管之中，传统的证券、保险等金融业务并不接受资本充足率监管。由于金融控股公司内部复杂的关系，集团内部子公司的风险可能会传递至其他子公司，甚至向集团公司蔓延。因此，有必要将金融控股公司以及下属其他未处于资本充足率监管范围内的子公司进行资本监管，避免资本重复计算。

我国金融控股公司的资本监管，应当进行分层设计：

第一，对于集团公司而言，应当对集团公司整体进行监管，评估集团公司整体的风险及承担能力。对于经营性控股公司进行整体监管已经成为世界各国的通识，然而对于纯粹性控股公司而言，由于其本身并不从事金融业务，因此并不受资本监管。但是纯粹性控股公司作为一个整体，仍然具备风险的可传递性，若不对控股公司进行资本监管，则可能造成集团公司将资本向受到监管的子公司转移的情况发生，而使自身承受风险能力削弱。因此，无论是纯粹性控股公司还是经营性控股公司，均有必要对于集团公司进行整体资本监管。

对集团公司进行整体监管的方式、方法应当与子公司相区别，可以借鉴巴塞尔委员会联合论坛在《资本充足原则文件》中提出的资本充足率计算方式——设区块审慎法[2]进行计算，以此来对集团公司整体资本充足率进行监管，保证金融控股公司整体风险承担能力。此外，需要避免同一资本在集团内部被重复计算的现象。

第二，对于集团下属各子公司而言，如前所述，金融控股公司内部风险具有可传递性，因此有必要对于证券、保险等本不受资本充足率监管的子公司进行资本充足率监管。此外，值得注意的是，一些金融控股公司可以通过设立非金融机构的途径，达到规避资本充足率监管目的，这样同样会造成风险转移。因此，有必要将金融控股公司控制的非金融机构也纳入资本监管范畴内。

---

〔1〕 参见《中国人民银行主要职责内设机构和人员编制规定》第2条第7款。

〔2〕 先将金融集团分为银行、证券、保险等子公司，再将金融集团完全合并资本与集团每个成员的受监管法定资本总和进行比较。

对于金融控股公司子公司监管方式,应当按类型分别进行监管。银行类子公司仍按照现行资本充足率计算方法进行监管;保险、证券、非金融机构的基本充足率计算方式,应当按照其各自类型及行业风险程度,比照银行类金融机构进行加权计算处理。

(2)金融控股公司内部交易的监管

需要明确的是,并非金融控股公司所有涉及内部交易的行为均要被禁止,正常的内部交易是金融控股公司发挥其协同效应的路径之一。因此,需要在立法中明确规制的内部交易行为类型。对于内部交易的监管,首先,应当建立全面的监管制度,对于金融控股公司的监管需要涵盖金融控股公司下属包括银行、证券、保险、实业等各个行业领域,还应包括金融控股公司生产经营中的各个环节;其次,应当加强对于金融控股公司的信息披露,保证金融控股公司运作透明,并建立防火墙制度,将风险在行业之间进行隔离;最后,应当遵循公平原则,建立违反内部交易规定的责任制度,对金融控股公司涉及内部交易的行为进行实质审查,审查该行为造成的结果,据此判断是否应当构成内部交易行为,并对构成内部交易的行为实施处罚措施。

(3)金融控股公司竞争行为的监管

金融控股公司所具备的特殊性,决定了金融控股公司所实施的不正当竞争行为、垄断行为与传统行业有所区别。这也导致了反垄断法对于金融控股公司的规制困境。例如,传统反垄断法中对于市场支配地位的界定需要先限定相关市场、判断市场份额,金融控股公司内部的复杂性决定了相关市场、市场份额的界定过程中,传统方法的适用存在一定困难。随着反垄断法由结构主义向行为主义转变,对金融控股公司的竞争法规制也应当顺应这一趋势。首先,应当建立反垄断执法机构与金融控股公司监管部门之间的信息共享机制,实现反垄断执法部门对于市场主体竞争行为执法的专业性和金融监管部门在金融领域的专业知识有效结合,在对金融控股公司这一特殊主体进行竞争法监管时发挥作用;其次,应当对金融控股公司一些特定行为进行严格监控,例如,在金融控股公司涉及企业合并时,需进行严格的评估审核;最后,还应当在立法中明确规定金融控股公司禁止实施的行为,例如,禁止金融控股公司银行子公司对金融控股公司内部子公司与其他外部公司贷款时予以不同的贷款利率。

五、结语

金融控股公司这一从实现我国分业经营到混业经营转变的制度产物,实践中已经对我国金融业产业结构及金融监管产生了较显著的影响。金融混业经营是金融业发展的大势所趋,金融控股公司就是从分业经营到混业经营的一种过渡形式。我国金融监管需要随之变革,统一化监管是我国金融监管的发展方向。

实施民生财政背景下预算法治变革的挑战与回应

陈　治*

目　次

财政是“推进国家治理的基础和重要支柱”。在围绕民生问题展开的社会利益整合与重建社会秩序的过程中，财政的意义不仅在于借助公共权力对社会资源进行重新分配，使原先在资源配置格局中处于弱势地位的社会民生领域获得资金保障，更在于通过“改变国家取钱、分钱和用钱的方式”，进而“改变国家做事的方式，改变国家的治理制度”。[1] 在民生财政的法治建构中，结果取向的投入比例或者量化指标不是唯一考量的因素，应当与民生导向的公共政策同步推进的是有关个人权利保障、立法与行政财政权力配置，财政民主确立、问责与救济强化等治理要素的完善。这种将外在资源配置与内在权责配置、结果正义与程序正义有机结合的努力方向有赖于现代预算法治的支撑。现代预算是一个融合资源分配与权力配置，兼具形式要件与实体内容的制

---

* 西南政法大学经济法学院副教授，法学博士。

〔1〕 王绍光、马骏：《走向“预算国家”：财政转型与国家建设》，载马骏、谭君久、王浦劬主编：《走向“预算国家”：治理、民主和改革》，中央编译出版社2011年版，第5页。

度化构造的产物。[1] 通过建立资源分配的理性决策模式，并对预算编制、执行、调整、监督、评估、决算、问责的全程规范，可以在权衡不同利益诉求的前提下对现实社会保持动态回应，提高有限资源的利用效率。包含资源分配、权责配置、结果导向与程序规范等诸多要素的预算法治体系，可以在不同维度上满足民生财政的法治化实施需求。

从现有文献来看，学界对民生财政的研究偏重于"实体维度"与"保障性视角"。如界定民生支出，定位民生财政与公共财政的功能差异，分析民生财政的实施效果，提出进一步扩大民生支出、调整财政支出结构的政策主张等，而对如何在预算运行程序及预算控制基础上建构民生财政实施机制缺乏必要关注。对预算法治的研究则偏重于"程序维度"与"控制性视角"——如强化人大预算审议监督，规范政府预算收支行为，完善预算责任体系等，一方面，对来自民生财政的实体保障诉求回应不足；另一方面，对民生财政扩张带来的预算效应缺乏充分应对，没有形成支撑民生财政可持续实施的法律保障机制。本文旨在将民生财政与预算法治关联起来，说明实施民生财政对预算法治变革提出的挑战并做出回应。

一、如何克服预算分配碎片化现象

在我国长期偏重经济建设投资的财政运行模式之下，预算分配碎片化的现象已经存在。所谓预算分配碎片化，是指财政支出不受财政部门预算分配的约束，"名义上的核心预算机构主要负责经常性预算的分配，而资本预算则通常是由一个计划部门或发展部门来分配的"，例如，各级政府的发展和改革委员会实际上拥有规模庞大的被称为"口袋预算"的"切块资金"，在决定支出项目资金规模和具体使用方向上具有极大的自由裁量空间。[2] 这种由不同部门分散做出分配决策的格局在实施民生财政的背景下非但没有得到解决，反而更加严重。在实施民生财政的背景下，与民生支出相关的部门，如教育部门、科技部门、农业部门获得较大的资金分配权，而该权力的获得主要来自法律法规的规定乃至政策性或行政性决定。例如，要求国家对教育、科技、农业的支出与财政收入保持同等或者更高增长幅度的立法规定，可以对预算分配产生直接约束力。又如，反经济周期政策、鼓励科技创新或者扶持弱势产业的政策等都会在不同程度上产生具有约束力的支出，该支出形式不限于直接支出，还包括税收支出与财政担保。除此之外，一些应急性民生支出往往依据行政决定的方式进行安排，以弥补预算

---

〔1〕 参见陈治：《国家治理转型中的预算法律制度变革——兼评修订后的〈中华人民共和国预算法〉》，载《法制与社会发展》2015年第2期。

〔2〕 参见马蔡琛：《现代预算制度的演化特征与路径选择》，载《中国人民大学学报》2014年第5期。

资金(预备费)的不足。

从预算管理机制的层面分析,导致预算分配碎片化现象的原因是预算过程与公共政策决策过程彼此分离。因而,一方面,核心预算机构陷入"管着钱但是管不了政策"的尴尬境地,无法通过预算审查提高资源配置的效率,预算分配过程变成为政策"安排"资金而不是"控制"资金;另一方面,支出部门的政策决策过程并不考虑全部的政策成本,相反地,为应对预算执行过程中可能产生的新增资金需求,在预算编制环节会尽量扩大预算规模,而"部门实际执行的预算比年初获得的预算规模更大,决算通常超过预算"。[1] 由此值得反思的是,以往关于民生财政的研究大都将注意力放在如何转变财政支出结构、提高民生支出的规模上,希望政策过程引导预算过程,使政策确定的优先项目得到资金保障。而实践恰恰表明,尽管财政支出结构的转变有赖于克服既有政策的路径依赖,任务不可谓不艰巨,但是相对于使预算过程约束政策过程的改革目标而言,后者更具挑战性。前者通过自上而下的行政推动,尤其是来自中央政府层面的示范效应,各级政府很快形成预算分配向社会民生倾斜的基本共识,只是由于政府间事权划分以及财权与事权相匹配的相关制度改革滞后,民生财政在地方政府层面的实施面临客观障碍。同时,基于地方政府担负经济发展重任以及政绩考核指标体系对政策选择、资源分配的潜在影响,亦有必要强调民生支出项目的优先性。整体而言,政策过程对预算过程引导的制度变迁成本相对更低。而预算过程对政策过程的约束之所以更具挑战性,是因为它不仅涉及预算机构与支出部门之间的预算分配关系,更关系预算背后政策体制和行政体制的变革。正如厦门大学马骏教授所指出的,如果只是一次纯粹的预算分配改革,而不同时进行政策体制和行政体制方面的配套改革,那么这种改革无法从根本上改变政府决策和行为模式。[2] 当然,在更广范围内推动相关配套机制改革已非预算法治"一己之力"所能完成,但是它至少可以从强化政策成本的预算审查,促进预算过程与政策过程形成更紧密联系的角度为克服预算分配碎片化提供解决方案。在这一意义上,预算法治对民生财政的回应已不是简单的支出项目优先性选择的问题,而是涉及如何建立完整的政策过程引导预算过程、预算过程约束政策过程的双向互动机制的问题。在这一过程中,关键是确立核心预算机构,明晰其与可能影响预算分配格局的各个主体间的权责关系。

核心预算机构应当主要作为有别于具体预算执行者的预算决策者,承担宏观财政

---

〔1〕 参见马骏、侯一麟:《中国省级预算中的政策过程与预算过程:来自两省的调查》,载《经济体制比较》2005年第5期。

〔2〕 参见马骏、於莉:《中国核心预算机构研究——以中国某省会城市为例》,载《华中师范大学学报》(人文社会科学版)2007年第2期。

总额控制、中期规划编制与绩效预算控制职责，而预算执行中的项目资金如何运用，如何选择最有效的财政支出方式应当交由与公共服务职能关系最密切的支出部门进行裁量。核心预算机构在预算编制、审批、执行的整个运行环节中，兼具资源申请者与资源保护者的角色。一方面，面对承担具体支出职责的行政部门，核心预算机构需要综合平衡，在一定总额控制目标下确定支出优先性，约束行政部门的支出请求；另一方面，面对承担审批与监督职责的立法机关，核心预算机构又相当于汇总具体支出需求的资源申请者，需要反映职能履行的合理需求，同时在预算初步审查环节中发挥沟通反馈与修正整改的作用。核心预算机构为我们审视既有的预算法治改革提供了新的视角。不难发现，无论是早期的部门预算改革、绩效管理改革，还是近期实施的《预算法》修订、中期财政规划管理，都是围绕建立并强化财政部门作为核心预算机构的主体地位而展开的，核心预算机构在上述制度变迁中的反映以及它与其他机构之间的互动关系又在很大程度上左右了制度变迁的成效。因而，如果要建立总额控制目标，发挥中期财政规划管理在落实总额控制目标中的作用，促进绩效管理与预算分配之间的有效联结，就应当重视核心预算机构法律制度的完善。

二、如何协调“控制取向”与“管理/计划取向”的预算分配模式

传统的预算分配依据不同机构职能或者费用性质进行，通过分项列支方式详细说明资金的流向。其关注的重心在于预算投入；控制的目的是确保预算拨款按照预先规定的方式、数目和对象进行支出；控制的途径是依托以财政部门为核心预算机构实施的“行政控制”与以立法机关为预算审议机构实施的“政治控制”，由此构成一种典型的具有“控制取向”的预算模式。由于其强调投入而忽视绩效，削弱了支出机构改善业绩的动力，从20世纪30年代开始西方国家推行了以“管理取向”“计划取向”为特征的一系列预算改革，包括“绩效预算”“计划—项目预算”“零基预算”“新绩效预算”[1]等。

---

〔1〕 20世纪70年代出现的“新绩效预算”相对于早期“绩效预算”的区别，在于后者要求预算资金根据投入产出关系进行分配，重点关注政府部门的工作产出，而至于目标本身是否合理不在考量范围；后者将预算资金的分配基础从“产出”(output)进一步移转至“结果”(outcome)上。以就业促进为例，“产出”目标关注单位公共资源投入所完成培训人员的数量及达到就业要求的人员数量，这也体现了效率性(efficiency)要求；而“结果”目标关注就业培训的财政支出是否增加了就业数量，能否确保职业稳定的程度，是否改善收入与生活质量状况，对平衡地区收入差距的影响等，这体现了有效性(effective)要求。关于“新绩效预算”与“绩效预算”的区别以及“产出”目标与“结果”目标的关系，可参见马骏、赵早早：《中国预算改革的目标选择》，载《华中师范大学学报》(人文社会科学版)2005年第3期；陈治：《我国实施民生财政的法律保障机制研究》，法律出版社2014年版，第147页。

它们或者注重对财政资金使用过程的绩效管理,或者强调事前计划目标与特定支出项目的设定,在一定程度上有利于增强预算分配决策的理性基础,亦使核心预算机构与支出机构之间、立法机关与行政机关之间的预算控权关系发生改变。最为突出的是在新绩效预算模式中,核心预算机构的地位从一个“支出削减者”演变为一个宏观目标规划者或者中长期政策分析者,而将具体支出方式的运用、对资金使用过程的管理授权支出机构自主进行,并依据绩效评估结论决定新一轮的资源分配,实现预算与绩效的整合。[1]

显然,“控制取向”与“管理/计划取向”构成了预算分配改革完全不同的两种路径。西方国家预算法治实践采取的是先“控”后“活”的方式,在实施绩效预算之前一般都建立了完备的预算控制制度,颁布了一系列旨在约束政府财政权力的限制性、禁止性规则。一旦打破这一顺序,“就要冒这样的风险,即在有效的制度建立以前就给予管理者随心所欲地支配财政资金的权力”。[2] 而我国民生财政的实施,恰恰使控权与授权的“历时性问题”变成了“共时性问题”:不仅在“控制取向”上亟待克服预算分配的碎片化现象,强化核心预算机构的权威,[3]而且在“管理/计划取向”上,亦面临如何实现预算与绩效整合的制度化建构、如何推进绩效信息收集与评估的相关配套机制改革以及如何付诸实施等诸多挑战。事实上,我国预算法治的改革实践一直呈现两种取向交错推进的特点。以 1995 年《预算法》颁布为依托,我国实施了复式预算改革(1992 ~ 1995 年)、部门预算改革(2000 年)、政府财政信息管理系统建设(2000 年)、公共收支改革(1999 ~ 2002 年)、预算收支分类改革(1999 ~ 2004 年)、财政绩效评价改革(1992 ~ 2011 年)等多项措施。这些改革举措在强化合法性、合规性控制的同时,对于遏制财政资金使用中的低效率、损失浪费现象也产生了积极作用。另外,专门围绕绩效评价及绩效管理法治化的改革早在 20 世纪 90 年代初即已启动,[4]至 2011 年我国出台加强预算绩效管理的规范性文件,关于财政绩效问题的法治化探索实际上已经持续 20 年,成为贯穿我国预算法治改革进程的一条主线。由此看来,两种改革进路从来没有也无

---

[1] 参见马骏:《公共预算原则:挑战与重构》,载《经济学家》2003 年第 3 期。

[2] [美]艾伦·希克:《现代公共支出管理方法》,王卫星译,经济管理出版社 2000 年版,第 34 页。

[3] 当然,保障人大机关的预算控制亦是预算法治体系的重要任务,无论是学术研究还是预算立法、执法实践,都可以看出社会各界对人大预算控制问题的重视程度。相对而言,近年来涉及核心预算机构行政控制问题的研究或实践明显滞后,相关成果还停留在 20 世纪 90 年代实施的部门预算改革、国库集中支付改革以及政府采购改革的层面。民生财政的实施恰恰为再次关注核心预算机构行政控制问题提供了契机。

[4] 我国早在 1992 年即已颁布《社会文教行政经费使用效果考核办法(试行)》,旨在加强社会文教行政经费管理,提高资金使用效益。

必要截然区分或者进行刻意的前后安排,它们可能交替成为法治改革不同阶段的重心,也可能同时融入某一特定立法文件中成为共同推动制度变迁的力量。

民生财政的实施凸显了财政支出效果评估的重要价值,客观上要求财政活动的目的性指向更清晰,使财政与公众的联系更为紧密,因而追问财政活动究竟有无实现民生诉求、预期目标与实际结果是否有所偏离、如何改进资源分配以促使目标与结果尽可能趋于一致就变得更有价值。当然,在此过程中,始终需要关注的是政府活动是否是在预算授权范围内进行,在探索建立财政自主、放松外部控制、追求绩效目标为特征的新的预算模式的同时,必须克服政府支出随意性的风险。预算授权的尺度应当与预算控权相匹配,避免盲目赋权而对财政运行带来更大的负面效应。可以说,"共时性"的制度变迁路径更能够适应民生财政的发展需要,关键是需要进一步落实到制度建构层面,确保两种取向"和谐共处"。

三、如何规范市场化的财政支出方式

预算分配制度既要解决内部如何划分核心预算机构与支出机构之间的权责关系问题,亦须回应在外部公私合作背景下市场化财政支出方式提出的新挑战。一直以来,公共预算都是以公共权力主体——政府、议会为中心的资源分配行动,由其分别完成预算编制与预算审议,形成具有法律约束力的预算案作为财政收支的基本依据。然后按照预算的安排向各个支出机构拨付资金以满足职能履行的需要。最终预算执行的结果便是向社会提供各种公共产品和公共服务。而在公私合作提供民生公共产品或服务的背景下,私营部门及其他社会组织作为公共服务的承接主体开始分担部分政府职责,并获得与其服务成本相匹配的财政资金。由于市场机制的引入,公共预算不再是一种局限于公权主体间的资金流转活动,而是一种在公权部门与私人承接者之间进行财政支出与服务递送的双向互动的过程。公私合作反映在实践中最为典型的就是政府购买与社会民生直接相关的服务,如就业促进、社区养老、残疾人保障、卫生保健、心理咨询、行为矫正等,支出方式具有明显的市场性、对价性。除此之外,政府运用财政资金投资成立一些准政府组织或者政府公司以承接民生公共服务,也是一种常见的"以私人形式完成公共任务"的合作供给模式,在此过程中,财政支出转换为企业的经营资本,并以此作为要求企业承担公共责任的物质基础。

政府购买与政府投资所带来的财政支出方式的变化不同程度上造成了预算规制的难题。正如著名公共预算学者凯顿教授所言,一般公共预算是以明确划分公私主体的边界为假定前提,特指公权主体的收支活动。[1] 进言之,公私主体各有其功能、性质截然不同的预算行为,两者界限分明,受公私领域不同的预算法则所调整,而一旦公私主体的预算活动产生交叉、重叠,例如,私人主体获得公共资金,或者借助公权主体独有的公债形式融资,这就意味着私人主体(包括准政府组织或政府公司)介入政府的预算收支活动过程,凯顿教授将此种现象称为"预算的私有化"。它对预算规制的冲击表现在以下几个方面:一是预算公共性影响,从公共服务承接者角度来看,私人主体使用公共资金的过程能否保证支出目标的公共性,有待制度约束;二是预算完整性影响,从公共服务提供者角度来看,政府的购买性支出抑或投资性支出常常在预算外循环,不纳入一般公共预算审议范围,破坏了预算的完整性;三是预算公开性影响,从收支信息的可得性、准确性、及时性角度来看,与公共服务合作供给相关的预算信息公开不能满足公众知情权的需要;四是预算绩效评估影响,由于对承接者的服务质量难以测定,而"质量与预算产出之间的关系远比所发现的模糊",[2] 因此要在质量基础上决定预算资金规模,改善预算分配效率低下的弊端将难以实现;五是预算成本控制影响,公共服务的合作供给更容易呈现前述政策过程引导预算过程的特点,导致额外的成本增加,为预算过程约束政策过程带来障碍。

既然市场化支出在本质上仍然属于政府财政活动的范畴,那么有支出必然有预算、先有预算后有支出的基本原则便适用于市场化支出,这是强调市场化支出预算规制的逻辑出发点。然而,现实情况是市场机制的运用为逃避预算规制提供了契机。更值得注意的是,目前制度建设的重心是放在公共服务供给市场化的流程构造上,如选择合同承包商的具体方式、质量标准的确定、公私主体部门间的权责关系等,而对公共服务市场化改革所蕴含的财政意义缺乏充分关注,尤其是对相关支出的中长期财政影响缺乏审慎评估,过于强调市场化的效率优势,而忽视其背后财政可能承担相比于传统支出更大的风险。强化市场化支出的预算规制就是要使公共服务供给的市场化改革回归其财政本质属性,克服市场化对中长期财政运行带来的风险。

四、如何联结预算分配中的参与式民主与代议制民主

如果说围绕核心预算机构与支出部门之间的控权/授权争论反映的是预算分配理性化的改革趋势,那么公众参与问题的出现又为预算分配的民主化发展提供了生动注

---

[1] See Namin Caiden, "A New Perspective on Budgetary Reforms", *Australian Journal of Public Administration*, Vol. 48, No. 1, 1989, p. 57.

[2] [美]梅耶斯:《公共预算经典(第1卷)——面向绩效的新发展》,苟燕楠、董静译,上海财经大学出版社2005年版,第84页。

脚。回顾预算民主的发展历程不难发现,代议制民主是其主要运作方式,即通过议会控制国家财政预算而不允许由政府自行决定收支。正是在代议制民主的基础上,预算民主原则被确定下来,并成为推动建立现代预算国家的最重要力量。然而,代议制民主在实践发展过程中越来越背离民主的本意,民主包含的公共事务参与意义逐渐被投票选举所替代,以致选举成为民主制度的最核心问题。[1] 在这种情况下,预算似乎是与已无关的事情,代议机关、民众、政府之间的公共财政信托关系变得日益模糊。将预算运行的民主基础扩展为参与式民主,被视为解决上述问题的有效途径,公众通过多样化的、持续性的参与预算活动,对公共事务发挥影响、管理乃至控制的作用。

在实施民生财政的背景下,民生导向性的支出政策将预算资金的分配者与受益者紧密联系起来,要求预算分配建立在更加开放、透明的公众参与式民主基础之上,这为推动预算民主机制的改革提供了新的动力。但是代议制民主仍然是现代民主政治的基础,民意代表的选择、意见须经立法机关通过才能取得合法性支持,代议制机关依然拥有最终的预算决定权。“协商决策要求选举和随机代表的结合……在制定决策中,随机选择的参与者没有法律上的合法性,因而,民主恳谈需要选举的代表来赞成最后协商的结果。”[2] 关于参与式预算民主与代议制预算民主的关系问题,是一个涉及现代民主政治体制改革的宏大课题。就法治层面而言,需要解决的是两者可能的联结途径是什么,代议制机关的预算审批权、预算监督权能否成为公众预算参与权的有利条件而不是增加阻力,反之,公众预算参与权能否为代议制机关预算权的行使提供更为全面的信息基础而不是形成干扰,双方能否在促进预算透明度问题上建立有效的互动联结机制,还有待进一步探讨。

完善两种预算民主联结机制的基本前提是从正式制度的层面对参与式预算予以确认。“联结”意味着两套预算民主机制在功能上相对独立、并行不悖,在具体运作程序上相互支持、相辅相成。因而在探讨具体联结方式之前,应当首先确立参与式预算的合法性地位,通过明晰其基本概念、原则及目标,设定其适用边界与适用条件,确保其不受人为因素的影响而持续进行,形成与传统预算民主机制并行不悖、相对独立的一套运作体系,在此基础上借助预算权力(利)配置及具体程序设计建立传统预算民主与参与式预算民主的联结机制。

在《预算法》上建立参与式预算民主与传统预算民主的联结机制重心不在于具体方式的规定,而在于对各方参与主体的预算权力(利)进行合理配置,尤其是解决在既

---

〔1〕 参见陈炳辉、韩斯疆:《当代参与式民主理论的复兴》,载《厦门大学学报》2008年第6期。

〔2〕 何包钢:《协商民主:理论、方法和实践》,中国社会科学文献出版社2008年版,第54页。

有的法律框架中有所缺失的公众参与者的预算权利保障与约束问题，克服实践中两种联结方式的弊端。一种方式是松散型联结，即公众参与作为项目优先性选择的直接决策方式在人大预算审议程序之外单独运作，人大负责对公众参与的决策结果进行审议但并不会直接介入公众预算决策的过程。温岭市泽国镇是这种联结机制的典型范例。另一种方式是紧密型联结，公众通过民主恳谈会及基层人大制度参与预算决策，公众参与预算与人大预算审议程序紧密结合，不可分离。温岭市新河镇为此种联结机制的典型范例。松散型联结方式下公众参与者看似获得了较大的资源分享机会，但由于预算权利保障与约束规则缺失，使松散型联结的推广适用空间受到局限，并且参与者的精力容易放在特定投资项目的取舍上，而不是从公开的程序运作中体会公共理性的民主本意，与传统预算民主机制注重程序正义的运作特点难以兼容，这也使此种联结方式对规范程序之外的人为力量更加依赖，但反倒阻碍了其可持续发展。同样，在紧密型联结方式下，公众参与者被置于庞大的立法机关预算审议程序之下，成为其中一个运行环节，由于缺乏明确的公众参与者预算权利配置机制，公众参与并不触及预算决策性内容，而参与式预算的基本涵义在于将预算决策过程向公众开放。显然，这种联结方式下形成的“参与式预算”缺乏自身独立的功能边界，更像是立法机关推进预算审议民主化进程的一个“副产品”，预算程序可能变得更加透明，但是公众参与者的“赋权”(empowerment)任务并未完成。基于此，《预算法》应当以公众参与者的预算权利配置为突破口，建立与传统预算民主机制下的权力格局相匹配的预算权利保障体系，形成参与式预算民主与传统预算民主的有效并存与制度化联结：通过参与式预算扩展传统预算民主决策的信息基础，通过传统预算民主夯实参与式预算的运作平台。

五、如何确保预算执行中的适度弹性

从预算分配转入预算执行层面，涉及预算法定与预算弹性的权衡问题。如果说预算民主强调的是人大、公众、政府预算权配置上的分权制衡，那么预算法定就是多方博弈之后，体现分权结果的制度安排。严格意义上的预算法定意味着一旦预算通过，就具有法律效力，预算将成为各级政府及其部门在财政年度内安排各项支出的依据，并且未经法定程序，任何主体都无权擅自改变。在特殊情况下，如果需要增加支出或变更既定支出的用途，则必须启动预算调整程序，重新获得立法机关的授权。导致预算执行过程偏离最初批准预算的原因是多样的，“经济形势的改变，对岁入和支出的预测不足，持续不断的政治斗争，领导层的变动和公众关注问题的焦点发生转移”都可能使预算案通过之后发生不同程度的改变。[1] 其中,对于微小的技术性变动可以通过同一拨款账户内的不同支出项目之间或者不同拨款账户之间进行资金余缺调剂而实现,但是更主要和常见的预算变动具有政治意味,如追加拨款、重新立项等。在这种变动背后,涉及两种价值的权衡:一方面是预算的回应价值,即适应变化莫测的环境,以保证预算案中所暗含的政策妥协得以体现;另一方面是预算的程序价值,即反映在预算案中的政策决定能够通过公开的途径,根据预算制定过程来做出。保持预算执行的弹性以回应现实需求可能降低程序正义要求,避开公众监督,出现“第二次模糊的预算过程”;而延缓回应的速度,维持预算法定的固有原则,则又可能付出降低公共责任承担能力的代价。

进一步分析,如果现实需求涉及社会民生问题,那么这种“两难”困境将会更加明显。主要表现为两种情况:一是民生应急性支出。它是指为预防或应对公共危机对社会民生造成的危害而进行的支出。在现代社会步入高风险社会的背景下,因自然、人为因素导致出现公共危机的可能性大为增强,财政应急手段的动用将不可避免且势必更为频繁。财政应急性支出目的在很大程度上是满足处于公共危机中的社会民生需求,而危机发生、持续时间、影响范围等都具有相当大的不确定性,这就决定了应急性支出可能无法在事先安排的预算中得到及时、充分保障,抑或事先安排的应急性支出款项与实际需要的支出类别不一致,需要根据事态的发展持续、动态调整支出,由此增加了维持预算法定、恪守预算程序性控制规则与兼顾预算弹性、回应变化的支出需求的难度。二是民生导向性支出政策或法规。在预算执行中,可能因民生导向的政策或法规颁布而需要提供额外的资金支持。值得注意的是,民生导向的政策或法规所带来的往往是中长期支出需求,并且支出规模、支出方向相对稳定。政策、法规一旦实施,相关支出计划也会保持较强的刚性。引起中长期支出变动的典型例子是诸如社会保障、医疗卫生、就业促进等方面的政策或法规出台。这些来自民生保障领域的社会诉求往往定型化为一种法定权利。尽管在其表现形式、实体内容方面还存在差异,但至少在人们观念中已形成该种权利与传统的财产权利、政治权利同等重要的社会共识。

在预算法治层面上,上述两种因素对预算执行变动的影响力存在差异。愈是可能带来持久性、全局性变动的因素,预算执行过程应当予以更谨慎的对待。在美国预算实践中,对于可能引发支出削减、税收增加的政策法规变动往往采取延迟行动方案,也就是推迟到下一个预算周期再依据正式的决策程序作出决定。而对于包含支出安排

---

〔1〕 参见[美]爱伦·鲁宾:《公共预算中的政治:收入与支出,借贷与平衡》,叶娟丽等译,中国人民大学出版社2001年版,第248页。

内容并可能长期增加的政策法规变动问题,如国家在养老、医疗、贫困救助等领域进行的法定支出,预算法本身存在功能限度。由于该类支出主要由预算外的立法对受益者的资格及接受资助的条件、方式等进行直接规定,而支出金额通常与工资水平、通货膨胀率、物价涨幅、人口结构、公众观念等因素挂钩,不受年度预算拨款程序的影响。因此,其预算决策具有自动性而非年度性的特点,除非对决定支出的立法进行修订,否则支出本身自动延续。并且在未来可预期的社会结构变迁的背景下,该类支出还将呈现刚性增长的趋势。预算法所提供的支出控制机制是以强化预算本身的约束力为内容,预算外由专门立法确定的法定支出并不受预算程序的制约。因此,对法定支出的控制不能依赖预算法的单一力量,还必须借助授权支出的相关立法的修订,同时建立专门的法定支出成本审查机制强化法定支出控制。相比较而言,预算法对应急性支出的预算执行变动问题,可以有较大作用空间,各国预算法实践中也提供了较多的应急性支出控制经验,值得我国预算法借鉴。

六、如何建立预算问责的法治化路径

问责的本质是建立一个向公民负责的政府,保证政府在一定限度范围之内正当使用公共权力,这也是现代国家治理的核心问题。通过预算控制政府权力,有助于将政府变成一个"看得见的、有可能被监督的政府",它促进政治国家与市民社会形成公共信托关系。国家凭借强制性权力将私人资源向公共资源转移之后,就应当按照公共性目的承担谨慎管理之责,其有义务在公开程序中说明未来活动事项及其理由,并接受公众及其代议机关对该活动成本及其合理性的评判、监督。一旦其有违公共信托义务要求,将承担经济的、行政的乃至政治上的不利后果。因而建立预算意义上的问责机制对于强化整个国家政治体系的问责至关重要,政治问责也只有与财政预算问责相联系的时候才具有实质内容。[1] 这是一种在极其宽泛的意义层面上理解预算问责,是将预算整体看作"基本而且重要的问责工具",要求从预算分配、预算执行到预算绩效评估,再到贯穿始终的预算信息公开过程都反映控权、透明、公平的问责要义。

民生财政的实施不应降低对预算问责的诉求,相反,还应通过预算法治体系的完善从宏观层面强化预算作为问责工具的实践价值。但值得注意的是,在民生财政预算问责的法治化路径中,问责主体、问责对象、问责程序、责任形态的选择却呈现一定的变化,表现在从偏重公共权力主体问责到涵盖私人主体在内的多元化主体问责;从针对预算执行环节问责到针对预算执行、预算分配环节实施问责;从强调行政程序问责

〔1〕 参见马骏:《实现政治问责的三条道路》,载《中国社会科学》2010年第5期。

到强调行政之外的司法、立法程序问责;从一般政治性责任形态问责到强调与公众切身利益更为相关的补偿性、给付性责任形态问责。这些特点在具体针对预算运行环节的问责实践中充分体现出来。

民生财政预算问责最薄弱的环节是预算分配。政治问责进入预算层面之后应当是全面覆盖从预算分配到预算执行的各个环节,要求每个环节都具有可问责性。但事实上,从各国预算实践来看,预算执行问责强于预算分配问责,预算行政问责强于预算司法、立法问责。主要原因是预算执行的问题集中于是否以及在多大程度上偏离预算要求,涉及政策性选择或权衡的情况较少,规范性考量因素更多,因而,无论是内部的行政力量还是外部的立法、司法干预都容易介入预算执行过程。预算分配则属于典型的受公共政策影响、政治意味浓厚的资源配置过程,它由行政机关根据经济社会发展需要做出自由裁量,然后提交立法机关审议通过。预算分配的结果主要涉及合理性、妥当性判断而非合法性、合规性问题。因此,一方面,司法机关较少介入此种宏观政策层面的价值判断问题,亦难以强制性要求行政机关做出某种给付以满足公民的生存发展需求;另一方面,立法机关囿于成本信息、专业知识等方面的局限也往往无法对预算分配过程进行实质性影响。由此,预算分配更多置于行政机关的内部控制之下,预算问责的强度明显弱化。

要发挥预算作为改善国家治理工具的作用,不仅有赖于自上而下地改变资源分配方式,强化立法机关对预算分配过程的实质性干预,亦需要自下而上地建立诉求表达与利益争取的机制,通过公民个体或集体的力量在借助司法权威的前提下,以个案形式改变影响社会整体利益的资源分配过程,使资源分配建立在现实的、具体的、可直接感知的人本基础之上。对预算分配实施司法干预的观念放在民生财政的背景下,更凸显其独特价值。对于习惯自上而下地做出预算安排以确保民生投向的实施路径而言,预算分配的司法干预为社会个体提供了寻求权利保障与法律救济之路,并且民生问题与自身利益关联的紧密程度也成为可能启动司法程序的重要前提。当然,司法面对预算分配问题的功能局限是建立这一司法机制的主要障碍,同时,即使司法实现了对预算分配过程的个案介入,其判决结果又能在多大程度上影响预算分配格局同样存在疑问。

论政治问责视野下地方人大预算审查监督的完善

——以《重庆市预算审查监督条例(征求意见稿)》为例*

杜 坤**

目 次

一、引言

尽管我国《预算法》《预算法实施条例》为各级人大动用预算监督权提供了相对充足的文本规范,不过带有强烈"地方色彩"的预算监督引致上述规范难以有效对接地方实践,减损了地方人大预算监督效能。基于此,重庆市人大在总结本地预算审查监督实践经验的基础上,对上述规范文本内容进行地方化改良,形成了《重庆市预算审查监督条例(征求意见稿)》(以下简称《征求意见稿》)。此次修订既合理地配置了地方人大与政府的预算权力,又为强化人大对政府预算监控力度提供了制度保障。就此次修订内容而言,《征求意见稿》中不乏夺人眼球之处,如创设预算监督联络员制度、确立人

---

* 基金项目:国家社科基金重大项目《国家治理现代化视角下预算法治化研究》(14ZDC015)。

** 西北政法大学法治陕西建设协同创新中心讲师,法学博士,武汉大学法学院博士后研究人员。

大预算修正权等。

已有《征求意见稿》之文本规范是否能达到预期目标尚须经一番理论审视才能得到结论。人大预算审查监督的本质是政治问责,政府在人大的一系列的问责措施规制下,才能对产生它的人大负责,进而对让渡部分权利的社会公众负责。〔1〕 而任何问责无法脱离信息、对话与强制基本要素,因此,以"信息—对话—强制"为分析框架成为检视《征求意见稿》具体条款内容的绝佳视角。

二、人大预算监督的三元分析框架

信息、对话与强制是任何政治问责机制不可或缺的构成要素,〔2〕三个要素之间具有紧密的逻辑联系,这也是我们重新认识《征求意见稿》的重要线索,主要内容包括如下三点:

(一)政府预算信息:人大预算监督有效实施的前置性条件

"信息是我们这个世界运行所仰赖的血液、食物和生命力。"〔3〕同样地,任何监督活动都是建立在一定信息基础之上,人大预算监督亦概莫能外。有论者认为,如果说议会监督的初衷是迫使政府对议会全面真诚负责,而议会既无法占据政府活动信息又缺少获知情况的权力,那么此种控制政府的目标终将落空。除此之外,一旦议会对政府的行为存在疑问,政府负责人应当及时阐释和说明相关活动的理由,这对于议会预算监督目标的实现是至关重要的。〔4〕 "看不见的政府"在某种程度上是"缺少预算的政府"的同义替代,〔5〕社会公众的代表们只有真切地看到政府活动的"账本",才能对其施以行之有效的监督。在财政资源支应下,政府活动或者行政行为才能得以展开,附随地产生了记载政府活动的信息文本——政府预算信息。收集和处理政府活动信息的能力是人大预算监督的先决条件。人大只有掌握了充足而翔实的政府预算信息,方能从中发现和甄别政府活动与行为的瑕疵与漏洞,进而采取富有针对性的监督举

---

〔1〕 参见[美]约翰·穆勒:《代议制政府》,段小平译,中国社会科学出版社2007年版,第155页。

〔2〕 See Andreas Schedler, Conceptualizing Accountability in Andreas Schedler, et al., eds, *The Self-Restraining State: Power and Accountability in New Democracies*, Boulder: Lynne Rienner Publisher, 1999, pp. 14–16.

〔3〕 参见[美]格雷克:《信息简史》,高博译,人民邮电出版社2013年版,第133页。

〔4〕 See Jeffrey Jowell and Dawn Oliver edit, *The Changing Constitution*, Third Edition, Oxford: Oxford University Press 1994, p. 112.

〔5〕 See Frederick A. Cleveland, "Budge Making and the Increased Cost of Government", *The American Economic Review*, Vol. 6, No. 1, 1916, pp. 50–70.

措。换言之,"无政府预算信息则无预算监督",人大实施预算监督的前置性条件是掌握充足而有效的政府行为和相应成本的信息,其价值在于只有全面而深入了解政府活动的相关情况,才能有效地行使法律所赋予的各项预算监督权力。

(二)人大与政府之间充分对话:预算监督得以开展的基础性设施

所谓人大与政府之间的对话,系指人大为了验证已获取的预算信息的真实性与合理性,以积极主动的态度针对预算编制与执行过程中的细节性问题与政府进行交流与沟通。众所周知,任何对话都是双向的,因为单向的对话无法产生信息传递与交换的效果,此种结论同样适用人大预算监督的对话维度。一方面,人大针对政府预算编制与执行过程的相关细节性问题,可以通过法律赋予的询问权、质询权予以实现;另一方面,政府及其工作人员为了阐释和说明其活动的正当性与合理性,以书面或者口头的形式进行回应。

人大与政府之间就政府预算的对话有着深厚的理论基础,其本质上是政治商谈。20世纪80年代出现的协商民主理论,针对古代雅典式直接民主的无"能"和近代以来代议民主的无"德",〔1〕提出了互动性的程序民主,强调民主并不是简单的表决与投票,而应该是公民在平等参与基础上的自由对话、沟通、辩论和协商,以促进原始偏好的合理转换,实现公共决策的最优化。德国学者哈贝马斯提出了程序性人民主权学说,即人民主权是一种程序化的交往权力,民主是对交往权力、行政权力和社会权力之间关系作出规范性调节。〔2〕美国学者博曼则认为,民主的核心在于协商,公共协商是一种交往理性的对话过程,也是一种共同的合作性活动。〔3〕人大与政府之间对话的价值在于两个方面:一方面,人大在了解政府基本活动和所支付成本信息的前提下,以"对话"的方式进一步核实信息的真实性;另一方面,政府为了获得人大以及其所代表的社会公众的信任与支持,在二者的对话过程中不断阐释和说明行政活动的合理性与正当性。

---

〔1〕 西方民主经历了古代雅典式的直接民主,近代以来的密尔式的代议民主当代协商民主三个阶段。古代雅典式民主被柏拉图指责为"庸人政治",亚里士多德也担忧它会变异为"暴民政治"。近代以来的代议民主虽然扬弃了古代直接民主的"物质、冲动和偏见"是大国民主的理性选择,但也经受了诸如"精英政治""政治分肥"的指责与谩骂。参见汪进元:《国家治理体系中政府权力的分化与重组》,载《法商研究》2014年第3期。

〔2〕 参见[德]哈贝马斯:《在事实与规范之间——关于法律与民主法治国的商谈理论》,童世骏译,生活·读书·新知三联书店2003年版,第359页。

〔3〕 参见[美]博曼:《公共协商:多元主义,复杂性与民主》,黄相怀译,中央编译出版社2006年版,第25页。

我们不妨将上述环节归结为“询问—解释”模式,而且这一模式本质上是政治性商谈。无论是人大还是政府,他们都是以对国家和社会负责为已任,“询问—解释”模式对于二者来说都具有十分重要的意义。具体而言,对于人大而言,在“询问—解释”环节以积极主动的姿态收集政府活动相关信息,不但提升了人大获取政府活动信息的能力,同时基于信息对政府活动的合法性与运行成本的合理性作出判断,从而确保了后续预算决议的正确性。对于政府而言,在“询问—解释”环节理性地回应人大的发问,不仅是履行法定的义务,尊重人大预算监督权的表现,同时也是对行政活动正当性与合法性据理力争的辩护。在人大与政府的一来一往之间消除了二者的紧张情绪,提升了预算决议的可接受性。

(三)人大作出具有强制性的决议:对政府财政行为控制的重要途径

人大基于对政府活动及其成本情况的了解与掌握,经过“询问—解释”模式的政治性商谈后,对政府所呈报的预算草案进行决议以及对政府预算违规违法行为进行校正。有论者认为,“负责”一词包括了行为人与控制人两类主体,意味着前者的行动受到后者的约束与限制。当我们言及拥有权力的集体向另外一个集体负责时,至少包括3层意义:其一,行为人通过信息传送轨道将行为的相关信息传递给控制人;其二,控制人为了对行为人之行为进行激励或者惩处,应当在接收行为人所传递的信息后,对之进行必要分析与评价;其三,在集中与分析行为信息的基础上,控制人通过手中的权力对行为人所实施的活动进行激励或者惩罚。[1] 就人大预算监督而言,其强制性维度其实正是人大对政府的所呈报的预算草案的奖励与惩处。

既然我们将人大预算监督的强制性维度定位为奖励与惩处,问题是何种政府预算值得奖励,何种则应予处罚。回归到政府预算权力结构之中,我们不难发现奖励意味着人大对政府预算的同意与肯认,而惩处则预示着政府预算有被人大否定的可能。具体而言,在政府预算审查批准阶段,人大通过对预算信息的收集以及“询问—解释”模式下对话之后,根据政府所提交的预算实际情况作出相关决议。不过,人大预算决议大致包括两种类型即同意或者否决。一旦人大接受并认同了预算草案的内容,便予以批准。然而,并不是每一份政府预算的合理性与合法性都是完整无缺的,人大针对存在瑕疵的政府预算予以否决并要求政府在法律允许的时间内进行修改。同时,政府预算执行阶段的人大预算监督具有强制性。政府预算一经人大批准便获得执行的正当依据,但这并不足以说明政府的每一项收支活动都是正当的,因为政府始终存在突破

---

[1] See Karl W. Deutsch, *Politics and Government—How People Decide Their Fate*, Boston: Houghton Mifflin Company, 1980, pp. 194 - 195.

政府预算的原始冲动。一旦突破已获批准预算的限制，那么该类收支活动即被视为对人大权威的亵渎，对此人大有权命令政府及时纠正。而在政府预算执行完结之后，人大对政府预算执行情况应当进行必要的审查，其审查的主要内容是已获批准的政府预算是否执行到位、执行结果是否满意。根据审查结果的具体情况，考虑是否要追究相关责任人的法律责任。总而言之，在政府预算流程中能否对政府的预算行为实施终止与矫正的权力，直接关乎人大预算监督效果的实现。

综上所述，我们可以看出人大掌握预算信息的全面与否、人大与政府对话的畅通与否、人大预算控制力度的强弱，直接关系到人大预算监督权的实现。因此，我们不妨以“信息—对话—强制”作为分析《征求意见稿》的核心线索，对深嵌在“中国语境”的人大预算监督实践做简明扼要的论证。此核心线索的价值在于不仅让我们以更具有逻辑一致性与严密性的思维方式应对杂乱无章的人大预算监督实践，还能够更为清晰地检索出制约人大预算监督权实现的“绊脚石”的所在位置。实际上，现有《征求意见稿》存在如下3个方面问题：(1)政府提供的预算信息不充分；(2)人大与政府对话的程序性规则不完善；(3)预算否决后救济法律规则不完备。本文依照“问题分析—优化路径”的逻辑对上述问题渐次展开，以期为修复地方人大预算监督提供富有针对性的完善建议。

三、预算信息的优化路径：实体与程序双重规制

预算信息被定位成人大预算监督的前置性条件，那么就应对《征求意见稿》中涉及预算信息的条款作一番细致的分析。在通常情况下，按照人大预算监督的时间序列可以将其分为事前监督、事中监督以及事后监督3个面相，囿于篇幅限制，本文仅选取人大事前监督的信息实体与程序规则进行分析。

尽管在《征求意见稿》第二章“预算的审查和批准”中对政府预算编制作出了较为详尽的规定，如第11条全口径预算，第12条政府债务管理，第13条部门预算规则。上述3条实际上承继了《预算法》以及《预算法实施条例》的相关内容，为地方人大获取完整政府预算信息提供了法律依据。除此之外，《征求意见稿》第15条细致罗列了人大财经委可以获得政府预算初步方案的具体内容。[1] 尽管该条文的内

〔1〕《征求意见稿》第15条规定，市、区县(自治县)政府财政部门应当在本级人民代表大会举行会议的30日前，将本级预算草案初步方案提交本级人大财经委进行初步审查，同时提交下列相关材料及有关说明：(1)一般公共预算收支表、政府性基金预算收支表、国有资本经营预算收支表、社会保险基金预算收支表；(2)税收返还和转移支付分地区预算表、政府性基金转移支付表、国有资本经营收入转移支付表；(3)重点支出预算及绩效情况；(4)重大投资项目预算及绩效情况；(5)预算收入安排的依据、重点支出的政策依据；(6)政府债务情况，偿债资金安排使用情况；(7)部门预算编制情况；(8)初步审查所需的其他材料。

容是在预算法基础上有所突破,但总体上创新不足,守成有余,并且其中存在不少问题,具体如下:

(一)人大财经委可获取的政府预算初步方案相对简陋

政府预算初步方案是政府预算草案的“前身”,是人大预算审查的重点领域。尽管《征求意见稿》罗列了8项基本信息,但仍显简陋。原因在于如果作为法律文件的预算文件要求全面清晰地记录法定授权,那么作为政策文件的预算文件应全面清晰地表达政府在预算中所采纳的公共政策,包括政策目标、重点与优先性;为使其具有可信度,预算文件中应阐明政府政策与预算(资源)形成紧密的联结。作为政策文件,预算的可信度还要求进行可持续性评估。如果预算文件中采纳的政策导致过度开支,从而使政府无力偿付中长期债务,则财政上便具有不可持续性,这意味着需要对现行政策进行调整以与政府可得资源相匹配。

为满足预算文件可信度的两个基本要素——预算与政策间的紧密联结以及可持续性,行政部门准备并呈递人大审查的预算文件,至少应包括以下几类:(1)预算的宏观经济框架,旨在确立预算制定的资源框架,焦点是未来1~3年经济预测和财政预测;(2)财政政策报告书,旨在阐明政府未来的政策目标、重点和优先性以及资源需求;(3)预算概要,即在资源框架与资源需求的基础上,确立未来1~3年粗线条的财政收入、支出、赤字、债务目标,以及按功能和经济性质分类的次级目标;(4)详细的财政计划(覆盖收入、支出、赤字、盈余与债务);(5)补充性文件和信息。其中,前两个旨在阐明预算的宏观经济框架和政策框架的文件,通常称为预算前报告。预算文件的全面性也有时间维度上的要求,包括在法定预算年度开始前呈交预算报告(草案),以及覆盖特定预算年度前后两年的数据(包括预测数据、修订后的数据和实际执行数据)。除此之外,与国外政府向议会提交的预算文件相比,《征求意见稿》第15条则逊色不少。典型的例证是日本《财政法》第28条对政府预算信息的规定。[1] 因此,我们不妨以该条为参

---

〔1〕 为了便于参考,向国会提交的预算必须附有以下资料:(1)财政收入预算明细书;(2)各省厅预定经费申请书等;(3)上上年度财政收支决算总计表与纯计表、上年度财政收支决算估算表与纯计表、本年度财政收支预算总计表与纯计表;(4)上上年度末国库的实际情况、上一年度末及本年度末国库情况估算等资料;(5)上年度末国债及借款的实际情况、上一年度末及本年度末余额估计及按按年度偿还表等资料;(6)上上年度末国有财产余额,上一年度末及本年度末国有财产余额估计等资料;(7)上上年度、上年度及本年度中央政府投资的主要的法人的资产、负债、损益等相关资料;(8)国库债务负担行为中,支出延至下年度以后的项目,其上年度末为止的支出额或支出估计、本年度以后的支出预定额资料;跨数个预算年度的项目整体计划及其项目实施状况等相关资料;(9)跨年度经费的上上年度末为止的支出额、上一年度末为止的支出预计额和本年度以后的预定支出额,及其相关事业的整体计划和实施状况等资料;(10)其他有利于财政状况与预算内容明细化的必要资料。参见王朝才:《日本财政法》,经济科学出版社2007年版,第22~23页。

照,进行相应修改。

(二)部门预算与部门预算情况内容存在差异

《征求意见稿》第13条,一则规定了部门预算的具体内容;二则规定了预算单位应当将部门预算报人大审查。然而《征求意见稿》第15条第7项规定,人大财经委员会仅能审查"部门预算编制情况"。需要澄清的是,部门预算编制情况不过是指预算单位在编制部门预算过程中原则、依据、重大政策调整等情况。可以说是部门预算的"简化版",而不是所有部门预算的真实数据。表面上看似没有多大差异,但实际上在文字潜在变化中削弱了人大财经委审查政府预算初步方案的效果,因为人大财经委不可能在第一时间获知政府部门收支的真实数据。因此,我们建议将《征求意见稿》第15条第7项改为"部门预算编制情况及相关数据"。

(三)审查预算初步方案时间逼仄,人大代表难以接触政府预算信息

遵照《征求意见稿》第15条之规定,市、区县财政部门应当在本级人大举行会议30日前,将预算草案的初步方案提交人大财经委审查。对此笔者认为,在人大财经委人员十分有限的情况下,财政部门提前30日提交初步方案尚不足以满足人大财经委审查之需。为了能够让人大财经委有足够的时间来审查预算初步方案,我们建议宜将30日延长至60日。此外,值得注意的是,人大会议召开前,人大代表实际上接触不到政府预算初步方案。《征求意见稿》第18条规定,在人大会议期间,人大财经委会提出关于总预算草案及上一年总预算执行情况的审查结果报告并印发全体人大代表。此条款意味着人大代表不可能接触到全面翔实的政府预算信息,而只能在审查结果报告中"炒冷饭"。此处的审查结果报告与政府预算初步方案不可同日而语。因为前者是经人大财经委"加工"后的二手政府预算信息;后者则是政府活动与行为的第一手原始信息。在此种情况下,由于人大代表无权获知政府活动的第一手原始信息,使其从监督政府财政行为的关键主体蜕变成不具有实质意义的身份象征。因此,笔者建议修改《征求意见稿》第18条,应当将政府预算初步方案等全部政府预算信息在第一时间传递给人大代表,以供其适时监督,增强人大代表的监督能力。

(四)人大获取政府预算信息的程序设计存在漏洞

遵照《征求意见稿》第14条的规定,一方面,财政部门在编制预算期间向人大财经委报告预算草案编制的原则、依据、标准、重大政策调整;另一方面,人大可以以调研的

形式介入预算编制。[1] 此外,人大财经委或预算工委可以对本级部门预算进行审查。任何程序均无一例外地受到法治、公正与合理3大原则的规训,但是《征求意见稿》第14条仅具有程序公正性与合理性,但缺乏程序法治性(procedural legality),即人大获取政府预算信息权力的行使必须遵循程序规则,违反法定程序的人大预算监督行为不具有合法性。[2] 此条款非但没有为人大获取政府预算信息能力"添砖加瓦",反而会因缺乏程序法治性遭受社会的质疑与诟病,甚至有可能因具体程序尚付阙如而沦为不切实际的"政治口号"的危险境地。因此,笔者建议在修改此条款时,应当明确人大行使调研与审查的时间、启动程序的条件、具体流程以及相应的法律后果。

四、对话机制的优化路径:做实人大预算询问权

《征求意见稿》第7条规定了可供人大及其常委会进行的预算监督形式,如专项工作报告、规范性文件备案审查、执法检查、视察、跟踪监督、质询、特定问题调查等方式。从该条的意旨来看,主要是以人大及其常委会为行使上述预算监督方式的主体,而忽略了人大代表与政府就预算文件进行对话的权力。实际上,无论是《预算法》还是《各级人民代表大会常务委员会监督法》都规定了人大代表的询问权。[3] 除此之外,在党的十八届三中全会的《中共中央关于全面深化改革若干重大问题的决定》中对人大工作机制提出了新要求。[4] 因此,笔者建议在《征求意见稿》的后续完善中,应当明确允许人大代表在审议政府预算过程中动用询问权的法律规则。但十分遗憾的是,我国人大代表的询问权的行使往往因程序设计的瑕疵而不易发挥实际作用,如人大代表动用询问权具有时间限制,人大代表询问预算的重点不明,动用询问产生的后果不明,形式询问的程序不明。针对上述询问权法律规则的漏洞和缺陷,结合英美发达国家预算询问的经验,建议《征求意见稿》可以从以下4个方面进行改进:

---

〔1〕《征求意见稿》第14条规定:市、区县(自治县)政府财政部门应当在布置预算编制工作之前,将预算草案编制的原则、依据、标准、重大政策调整等情况报告本级人大财经委、人大常委会预算工委。市、区县(自治县)人大财经委、人大常委会预算工委应当组织本级人大代表对本级预算编制情况进行调研,广泛听取选民和社会各界对编制预算的意见建议,并向本级政府财政部门提出意见。市、区县(自治县)政府财政部门应当认真研究,并将采纳情况反馈本级人大财经委、人大常委会预算工委。

〔2〕季卫东:《法治秩序的建构》(增补版),商务印书馆2014年版,第38~40页。

〔3〕参见《各级人民代表大会常务委员会监督法》第34条。

〔4〕《中共中央关于全面深化改革若干重大问题的决定》第八节"加强社会主义民主政治制度建设"中要求推动人民代表大会制度与时俱进,完善人大工作机制,通过询问、质询、特定问题调查、备案审查等积极回应社会关切。

(一)放宽人大代表动用询问权的时间限定

具体来说,不应将人大代表的询问权仅仅限定在开会阶段,而应扩展到政府预算编制、调整与执行等阶段。这样不仅有利于人大代表及时准确地掌握政府预算活动的基本情况,提高监督水平,而且还有利于政府改进预算活动中不规范、不合理的行为,防范公共资金的无端浪费。例如,《美国众议院议事规则》第10条规定:"拨款委员会关于预算听证会要请财政部长、管理和预算局长、经济顾问委员会主席等官员作证。"[1]在全国或地方人大开会期间,人大代表对政府所呈报的政府预算的审查与批准是整个会议的"重头戏",不过由于我国人民代表大会的会期较短,而需要审议的议程又太多,总体上留给各位代表审查与讨论政府预算草案的时间十分有限。以第十二届全国人民代表大会第一次会议日程为例,代表们仅有一天半时间用于审议政府所提交的预算报告。更为重要的是,没有专门安排人大代表进行询问与质询的时间。

综合上述分析,笔者建议:应当在人民代表大会会议议程中安排一定时间用于各位人大代表对政府预算草案进行询问与质询,不妨考虑对现有人大会议议程进行如下修改与完善:(1)在不改变现有一天半时间用于审议政府预算草案与报告的情况下,专门给各位人大代表安排3~4小时,用于对政府预算草案与报告的质询与询问。(2)延长人大审议政府预算草案与报告的时间,将延长的时间用于安排人大代表对政府预算草案的质询与询问。在一般情况下,全国人大正式会议时间仅有5个小时,因此不妨将其延长1~2个小时。(3)在现有会议时间的基础上,专门增加1天时间用于安排人大代表对政府预算草案的质询与询问。[2] 以上三种方式,可选择其中一种进行完善。当专门为各位人大代表挤出质询与询问时间后,应当要求被质询或者询问的政府首长到场进行答复。此外,以书面形式行使质询权的,人大代表应当对书面答复进行点评且要求相关部门首长到场回答。

(二)明确人大代表的询问重点的法律规则

由于我国人大代表专职人数有限且熟悉财税预算知识的代表更是寥寥无几,对询问的把握也力不从心,对如何询问,询问什么才能达到监督的效果把握不准。此时以法律规则的形式明确规定询问的重点,不但有利于人大代表尽心尽力地完成本职工作,也可以为政府编制预算、动用预算资金设置一条警戒线。具体而言,其包括对预算收支的合法性和合理性两大部分进行询问:其一,就预算收支的合法性进行询问。合

---

〔1〕 Rules of the House of Representatives,108th congress. http://www. house. gov/rules/hous_rules_text. htm.

〔2〕 参见蔡定剑:《计划要删,预算要念——人大审议方式改革应利于民主》,载《南方周末》2005年3月3日,第A5版。

法性要件主要涉及预算编制、变更和执行是否符合税法、非税收入管理办法等法律规定,例如,有些财政收入形式经过数次法律调整后已经合并或是废止(例如,不久前国务院废止了78项行政事业性收费)。其二,就预算收支的合理性进行询问。合理性要件的主要涉及预算支出是否必要。往往存在有些支出项目合法但不合理,如重复建设、政绩工程等。

(三)法律明确规定询问权的法律后果

只有明确询问的法律后果,才能使询问成为真正的对话工具,才能使其发挥应有的对话功效。主要涉及人大代表与政府有关部门(主要是财政部门)之间的博弈,倘若在预算编制、执行过程中存在违法、不合理的情况,人大代表可以向人大常委会反映,要求政府及时停止违法行为,改变不合理的情形。倘若政府认为预算编制和执行过程存在合理的依据,也可以向人大代表进行辩解和回应。

(四)询问权程序规则的完善

我国《预算法》和《各级人民代表大会常务委员会监督法》并没有对询问次数进行细致的规定,当出现人大代表对政府的回答或者解释不甚满意、不信服的特殊情形时,该如何处理？对此,本文建议,预算法律规则应当提供明确指引,应以实现人大代表的知情权为底线,不囿于次数,应以将有关问题询问清楚为基本导向。此外,如果问题较为复杂,可以允许政府相关部门以书面的形式回应。自改革开放以来,人大动用质询权的次数十分有限。[1] 原因如下:其一,《预算法》第85条对人大代表的质询与询问规定得过于模糊,可实施性不强;[2]其二,个别人大代表缺乏对预算质询权与询问权功能与作用的认识;其三,个别人大代表由于专业性不足,对政府预算草案及相关内容都不甚了解,更不要说对政府预算草案提出质询案了;其四,质询与询问时间安排失当,正如前文所述,一般在人民代表大会会议期间并不专门安排时间供各位代表行使质询权与询问权;其五,行使质询权时有思想顾虑,有的人大代表担心是否会因为言辞比较

〔1〕 第一次质询发生在1978年,被称为"共和国质询第一案"的宝钢质询。第五届全国人大第三次会议上,北京、天津、上海等5个代表团先后就"上海宝钢工程建设问题"向当时的冶金部提出质询。第二次和第三次质询发生在1984年,第六届全国人大第二次会议上,针对当时的冶金部、对外经济贸易部的工作,提出两个质询案。第四次质询发生在2000年第九届全国人大第三次会议上,32名全国人大代表就烟台"11·24"特大海难事故质询交通部。但是从2000年以后,质询就再也没有再全国人大会议上出现过。参见张献勇:《全国人大预算质询:规范、现实和前瞻》,载刘剑文主编:《财税法论丛》(第13卷),法律出版社2011年版,第122～125页。

〔2〕《预算法》第85条对人大代表的质询权与询问权的规定更像是政治口号,并没有细致地规定行使该权力的具体程序。

犀利地行使质询权后,被质询对象"报复"。[1] 针对上述问题,我们可以考虑从如下方面改进现有的人大代表对政府预算质询的规则。

其一,尽快修改和完善《全国人大议事规则》中人大代表行使质询权的程序性规则。具体来说,一是完善人大代表提出预算质询案而审查失败情况的补救措施。数位人大代表联名向全国人民代表大会的秘书处提交质询案且由其进行议案登记。如果经过审查后符合法律要求,则应当及时向主席团汇报。一旦经审查发现人大代表们所提交的质询案不符合法律之要求,则应当向代表作出未获核准的理由说明。如果代表对此说明表示不服,则可以进一步向人大主席团提起复议,经再次审查合格的,应当及时安排时间进行质询。二是改变被质询机关回应人大代表质询的时间限制。有些被质询机关往往会找一大堆理由来搪塞或者拖延回应人大代表的质询。对此应当依照质询案内容和性质,对不同类型的质询案规定不同答复时间,被质询机关逾期回应的,应追究其行政责任。

其二,提前向人大代表传递政府预算信息。遵照现行的《全国人大议事规则》第6条之规定,人大代表一般会在全国人大会议开始前1个月接到人大常委会下发的即将审议的法律草案。由于政府预算草案或者报告内容十分庞杂,仅凭一两天时间阅读完整个草案是一件非常困难的事情,更何谈行使质询权。因此,我们应当在人大对预算行使质询权的规则基础上增列一个提前向各位人大代表传递政府预算草案内容的规则,可以将其时间设置为人大会议举行前的1个月。

其三,应当对人大代表行使预算质询权的言论进行保护,以消除代表们的思想顾虑。《宪法》第75条规定,人大代表有权就审议事项发表言论或者进行表决,这些行为不会也不应当受到法律追究,从而保障了人大代表行使权利的积极性。人大代表在人大会议期间就政府预算提出质询或者询问,不但是他们的权利,更是其义务。如果因言获罪,则是法律所不允许的。因此,一方面,我们要积极地修改议事规则,维护人大代表行使预算质询权;另一方面,也要以言论豁免为根基保护人大代表的利益,解除其思想顾虑。

五、强制机制的优化路径:预算草案否决后救济程序

既然《征求意见稿》第19条、第20条规定了预算修正案以及预算草案未通过的处理,那么政府预算被否决属于高概率事件,与此同时预示着如何确保新财政年度政府

---

[1] 参见童海保:《人大质询制度的七大缺陷》,载中国青年报:http://zqb.cyol.com/content/2006-03/09/content_1330972.htm,最后访问日期:2017年6月20日。

预算草案被否决前的政府收支行为继续进行就显得格外重要。[1] 换言之，一旦新财政年度的政府预算草案被否决，而此时如果法律没有规定上一财政年度结束而下一财政年度政府预算未获通过，则这一时间段内的政府收支行为可能面临"违法"运行的诘问。我们可以在域外和我国其他地区的预算实践中汲取养分后，完善《征求意见稿》的预算草案被否决后的救济程序，具体内容如下：

(一)预算否决权救济机制的域外经验

许多国家往往以明确法律规定回应上一财政年度结束而下一财政年度政府预算未获通过的特殊情况。本文选取德国、法国以及俄罗斯规制此种情况的相关法律条文作为分析对象，具体内容如表1所示：

表1　西方国家预算被否决后的应对措施[2]

国别	法律依据	适用情况	具体措施
德国	《联邦德国基本法》第110条	在会计年度终结后，而下年预算案未获议会通过的情形	德国联邦政府有权在预算通过之前，确定如下支出：(1)维持行政执行合法决定的支出；(2)支付合法联邦政府债务；(3)上一会计年度经费允许范围内，继续营造公众设施、购买或发放补助
法国	《法兰西共和国宪法》第47条	法国议会未在政府提交财政法律草案70日内作出决议的情形	"该草案的规定可以以法律辅助实施"在法国，议会受到政府预算草案后，无论怎样反对，70天过后政府便撇开议会而径直以法令形式实施其预算
俄罗斯	《俄罗斯联邦预算法典》第211条	国家杜马对政府所提交的预算草案在"一读"或者"二读"中否决的情况	(1)"一读"被否决，政府预算交给协商委员会处理或者退回联邦政府重新编制 (2)"二读"被否决，国家杜马可以通过下个财政年度第一季度联邦预算支出拨款法，联邦权力执行机关按照这一法律联邦预算资金

从表1的内容我们可以看出，在这三个西方国家中，当议会否决了政府所呈报的预算草案时，并不当然地出现"政府关门"的现象。德国、法国、俄国3国均是以法律规则的形式明确了预算遭否决后的应对措施。我们可以得出如下启示：(1)无论议会基于何种原因否决了政府财政预算草案，为了保证上一财政年度的项目继续进行，都应

[1] 参见徐阳光：《人大参与预算过程的核心权力》，载《法学》2011年第11期。

[2] 表中的所罗列的条文主要是来源于财政部预算司编：《部分国家预算法汇编》，外文出版社2005年版。

当以法律规则明确政府预算草案被否决的具体应对措施。(2)明确继续运行财政支出项目的范围。3个国家的法律规定中,仅有《联邦德国基本法》第110条详细规定了继续运行的支出项目。可以说这也是维持政府基本活动的底线,包括维持政府正常运行所需的成本、偿还政府债务、向特定弱势对象发放补助等。(3)明确临时预算运行的时间长短。3个国家法律中,仅有《俄罗斯联邦预算法典》规定了杜马可以通过财政年度第一季度的支出来维持政府运行。(4)当政府提交的预算草案被人大否决时,一方面,政府修改预算并重新提交审议;另一方面,继续执行上一年财政预算没有发生改变的项目,不允许在此阶段进行扩张没有发生改变的项目支出。

(二)地方政府预算否决权的实践经验

纵然《预算法》尚未清晰明确地赋予人大对政府预算否决的权力,不过也不妨碍地方人大"天才般创造力"的发挥,尤其是近年来地方人大否决政府预算的现象屡屡发生,甚至有些地区的人大已经着力探索单项否决权。典型例证是湖南省沅陵县人民代表大会在2002年两会期间否决了该县政府提交的预算草案。为了解决无预算可依的状况,该县不得不在4个月之后重新召开人民代表大会,在此会议上修改后的预算草案终获县人大批准通过。另一个例证是,2005年上半年新疆昌吉回族自治州政府的决算报告以及上半年预算执行情况报告未能获得该州人大常委会审议通过,州人大常委的认为州政府在2004年财政年度追加若干财政支出的决定均没有编制预算调整方案且未经人大常委会批准。[1]

尽管当前人大否决政府的案例多发生在地方且数量仅有区区数个,但有理由相信,随着预算法治与民主思维的日渐兴盛,在可预见的将来,无论是地方人大还是全国人大,动用预算否决权的案例将增多。毫无疑问,法律规则设计应当且必须具有前瞻性,因此,如何做好政府预算未经人大审议批准的补救机制与相关法律责任工作,以应对未来的不时之需。

笔者认为,一旦政府预算未经人大审批通过,我们需要考虑上一财政年度尚未执行完结的项目应当如何进行、否决后新预算的审批主体、再次审批政府预算案的表决程序等一系列问题。[2] 可以从如下方面完善《征求意见稿》:其一,针对上一财政年度尚未执行完结的项目继续执行问题,可以考虑继续按照上一财政年度的相关预算支出标准进行。其二,政府应当参照人大否决之理由对原预算草案修改并在规定期限内报

[1] 参见田必耀:《预算监督劲风正起》,载《人民之声报》2005年11月9日,第4版。

[2] 典型的例子是《海南省人大审查监督预算条例》第16条。一方面,规定了人大预算审批权的实现形式,即批准、原则批准与未获通过三种形式;另一方面,也规定了政府修改预算责任。当人大仅原则批准政府预算时,同时应当要求政府修改就相关内容并在1个月内将修改内容提交。

请人大常委会审查批准。人大动用预算否决权的目的在于迫使政府对合理性与合法性欠缺的收支行为进行修改。在一般情况下,人大属于会议机构,在会议结束后理应由人大常设机构对修改后的预算草案进行审批。其三,人大否决政府预算信息传递机制。预算工作委员会与政府预算部门加强交流与沟通,在定期向人大汇报政府修改预算草案的进度。其四,修改后政府预算的表决程序。由于审批政府预算属于重大事项,应当由2/3以上的常委会组成人员表决且通过。其五,追究相关负责人的行政责任。总而言之,人大对政府草案否决后,应当责成政府部门进行修改并在规定期限提请人大常委会审议批准。

六、结语

著名的预算政治学家沃尔达沃夫斯基曾言:"如果你不能预算,你该如何治理?"对此我们可以将其改写成"人大不能预算监督,该如何提升国家治理能力"?事实上,人大预算监督是我国政府预算管理法律体系中不可获取的组成部分。尽管此次《征求意见稿》在人大预算监督方面有诸多进步,但是从现有文本来看,不得不说我们与"人大至上"以及"预算法治化"的距离仍很远。不过,我们地方财政预算实践已经迈向了现代化预算审查道路,希冀在此后的修改中对上述内容加以重点关注。

国家治理语境下财政法的理念更新及制度形塑

——一种人文主义法学方法论的尝试*

孙瑜晨**

目　　次

一、问题的提出

审视私法意义上的财产法的理念变迁,可以发现财产法强化了人文主义理念。在早期社会,人的生存依赖于私有财产,财产法以财产权利为绝对中心,拜物教观念盛行,独立于财产的人的因素被淡化,正如耶林所言:"谁侵害了他人的财产,就侵害了他人人格。"〔1〕随着经济社会的发展,人的生存更多依赖于社会关联性,一些人的生存依赖于他人的财产(如雇员对雇主),一些人对自己财产的支配可能影响他人的生存环境(如环境污染),因此,私人财产权也需要负担一定的社会义务。〔2〕 由此,私法意义上

---

* 基金项目:北京市社会科学基金重大项目《法学方法和史学方法贯通性研究》(15ZDA41)。

** 中国人民大学经济法专业博士研究生。

〔1〕 [德]鲁道夫·冯·耶林:《为权利而斗争》,郑永流译,法律出版社2007年版,第21页。

〔2〕 参见张翔:《财产权的社会义务》,载《中国社会科学》2012年第9期。

的财产法理念实现了由绝对的财产本位主义向以财产为中心兼顾人文关怀的转型。近年来,有学者提出了"财税法本质上是公共财产法"的命题,并形成了相关的理论体系。[1] 从静态意义上来看,税收、行政规费、国有资产收益、罚没等都属于公共财产的范畴。从动态意义上来看,私人财产通过征税、征收等路径转化为公共财产后,政府对公共财产的管理和支配活动都需要由公共财产法进行规制和调整。因此,财政法本质上是公共财产法,属于广义上的财产法的范畴,与私人财产法构成了财产法的完整意涵。因此,财政法同样需要回应难以回避的财产法诘问:公共财产有没有优先性?在财产本位和人为本位,物文主义和人文主义,经济价值和人文价值之间如何权衡?要回应此等问题,探明财政法中人与物(公共财产)的关系,就需要立足于价值层面对财政法的理念进行深入探究。

财政法身处法律体系之中,其理念的形成必然会受到其他部门法的影响而难以"置身事外"。现代民法通过主体制度的发展、人格权的勃兴、侵权法及婚姻家庭法的发展强化了人文关怀,体现了对"自然人"的保护。[2] 经济法人本主义、实质正义、社会本位、可持续发展理念的形成体现了对理性"经济人"的保护。[3] 环境法在生态中心主义向人类中心主义的交替更新中体现了对"生态人"的保护。现代国家都必须依靠税收才能保证国家机器的正常运转,公民则必须负担税收这一权利成本,才能实现自我发展。[4] 因此,应将"纳税人"和"自然人""经济人""社会人""生态人"等的保护统一起来,才能体现人文主义法学的完整意涵。这就需要财政法彰显人文主义精神,实现对"纳税人"的保护。

总之,无论是私人财产法的理念变迁所带来的启示,抑或是财政法自身基础理论发展的内在需要,都要求我们对财政法的理念研究投入更多的智慧,特别是针对人文主义理念的研究。理念决定制度,制度彰显理念。本文以理念和制度为明暗两条线索,阐释人文主义理念的生成逻辑,并对具体制度的人文化改良提出建议。

二、财政法中人文主义理念的生成逻辑

随着封建时期的家计财政、计划经济时期的国家财政向市场经济时期的公共财政跃迁,财政法的人文关怀也随之不断升华。家计财政、王权财政和国家财政下,财政法

[1] 参见刘剑文、王桦宇:《公共财产权的概念及其法治逻辑》,载《中国社会科学》2014年第8期。

[2] 参见王利明:《民法的人文关怀》,载《中国社会科学》2011年第4期。

[3] 参见李昌麒:《经济法理念研究》,法律出版社2009年版,第6~7页。

[4] 参见[美]史蒂芬·霍尔姆斯、凯斯·R.桑斯坦:《权利的成本——为什么自由依赖于税》,毕竟悦译,北京大学出版社2004年版,第3页。

只是帮助统治权威揽财的工具,物文主义理念彰明昭著。公共财政观下,财政法逐渐体现人文主义精神,并“渗透”财政宪法、财政管理法、财政收入法、财政支出法等各个层面。

(一)财政宪法:财政立宪主义与人权保障

文艺复兴带来了人文主义思想的勃兴,而18世纪的启蒙运动则将人文主义推向了顶峰。那段时期产生的自由、平等等人文思想推动了人权理念的发展,导致了1776年北美《独立宣言》和1789年法国《人权与公民权利宣言》的诞生。前者是美国宪法的思想之源,而后者作为序言被列入1791年的法国宪法中。因此,从宪法史学的角度来看,人文主义、人权保障和宪治三者密切相连。

在价值分析层面上,财政立宪主义对人权的价值追求体现了人文主义理念。如同个人的生存和发展依赖于私人财产,国家的存续和兴衰依赖于税这一公共财产。“赋税是官僚、军队、教士和宫廷的生活来源……强有力的政府和繁重的赋税是同一概念。”[1]国家在财产上对民众无时无刻的依赖性逐渐唤醒了社会民众的权利意识。在遏制政府与民争利的抗争中,纳税人通过宪法来保障争取到的权利并利用这些权利来制约国家的征税权力,这就是英、美等国家财政立宪历史的生动写照。可以说,宪法上的人权保障价值导源于国家财政权和私人财产权之间的激烈矛盾所引起的宪政斗争。“……回顾一下11世纪以来的英国历史,就可以十分准确地计算出,宪法上的每一个特权是牺牲了多少头颅和花费了多少英镑才取得的。”[2]因此,保障与促进人权成为财政宪法的终极价值之所在,亦是宪法得以存续之根基。

在规范分析层面上,纳税人可以依据宪法规定,通过言论自由、出版和结社权,选举权和被选举权,批评、建议、检举、控告、申诉权等宪法性权利监督政府依法用税,防止政府浪费公帑,从而实现对公共财产从岁入到岁出统一的管理和监督。

(二)财政管理法:“盎格鲁—撒克逊预算”走向“人本预算”

“长期以来,中国预算法理论主要建构在预算制度发源地与发展地——盎格鲁—撒克逊国家的模式和经验之上……将预算法理论构筑于间接民主之上,寄望于在行政与立法之间达到预算权的合理配置和相互制衡。”[3]盎格鲁—撒克逊预算模式在一定程度上实现了分权制衡的目的,但在行政力量不断膨胀的规制国家中,议会拥有的预算权力孱弱,再因受到时间、空间、人力因素的限制,其制衡能力被不断削弱。此外,盎

[1] 《马克思恩格斯全集》(第8卷),人民出版社1961年版,第221页。

[2] 《马克思恩格斯全集》(第5卷),人民出版社1958年版,第511页。

[3] 蒋悟真:《中国预算实施的现实路径》,载《中国社会科学》2014年第9期。

格鲁—撒克逊预算是一种局限在国家机关内部的预算,忽视了外部的社会制衡力量,忽视了具体的"人"在预算中的作用。

我国2014年《预算法》的修订推动了预算治理的转型,人大预算审批和监督权力的强化、预算公开的登堂入室、公众预算参与制度的设计都体现了"人本预算"的价值。预算从国家内部走向公众,强化了预算的外部制衡,提升了人的地位,保障人的参与,尊重人的话语表达,捕捉人对公共服务的诉求,发挥人的监督作用,彰显了浓郁的人文主义理念。例如,新《预算法》完善了人大财经委的预算草案初步审查权,一定程度上缓解了时间、人力、专业知识等因素对人大的制约性;明确了人大对预算调整的程序控制以及审批通过的预算对政府收支的约束力。除了关注公民通过选举代表来行使预算权外,人文主义理念下还须关注公民个体的预算参与机制。《预算法》第14条强调预算信息应当公开,为公众预算参与铺设了前提条件。第45条提到基层人大在审查预算草案前应当听取选民和社会各界的意见,这也是立法者对浙江温岭等基层政府非制度化参与式预算实践的认可和借鉴。第91条明确了公民的检举和控告权,强化了公民的预算监督力量。

(三)财政收入法:"物税"走向"人税"

无论是海扎尔税法学、北野税法学,还是深受其影响的中国税法学都是以人权论为立论基础。税法中的人文精神,自不待言。具体微观制度中的个人所得税扣除额、增值税起征点以及各种错综庞杂的税收特别措施都体现了人文关怀;从宏观的税制结构变迁这一视角审视,我们也会发现人文主义的线索。在发达国家的税制变迁中,可以发现其中存在一条共通性规律,那就是由"物税"走向"人税"。所谓人税并不是滥觞于古时的人头税,而是以人为基础、保障人格尊严、体恤纳税人自身各种情况、体现人文关怀的税,所得税和财产税即属此列。而物税则只关注"物"本身而不考虑纳税人具体情况,商品税就属于此列。倘若不考虑个别税种,那么人税和物税基本可以与我们熟悉的直接税和间接税相对应。

商品税等物税不考虑"人"的因素,其作为价格构成要素内嵌入各种商品价格之中。即便是对于低收入者,其消费的基本生活资料中也含有税收,因此具有很强的"累退性"。商品税还隔断了税收与实际负税人之间的直接联系,一方面,国家难以通过商品税来调节收入分配,促进社会公平;另一方面,公民享有的公共服务与其税收负担之间失去联系,不利于培育公民的权利意识。而所得税等直接税更符合人民主权、量能课税、地方自治等税法原理。在直接税下,真切感受到税负的纳税人有更强的用税监督意识,而且通过纳税申报行使主权,从而处于税收法律关系的中心。我国从2004年就开始推进降低间接税的改革。2016年5月全面完成了"营改增"改革,保有环节的房产税改革徐步铺开,个人所得税改革也在推进。党的十八届三中全会明确提出"逐步提高直接税比重"。上述迹象都表明我国的税制变迁也是沿着由"物税"走向"人税"的脉络。

(四)财政支出法:"建设财政"走向"民生财政"

在将单维的经济增长等同于发展的传统发展理念影响下,我国在财政支出方面奉行"建设财政观",地方政府呈现出"公司化"倾向,财政支出大量投入竞争性领域。"民生财政观"的确立扭转了这种畸形的财政模式,矫正了财政支出结构的偏差,这也是现代财政制度的必然要求。"现代财政制度的治理逻辑,在外部特征上体现为公共性,在推动方式上体现为发展性,在权力运行上体现为法治性,在实质内涵上体现为民生性。"[1]民生财政是指财政运行过程向民生倾斜,通过加大财政支出力度来保障和改善民生,财政以纳税人的整体福祉作为出发点和落脚点。因此,民生财政的实质是"人本财政",不仅承载人文关怀的终极诉求,而且具有普遍性的基本价值。

尽管近年来地方政府公布的数据中,民生支出所占的比例逐年提高,但是这里需要注意一个问题,即我国对民生财政支出的统计口径尚无清晰的界定,很多省份将科学技术、节能环保、城乡社区事务、农林水事务、交通运输等列入了民生支出范围。有些领域已经进入了"竞争性领域"的范畴,超过了民生财政的边界,"宽口径"的统计容易产生财政幻觉。一般而言,民生财政支出主要包括教育、医疗和社会保障这3大块。如果仅以此为统计口径,那么我国的民生财政支出还存在提高的空间。由于社会资源具有稀缺性,财政给付请求权的实现具有一定的竞争性,"在支出安排不当的情况下,'给付权利'反而成为'侵害权利'"。[2] 因此,应当对民生财政支出的范围进行限缩,还原民生财政的人本性。

私法意义上的财产法修正了财产泛化现象,提升了人的地位,体现了双重价值面向,但其基点价值面向仍然是偏向物文化的,这也是保护私人财产权的功能定位所决定的。随着社会发展,通过私人财产权来进行自我防御的方法变得低效,于是公民通过让渡一部分私人财产来"寻找一种结合的方式,使其能以全部的力量来维护和保障每个结合者的人身和财富",[3]国家的起源也在于此。因此,"国家的目的在谋公民的幸福",[4]保障与促进人权是现代国家财政运行的终极价值与根本目的所在。因此,

---

[1] 刘剑文:《论财税体制改革的正当性——公共财产法语辟下的治理逻辑》,载《清华法学》2014年第5期。

[2] 汤洁茵:《论预算审批权的规范与运作》,载《清华法学》2015年第5期。

[3] [法]卢梭:《社会契约论》,李平沤译,商务印书馆2011年版,第19页。

[4] [德]黑格尔:《法哲学原理》,范扬、张企泰译,商务印书馆1996年版,第3~4页。

作为公共财产法的财政法比私法意义上的财产法更应该凸显人文主义理念,公共财产只是手段,人才是目的。这就不难理解,为何财政宪法、财政收入法、财政支出法及财政管理法中处处体现着人文主义理念。

三、治理语境下财政法人文主义理念的功能及定位

(一)人文主义理念与国家治理现代化

明代张居正有言:"治理之道,莫要于安民。"古今中外,任何国家治理模式都离不开对"人"的思考。原始社会治理模式通过血缘关系来实现对氏族成员的保障,封建专制治理模式通过身份等级划分实现对少数贵族的保障。党的十八届三中全会提出"推进国家治理体系和治理能力现代化",而现代化的国家治理就是通过制度现代化来促进人的现代化,尊重人的价值,促进人的全面发展。实现国家治理的现代化需要关注3个主要问题,即治理主体、治理方式和治理目的。在治理主体上,人不仅是治理的对象,也是治理的主体,多中心、网状化治理结构凸显了人的地位;在治理方式上,依靠协商治理、互动治理、多元共治的善治来实现,充分发挥了人的作用;而治理的目的是促进人的全面发展,以人的价值为依归。"在我们称之为'现代化'的重大社会转型中,人文主义文化扮演了一个主要角色。"[1]"在一个治理体系和治理能力现代化被反复强调的时代,我们不禁需要思考现代化的真实含义……现代化从根本上来说是指人的自由发展的水平。"[2]人文主义与现代化的国家治理是须臾不可分的。

党的十八届三中全会《中共中央关于全面深化改革若干重大问题的决定》提出"财政是国家治理的基础和重要支柱",明确了国家治理的物质基础,凸显了"财政"的重大功用。党的十八届四中全会《中共中央关于全面推进依法治国若干重大问题的决定》提出"法律是治国之重器,良法是善治之前提",指明了国家治理的制度基础,"财政法"是这其中关键的制度构成。党的十八届五中全会《中共中央关于制定国民经济和社会发展第十三个五年规划的建议》提出了"五大发展理念",形成了国家治理的价值基础,"财政法理念"应当体现这些价值意涵。近年来,有学者提出"发展法学"的概念,认为发展理念会直接影响法律的价值意蕴和制度建构。[3] 五大发展理念充分彰显了人文主义精神,协调发展关注不同区域人之间的平衡发展,绿色发展关注不同代际人之间的持续发展,共享发展关注人发展过程中的公平正义,创新发展为人的发展提供内生

---

〔1〕 [美]卡洛尔:《西方文化的衰落:人文主义复探》,叶安宁译,新星出版社2007年版,中文版序。

〔2〕 刘剑文:《〈税收征收管理法〉修改的几个基本问题——以纳税人权利保护为中心》,载《法学》2015年第6期。

〔3〕 参见张守文:《分配危机与经济法规制》,北京大学出版社2015年版,第344~346页。

性动力。因此,财政法理念应当对五大发展理念作出相应的调适和更新。可以看出,党的十八届三中全会、十八届四中全会、十八届五中全会之间其实存在清晰的逻辑脉络。与之相对应,“财政”“财政法”“财政法理念”中应当嵌入人文基因,彰显人文精神,由此更好地发挥物质基础、制度保障、价值指引的作用,推动国家治理现代化,从而最终实现人的现代化。

(二)人文主义理念在财政法理念谱系中的定位

财政是连接政治、经济和社会3大系统的媒介,其必然是一个多维的价值体系。相应的,财政法的理念也必定是多元的。有学者借鉴拉德布鲁赫对法律理念的分解——正义、合目的性、法安定性,将财政法的理念概括为财政正义、财政民主、财政法治。从人文主义理念与这些经典财政法理念的关系中,可以找到其在财政法理念图谱中的位置。

1. 人文主义理念与财政正义

正义包括分配正义和交换正义,而不论是何种正义观都须借由稳定的社会机制(法律)来表达和实现。私法更注重交换正义,而具有“公”的色彩的财政法更注重分配正义的表达和实现。在初次分配中,财政法通过对中小企业的税收支出来促进就业,通过对教育的财政支持来提高劳动者技能,通过对公共企业高官薪酬的限制来调整工资结构。在再分配中,通过税收(特别是累进税)、转移支付、社会保障来缩小收入分配差距,促进公平正义。在第三次分配中,通过对第三部门的财政扶持来促进志愿性社会分配的实现。三次分配过程都体现了财政正义理念,同时也体现了以人为本,让发展成果更多、更公平地惠及人民的价值追求。在社会发展过程中,曾经出现的平均分配观、等级分配观、保富分配观等都侵犯了人的价值,阻碍人的发展,因而人文主义也成为检验正义分配观的标尺。

2. 人文主义理念与财政民主

财政民主理念与人文主义有深厚的渊源。财政民主为公民搭建了参与政治生活的渠道和实现话语表达的稳定机制,防止财政活动偏离公共利益,从而实现公共财产取之于民、用之于民。一方面,在财政民主的逻辑下,公共财产的收取和支用等重大事项必须经过代表纳税人意愿的议会的同意,议会通过立法权、预算审批权、财政监督权等权力捍卫了人民主体地位。另一方面,财政民主还要求赋予具体的公民个人的财政信息知情权、财政立法参与权、财政监督权等权利,让公共财产从出生到死亡,从取得到使用全过程置于民主约束之下。如何保障人民的主体地位和公民的主体性是财政民主的核心议题,越发民主化的财政法必然是越发以人为本、人文化的财政法。

3. 人文主义理念与财政法治

离开法治的民主与古希腊雅典的古典民主、街头政治并没有区别,现代民主必然蕴含了法治的成分。财政民主和财政法治构成了现代财政法的两翼。财政法治包括公共财产征收上的税收法定,公共财产管理上的预算法定及公共财产分配上的财政关系法定。财政法治通过控制财政权以实现对私人财产的间接保护,同时通过依法理财促进集合化的私人财产的"物尽其用",进而增进公民的福祉。另外,公民知情权、参与权及监督权只有通过法定程序才能真正发挥威慑力。唯有坚持财政法治,财政法的人文化制度安排才能实现。此外,法治化也是人文主义财政区别于物文主义财政的基本特征。

法理念如同基因决定法律的性状,影响法律的精神气质。财政法治、财政民主和财政正义如同财政法的显性基因,影响财政法的构造形式、运行规律和发展方向。而人文主义如同隐性基因,作用更为间接但却能固本培元,塑造财政法的精神气质。现实中,诸多的重财轻人的现象就是我们忽略这个隐性基因所致。

四、人文主义理念下具体财政制度的修改理路

尽管从生成逻辑来看,现代财政法内含人文基因,彰显人文精神,但是某些微观制度中还是存在"人文缺失"。例如,为完成税收指标而征收过头税,行政事业性收费中的多头收费、超标收费等。这些事例中"财产"成为目的而凌驾于"人"之上,经济价值优先于人文价值。因此,人文主义理念的讨论不仅需要在价值层面展开,还需要将其融入具体制度设计之中,实现"应然财政法"向"实然财政法"的转变。很多学者就尝试将"人文观念"转化为规范化、制度化的话语。例如,刘国利等学者指出人性论是人文主义法学的重要范畴,应当从满足人的需要、鼓励人的优点、体谅人的弱点、防范人的恶性4个原则来构建具体制度。[1] 胡光志等学者则以对人性的尊重和满足为逻辑起点,对经济法学进行了体系重构,认为应从从生存保障法、人性发展法、人性平衡法、控制国家干预法4个方面实现对经济法体系的人文化塑造。[2] 本文则按照"满足人的需要、防范人的恶性、相信人的善性、体谅人的弱点"人性论的4个维度,对具体财政制度进行人文化改良,实现人性的复归。

(一)满足人的需要

马斯洛认为:"人的需要是有层次的。由低到高分别为生理需要、安全需要、爱的

---

〔1〕 参见刘国利、吴镝飞:《人文主义法学引论》,载《中国法学》2004年第6期。

〔2〕 参见胡光志、田杨:《人性视野下经济法体系的建构——一个尚未被认知的理路》,载《郑州大学学报》(哲学社会科学版)2011年第2期。

需要、尊重的需要、自我实现的需要。”[1]借鉴此种层次理论，这里将财政法对人的需要之满足分为长远需要和基本需要的满足两个层次。

1. 满足“长远”的需要：实现财政代与代公平

一般而言，在当代人最基本的需要得到满足的前提下，才有“余力”考虑后代人的需要，因此，实现代际公平可以看成一种更高层次的需要。从财政法学的角度出发，代与代公平的意义在于从法律上约束当代人损害后代人权益的财政行为，主要体现在对地方债问题的处理上。在《预算法》修订前，地方政府是没有举债权的，除非获得法律或国务院特别规定之授权。但是只分配不到50%财政收入的地方政府却要承担超过80%的支出责任，央地财政关系的这种严重失衡也促使地方政府通过地方融资平台等方式大肆变相举债，结果导致债台高筑，成为经济社会发展中的一个巨大风险点。当前我国主要采用地方债置换来清理这些“历史旧账”，应对存量债务风险。

地方债置换是指用地方政府发行的长期、低息债券来置换政府通过地方融资平台积攒的短期、高息存量债务，这些债务主要以银行贷款的形式存在。通过以“时间”换取“空间”的方式，实现缓解偿债压力的目标。地方债置换是一种“强制置换”，对置换的债券量、期限、利率都有规定，并不是一种市场行为，而更像是“行政摊派”。尽管银行通过对存量政府债务的置换可以获得一定的流动性，但也需要应对潜在的风险。当前经济下行，地方政府财政吃紧，未来仍存在难以履约的信用风险。地方债置换的治理逻辑实际上是以金融风险来“置换”财政风险，由于“财根”和“银根”往往密切相连，这种财政风险金融化的做法很容易导致风险交叉传染而引起更为严重的系统性风险。从代与代公平的角度来看，地方债置换本质上就是将数万亿元即将到期的债务向后展期，同时也将风险分散到往后的时间，这无疑会对后代人的利益产生影响。“纯粹的时间偏好是不正义的：它意味着活着的人利用他们在时间上的位置来促进他们自己的利益。”[2]不谋万世者，不足谋一时；不谋全局者，不足谋一域。地方债置换只能作为应对偿债高峰期的非常措施而严格限定在一定的范围。短期来看，地方政府可以进一步通过PPP模式等其他路径引入社会资本，以缓冲财政压力；但从长期来看，应当理顺中央和地方的事权和支出责任，重构地方主体税体系，加强地方内生性财源制度的建设，这才是化解地方债风险的根本所在。道格拉斯·诺斯等指出，在面对财政压力带来挑战时，一国选择何种策略，从长远来看将决定该国经济的兴衰。[3] 地方债的治理应当

---

[1] [美]马斯洛：《动机与人格》，许金生等译，华夏出版社1987年版，第114页。

[2] [美]约翰·罗尔斯：《正义论》，谢延光译，上海译文出版社1991年版，第322页。

[3] 参见[美]道格拉斯·诺斯、罗伯斯·托马斯：《西方世界的兴起》，厉以平、蔡磊译，华夏出版社1994年版，第167~177页。

审慎而为,以保障代与代公平。

2. 满足"基本"的需要:推进基本公共服务均等化

基本公共服务包括基本公共教育、基本医疗卫生等,关乎人的生存权、健康权、受教育权等基本权利。基本公共服务的"均等"可以大致理解为享受基本公共服务机会的均等和获得基本公共服务结果的均等。"公共服务在群体间和个体间发挥着同一'起跑线'或'踏板'的重要作用,只有……保证个人'基本能力'的平等,才能使人们真正享受追求自我价值实现的自由。"[1]因此,实现基本公共服务的均等化是满足人"基本"的需求。

推进基本公共服务均等化的基础在于财政转移支付制度的完善。虽然我国建立了中央对地方的纵向转移支付制度,但地方政府间的横向转移支付制度尚付阙如。德国通过其特有的横向转移支付制度缩小了东德和西德的差距,这种"劫富济贫""削峰填谷"的均衡做法在强调全面建成小康社会、协调和共享发展的背景下殊值深究,特别是在纵向转移支付难以有效推进基本公共服务均等化时,可以将其作为新的破局点。但是我国的东西差距比当年东德和西德之间的差距还要大,各省之间的情况也是千差万别,还需要考虑诸多政治因素,因此,单纯依靠技术理性、借鉴德国的做法在我国没有现实土壤。实际上,该制度也饱受很多德国学者的批评,财政困难的州可以获得无偿的财政资金而变得更加"懒惰",越是富有的州反而会更"吃亏"而缺少发展动力。

立足我国现实,一种可行的方案是采取渐进式改革,将以自然灾害救助为主的、应急性的省际对口支援实践纳入制度化逻辑,将以政府形象、人道关怀为动力基础的帮扶机制转变为建立在横向转移支付协议基础上的转移支付制度。这种模式比"对口支援"更为常态化而克服了随机性,也更为规范化和制度化而克服了随意性。同时,也比德国的做法更加尊重双方的自由意志,更容易实施。双方可以协商约定一定附随条件或义务,获益地区需要"投桃报李"而不能"不劳而获",如劳动力提供、西部市场拓展、资源材料供给等。中央可以设立专门的转移支付机构负责沟通协调、考核评价、纠纷处置等职责,通过政策优惠、政绩考核、政治褒奖等方式激励贡献地区积极签订转移支付协议并监督协议的履行。

(二)防范人的恶性

性恶论在西方法律思想史上源远流长,蓄积深厚。社会法学派代表人物罗斯科·庞德认为人是具有"自我主张的侵略性"和"互相合作的社会性"的二重存在物,人的"侵略"本性导致矛盾和冲突,因此必须对其进行社会控制,法律就是这种社会控制的

---

〔1〕 陈少英:《宪法框架下我国财产税法的变革》,载《交大法学》2014年第1期。

手段之一。[1] 对人恶性之防范催生了民主政府、分权制衡思想等,并对具体制度建构产生了深远影响。

1. 防范财政权力主体恶性的政治化路径

公民通过选举代表借由议会的立法权力、预算权力来控制政府的财政权力,这构成了防范人恶性的政治化路径。其中,议会的预算审批权启动频率要远远高过立法权,日本学者美农部达吉指出:"议会议定预算权……在某种意义上还可以说是比立法更重要,成为议会权能的中心。"[2] 新《预算法》在一定程度上补强了预算审批权,但都是侧重于对肯定性预算权力的优化,对于否定性预算权力的规定尚付阙如,后者主要包括人大对预算草案的否决权和修正权。该类权力的缺失导致预算审批只能走向两种必然的结果(通过或搁置),这极大地弱化了人大的监督能力,有违人文主义理念。

以预算修正权为例,由于《预算法》并没有规定该权力,人大主要依靠财经委负责的预算初审和采取提前介入政府预算编制的手段来发挥监督作用。这种人大嵌入政府的预算过程中,采取合作的策略来影响预算资金分配的做法,无疑大大弱化了对政府的制衡效果。因此,防范人的恶性原则下,应当引入预算修正权。需要注意的是,议会议员为了获得连任机会,为了其代表集团之利益也存在扩大预算支出的冲动,因此,不仅要防范官僚机会主义,也需要警惕议会机会主义。正因如此,不少国家对预算修正权进行了必要限制,具体包括两种做法:其一,只允许议会对预算作减额修正;其二,允许议会对预算作增额修正,但是应在其他方面采取减额的替代性措施以保证预算平衡。结合我国政府生产性支出偏好明显、民生性支出投入不足的现实,第二种方案更为可取,人大可以通过结构性的增减修正,扩大民生性预算投入。一些地方性法规的设计中已经开始尝试人大预算修正权的引入,例如,厦门市人大常委会办公厅 2015 年 7 月发布的《厦门市预算审查批准监督条例(修订草案)》第 20 条规定,提出增加支出的修正案,必须相应提出增加收入或减少其他支出的具体方案。

2. 防范财政权力主体恶性的司法化路径

公民通过私益诉讼实现对自己权利的救济,通过公益诉讼实现对财政权力主体的监督,这构成了防范人恶性的司法化路径。随着个税、房产税等直接税改革的推进,可以预见到未来将会产生大量的税务私益诉讼。一方面,现行司法体制主要依靠法院内设的行政庭来负责涉税案件,这样的体制安排和组织架构能否应对税务案件的专业性、技术性,能否应对未来税务案件数量的激增,不禁要打上一个问号。因此,探索设

---

〔1〕 参见[美]庞德:《通过法律的社会控制》,沈宗灵等译,商务印书馆 1984 年版,第 80 ~ 81 页。

〔2〕 [日]美农部达吉:《议会制度论》,邹敬芳译,中国政法大学出版社 2004 年版,第 263 ~ 267 页。

立专门性的税务法院无疑意义重大。德国就设立有专门的税务法院,包括州设立的税务法院和联邦税务法院。2015年12月《深化国税、地税征管体制改革方案》中明确提出:“加强涉税案件审判队伍专业化建设,由相对固定的审判人员、合议庭审理涉税案件。”在专门性税务法院的建构路径上,可以采用渐进性的改革思路:可以在行政审判庭中设立税务合议庭;待条件成熟后,再设立税务审判庭;最后经过一定时间的经验积累,可以设立独立的税务法院。[1] 另一方面,应当引入纳税人公益诉讼。政府既是公共财产的保护者,又是公共财产的利用者。政府可能会发生权力寻租等滥用公共财产的逾矩行为,导致两种角色冲突。因此,为了保护公共财产利益这种公益,防范财政权力主体的恶性,应当探索引入纳税人公益诉讼制度。

(三)相信人的善性

如普罗提诺所言,人一半是魔鬼,但一半是天使。亚当·斯密的论述中,“经济人”既是自私的,也是富有道德情操者。人文主义理念下的财政制度不仅要防范人的恶性,还应当相信人的善性,鼓励人的优点,这对于消弭公权力主体和私主体之间的对抗性,培育和谐良性的财政税收文化都大有裨益。

1. 相信人的诚实信用:纳税人诚实推定权的落实

诚实信用原则是私法之大原则,一些学者尝试将其引入公法领域,其中将导源于诚实信用原则的纳税人诚实推定权引入税法的努力就是明证。纳税人诚实推定权是指税务机关在尚无证据证明某一税务违法事实或行为存在的情况下,应首先认定纳税人的纳税申报、设置账簿等行为是诚实的,是可以信赖的。

在平等的税收债务关系中,征纳双方应当相互尊重,礼貌相待,征税机关应当相信纳税人是诚实善意的,纳税人也应当信任征税机关,由此促进公法之债和谐且高效地履行。相反,如果征税机关抱着“纳税人非偷即盗”“宁可弄错、不可放过”的心态,忽视对纳税人的人性尊重,绝不相信纳税人是诚实的,那么征纳关系又将处在尖锐的对抗中,税收依旧是那高高在上的“皇粮国税”。因此,纳税人诚实推定权能促进税法遵从,营造和谐的征纳关系,甚至能推动税务治理转型,是一项彰显人文色彩的制度安排。2015年1月国务院向社会公布的《税收征收管理法修订草案(征求意见稿)》(以下简称《征求意见稿》)中并未规定该项权利,留下了巨大的缺憾。既然《征求意见稿》第9条已经规定,“国家建立、健全税收诚信体系,褒扬诚信,惩戒失信,促进税法遵从”,涉及了诚实信用原则的内容,那么可以“顺水推舟”,进一步在第11条关于“纳税人权利”

---

[1] 参见刘剑文:《引领大势、开创新局,助推财税法大发展》,载中国财税法网:http://www.cftl.cn/ArticleInfo.aspx?Aid=48801&LevelId=002001003,最后访问日期:2017年2月27日。

的规定中增加纳税人诚实推定权的规定。

2. 鼓励人的合作本性:纳税人结社权的制度化保障

亚里士多德认为人的本性是社会性,人必须结为某种特定的团体。[1]“人的优点包括合作本性……人类和其他群居动物一样,先天具有合作本能……”[2]保障人的合作本性也成为人权的重要内容,很多国家的宪法中都规定了结社自由权。纳税人结社权属于纳税人宪法性权利,其可以凝聚纳税人的个人力量,为纳税人提供组织化的利益表达渠道,在财政决策、财政运行、财政监督、公益诉讼等各个环节都能发挥功用。在互联网技术的支持下,社会团体组织还可以通过相互联盟、与政府合作、与媒体合作、与国际组织合作,不断扩大自己的政治力量,培育公众的权利意识。可以预见,财政第三部门的作用还会壮大,甚至影响财政治理结构。在此背景下,保障纳税人结社权意义重大。尽管国家税务总局《关于加强纳税人权益保护工作的若干意见》中规定“建立纳税人权益保护组织,构建纳税人维权平台”,但是该文件的效力等级较低。可以考虑在具体的《税收征收管理法》或未来专门的《纳税人权利法案》中规定专门的纳税人结社权,与宪法中的结社权条款相呼应,以充分保障纳税人权利,促进财政第三部门的发展和勃兴。《消费者权益保护法》就对消费者结社权专门予以规定,极大促进了社会团体在保护消费者权益方面的作用,此种做法非常值得财政法学借鉴。

(四)体谅人的弱点

受外在环境因素和内在自身因素的制约,人的认知能力和选择能力是有限的,人也有弱点,也容易犯错误。在某种意义上,切斯特·巴纳德提出的“有限理性人假设”也暗含了人性弱点论。内含人文主义理念的财政法应当体谅人的弱点,对人易犯错误的弱点适度宽容,给予人改正错误的机会。

1. 允许人弥补弱点:现代税务代理制度的建立

现代税法日趋复杂,未来随着纳税人自行申报制度、综合与分类相结合的个人所得税制等改革举措的推进,势必会对纳税人的能力提出较高的要求。因此,应保障纳税人的委托代理权,使其得以依靠专业人士的辅助来弥补自身能力的不足。日本有税理士,德国有税务顾问,我国也有税务代理人,这些专业人士在弥补纳税人能力不足方面发挥了重要功用。

《征求意见稿》对于“税务代理”继续沿用了现行《税收征收管理法》的规定,并未作任何改动,其第133条规定:“纳税人、扣缴义务人可以委托税务代理人代为办理税

[1] 参见[古希腊]亚里士多德:《政治学》,吴寿彭译,商务印书馆1965年版,第7~9页。

[2] 刘国利、吴镝飞:《人文主义法学引论》,载《中国法学》2004年第6期。

务事宜。”如果纳税人的能力羸弱,难以有效遵从税法、确定税额,那么一旦其委托代理权得不到保障,就等同于侵害了其权利。因此,建议将第133条修改为:“纳税人、扣缴义务人有权委托税务代理人代为办理税务事宜”。从“可以委托”到“有权委托”的修改,摒弃了税务管理下义务本位的思维,让委托代理权更加明确、更具刚性、更能落到实处。[1]

税务代理制度还需要明确税务代理人的专业资质。首先,税务代理人应当是促进税法遵从、保护纳税人权利的“专家”,因此要有一定的准入门槛。其次,税务代理人不能只包括单一职业者,应允许多种职业者(如注册会计师、律师)进入税务代理市场,形成适度竞争。因此,可以授权国务院税务主管部门制定统一的税务代理人管理办法,引导律师、注册会计师特别是新型税务师成为“税法专家”。对第133条可以作出第二步修改:“纳税人、扣缴义务人有权委托税务师、注册会计师、律师等具有专业资质的税务代理人办理税务事宜。具体办法由国务院税务主管部门制定。”

2. 允许人改正错误:纳税修正申报制度的落位

纳税申报制度赋予了纳税人自己确定纳税义务的权利,具有保障人权、培育纳税意识、推动民主政治之功能。尽管我国也规定了纳税申报制度,但并未规定修正申报程序,纳税人申报后发现错误纰漏也“无可奈何”,还可能在后续环节遭受行政处罚等不利益,剥夺了纳税人主动改正错误的机会,有悖于人文理念。

令人欣慰的是,《征求意见稿》中写入了纳税修正申报制度,其规定“纳税人办理纳税申报后发现需要修正的,可以修正申报”。但是对于该项制度的顺利引入,还有需要明确的关键问题——纳税修正申报是否只能进行增额修正?可否允许减额修正?修正申报机制作为纳税申报制度的组成部分,也应当相信人的善性,允许进行减额修正。从成本效益的角度考量,即便法律规定只允许增额修正,纳税人还可以通过税收退还程序索回自己误缴、多缴的款项,这样就要启动更为复杂的程序机制,占用更多的行政资源,也耗费了纳税人财产的时间成本。日本的修正申报制度只允许增额修正,减额修正须经由单独的更正请求程序,这样二元分立的立法例也备受非议。北野弘久就指出:“无论是修正申报还是更正请求,都是纳税者据以确认课税标准和税额的程序,故在立法论上应在修正申报中包括减额程序……两种程序能合而为一,以修正申报统一适用。”[2]

---

[1] 参见施正文:《建立现代税务代理制度是〈税收征管法〉修订的重要使命》,载《注册税务师》2015年第5期。

[2] [日]北野弘久:《税法学原论》(第4版),陈刚等译,中国检察出版社2004年版,第180页。

五、结语：通往人文之路

诚如休谟所言："任何科学不论似乎与人性离得多远，他们总是会通过这样或那样的途径回到人性。"[1]疏拨财政法的历史变迁脉络，就会发现财政法通过对建设财政观、物本财政观、国家财政观等物文主义的匡谬纠偏，在财政管理法、财政收入法、财政支出法各个方面浇铸人文主义理念，通过人文化的制度改革实现了向人性的回归。德国法哲学家科殷指出，法律是"人的法律"而非"物的法则"。公共财产只是手段，人才是目的。财政法的未来发展应坚持将人文主义理念奉为圭臬。美国进步时代取得的非凡成就离不开财政制度的推波助澜，其中以个人所得税等人税的引入和发挥公民监督作用的预算制度之建立两个方面最为突出。莫伊塞斯·纳伊姆指出，权力的行使必然从"管理"时代进入"治理"时代。无疑，中国已经迎来了自己的治理时代。能否让这个"治理时代"成为属于中国的"进步时代"，其中一个重要因素就是需要我们不断推动彰显人文主义理念的财政法治发展。

[1] [英]休谟：《人性论》，关文运译，商务印书馆1980年版，第6页。

税收规范性文件的司法审查
——立法检思与技术度衡*

叶金育**

目　　次

我国2015年《行政诉讼法》赋予司法机关对税收规范性文件的司法审查权，开启了税收规范性文件司法审查的新纪元。客观上说，虽然法院监督并非是在税收规范性文件[1]创制领域保证其合宪、合法的唯一形式，[2]但绝不能低估法院对税收规范性文件的监督价值。因为“从本质上分析行政争议实际上是行政相对人对行政行为的一种不认同，行政相对人对行政主体及其行政行为的不信任才是行政争议最为本质的属性”。[3] 既然是行政相对人的不信任源于行政，如果再将行政争议的最终救济权和审

---

* 基金项目：司法部国家法治与法学理论研究项目《资源税立法目的与制度设计研究》(16SFB3042)；武汉大学人文社会科学自主科研青年项目《环境法与财政法的价值整合研究》(2017QN014)。

** 武汉大学法学院副教授，社会学系博士后研究人员，法学博士。

〔1〕 税收规范性文件因其制定主体不同而生不同形态，但考虑到国税总局税收规范性文件是省以下税收规范性文件制定的重要依据，它们的质量直接影响着省以下税收规范性文件的质量。从某种程度上来说，规范了国税总局税收规范性文件的制定和管理，也就基本控制住了中国的税收规范性文件。基于此种因由，文章言及的“税收规范性文件”除非明示不同，主要意旨国税总局制定的税收规范性文件。特此说明。

〔2〕 [苏]B. A. 图曼诺夫：《对税收规范性文件合宪性的司法监督》，于洪君译，载《环球法律评论》1988年第5期。

〔3〕 关保英：《行政法的私权文化与潜能》，山东人民出版社2011年版，第125页。

查权只是配置给行政复议等行政机关，肯定无助于相对人对行政信任的回归，也无法打消相对人的种种顾虑。所以，从"有权利就有救济"的行政法原则出发，大多数行政诉讼制度比较完善的国家都将抽象行政行为的司法审查纳入法院的监督范围。[1] 而抽象行政行为不等于行政立法行为，其包含税收规范性文件的制定行为，这在理论上和实践中都是不能否认的。[2] 因此，将税收规范性文件纳入行政诉讼的受案范围，符合行政诉讼立法和实践的发展趋势，[3]这一点毋庸置疑。

一、税收规范性文件审查的文本检思：从行政复议到司法审查

"任何一种外来思想的移入都是以自己的'理解'为前提，构成这一理解的首先是自己的文化与历史，包括使用的语言文字、词语概念、思维方式，以及身在的语境。这个'前解'是通向'理解'的不可绕越的起点。"[4]司法审查在中国诉讼中的运行轨迹亦如此，"尽管1989年《行政诉讼法》授权法院根据法定标准审查某些类型的行政行为，但是仍然未给法院留下很大的解释和发展空间。法院经常发现当他们决心维护个人权利、捍卫法治时，他们会将自己置于某种紧张关系中，甚至与行政机关发生冲突"。[5] 典型便是我国1989年《行政诉讼法》第12条直接将税收规范性文件明文排除在行政诉讼的受案范围之外，当事人无权起诉税收规范性文件，法院只审查具体行政裁决的合法性问题，不能直接审查行政依据（抽象行政行为）本身。如此设计的好处是，一方面可以避免司法对行政权的过度干预；另一方面可以节约司法成本，保证行政效率和纠纷处理的及时性、安定性。[6] 与此同时，也直接导致了行政复议与行政诉讼在税收规范性文件审查上的脱节。因为根据我国1999年《行政复议法》第7条和《税务行政复议规则》第15条规定，申请人在对具体行政行为申请行政复议时，可以一并向复议机关提出对该具体行政行为所依据的税收规范性文件进行审查的申请。1999年《行政复议法》第5条和《税务行政复议规则》第6条进一步规定，申请人对法律规定为最终裁决之外的行政复议决定不服的，可以依法向法院提起行政诉讼。结合这些法

---

〔1〕 参见高鸿：《抽象行政行为可诉性研究》，载《法律科学》1997年第4期。

〔2〕 参见杨翔：《抽象行政行为不等于行政立法行为——兼与张树义同志商榷》，载《中国法学》1994年第1期。

〔3〕 参见陆丽：《从〈行政复议法〉第七条谈其他税收规范性文件的可诉性趋势》，载《哈尔滨师范大学社会科学学报》2014年第3期。

〔4〕 王人博：《法的中国性》，广西师范大学出版社2014年版，第243页。

〔5〕 何海波：《司法审查的合法性基础——英国话题》，中国政法大学出版社2007年版，第164页。

〔6〕 参见范愉、李浩：《纠纷解决——理论、制度与技能》，清华大学出版社2010年版，第198页。

条便可发现,行政复议立法实质上授予了申请人对不服的税收规范性文件复议决定继续提起行政诉讼的权利,即肯定了对附带税收规范性文件审查的行政复议决定的可诉性。而1989年《行政诉讼法》第12条却直接阻却了税收规范性文件的诉讼通道,无异于割裂本应畅通的行政救济链条。

“一般说来,行政作用要在整体上保持其整合性、综合实施,这一点不容否认。”〔1〕作为监督行政作用的救济机制,行政复议和行政诉讼只是行政争议救济系统中的一个部分,按照整体论的看法,整体应部分之间的相互作用而生,而部分通过复杂的关系网络相互影响、相互联系,并且相互依存,只有在整体形成之后,整体才能有效地赋予部分及部分之间的相互作用以意义。〔2〕 如果将其放置整个救济体系的发展上来看,结论将更加清晰,因为救济体系的逐步建立和完善是西方各国法治发展中的共同趋势,而其中公法救济机制不断整合的趋势,就一直潜伏于西方国家救济体系的完善进程中。这一趋势主要围绕“完整的权利救济途径”“公平的权利救济途径”“有效的权利救济途径”而展开。因为根本而言,法律对人权保障要求的满足在于规定行政复议、行政诉讼等各种“权利救济请求权”,一般一种请求权构成一种救济途径,多种请求权才可能组合成一个救济体系。〔3〕

1989年《行政诉讼法》和1999年《行政复议法》对税收规范性文件审查的不同态度和处置方法,显然偏离了公法救济机制日渐整合的大势,也使在司法实践中,不同的法院基于对税收规范性文件审查权限的不同理解,面对税收规范性文件时,时常会产生不完全一致,甚至截然不同的做法。尤其是根据《最高人民法院关于执行〈中华人民共和国行政诉讼法〉若干问题的解释》(法释〔2000〕8号)第62条〔4〕和《最高人民法院关于印发〈关于审理行政案件适用法律规范问题的座谈会纪要〉的通知》(法〔2004〕96

---

〔1〕 [日]米丸恒治:《私人行政——法的统制的比较研究》,洪英、王丹红、凌维慈译,中国人民大学出版社2010年版,第328页。

〔2〕 参见[英]迈克尔·C.杰克逊:《系统思考——适于管理者的创造性整合论》,高飞、李萌译,中国人民大学出版社2005年版,第4~5页。

〔3〕 参见韩春晖:《现代公法救济机制的整合——以统一公法学为研究进路》,北京大学出版社2009年版,第77~78页、第148页。

〔4〕 《最高人民法院关于执行〈中华人民共和国行政诉讼法〉若干问题的解释》(法释〔2000〕8号)第62条规定:“人民法院审理行政案件,适用最高人民法院司法解释的,应当在裁判文书中援引。人民法院审理行政案件,可以在裁判文书中引用合法有效的规章及其他税收规范性文件。”

号)"一、关于行政案件的审判依据"[1]中的相关规定可以看出,即便1989年《行政诉讼法》关闭了税收规范性文件司法审查的通道,在司法实践中,法院也并非对税收规范性文件没有审查权,只不过这种审查权是隐形的,遮遮掩掩的。[2] 立法的封闭性做法和司法的开放性执行,使税收规范性文件司法审查实践的一片乱象,最终导致行政诉讼面对税收规范性文件时,可谓"百花齐放,百家争鸣"。[3]

值得进一步思考的是,1989年《行政诉讼法》第11条和第12条确立了行政诉讼只对具体行政行为进行合法性审查的立法例,而"合法性已经不仅仅是指符合法律的明文规定,即形式合法,而且还指符合法律原则、法的目的和精神,以及符合权威的判例,进而达成公平正义之实质合法"。[4] 其根本前提在于具体行政行为做出时的依据"合法"。如果将其置于该法第52条和第53条视域下审视,便可知"法"应该是广义的,即包括法律、行政法规、地方性法规以及规章;"合"也应该是广义的,既包括行政机关在作出具体行政行为时选择了应该选择适用的法,也包括被选择适用的法是合法而有效的。相对于行政机关在具体行政行为作出时的法律适用,法院在行政诉讼中的法律适用可谓"第二次法律适用"。[5] 法院第二次法律适用如果缺乏对行政机关第一次法律适用的审查权,只是简单地附和、重复行政机关第一次法律适用的过程和结果,则法院对具体行政行为进行合法性审查的意义和效果必将大打折扣。从实践中来看,如果法院不审查具体行政行为适用依据的合法性,只是审查具体行政行为是否符合这个未经合法性审查的依据,其结果极有可能导致法院裁判确认了一个虽符合"依据"(行政程序中作出具体行政行为的法律、法规、规章及其他行政规范)但并不合"法"(全国人大及其常委会制定和颁布的法律)的具体行政行为的合法性。因此,行政诉讼必须以审查具体行政行为适用依据的合法性,以及衡量该"合法性依据"的合法性为前提,否则就将会失去行政诉讼的意义。[6] 以此观之,仅当司法机关有权依照宪法和法律对所有

---

[1] 《最高人民法院关于印发〈关于审理行政案件适用法律规范问题的座谈会纪要〉的通知》(法〔2004〕96号)规定:"一、关于行政案件的审判依据……人民法院经审查认为被诉具体行政行为依据的具体应用解释和其他税收规范性文件合法、有效并合理、适当的,在认定被诉具体行政行为合法性时应承认其效力;人民法院可以在裁判理由中对具体应用解释和其他税收规范性文件是否合法、有效、合理或适当进行评述。"

[2] 参见余凌云:《论行政诉讼法的修改》,载《清华法学》2014年第3期。

[3] 郭百顺:《抽象行政行为司法审查之实然状况与应然构造——兼论对行政税收规范性文件的司法监控》,载《行政法学研究》2012年第3期。

[4] 陈贵民:《现代行政法的基本理念》,山东人民出版社2004年版,第209~210页。

[5] 方世荣主编:《行政法与行政诉讼法》,中国政法大学出版社1999年版,第427页。

[6] 参见董皞:《论行政审判对行政规范的审查与适用》,载《中国法学》2000年第5期。

违法或违宪行为进行裁决和审查时,法治才有可能实现。[1]

很久以来,"人们还普遍地认为法官的主要功能是裁判案件",[2]但随着国家立法开始越来越普遍地介入社会、经济和文化等领域,传统的司法审判职能受到了日益严峻的挑战,[3]特别是政策指向型管理方法的增加,法律上的利害关系不一定是二元的,而可能出现更复杂的对立交错。另外,在法律的实现上,行政的作用有飞跃性的增强,行政的所谓司法性控制的作用越来越重要。[4] 受此影响,作为监控税收规范性文件的司法审查制度也逐渐突破传统审判职能,成为法院监督税收规范性文件极为重要的一种救济手段。从司法审查本源来看,其历来是一个颇多争议的概念,一般有广义上的司法审查,宪法意义上的司法审查和行政法意义上的司法审查之区分。一国如何对待司法审查,采取何种层面和意义上的司法审查模式,既受制于该国政治体制和司法权独立状况,也为该国行政法治的程度和公民的权利意识所左右,[5]此外,该国历史文化和法律传统等因素也会不同程度地干预司法审查模式的选择。比如,广义上的司法审查以司法程序来审查和裁决立法和行政是否违宪,它只适用于像美国一样建立了成文宪法,并且赋予了普通法院对其他国家机关行使国家权力的活动的合宪性、合法性审查权的国家。[6] 尽管如此,司法审查既包括对立法机关制定的法律的合法性审查,也包括行政行为的合法性审查,其中后者就涵盖对税收规范性文件的合法性审查,这应该是司法审查的共识。

基于方方面面的考虑,2015年《行政诉讼法》第53条和第64条正式引入税收规范性文件行政诉讼制度,开启了税收规范性文件的司法审查之门,也使税收规范性文件从行政复议到行政诉讼的审查通道得以畅通,但这种以"附带审查"[7]和"完全审查权但不完备的处理权"[8]为核心的立法模式,究竟是一种制度的缺陷还是一种理性的模

---

〔1〕 参见张骐:《尊重司法规律、实现司法独立、建设法治中国》,载《法制与社会发展》2014年第6期。

〔2〕 [美]斯蒂芬·B.戈尔德堡、弗兰克E.A.桑德、南希·H.罗杰斯、塞拉·伦道夫·科尔:《纠纷解决:谈判、调解和其他机制》,蔡彦敏、曾宇、刘晶晶译,中国政法大学出版社2004年版,第383页。

〔3〕 参见汪庆华:《政治中的司法:中国行政诉讼的法律社会学考察》,清华大学出版社2011年版,第26页。

〔4〕 参见[日]小岛武司、伊藤真编:《诉讼外纠纷解决法》,丁婕译,中国政法大学出版社2005年版,第223页。

〔5〕 参见王宝明、赵大光、任进、高秦伟:《抽象行政行为的司法审查》,人民法院出版社2004年版,第93~96页。

〔6〕 参见张光宏:《抽象行政行为的司法审查研究》,人民法院出版社2008年版,第76~77页。

〔7〕 参见2015年《行政诉讼法》第53条。

〔8〕 参见2015年《行政诉讼法》第64条。

式选择，究竟是“有质的飞跃”还是只能将其看作“极其微小的进步”，尚须时间验证。但就税收规范性文件司法审查从制度缺位到立法进位，从隐形的、遮遮掩掩的司法审查实践到明示的、公开的司法审查制度建构这一点上，其进步理当肯定。具体至税收规范性文件的司法审查来说，2015年《行政诉讼法》第53条基本上借鉴和参考了1999年《行政复议法》第7条“附带审查”的立法技术，当然也就面临着税收规范性文件行政复议“附带审查”同样的困局。

与税收规范性文件行政复议“间接审查”不完全相同的是，2015年《行政诉讼法》第64条赋予了法院对税收规范性文件完全的司法审查权，但并未同时授予法院对不合法的税收规范性文件的最终处理权，可谓“完全审查权但不完备的处理权”。详述之，根据2015年《行政诉讼法》第64条规定，法院对税收规范性文件的司法审查权包含以下几层语义：其一，税收规范性文件完全的司法审查权。即法院有权直接判定被提请审查的税收规范性文件是否合法，无须借助其他机关予以认定。其二，合法有效的税收规范性文件的“引用”权。针对经法院审查后认为合法有效的税收规范性文件，法院可以在裁判文书中“引用”，对其进行评述以充实裁判理由、增强论证力。除非有明确的禁止性规定，由“法释〔2000〕8号”第62条和“法〔2004〕96号”之“一、关于行政案件的审判依据”规定形塑而成的合法有效的税收规范性文件的“引用权”难以扼制，更为理性的做法是遵循长期审判累积而致的“习惯法”“不轻易改弦更张”。[1] 其三，不合法的税收规范性文件对行政行为合法性的否决权。法院经审查认为申请人在对行政行为提起诉讼时，一并提请审查的税收规范性文件不合法的，不能作为行政行为合法的依据，即法院可以运用第二次法律适用权直接否决行政机关的第一次法律适用权，倒逼行政机关谨慎选用税收规范性文件作出具体行政行为。需要引起重视的是，结合第二层语义，法院并非以“不作为认定行政行为合法的依据”便可大功告成，其还应该回应申请人的诉请，在裁判文书中明确被提请审查的税收规范性文件是否合法，以拘束各方当事人。其四，不合法的税收规范性文件的不完备处理权。与第三层语义紧密相连，针对经法院审查后认为的不合法的税收规范性文件，法院并无最终的处置权，仅享有“向制定机关提出处理建议”的权力。结合第三层语义，并结合2015年《行政诉讼法》第64条第3分句“不作为认定行政行为合法的依据”，可以发现第三层语义和该分句属于典型的义务性规范，而非授权性规范。第4分句“并向制定机关提出处理建议”紧随第3分句，尤其是该分句中的“并”，可谓一字道出天机。省去该条其他语词，便可还原规范的本原属性，即“……税收规范性文件不合法的，不作为……并……

〔1〕 余凌云：《论行政诉讼法的修改》，载《清华法学》2014年第3期。

提出处理建议”。从这个骨架可以发现,第4分句的规范属性取决于第3分句,因为“并”字将两个分句密切连动,根据中文的惯用语法,既然第三分句属于义务性规范,则第4分句就不应该将其界定为授权性规范,也应该展现其义务性规范的本质。如果如此理解,则该条中的“并向制定机关提出处理建议”就应该理解为,法院有义务针对不合法的税收规范性文件向指定机关提出处理意见。至于此处的“处理意见”作何理解,法院仍然享有一定的自由权。既可能是修改意见,也可能是撤销意见,还有可能是让制定机关核实税收规范性文件等意见。足见,寥寥十二字,蕴含十分精深而又复杂的语义,可谓授权表层隐含义务实质,义务内核又巧妙授权。

二、税收规范性文件司法审查的基本向度

税收规范性文件进入诉讼程序之后,其有两个不同的面向:〔1〕一是法院必须根据案件事实,在众多的税收规范性文件中选择适用与案件事实最为关联的税收规范性文件;二是税收规范性文件如果违反宪法或其他上位法的规定,对其进行合宪性或合法性审查将不可避免。前一个面向可以归纳为法律问题判断过程,此种判断过程旨在确定法院在多大程度上尊重行政机关对税收规范性文件的判断。行政诉讼不同于作为“内部监督”的行政复议,在诉讼审判过程中,交织着“立法部门税收规范性文件制定权”“行政机关税收规范性文件选择适用权”以及“法院对于法律问题的判断权”。三种权力层层递进,共同角逐于行政诉讼场域。从这个角度上来说,行政诉讼就是立法权、行政权与司法权之间相互博弈的场所和平台。〔2〕

要想实现立法权、行政权与司法权之间的和谐共存,法院就必须拿捏好对于法律问题审查强度与范围的分寸,既要保障税收规范性文件的有效实施,又不能逾越司法权的运行边界,尽力恪守3方的“楚河汉界”。与前一个面向相关联,后一个面向更多可以将其概括为狭义上的司法审查,其意在通过对税收规范性文件的审查来实现对行政权的司法控制,进而保障和补救相对人的合法权益。〔3〕如果说税收规范性文件在行政诉讼中的第一个面向关注的是税收规范性文件在具体行政行为运用中的审查,则第二个面向指向的就是税收规范性文件本身的合宪性或合法性审查。简言之,第一次面向聚焦的是税收规范性文件运用于具体行政行为的审查,主要目标是监督行政权的运用;第二次面向则关注立法权或解释权等而致的抽象行政行为之税收规范性文件的审

〔1〕　参见周汉华:《税收规范性文件在〈行政诉讼法〉修改中的定位》,载《法学》2014年第8期。

〔2〕　参见余凌云:《法院如何发展行政法》,载《中国社会科学》2008年第1期。

〔3〕　参见孙笑侠:《法律对行政的控制——现代行政法的法理解释》,山东人民出版社1999年版,第256页。

查,主要目的是监督立法权或解释权的行使。两个面向归总到一起,可视为广义上的司法审查。

在行政诉讼实践中,对税收规范性文件的司法审查是一个令人纠结的问题。[1] 一方面,对税收规范性文件进行司法审查是分权制衡原则的具体体现,也是司法权监督制约行政权的重要方式。[2] 之于税收法治,没有司法审查,税收法治就只是一句空话。司法审查的存在,不仅有助于纳税人权益保障,对国税总局也可产生一种压力,通过行政诉讼对国税总局的税收规范性文件进行审查,将在更大程度上保证解释权得到公平、公正的行使。另一方面,不管是将司法审查视为一种原则体现,还是只是将其当作一种统治手段,税收规范性文件一旦进入行政诉讼程序中,法院就不得不给予其一个"说法"。如何产生和做出这个"说法",做出什么样的"说法"等,根本上取决于一国司法权的边界。比如,虽然德国行政诉讼采取的是一种强职权主义模式,近乎全方位地受理和审理行政案件,但是在判决上,德国行政法院还是恪守权力分立的界限,一般不越界行使权力。[3] 按照司法权界限论的观点,法院在审理行政案件时,司法权不能超越该界限来干涉或指导行政的内容。[4] 司法权界限论植根于权力分立理念,尤为强调司法权不能任意侵入行政权领地。尽管随着经济社会的发展,权力分立理念已变得令人难以捉摸,但其核心思想仍被立法、司法、行政机关所恪守,因为权力不受到制约,必将趋于专断。基于此,更基于司法机关自身鲜明的特点,在行使司法审查权的过程中,其表现出了极大的抑制与谦让,这一点尤其表现在它与立法机关的关系上。司法权与行政权的关系因各国情况而异,但一个共通的特点就是基于权力分立,各司其职,当进入诉讼阶段,司法机关应尊重行政机关的首次判断权,而同时又坚守司法最终救济原则,充分发挥司法能动性。[5]

三、税收规范性文件司法审查的技术配置

迈入20世纪中期,随着科学技术和经济的快速发展,"行政国家"理念逐步凸显并得以普遍实施,[6]行政权也就借机脱颖而出,在整个权力系统中成为最为敏感、最为强

---

〔1〕 参见王庆廷:《隐形的"法律"——行政诉讼中其他税收规范性文件的异化及其矫正》,载《现代法学》2011年第2期。

〔2〕 参见刘俊祥:《论我国抽象行政行为的司法审查》,载《现代法学》1999年第6期。

〔3〕 参见黄先雄:《德国行政诉讼中司法权的边界及其成因》,载《比较法研究》2013年第2期。

〔4〕 参见杨建顺:《行政诉讼的界限及行政法学研究的课题》,载《行政法学研究》1999年第4期。

〔5〕 参见高秦伟:《行政法规范解释论》,中国人民大学出版社2008年版,第176页。

〔6〕 参见关保英:《社会变迁中行政授权的法理基础》,载《中国社会科学》2013年第10期。

势的权力形态。[1] 为了更好、更多地为公民的利益服务,行政权的范围与强度大肆扩展。[2] 在此语境下,司法审查中如何面对行政至关重要。行政机关作为税收规范性文件的最大制造商,没有理由不对其进行严密审查。这不仅仅是因为行政权力在所有权力中所处的显赫地位,更是因为行政权力"无处不在,无时不有",直接关乎纳税人权利的落实。而保障人民权利落到实处,敦促行政权力规范运行,不只是行政法功能的高度概括,更是行政法价值定位的深度阐释。[3] 认识到这一点,对税收规范性文件进行司法审查的方向和基准便大体明朗,相应的技术设置便有了方向和指引。

(一)基本前提:以尊重行政权为基础

不管对2015年《行政诉讼法》第64条作何解释,最终都会导向最为核心的一个命题,即在行政诉讼中,法院对税收规范性文件进行司法审查,应该如何面对行政权,或者说,司法审查应该在多大程度上尊重行政权。一般而言,法院对行政领域的税收规范性文件的司法审查,并非对其作出实体判决,而是在裁判理由中对其是否合法、有效、合理或适当进行评述。法院的这种监控系利害关系人启动,具有交涉性和独立性,因而已成为最重要的监控机制。在这种监控实践中,法院对有关行政权限、行政自律、基于授权、上位法缺位和专业技术方面的税收规范性文件给予了充分尊重,以实践行政法治。[4] 的确,不管是处于对权力分立理念的坚守,还是基于司法的政治中立性考虑,抑或是因为现代行政的日渐专业化和技术化等心有余而力不足,法院尊重行政机关的首次判断权业已成事实,且广为存在。特别是在法治水平亟待提升的我国税收法治领域,鲜见司法机关对税务行政行为的质疑,更别谈对税收规范性文件的监控,这其中固然与1989年《行政诉讼法》税收规范性文件司法审查制度缺位有关,但更为重要的是过去30年正值中国社会的急速转型时期,利益结构的调整、行政主导的张扬、司法机关对行政机关的过分依赖等,使司法机关不管是真心还是无奈,在多数情况下都不得不屈从于行政机关、尊重行政权的运行,然而时至今日,这种"作茧自缚"式的行政法治道路越发艰难。[5]

面对数以万计的税收规范性文件,司法机关不能再无动于衷,而必须有所作为。

---

[1] 参见关保英:《行政法的价值定位》,中国政法大学出版社1997年版,第14页。

[2] 参见郭道晖:《法治行政与行政权的发展》,载《现代法学》1999年第1期。

[3] 参见孙笑侠:《法律对行政的控制——现代行政法的法理解释》,山东人民出版社1999年版,第1~26页。

[4] 参见叶必丰:《行政法与行政诉讼》(第2版),高等教育出版社2012年版,第80页。

[5] 参见郑雅方:《在变革与守成之间——现行〈行政诉讼法〉修改的三组基础性矛盾及其消解》,载《政法论坛》2014年第1期。

尤其难得的是,时下执政党比过去任何一个时候都更加重视司法审判独立的推进,税收规范性文件行政诉讼的障碍也在逐渐减小,可以说,司法机关介入税收规范性文件审查的时机可谓千载难逢。当然,力主司法权强势介入税收规范性文件的审查,绝不意味着鼓励和放任司法权对税收行政权的肆意干预。恰如威廉·韦德所述,“一切受委托的权力都必须受到某种法律限制”,〔1〕司法审查中的司法权运用也当无例外。况且,即便是完全的司法审查制度本身也带有许多固有的职能限制。比如,即使是司法撤销的裁决,如果行政机关有强有力的行政或政治理由要坚持其观点,那么也不会给税收规范性文件造成些微的影响。再如,面对发回重审的决定,行政机关或许只是为其行政行为提出一个更适宜的合理说明,或借助不同的程序得出同样的结果。此外,肯定有许多税收规范性文件根本就没有寻求过司法审查。司法审查开销大且时间长,也从不敢断言会有什么样的结局。上述因素常常相互结合,从而阻止当事人提起甚至是有价值的诉求,尤其是在受到侵害的当事人并不富有或与结果没有重大的经济利害关系时。〔2〕也就是说,一方面,法院应当对税收规范性文件进行审查;另一方面,又不能无限制地审查。究其源在于法院对税收规范性文件的审查,实质上是一种国家权力对另一种国家权力的监督审查。这种审查势必会受到国家权力分配体制的制约。〔3〕

(二)规范工具:“法律—事实”二分法

如何把握此种“既审又不审”的度,既是重点,更是难点。显然,这已经触及司法审查最核心的领地,即司法审查的限度。针对此种权限向来有司法能动主义和司法克制主义之争,背后隐藏的则是行政权与司法权的边界难题。“在普通法中,对行政限制遵循的原则是,立法机关已经明智地把工作分配给行政机关。只要行政机关在立法机关规定的法律限制范围内,法院不得进行审查。只有在行政机关超越立法机关规定的法律限制时,法院才有权进行审查。因为行政机关没有实施违法的或者超越其权限范围行为的权力。”〔4〕以此为理念基石,英美法系创设了“法律—事实”二分法,〔5〕以其厘

---

〔1〕[英]威廉·韦德:《行政法》,徐炳等译,中国大百科全书出版社1997年版,第594页。

〔2〕参见[美]欧内斯特·盖尔霍恩、罗纳德·M.利文:《行政法和行政程序概要》,黄列译,中国社会科学出版社1996年版,第45页。

〔3〕参见解志勇:《行政法治主义及其任务》,中国法制出版社2011年版,第278页。

〔4〕[印]M.P.赛夫:《德国行政法——普通法的分析》,周伟译,山东人民出版社2006年版,第133~134页。

〔5〕See Ray A. Brown, “Fact and Law in Judicial Review”, *Harvard Law Review*, Vol. 56, No. 6, 1943, pp. 899 - 928.

清行政权与司法权的界限。一般认为法律问题是行政机关在行政管理过程中涉及的下述问题:对自身职权范围、行政权的行使条件、行政程序以及法律规则之间的关系等作出判断,在基础上据以选择具体行政行为的规范依据等。[1] 与法律问题不同,事实问题以“事实”为中心。尽管不同学科对“事实”的理解难以达成共识,但对“事实”所具有的可靠性、不变性、特殊性及不可重复性等特性并无实质性分歧。[2] 在法学理论中,“事实”一词使用的频率非常之高。在部门法领域,对事实问题的关注不仅普遍,而且更加细致。[3] 将“事实问题”与司法审查联系在一起,“事实”便不再具有以往的神秘面纱,而有其独特的司法意义,一般是指对某一现象已经发生或将要发生的判断,它独立于或先于对该种现象所要引起的法律后果的判断。[4]

区分事实问题与法律问题是英美法上司法审查的历史起点,根据这种分类,行政机关握有“事实问题”的确定权,而法院则享有“法律问题”的审查权。[5] 根据这种分类,行政权与司法权的边界十分清晰,问题是“法律—事实”二分法无法穷尽所有的现实问题。因而,这种二分法自诞生以来便屡屡受到攻击和挑战,尤其步入新时代,行政机关不再简单只是处置传统的“事实问题”,行政立法和行政解释均已触及“法律问题”,也就不可避免地与法院对“法律问题”的判断产生交集与冲突。为解决这种分类困局,虽然产生了修正性的“法律—事实—混合”“法律—事实—政策”等区分法,[6]但都难以堪当现代社会司法权与行政权分界的判断标准,也无法在成千累万的税收规范性文件语境下清晰定位司法权与行政权的关系。1984 年美国谢弗林案的出现,将司法权与行政权的界限判定推至迄今无从逾越的高度,由该案确立的“谢弗林案原则”或

---

[1] 参见周汉华:《论行政诉讼中的法律问题》,载《中国法学》1997 年第 4 期。

[2] 参见张继成:《事实、命题与证据》,载《中国社会科学》2001 年第 5 期。

[3] 参见王麟:《论法律中的事实问题》,载《法律科学》2003 年第 1 期。

[4] 参见周汉华:《论行政诉讼中的司法能动性——完善我国行政诉讼制度的理论思考》,载《法学研究》1993 年第 2 期。

[5] 参见周永坤:《对行政行为司法审查的范围:事实问题——一个比较的研究》,载《法律科学》1996 年第 5 期。

[6] 关于在“事实—法律”基础上发展而成的三分法及其审查强度的论述可参见杨伟东:《行政行为司法审查强度研究——行政审判权纵向范围分析》,中国政法大学诉讼法学专业 2001 年博士学位论文,第 88 ~ 96 页。

“司法尊重原则”,[1]推动了立法机关、行政机关与司法机关三者之间的良性互动,体现了一种合作主义的税收规范性文件形成的框架。该原则以一种“两步法”标准以审查税收规范性文件的效力,展示如图1所示:

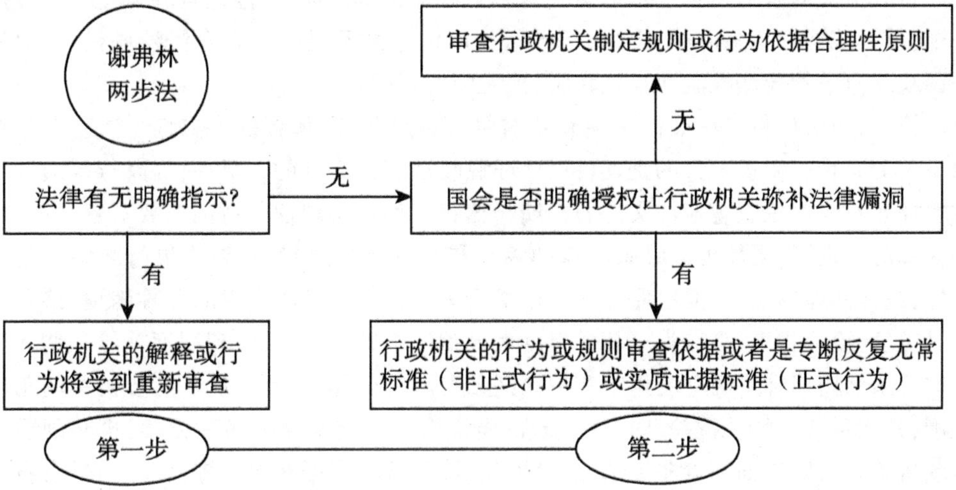

图1

司法尊重原则之于司法权与行政权分界以及司法审查强度等,无疑具有里程碑式的价值,怎么评价都不为过。但这绝不意味着该原则毫无缺点,唯有正视这些缺点,方可找到前进的方向,也才能使其具有更大的普适性和更强的辐射力。总体来看,司法尊重原则主要存有以下难题需要突破:

第一,在谢弗林法“第一步”中,虽然法院尊重行政机关的合理解释,但是法院仍然要决定国会是否对涉及的问题作出了明确的说明,而法院是否愿意作出此种说明并不具有确定性,即此种说明并非法院的强制性义务,对其并不具有强拘束力。

---

[1] 下文对谢弗林案及“谢弗林案原则”或“司法尊重原则”的论述参见但不限于下列文献:Chevron U. S. A. ,Inc. v. Natural Resources Defense Council,Inc. (No. 82 - 1005),467 U. S. 837(1984);NRDC v. EPA, 725 F. 2d 761,767(D. C. Cir. 1984);Eric M. Braun,“Coring the Seedless Grape:A Reinterpretation of Chevron U. S. A Inc. v. NRDC”, *Columbia L. Rev.* Vol. 87, 1987; Clark Byse,“Judicial Review of Administrative Interpretation of Statutes: An Analysis of Chevron' Step Two”, 2 *Admin. L. J*, 1988; Ronald M. Levin,“The Anatomy of Chevron:Step Two Reconsidered”,72 *Chi-Kent L. Rev*,1997;John H. Reese,“Bursting the Chevron Bubble:Clarifying the Scope of Judicial Review in Troubled Times”,73 *Fordham L. Rev*,2004;高秦伟:《政策形成与司法审查——美国谢弗林案之启示》,载《浙江学刊》2006年第6期;高秦伟:《行政法规范解释论》,中国人民大学出版社2008年版,第183~229页。

第二,在谢弗林法"第二步"中,司法尊重原则暗含着"国会→行政机关→法院"的解释权序位。但问题是,法院为什么要尊重行政机关的法律解释呢?尤其是在一些特殊的场合下,如默示。与之相关的是,司法尊重原则高度依赖于"合理性判断",而如何判断行政机关的解释是否"合理"并不像原则显示的那般简单,但一旦降低这种合理性判断,就可能诱发诸多问题,比如,行政行为因说理性不足而陷入合法性危机,行政机关因缺乏有效的司法控制而自我膨胀、扩大职权,等等。

第三,司法尊重以后如何实现有效监督,以保证行政解释的一贯性。法院尊重行政机关的解释一个重要目的是其可以保证税收规范性文件的一贯性,提高行政透明度以增加相对人对税收规范性文件的预期与信赖。如何实现这一目的需要观察。况且,即便真的实现了,固然可以维系法律的稳定与权威,但却极有可能丧失行政解释的灵活性,或许法律稳定了,但也僵化了。枚举司法尊重原则可能出现的种种困境,绝非否认其价值,恰恰相反,是在肯定其做出巨大贡献的基础上,为其找到制度补给和调适的方向。虽然谢弗林案确立的司法尊重原则无法解决全部的问题,但从行政机关的角度观测,其无疑符合行政机关和现代行政的特点和发展趋势。但另一方面,也必须看到行政机关长久以来面临着非民选、过度干预、被利益集团俘获等诸多质疑,通过自身完善固然可以消解质疑,但也有画地为牢的风险。因此,不管是从维系公民权益还是从行政权稳健发展出发,都不能放弃司法机关的"大兵压境",一味排斥法院的司法审查。如果知晓美国已有"将司法尊重原则有条件地适用于国会"[1]之呼声,估计不再有人质疑将行政机关置于司法审查之下、一味高呼司法机关对行政解释的尊重了。

(三)审查基准:从合法性到合理性

在司法尊重原则的法院实践中,合理性审查处于十分重要的地位,可谓司法审查的核心一环。综观域外国家的典型司法审查制度设计,不难发现法院对事实问题的审查实质上秉持的是合理性审查。[2] 不仅如此,法院合理性审查的范围还包括法律问题和法律与事实混合问题,换句话说,合理性标准统一了司法审查的范围。[3] 但也必须指出,同样是合理性审查,其含义和程度是有差异的。对"事实问题",其合理性是基于"一个理智的普通人"就能作出判断的合理性;"法律问题"的合理性判断,则非一个普通人的能力所能及。之所以有所区分,一方面在于"法律问题"审查所要求达到的合理性程度远高于"事实问题"对合理性要求的程度;另一方面在于法院审查能力和审查效

---

[1] 邓栗:《美国行政解释的司法审查标准——谢弗林案之后的发展》,载《行政法学研究》2013 年第 1 期。

[2] 参见朱新力:《论行政诉讼中的事实问题及其审查》,载《中国法学》1999 年第 4 期。

[3] See Bernard Schwartz, *Administrative Law*, Little, Brown & Company, 1976, pp. 652 - 663.

率等差异,相对于"事实问题",法院对"法律问题"的审查能力和效率都更强些。此外,还必须明确的是,司法审查中合理性标准的确立,并不意味着对合法性审查的否认和放弃。只是在现代法治国由"形式法治主义"日益向"实质法治主义"转变的过程中,司法审查必须在合法性底线的基础上推进,不能满足、停驻于合法性审查。可以预见,随着各国行政法治化水平的不断提升,行政行为的形式违法必将被实质违法所取代,与之相因应,明显违宪或违法的税收规范性文件也会相对减少,相反,实质不合理的税收规范性文件必然会成为税收规范性文件司法审查的中心,这些都敦促司法审查必须在合法性审查的基础上向更高的、更接近实质正义的合理性审查方向挺进。从这个层面上来讲,司法审查的重心不是对合法性审查的放弃,而是将其视为最基本的要求,在其基础上更加关注税收规范性文件的实质合理性审查。[1]

四、税收规范性文件司法审查的制度改进

区分事实问题与法律问题,并以此作为标准界定司法审查的范围以划定行政权与司法权的界限,向来为英美法系国家所倡导,但其影响绝非只限于英美法系国家。就连向来秉承大陆法系传统,固守具体行政行为合法性审查的我国,加入 WTO 走向世界舞台时,也不得不正视诞生于英美法系的此种审查传统和惯例。例证便是,《最高人民法院关于审理反倾销行政案件应用法律若干问题的规定》(法释〔2002〕35 号)、《最高人民法院关于审理反补贴行政案件应用法律若干问题的规定》(法释〔2002〕36 号)第 6 条均提出了反倾销、反补贴诉讼中"事实问题"和"法律问题"的区分。遗憾的是,两者均只是采纳了英美法系司法审查制度的前提性基础,并未吸纳最为核心的司法审查标准和范围等理念和制度,这一点可由"法释〔2002〕35 号"和"法释〔2002〕36 号"第 6 条佐证。根据"法释〔2002〕35 号"和"法释〔2002〕36 号"第 6 条规定,即便是"对被诉反倾销/反补贴行政行为的事实问题和法律问题",法院仍然只能进行合法性审查。这其中固然有主观认识、审查惯例和体制等方面的原因,也与我国《行政诉讼法》的审查制度设计,甚至法律解释体制等无不关联。尽管如此,英美法系沉淀至今的"法律—事实"二分法,以及在其基础上确立的司法尊重原则都值得我们好生思量。因为整体来说,由行政机关决定事实问题,法院主要解决法律问题,既可以有效发挥行政机关的专业优势,提高行政效率,又可避免行政机关与法院的重复劳动。但这种理想效果的展现,必须仰仗发达的、正当的行政程序,只有存在这样的程序,行政机关对事实问题判

---

〔1〕 参见刘东亮:《行政诉讼中的法律问题和事实问题》,载《浙江学刊》2006 年第 2 期。

断的合法性与合理性才有可能实现,法院才有必要保持对行政官员工作业绩的尊重。[1] 反观当下税务行政和税法解释立法和实践,虽然近10年来,税收程序法治建设获得长足进展,但远称不上是"发达"和"正当",充其量只能说是走在"发达"和"正当"的路上。在迈向发达和正当程序建设的税收法治过程中,借助强有力的司法审查未尝不是一条值得尝试的民主监督之路。

在纳税人尚未完全觉醒,社会公众税收法治意识仍在努力提高的时下中国,哪怕是一点点微小的进步也值得赞誉,从此意义上来说,2015年《行政诉讼法》确立的税收规范性文件审查制度,尽管有这样那样的缺憾,但作为一种制度被写进法律,便是最大的进步。基于我国税收法治环境、治理水平与严格的司法尊重原则尚有距离,当下断不可盲目照搬域外司法审查和司法尊重的理念与制度经验,"中国无论怎样挪用西方,自始至终都有一个中国立场的存在,既包括对西方价值观的取舍,也包括对自己古老智慧的化用"。[2] 当下更需要做的不是高喊法院对行政机关的尊重,而是要创造一切内外部条件,让法院敢于审查税收规范性文件,敢于质疑和否认行政行为的合法性依据,积极、主动地向制定机关提出税收规范性文件的处理意见。如果法院珍惜每一次申请人提请税收规范性文件审查的机会,用好、用足每一次税收规范性文件的司法审查权,直接的效应便是力促其改变违宪或违法的税收规范性文件,间接的效果便是营造一种谨慎动用解释权,科学制定税收规范性文件的解释风气和环境。当然,这并非税收规范性文件司法审查的最终目的,税收规范性文件审查最终还是要以司法尊重,各司其职为导引,只有这才可能发挥最佳的组合配置效应。

当前,虽不倡导法院对国税总局解释权和税收规范性文件的绝对尊重,但国税总局动用解释权,制定税收规范性文件还是有必要从域外司法审查和司法尊重的理念和制度实践中获取一些启示。以美国为例,归纳美国法院的判例,法院对应当如何重视行政机关的法律解释,主要考虑下列因素:第一,行政机关的各种解释不是处于同等地位。行政机关对支配其活动的法律长期一致的解释和对其曾经参与起草的法律的解释和在法律制定时的解释,受到法院较大的重视。行政机关最近的解释和以往的解释互相冲突的解释,受法院重视的程度较低。第二,对法律负主要执行责任部门的解释受到较大的重视,非主要执行部门对其所执行的法律的解释,受重视的程度较低。第三,国会对行政机关的解释赞成时,法院会高度重视行政机关的解释。反之,国会修改

---

[1] 参见周永坤:《对行政行为司法审查的范围:事实问题——一个比较的研究》,载《法律科学》1996年第5期。

[2] 王人博:《法的中国性》,广西师范大学出版社2014年版,第243页。

的法律不注意行政机关的解释，法院不会重视行政机关的解释。同理，受到公众信赖的解释也会受到法院的重视。第四，行政机关的解释不符合通常的解释规则时，法院不会重视。第五，法院对行政机关解释重视的程度，取决于法院和行政机关各自所有的专业知识。在技术性专业性高的领域，行政机关的解释受到较大的尊重。反之，当法律的意义取决于法院具有较大的专业知识的事项时，行政机关的解释不会受到重视。[1] 由此而得的启示是，国税总局在行使解释权，意欲制定税收规范性文件之前，可以提前预估法院审查通过的概率，以免遭到法院审查的诘难、影响政府形象和行政威严。这种解释之前的解释评估意识一旦形成，司法审查的"威慑"和"监督"目的便提前实现了，毕竟司法审查并非法院与国税总局过不去，其根本要义仍在于敦促国税总局谨慎动用每一次解释权，认真对待每一个税收规范性文件的制定。[2] 一旦这一天真的到来，司法尊重便会如约而至，纳税人主义便可在国税总局与法院的相互尊重、协力配合下生根发芽，成为税法解释的一种共识性立场，导引税法解释的真切开展。

---

〔1〕 参见王名扬：《美国行政法》（下），中国法制出版社2005年版，第700～701页。

〔2〕 参见叶金育：《国税总局解释权的证成与运行保障》，载《法学家》2016年第4期。

环境审计问责实现机制探讨[*]

胡耘通[**]　何佳楠[***]

目　次

近年来，随着环境问题的日益凸显，资源环境压力也在日趋增加。自党的十八大提出将生态文明建设纳入“五位一体”的新格局以来，以国家审计为主体的环境审计的重要作用日益体现。作为解决审计发现问题的有效途径，审计问责在环境审计服务于资源环境治理进程中的作用更不可小觑。对此，国家也出台了相关政策以为环境审计问责工作提供保障。2014 年 10 月《国务院关于加强审计工作的意见》在审计整改方面提出了“严格追责问责”的要求。党的十八届三中全会通过的《中共中央关于全面深化改革若干重大问题的决定》更是提出“探索编制自然资源资产负债表，对领导干部实行自然资源资产离任审计，建立生态环境损害责任终身追究制”。2015 年 12 月中共中央办公厅、国务院办公厅印发《关于完善审计制度若干重大问题的框架意见》要求“把审计监督与党管干部、纪律检查、追责问责结合起来，把审计结果及整改情况作为考核、任免、奖惩领导干部的重要依据”。尽管如此，由于政策的宏观性、资源环境本身的特殊性，加之我国环境审计尚处于起步阶段，尤其是在问责方面仍存在弊端，加大了审计

---

* 基金项目：司法部项目《政府环境审计的环境治理机理与制度改进》（15SFB3038）；中国法学会部级法学研究项目《政府环保责任的环境审计实现机制研究》（CLS2016D153）。

** 西南政法大学副教授，经济法学博士后，法学博士。

*** 北京国家会计学院审计专业硕士研究生。

目标的实现难度。而在英国,城市实施了针对地方21世纪议程及二氧化碳减排目标的审计,通过政府审计部门展开对地方政府环境责任进行问责。[1] 巴西政府审计在环境管理中同样发生过重要作用,明确了政府审计在环境领域的职责,尤其是在联邦环境许可证审批过程的业务审计问责机制。[2] 回归到我国具体国情之下,在"国家审计服务于国家治理"的背景下,以国家审计为主体的环境审计更要充分发挥其服务于资源环境治理的关键作用。

一、环境审计问责的基础梳理

(一)环境审计问责的内涵

目前为止,理论界对于环境审计问责的研究不多,由此并没有一个统一的定义。从国家审计问责的角度来看,冯均科认为,"国家审计问责制度是特定国家以国家审计监督为基础建立的规则化问责体系,包括审计机关的直接问责与其他机构借助审计结论所进行的间接问责"。[3] 结合最高审计机关国际组织(International Organization of Supreme Audit Institutions, INTOSAI)下属的环境审计工作组(Working Group on Environmental Auditing,WGEA)对环境审计框架性定义的修订,[4] 本文认为,环境审计问责是指以审计机关为主体的机构(部门)因被审计单位(人)受托环保责任履行的缺失而追究其法律责任、经济责任、生态责任以及社会责任的一种制度安排,是对环境审计结果做出回应的一种方式。

(二)环境审计问责的目标

环境审计问责作为环境审计的一个重要组成部分,二者在目标上既具有一致性,又存在些许差异。本文采用环境审计目标理论中的二元目标论,从总体目标和具体目标两个层次对环境审计问责目标进行详述。从总体目标上来看,环境审计问责是环境审计服务于环境资源治理的重要环节,通过追究被审计单位(人)环保责任的方式解决环境审计中发现的问题,从而真正实现资源环境的改善,促进生态文明建设,这与环境审计的最终目标是一致的。从具体目标来看,由于环境审计问责不是某种审计的类型,而是环境审计的一个组成部分,其更加强调问责后达到的效益。因此,本文基于

---

[1] Bennett M. ,Newborough M. ,"Auditing energy use in cities". *Energy Policy*,2001(5):125 - 134.

[2] Luiz H. L. ,Alessandra M. ,"The Brazilian audit tribunal's role in improving the federal environmental licensing process". *Environmental Impact Assessment Review*,2010(6):108 - 115.

[3] 冯均科:《国家审计问责制度目标设定探微》,载《财会月刊》2008年第11期。

[4] 2009年INTOSAI下属的WGEA对1995年《开罗宣言》中给出了环境审计的框架性定义进行了修订,并提出:环境审计与审计机关的其他审计类型无明显不同,可能涉及环境、自然资源和可持续发展问题。

"5E审计"的观点,[1]将环境审计问责的具体目标划分为4个层次,即法律目标、经济目标、生态目标以及社会目标。法律目标是指被审计单位(人)在履行环保责任时是否遵循了相关的法律法规以及制度标准;经济目标是指被审计单位(人)在履行环保责任的同时是否实现了其经济责任;环境目标是指被审计单位(人)在履行环保责任时是否以牺牲其他生态环境为代价,是否有效地利用了现有资源;社会目标是指被审计单位(人)在履行环保责任时是否存在侵害某些公众利益的行为,是否影响了社会秩序的稳定。

(三)环境审计问责产生的理论基础

1.受托环保责任

近年来,经济社会快速发展带来的环境问题日趋严重,但履行环保责任涉及法律、经济、环境以及社会等多个层面,需要投入较大的成本,对于某些企业来讲,在不违反法律的前提下往往不会主动履行环保责任,甚至为了实现其经济利益浪费资源、污染环境,而当地政府为了追求绩效也对其"纵容",由此形成了恶性循环。但环境审计是基于受托环保责任产生的,在社会公众、审计机关以及被审计单位(人)三者之间的三方关系中,审计机关接受社会公众的委托,通过公告审计(整改)结果的方式向其告知被审计单位(人)履行环保责任的情况。环境问题的恶化使社会公众的忍受程度超过了其可承受范围,由此,问责需求迫切产生。具体内容如图1所示。

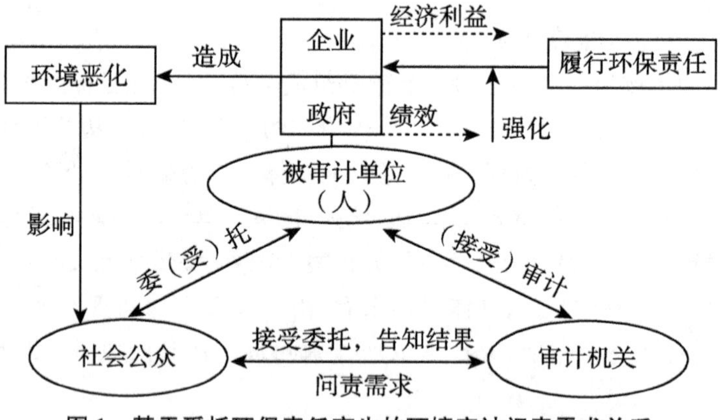

图1　基于受托环保责任产生的环境审计问责需求关系

[1]　"5E审计"的目标是指经济性(economy)、效率性(efficiency)、效果性(effectiveness)、环境性(environment)以及公平性(equity)五个方面。

2. 环境资源的公共性

环境资源具有非排他性，属于典型公共产权的范畴。由于公共产权的固有缺陷，缺乏产权主体，产权主体虚无或激励、监控不力等问题的存在，致使公共利益的保障机制不力，而市场又无法实现对环境资源的有效配置，导致侵蚀利益的行为反应迟钝，由此产生“搭便车”等外部不经济的行为。为了解决市场失灵带来的问题，往往需要政府进行干预，[1]而审计机关作为政府的重要组成部门，其对经济社会的运行和发展起着至关重要的监督作用，由此通过审计问责的方式矫正因环境资源的公共性质而引发的机会主义行为。

3. 可持续发展理论

除受托环保责任以及环境资源的公共性质外，环境审计问责产生的理论依据还基于可持续发展理论下“环境审计服务于资源环境治理”的理念。1987 年布伦特兰夫人正式提出可持续发展的概念，[2]由于可持续发展理论下存在错综复杂的利益关系，要主张建立社会公众、企业、政府与资源环境之间友好、和谐的新型关系，就必须存在负责对利益各方环境行为进行监督的主体，[3]而国家审计作为环境审计的主体，其有着实施环境审计问责的优越条件。在“国家审计服务于国家治理”的背景下，环境审计更是要从制度设计上发挥其服务于资源环境治理的重要作用，促进生态文明建设，真正实现可持续发展的终极目标。

二、我国环境审计问责的运行阻碍

由于我国《环境保护法》《水污染防治法》《大气污染防治法》《固体废物污染环境防治法》等法律法规明确了不同的环境监督管理部门，涉及环境、土地、矿产、林业、农业、水利、渔业等领域，形成“九龙治水”的问责局面，但效果仍旧不理想。审计机关通过审计和审计调查，能够掌握多个部门的环境相关信息，可以做出综合诊断和评价，环境审计因此必不可少。[4]

（一）缺乏相应的法律、法规及制度保障

由于受到当前立法存在诸多漏洞、权力制衡机制不完善等诸多因素的影响，环境

---

〔1〕 参见李厚廷：《机会主义的制度诠释》，载《社会科学研究》2004 年第 1 期。

〔2〕 1987 年布伦特兰夫人在世界环境与发展委员会的《我们共同的未来》中正式提出了可持续发展的概念：“既满足当代人的需要，又对后代人满足其需要的能力不构成危害的发展”。

〔3〕 参见马志娟、韦小泉：《生态文明背景下政府环境责任审计与问责路径研究》，载《审计研究》2016 年第 6 期。

〔4〕 参见李兆东：《环境机会主义、问责需求和环境审计》，载《审计与经济研究》2015 年第 2 期。

审计监督工作面临的形势更加严峻。监督的立法核心是解决权利制衡问题,但许多方面的利益冲突与权利障碍使其不能获得根本性的突破,[1]而我国相关法律制度在环境审计问责方面的规定并不健全,这就对环境审计问责立法产生了迫切需求。具体来看,一方面,由于我国没有制定统一的关于环境审计准则,而现有的审计准则中相关规定又不完善,可操作性不强,使审计人员在实际工作中缺乏审计依据;另一方面,尽管《宪法》赋予了国家审计对被审计单位(人)受托环保责任履行情况进行监督并追究其责任的权利,党的十八届三中全会通过的《中共中央关于全面深化改革若干重大问题的决定》也提出了"探索编制自然资源资产负债表,对领导干部实行自然资源资产离任审计,建立生态环境损害责任终身追究制"的要求,但是相关规定也仅仅是宏观的指导性文件;在微观层面,审计人员应采用何种方式开展资源环境审计问责,在此过程中应依据何种标准,都未作出详细规定,这就增加了审计人员实际操作层面的难度,同时,也对其提出了更高要求。

(二)囿于体制的固有限制,问责效果流于形式

基于行政型隶属关系的因素,我国所开展的环境审计是以国家审计为主体的。从审计问责的角度来看,国家审计的强制性为环境审计问责提供了制度保障,这也使其在实施问责的过程中具备了明显优势。但同时,囿于行政型体制的固有限制,审计问责也存在着不少弊端,具体体现在以下3个方面:第一,政府为满足其绩效要求进行的干预。"高污染、高排放、高能耗"企业往往是当地政府的纳税大户,为满足其绩效要求,审计机关在问责的过程中往往会受到当地政府的干预,难免会"手下留情",这便会影响到审计公信力作用的发挥。第二,国家审计独立性缺失致使审计问责有失公允。尽管国家审计具有其实施审计工作所必需的独立性,但作为政府的组成部门,这种独立性仅独立于被审计单位,往往是单向独立的。除企业外,环境审计问责往往涉及环保部门等相关政府部门以及党政领导干部等多方利益关系,由于上下级之间需要承担着连带关系,因此难以保证审计问责的公正性。第三,选择性条款的普遍性带来的弊端。环境审计问责所依据的法律法规选择性条款的普遍性,[2]使审计机关的自由裁量权过大。

---

[1] 参见冯均科:《审计问责:立法应当先行》,载《西安交通大学学报》2009年第5期。

[2] 法律法规选择性条款的普遍性是指对于某一违反法律法规的行为有多种追究其责任的问责方式。例如,《审计法》第43条规定:被审计单位违反本法规定,拒绝或者拖延提供与审计事项有关的资料的,或者提供的资料不真实、不完整的,或者拒绝、阻碍检查的,由审计机关责令改正,可以通报批评,给予警告;拒不改正的,依法追究责任。这里就存在"责令改正、通报批评、给予警告以及依法追究责任"四种方式。

(三)问责主体过于单一,问责效果大打折扣

问责主体是指审计问责的实施者。在我国当前的体制下,审计机关承担起了环境审计问责主体的责任。尽管环境审计问责是对环境审计结果做出回应的一种方式,但其根源毕竟是基于环境审计而产生的。在国家审计服务于国家治理的背景下,环境审计理应站在更高的层次,积极发挥其服务于资源环境治理的作用,促进生态文明建设。但由于审计机关在多方面受到不同程度的制约,因此,仅仅依靠审计机关的力量是远远不够的,仍需要多方主体的共同配合与协调。具体来看,审计机关受到制约的主、客观因素主要体现在以下三个方面:

第一,环境审计缺乏问责依据与标准。审计工作是以审计依据为前提展开,并基于审计标准对各审计事项的审计结果进行说明的过程;同样,环境审计问责的开展也是基于问责依据而展开的,并依据环境审计的问责标准对被审计单位(人)受托环保责任的履行情况进行分析,从而确定是否需要追究其相应的责任。但由于我国当前环境审计处于探索阶段,在制度设计上仍缺乏问责的依据与标准,这就难免会使问责的效果受到影响。

第二,人力资源的数量和质量难以与当前的审计任务相匹配。自我国对环境审计进行不断探索并开展实施以来,环境审计问责涉及的内容也更加广泛,[1]由此,对审计人员提出的要求也在不断提高。从对审计人员数量的要求来看,随着审计范围的扩大,审计人员的数量也应随之增加。但由于我国现有审计资源的有限性,且环境审计作为审计类型中的一种,不能占用全部审计资源,因此,其与扩大的审计内容往往不能进行有效匹配。从对审计人员质量的要求来看,由于环境审计问责的专业性,其不仅仅要求审计人员懂得会计、审计等专业知识,对于环境学、工程学、生物学等相关知识也要有所了解,这便对审计人员的素质要求提出了更大的挑战。

第三,环境审计问责的有效监督缺位。一方面,尽管环保部门在环境审计问责的过程中起着至关重要的作用,但由于某些地方政府政务公开透明度过低,且一些环保部门往往存在着各自为政的错误观念,因此,难以有效实现信息共享,审计机关也无法与其展开良好合作;另一方面,作为环境审计问责的委托人,社会公众因环保意识不够强烈、环境审计结果公告不够及时等多方面因素使其对于环境审计问责的监督缺位。

---

[1] 从环境资源本身的内容来看,环境审计问责需要从水资源、大气资源、土地资源、森林资源以及生物资源等多方面展开;从环境审计的类型来看,环境审计问责也会涉及自然资源资产离任审计、环保政策落实审计等多方面内容。

（四）问责范围较为狭窄，问责方式局限

从总体上来看，环境审计在问责范围和方式上存在局限性。从环境资源本身的内容来看，环境审计问责需要从水资源、大气资源、土地资源、森林资源以及生物资源等多方面展开，但囿于审计人员资源和能力的限制，审计问责的范围往往仅涉及水资源中某流域的水环境、大气资源中节能减排的部分，问责范围较为狭窄；而在问责方式的选择上，由于环境审计较多关注环境性财政资金的真实性和合规性，而忽略了环保责任带来的效益性，由此形成了“环境审计问责更局限于通过‘矫正式’的问责方式对被审计单位（人）受托环保责任中涉及环境性财政资的真实、合规处以相应审计决定”的局面，从而影响到审计问责的效果。

（五）审计机制难以建立，问责作用发挥受限

环境审计问责存在的最大问题在于其问责机制的缺乏，从而导致问责作用的发挥受到限制。从主观因素来看，作为环境审计中的关键环节，环境审计问责的重要程度未得到充分的认识。审计过程的确很重要，但是“审计的目的就是要发现问题，发现问题的目的就是要整改、纠正这些问题，审出问题不处理问题等于没有审计”。[1] 从根本上讲，如果审计观念没有发生改变，那么审计方案设计的再完美，审计实施的过程也是机械、徒劳的。从客观因素来看，环境审计问责机制难以建立的原因正是由于审计问责缺乏依据与标准、行政型体制的固有限制、问责主体的单一化以及问责范围与方式的固有局限性共同导致的。环境审计问责作用于生态文明建设的关系如图2所示。

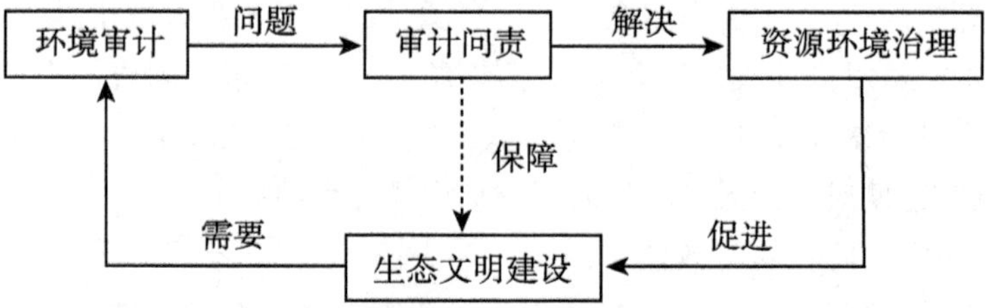

图2　环境审计问责作用于生态文明建设的关系

三、我国环境审计问责的实现机制

从本质来看，政府环境审计是控制和创新领导干部政府环境行为的管理工具，通

〔1〕 参见“唯透明与问责让审计真正有力”，载凤凰财经：http://finance.ifeng.com/a/20140627/12614068_0.shtml，最后访问日期：2017年1月12日。

过影响领导干部的政府环境行为,实现维护生态环境安全的工作目标。[1]

(一)环境审计问责的机制构建

1. 环境审计问责机制描述

图3描述了环境审计问责的实现机制,具体来看,该图可分解为以下四个部分。

(1)环境审计问责产生的理论依据

关于国家治理与国家审计的关系,原审计署审计长李金华曾指出,国家审计是国家治理的工具,要在国家治理过程中发挥不可替代的作用,而连接国家审计和治理之间的桥梁,正是当今审计必须关注的"责任"。[2] 在该背景下,面对资源约束趋紧、环境污染严重、生态系统退化的严峻形势,作为国家治理的重要组成部分,生态文明建设也被提升至一个前所未有的高度。在此过程中,环境审计承担起了服务于资源环境治理的重担。在受托环保责任、环境资源的公共性以及可持续发展的理论基础下,环境审计问责需求迫切产生。[3]

(2)环境审计的责任划分

由于环境审计问责更注重其所达到的效果,因此,基于环境审计的具体目标,本文将环境审计责任划分为法律责任、经济责任、生态责任以及社会责任四个层次。基于权责的对等性,法律责任是指审计问责客体在使用其公共权利时所应基本遵循的与法律、法规相关的责任;经济责任是指审计问责客体在使用其公共权利时是否为经济社会的发展作出了贡献;环境责任是指审计问责客体在使用其公共权利时是否履行了节约资源、保护环境、维护生态平衡的责任;社会责任是指审计问责客体在使用其公共权利时是否尽可能地降低对社会公众造成的影响。

(3)环境审计问责结果

在审计机关根据被审计单位(人)受托环保责任的履行情况对其进行问责后,审计机关便会产生问责结果。其中,环境审计工作报告是审计机关受本级人民政府的委托,向本级人民代表大会对上一年环境审计工作完成情况进行的报告,这也是人民代表大会对此进行监督的有效手段;环境审计结果报告是审计机关向上一级审计机关和本级政府(审计署只需要向国务院进行审计结果报告)对上一年环境审计工作结果进行的报告;环境审计结果公告是审计机关将审计结果向社会公众(大众媒体)进行公告,也是对委托人做出回应的一种方式;环境审计报告是审计机关实施审计后所出具

---

〔1〕 参见牛鸿斌、崔胜辉等:《政府环境责任审计本质与特征的探讨》,载《审计研究》2011年第2期。

〔2〕 李金华:《关注责任,完善治理,促进民主与法制》,载《中央财经大学学报》2005年第1期。

〔3〕 由于上文对环境审计问责产生的理论基础已进行了详细阐述,此处不再赘述。

的审计结果,从问责的具体方式来看,可分为审计移送、审计处理处罚决定以及审计建议三种,审计移送需要移交给相关机关(部门)进行处理,而对于审计处理处罚决定以及审计建议,审计机关会要求被审计单位(人)进行整改,对其整改情况进行跟踪,并向相关部门出具环境审计整改结果供其使用。

(4)环境审计问责方式

图中虚线部分描述了环境审计问责的具体方式,这是一种动态化、协调化的实现机制。它突破了部门间的界限,将分散的在纪检、组织、监察、人事等部门有关审计问责职能重构整合,建立起运转有序、信息通畅、灵活高效、反应迅速的审计问责机制。[1] 具体来看,可以划分为以下 5 个部分:

①审计机关将环境审计工作情况报告给本级人民代表大会,除进行必要的监督外,人民代表大会还会根据环境审计工作的实施情况对相关法律法规做出修订,从而在制度层面完善其机制的设计。

②审计机关将审计结果报告给上一级审计机关和本级政府(审计署只需要向国务院进行审计结果报告),从而实现其对审计工作的监督,同时,依据其报告结果对审计机构的人、财、物进行必要的调整。

③审计机关将审计结果向社会公众(大众媒体)进行公告,除实现其受托责任外,更是希望能够发挥广发群众积极促进环境审计问责的作用,实现问责机制的协同化。

④审计机关将不在其职责范围内的被审计事项移送给司法机关处理,同时,司法机关也会将处理结果反馈给审计机关,必要时,还会向社会公众进行公告,从而实现了信息共享,也提高了司法机关办案的效率与效果。

⑤审计机关将环境审计整改结果向本级人民政府、环保(等相关)部门以及社会公众(大众媒体)进行报告(公告)。由于整改只是对前述存在问题的再纠正,因此,在具体实现方式上与前 4 种并无较大差异,此处不再赘述。

2. 环境审计问责的实现机理

在国家审计服务于国家治理的背景下,面对日益加大的资源环境压力,环境审计承担起了服务于资源环境治理、促进生态文明建设的重担。基于受托环保责任、环境资源的公共性以及可持续发展等相关理论,环境审计问责需求迫切产生,并对被审计单位以及有关责任人的法律责任、经济责任、环保责任和社会责任履行情况进行有效监督、鉴证和评价,由此产生环境审计工作报告、环境审计结果报告、环境审计结果公告以及环境审计报告的问责结果。其中,审计机关在其权限范围内依据环境审计报告

---

〔1〕 参见张文宗、彭拥军等:《审计问责的学理界说与制度构建》,载《审计月刊》2013 年第 5 期。

对被审计单位及有关责任人进行审计移送、出具审计决定或审计建议,并对其依据审计决定和审计建议进行整改的情况出具环境审计公告及结果报告,并向有关部门反馈。除审计机关外,通过与其他接受报告或公告的主体及相关部门建立协同机制的方式,实现信息共享,优化环境审计问责质量,从而促进人大在立法上的制度完善。(见图3)

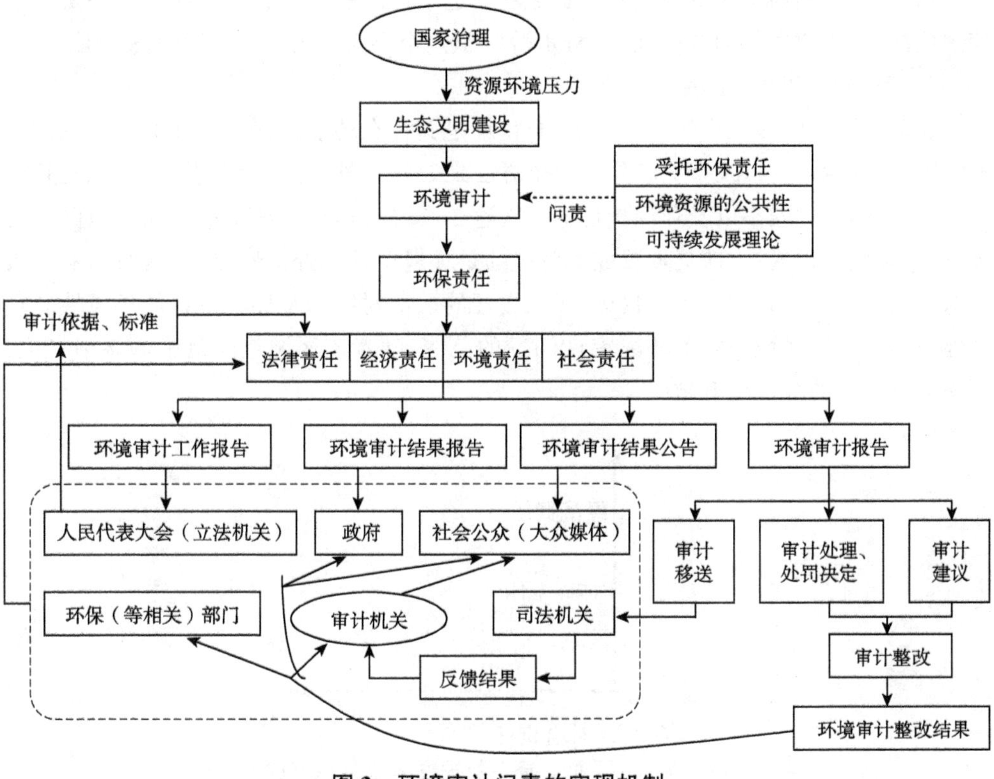

图3 环境审计问责的实现机制

(二)环境审计问责的完善对策

1.问责依据与标准具体化

依法审计、适法而为是审计监督活动的原则,这对于审计问责也同样适用。只有法律法规建立健全了,才会为问责提供有力的保障。对此,相关部门要对现有立法以及相关的制度标准进行修订和完善,使审计问责依据与标准具体化、可操作化。从审计依据来看,要补充现行环保法、审计法以及审计准则中对于环境审计问责的有关规定,进一步界定审计人员在开展环境审计问责时的具体权利和义务,从而为问责工作的开展提供法律保障。从审计标准来看,一方面,国家应配套有关环境审计的指导性文件,出台相应的细则,将有关环境审计问责的各方面内容落实到微观层面,从而保证问责过程的可操作性;另一方面,通过修订现有相关法律法规的方式,以限制审计人员的自由裁量权,并建立健全审计人员责任追究制度,对于懈怠审计问责工作、隐瞒重大审计发现问题等现象要严肃处理、依法惩办,有利于营造环境审计问责的法律氛围。

2. 问责范围规范化

本文从“主观维 + 客观维”两个维度来界定审计问责范围,[1]并结合环保责任的四个层次,以法律责任的合规性为“分水岭”,从两个层面提出环境审计问责范围。

(1)环境审计问责范围的三维观

在环境审计问责范围的三维观下,合规性是其存在的前提,由此,环保责任只需从经济责任、环境责任以及社会责任这3个方面来划分。图4从环境保护成本/恢复重置成本、政策落实的效率以及环保责任的层次这3个维度描绘了环境审计问责范围的三维关系,环境保护成本/恢复重置成本对应的是环境审计的经济性目标;政策落实的效率对应的是环境审计的效率性目标;环保责任的层次对应的是环境审计的环境性和社会性目标。虚线区域描述了环境审计问责的范围,随着该区域空间范围的逐渐扩大,环境审计问责的范围也就越广。

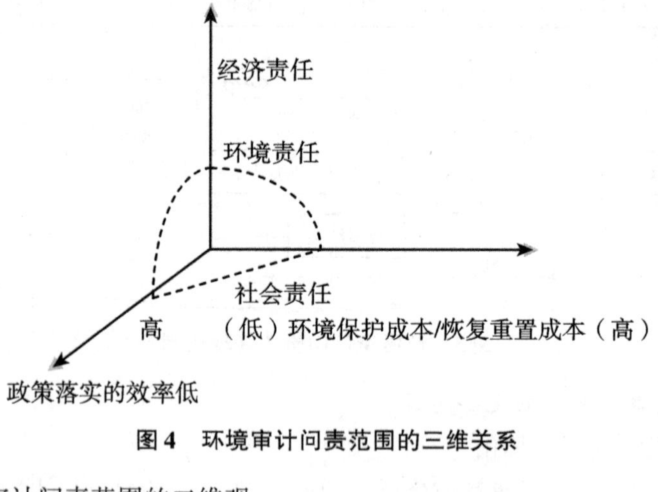

图4　环境审计问责范围的三维关系

(2)环境审计问责范围的二维观

在环境审计问责范围的二维观下,由于法律责任不满足合规性的前提条件,因此,

---

〔1〕雷俊生在《审计问责研究》中提出:以“公共利益最大化”和“财政性资金运行”分别作为审计问责范围的主观维和客观维,并绘制了审计问责的二位景观范围。参见雷俊生:《审计问责研究》,中国时代经济出版社2014年版,第75~77页。

环保责任只需分解为法律责任和经济责任,同时,环境审计问责也无须考虑政策落实的效率。故环境审计问责范围的二维关系只需从环境保护成本/恢复重置成本和环保责任的层次这两个维度进行构建。图 5 的虚线区域表示被审计单位(人)在使用其公共权力的同时履行了受托环保责任中的经济责任,但未遵循相关的法律法规以及制度标准,因此,环境审计问责的范围只涉及法律责任;实线区域则表示被审计单位(人)在使用其公共权力的同时,既未履行相关的经济责任,也未遵循相关的法律法规以及制度标准,因此,环境审计问责的范围涉及法律责任和经济责任。

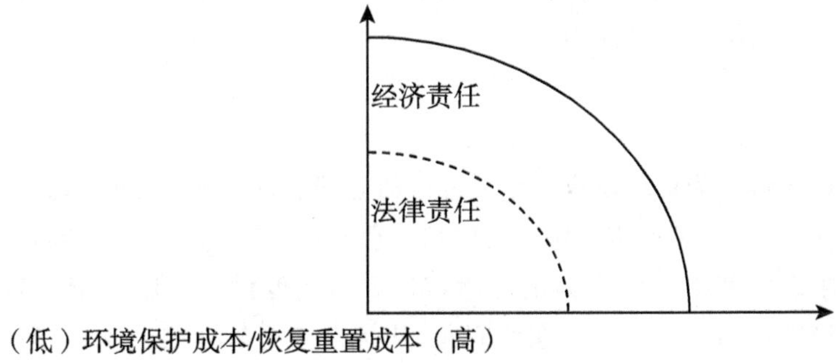

图 5　环境审计问责范围的二维关系

3. 问责方式协同化

图 3 虚线框内反映了环境审计问责方式的动态与协同。审计机关与人民代表大会、本级政府、社会公众(大众媒体)、环保部门、司法机关等相互配合,建立协同体系,优化问责质量。具体来看,包含以下内容:

(1)审计机关将环境审计工作情况报告给本级人民代表大会,除进行必要的监督外,人民代表大会还会根据环境审计工作的实施情况对相关法律法规做出修订,从而在制度层面完善其机制的设计。

(2)审计机关将审计结果报告给上一级审计机关和本级政府(审计署只需要向国务院进行审计结果报告),从而实现其对审计工作的监督,同时,依据其报告结果对审计机构的人、财、物进行必要的调整。

(3)审计机关将审计结果向社会公众(大众媒体)进行公告,除实现其受托责任外,更是希望能够发挥广大群众积极促进环境审计问责的作用,实现问责机制的协同化。

(4)审计机关将不在其职责范围内的被审计事项移送给司法机关处理,同时,司法机关也会将处理结果反馈给审计机关,必要时,还会向社会公众进行公告,从而实现了信息共享,也提高了司法机关办案的效率与效果。

(5)审计机关将环境审计整改结果向本级人民政府、环保(等相关)部门以及社会公众(大众媒体)进行报告(公告)。由于整改只是对前述存在问题的再纠正,因此,在具体实现方式上与前四种并无较大差异,此处不再赘述。

4.问责主体专业化

除通过与其他各问责主体建立动态化、协同化的问责方式来提高环境审计问责的效能外,审计机关更是要加强自身建设,提高审计人员的专业化素养、学习化能力。一方面,审计机关可以通过开展与高等院校、司法机关、环保部门等相关部门的合作,对审计人员进行指导与培训,从而增强审计人员对于相关知识的学习,提高审计人员素质,保证问责工作质量;另一方面,审计人员要培养自我学习的能力,不断学习相关知识,掌握动态信息,提高业务能力。

四、结语

环境审计问责作为对环境审计结果进行回应的一种方式,其对生态文明建设起着极其重要的作用。在“国家审计服务于国家治理”的背景下,环境审计问责需求的迫切产生更是要求以国家审计为主体的环境审计要从制度设计上服务于资源环境治理。通过关注环境审计问责过程中存在的问题,从问责依据与标准具体化、问责范围规范化、问责方式协同化、问责主体专业化这4个方面展开对环境审计问责机制的构建,从而促进环境资源管理水平的升级,真正实现生态文明建设目标。

3D打印对反向工程制度的挑战及司法应对研究*

肖顺武** 黄 军***

目 次

一、问题的提出

3D打印又称"增材制造",与传统材料去除加工方法不同,其是基于三维数据模型,采用逐层制造方式将材料结合成任何三维实体的制造工艺。[1] 近些年,3D打印不断刷新着人们对于现代工业制造技术的认知。3D打印技术快速发展的同时,其对现行法律制度也提出了非常严峻的挑战。目前学界关于3D打印对现行法律制度的冲击之探讨主要是结合我国传统意义上的知识产权法律制度(包括著作权制度、专利制度以及商标制度)展开,较少涉及对3D打印与反向工程之间的关系进行深入探讨。然而,"在扫描愈发精确、打印愈发快捷的未来,人们对还原的乐趣及需求势必会大举催

* 基金项目:国家社科基金重大招标项目《3D打印产业发展与知识产权制度变革研究》(14ZDB146)。

** 西南政法大学经济法学院副教授,法学博士。

*** 中国政法大学经济法专业博士研究生。

〔1〕 参见吴广海:《3D打印中的专利权保护问题》,载《知识产权》2014年第7期。

化反向工程行为”。[1] 与此同时,依靠3D打印进行反向工程的难度也大幅降低。这在很大程度上打破了反向工程制度所赖以存在的价值平衡,而价值失衡不可避免地将腐蚀甚至动摇反向工程制度原本赖以存在的基础性前提。那么在3D打印背景下,现行反向工程制度到底面临着哪些挑战?面对这些挑战,需要作出怎样的回应?更为关键的是,如何回应?笔者认为,世界知识产权组织的工作文件提供了一种重要思路,即在3D打印产业的保护策略上,不仅应该依靠专利法,商业秘密保护法也应发挥相当大的作用。[2] 但是从我国的制度建设现状来看,由于并不存在专门的商业秘密法,[3] 制定专门的反向工程法律更是不切实际,因此,通过完善反向工程制度来满足相关的制度与利益诉求就成为一种理性的选择。

有鉴于此,本文在简要阐述反向工程的主要理论与现行规定的基础上,结合学界有关3D打印技术原理与特征的认知,针对3D打印给反向工程制度带来的具体挑战提出了一些思考。

二、反向工程理论述评与现行规定分析

(一)反向工程理论述评

反向工程,又称逆向工程或者还原工程,是指对成品进行解剖分析,从而弄清该产品的机理,掌握其设计诀窍的一种方法。[4] 较之于正向工程而言,反向工程的操作原理是通过逆向程序对研究对象进行拆卸、测绘、分析等手段以全面获取其相关技术信息以便今后可以“复制”研究对象,因而反向工程在一些技术行业和领域是一种比较普遍的现象,也是合法获取竞争对手商业秘密的重要手段。目前,大多数学者均倾向于认为反向工程应当作为商业秘密侵权的例外,这一点也在世界上许多国家和地区的商业秘密保护立法和司法实践中得到了进一步的体现。[5] 虽然学界对反向工程的法律

---

〔1〕 李永明、郑金晶:《3D打印中CAD文件的定性与复制问题研究》,载《浙江大学学报》(人文社会科学版)2016年第2期。

〔2〕 See Stefan Bechtold, 3D Printing and the Intellectual Property System, November 2015, p. 15.

〔3〕 正如雷·奥古斯特(Ray August)所指出的,在很多国家,当一种技术诀窍处于保密状态时,其是通过商业秘密法来进行保护的。See Ray August, *International Business Law: Texts, Cases, and Readings*, Fourth Editions, Pearson Prentice Hall, 2003, p. 498.

〔4〕 参见赵汝琨主编:《中华法学大辞典》(简明本),中国检察出版社2003年版,第165页。

〔5〕 值得注意的是,反向工程对发展中国家而言,是实现技术赶超的一种重要手段。因此,在可预见的很长一段时间之内,中国对待反向工程的法律态度不会有根本性的改变。但是,随着中国经济技术的发展,对反向工程的法律态度进行微调可以说是必然的,这既是客观的现实需要,也可以从发达国家的发展历史经验上得到清晰地展示。

属性取得了广泛共识，但在阐述其合法性的依据上却有着三种不同的观点。

第一种观点可称为“外在根据论”。该观点认为，反向工程具有合法性是因为符合衡量反向工程的外在标准——道德标准和经济标准。具体而言，反向工程具有合法性主要是基于其既不违背一般的商业伦理和诚实的商业做法，同时也具有经济上的合理性。[1] 第二种观点可称为“内在根据论”，即反向工程具有合法性是因为其自身具有特定的价值和意义。具体来看，首先，进行反向工程过程中所牵涉的商业秘密的载体是公开渠道获取的；其次，反向工程本身并非是对商业秘密简单的抄袭复制，而是在经过复杂的解析之后获取的劳动成果，其本身也是一种创新活动；最后，反向工程在一定程度上兼顾了作为商业秘密持有人的个人利益与作为科技术创新推广最终受益者的普通大众为代表的社会利益，客观上降低了商业秘密的社会使用成本。[2] 第三种观点可称为“综合根据论”。其主要是对前述两种观点的总结，提出反向工程具有合法性的根据如下：首先，反向工程与技术剽窃在目的上虽并无二致，但二者在获取手段和法律关系上差异明显；其次，允许反向工程的存在，是因为反向工程实施者可以凭此在一定程度上限制商业秘密持有人的技术垄断，以促进技术的推广与创新，同时这一举措反过来又会对技术秘密持有者形成倒逼机制，促使其不断加大创新力度以改进其技术；再次，反向工程也可以减少社会在技术秘密研发和使用方面的成本，从而更好地协调与平衡个体利益和公共利益之间的矛盾；最后，从消费者利益的角度考虑，允许反向工程的存在，可以增加消费者福利，减少因为商业秘密垄断所造成的负面影响。[3]

上述3种观点虽在说理上存在差异，但三者的共性之处在于以下两点：第一，承认反向工程并不等同于商业剽窃，二者有着本质区别。反向工程本身一般需要大量科研劳动，并且往往会促进技术的改进与创新，反向工程也是一种创新的方式。第二，反向工程的存在有助于维持一种合理的利益平衡。在一定意义上，允许反向工程的存在会损害商业秘密持有者的利益，使其原本通过商业秘密垄断而轻易获取的巨大商业利益受到限制，但与此同时却又能降低社会成本，增进消费者福利，能够在一定程度上平衡个人利益与公共利益之间的冲突。

当然，反向工程的合法性是有其限度的，受到法律保护的反向工程需具备相应的构成要件。当前学界关于反向工程合法性的构成要件主要有两种观点——“三要件

[1] 参见中国社会科学院知识产权中心、中国知识产权培训中心编：《实施国家知识产权战略若干基本问题研究》，知识产权出版社2012年版，第471页。

[2] 参见刘继峰主编：《反不正当竞争法案例评析》，对外经济贸易大学出版社2009年版，第170页。

[3] 参见胡开忠：《反向工程的合法性及实施条件》，载《法学研究》2010年第2期。

说”与“四要件说”。前者认为,[1]反向工程应当有以下条件限制:进行反向工程的主体与该商业秘密权利人无关系、反向工程的对象为合法获得的产品以及不得违反禁止反向工程的约定。而后者认为,[2]反向工程必须符合如下要求:合法取得产品、反向工程本身真实且有据可查、实施反向工程不得违反约定的义务即“黑箱封闭”条款及“净室程序”。[3] 无论是“三要件说”抑或“四要件说”,二者关于反向工程合法的关键差异在于是否有“反向工程本身真实且有据可查”这一要件上。鉴于2007年我国最高人民法院的司法解释明确“反向工程本身真实且有据可查”系反向工程合法的条件之一,因此“四要件说”更加有实践影响力,本文亦从之。

(二)我国关于反向工程的现行规定

在《反不正当竞争法》制定之初,该法并未将反向工程作为合法抗辩事由而纳入法律规定之中。其后,最高人民法院出台了《关于审理不正当竞争民事案件应用法律若干问题的解释》(以下简称《不正当竞争若干解释》),至此反向工程正式成为商业秘密保护的法定抗辩事由。根据该司法解释第12条的规定,[4]实施反向工程获取商业秘密的行为并不属于侵犯商业秘密之行为,且其首次对反向工程的涵义予以了法律界定。上述规定虽较简略,但其填补了我国有关反向工程的制度空白,为我国当前在处理涉及反向工程的司法实践提供了可供使用的依据。

当然,这一规定也存在一些漏洞。一方面,该解释第12条仅规定了进行反向工程的产品应当是从公开渠道取得,但并未进一步明晰“公开渠道取得”所包含的具体类型。然而,在实践中存在多种取得的可能情形,正如有学者所指出的,“除购买之外,合法获得产品的途径还应包括赠与、互易、继承等方式”。[5] 但问题在于这些都是“公开渠道”的范围吗?这些渠道在法律效果上都是一样的吗?另一方面,该条规定并未明

---

〔1〕 参见冯晓青、杨利华等:《知识产权法热点问题研究》,中国人民公安大学出版社2004年版,第536~537页。

〔2〕 参见刘继峰主编:《反不正当竞争法案例评析》,对外经济贸易大学出版社2009年版,第171~172页。

〔3〕 所谓“黑箱封闭”,是指由于产品受到法律保护因而不得进行拆解,而“净室”是指研发过程应当不依靠他人受商业秘密法或者版权法所保护的专有信息。参见张耕等:《商业秘密法》(第2版),厦门大学出版社2012年版,第239页。

〔4〕 《不正当竞争若干解释》第12条规定:“通过自行开发研制或者反向工程等方式获得的商业秘密,不认定为反不正当竞争法第十条第(一)、(二)项规定的侵犯商业秘密行为。前款所称‘反向工程’,是指通过技术手段对从公开渠道取得的产品进行拆卸、测绘、分析等而获得该产品的有关技术信息。当事人以不正当手段知悉了他人的商业秘密之后,又以反向工程为由主张获取行为合法的,不予支持。”

〔5〕 参见胡开忠:《反向工程的合法性及实施条件》,载《法学研究》2010年第2期。

确将理论界比较公认的“黑箱封闭”条款以及“净室程序”作为反向工程的构成要件，因而可能出现当事人以违反“黑箱封闭”条款或者不符合“净室程序”的反向工程作为商业秘密侵权的例外进行抗辩的情况，这显然与反向工程制度设立的初衷相违背，进而可能会导致司法适用上的一些混乱。在3D打印背景下，对公开渠道获取、“黑箱封闭”条款和“净室程序”的认定将更为困难，对什么是合法的反向工程的认知也将发生重大的变化，而这些问题势必会持续困扰今后的司法实践。

三、3D打印冲击下反向工程制度面临的挑战

（一）3D打印的技术原理及特征

作为一项新技术，3D打印涉及的技术原理有诸多不同于以往之处，这在一定程度上颠覆了人们对于传统制造技术的认识，甚至有人将其视为第三次技术革命的象征。尽管3D打印使用的技术和材料有所差异，但其技术原理却是惊人一致的，这一点可从3D打印所涉及的过程自身得到验证。总体而言，从3D打印过程涉及的技术环节来看，其主要包括模型输入阶段与产品打印阶段：(1)在模型输入阶段，制造者需要获取3D打印的产品模型，因而建模技术尤为关键。而如何建模，实践中主要有两种方式——CAD制图技术建模以及三维扫描建模。需要注意的是，掌握好这两种建模技术对于普通人而言并非易事。因而在现实中，逐渐产生了一些3D打印模型共享的网络社区平台，提供免费的3D打印模型文件以方便普通用户下载，诸如“Thingiverse”与“Shapeways”等，它们允许用户下载和分享节日饰品、相框、家用工具、电子配件等诸多产品的设计模型数据。[1] (2)在产品打印阶段，操作步骤较为简单，用户仅需将事先准备好的3D打印模型文件输入打印机中，3D打印机就会自动根据用户输入的模型文件要求通过分层、堆积的方式制造出最终的产品。由此可见，在3D打印的整个过程中，3D打印模型文件对于产品制造有着决定性影响。

关于3D打印的技术特征，本文认为，其本质特征体现在其“模型构建到产品制造”的转换上。3D打印模型构建作为特定的3D打印活动的前置性要件，对于最终产品制造的重要性不言而喻。同时，在特定的3D打印过程中模型构建尤其是CAD制图技术建模是设计个性化的体现，用户可以根据自身的需要将之反映在3D模型文件之中。而产品制造作为3D打印的最终环节，其依靠事先输入的模型文件及打印指令由计算机自行安排完成产品打印，因而不论是在效率、精度上都较之过去有大幅提升，同时在

---

〔1〕 See Preeta Reddy, “The legal Dimension of 3D Printing: Analyzing Secondary Liability In Additive Layer Manufaturing”, *Columbia Science and Technology Law Review*, Vol. 16, Issue 1 (Fall 2014), p. 227.

成本方面则呈现出负相关关系。因而,3D打印是一种具有数字化、快速化、低成本等特点的直接打印技术。

(二)3D打印对反向工程制度的挑战

1.反向工程制度的构成要件面临挑战

诚如前述,一般认为合法的反向工程应当包括如下要件:合法取得产品、不得违反"黑箱封闭"条款以及"净室程序"、反向工程真实存在。然而随着3D打印技术的发展,合法反向工程的构成要件需要重新思考,作出上述结论主要是基于以下两个方面的理由:

一方面,在涉及3D打印技术的反向工程案件中,是否通过合法取得产品进而对产品进行反向工程,其重要性已被大大降低。根据前文关于3D打印技术原理及特征的分析不难得知:能否最终依靠3D打印技术制造出包含商业秘密的产品的关键取决于产品模型文件的获取。而在产品的3D打印模型文件的取得方式上,并不仅限于以往用户通过对合法取得的产品进行拆解、分析等获取,用户还可以借助三维扫描技术或者CAD制图技术等其他方式直接获取产品的模型文件数据。前述这种对合法取得的产品进行拆解分析进而获取产品中包含的技术秘密信息并最后依靠3D打印技术制造产品的行为,完全符合传统上的反向工程构成要件要求,因而争议不大。但如果用户未借助取得的产品原型而是通过其他合法手段获得了含有商业秘密产品的3D打印模型文件数据,进而将该模型文件数据应用于产品制造,实施所谓的"反向工程",那么是否可以就此作出否定结论呢?在传统制造技术背景下,行为人若想通过实施反向工程获取有关产品的商业秘密,必须先"合法取得产品",然后通过取得的产品原型,才能进行后续的拆解、分析等工作。而在涉及3D打印的反向工程中,行为人有可能并不需要获得产品原型,而是通过其他合法手段(例如,通过分析网络中获取到的相关产品的二维图片信息并依靠CAD制图技术制作出相应的模型文件)获取产品的商业秘密信息——相关产品的3D打印模型文件数据。概言之,3D打印背景下,是否"合法取得产品"变得不再重要,甚至可以说不需要取得产品,因此其也不再是反向工程的必需步骤。

另一方面,3D打印改变了传统反向工程的流程。一般来说,传统反向工程的流程是:解剖产品—分析产品相关物理构造及化学成分等—获取产品相关秘密信息—制造产品。但是,3D打印技术可能使得涉及商业秘密的产品的分析过程简单化,即直接通过三维扫描技术获取产品的有关构造等技术秘密信息,这与过去反向工程中通过拆解、测绘、分析等较为复杂的过程相比,难度大为降低。因而,解剖产品、分析产品相关物理及化学构造不再是反向工程必然的过程,进而传统反向工程的流程要求在3D打印背景下是否符合反向工程要求的客观行为要件也就成为一个问题。反向工程不走这样一个传统流程,使业界对此可谓忧心忡忡,正如《2015 年世界知识产权报告》所指出的:"随着廉价的 3D 打印的大量涌现,势必使得被工业设计以及其他知识产权所保护的任何物品极易被复制"。[1]

由此可以看出,传统的反向工程的构成要件在 3D 打印背景下,有些构成要件已经很难再称为"要件"。

2. 反向工程案件中侵权认定规则面临挑战

在涉及商业秘密侵权的司法实践中,反向工程常常成为许多当事人的抗辩事由。在部分案件中,行为人事先通过不正当手段获取了他人的商业秘密,反过来又以包括反向工程等作为抗辩事由。[2] 由于行为人获取商业秘密的行为通常具有隐蔽性,因而直接推翻其抗辩较为困难。因此,我国在司法审判实践中,形成了"实质性相似 + 接触"这样一种认定侵权行为的重要规则。[3] 从司法实践来看,这一规则的运作进程是:如果行为人以反向工程作为抗辩,但是原告可以证明被告使用的技术信息与原告商业秘密相同或者实质相同,且被告接触了商业秘密,则由被告对其获得该信息的正当性进行举证,若被告不能举证,则推定其构成侵权。[4] 然而,在 3D 打印的背景下,这一侵权认定规则在司法适用过程中可能会出现无所适从的局面。例如,某 3D 打印用户仅通过不正当手段获取了某种包含商业秘密产品的 3D 打印模型文件,然后依靠获取的这些模型文件数据制造出内含相同商业秘密的产品。这种情况对于商业秘密受侵害方而言,其维权难度将大大增加。

一方面,商业秘密权利人如何证明被告的产品与自己的产品"实质性相似"非常困难。在涉及商业秘密侵权的案件中,尽管权利人可以对自己掌握的商业秘密的相关属性(包括秘密性、管理性及价值性)进行举证,但在侵权方获取商业秘密的途径和方法上往往出现举证困难甚至举证不能的情形:(1)某些商业秘密,其通过 3D 打印技术实施反向工程可以轻易就获取产品中的技术秘密信息。(2)商业秘密不具有绝对意义上

---

[1] See World Intellectual Property Organization, *World Intellectual Property Report: Breakthrough Innovation and Economic Growth*, 2015, p. 15.

[2] 在司法实践中,商业秘密获得的常见合法途径包括赠与、转让、合营、继承、兼并、反向工程、独立科研开发以及个人信赖等。参见孔祥俊主编:《商业秘密司法保护实务》,中国法制出版社 2012 年版,第 166 页。

[3] 关于这一规则的详细论述,参见冯晓青主编:《不正当竞争及其他知识产权侵权专题判解与学理研究》(第 2 分册),中国大百科全书出版社 2010 年版,第 16 页。

[4] 参见浙江省高级人民法院(2014)浙知终字第 60 号民事判决书。

的独占性,同一秘密信息完全可能为多个主体所拥有。[1] (3)在3D打印背景下,由于终端用户具有地理分散性特征,因此,用户的侵权行为也很难被发现和监管。[2] 由此看来,权利人可能连侵权人是如何获取商业秘密的都不知道,进一步证明其是否"实质性相似"显然更是难上加难。与此同时,证明"实质性相似"还可能面临以下两个挑战:一是侵权人对侵权产品的伪装。狡猾的侵权人往往不会原封不动地进行剽窃,而往往通过对获取的商业秘密采取"小修小补"的方法从而对终端产品进行"改头换面"。显然,在3D打印技术背景下这一情形更是如此。二是形似不直接等同于相同。即便依靠3D打印技术制造出的产品与权利人的含有商业秘密的产品外形相似或者相同,权利人也不能仅凭此就可以认定二者的产品所含商业秘密相同或者相似。要证明两者产品相同,权利人往往需要提供目标产品制造方面更为详细的规格、系数、工艺等诸多秘密数据,而这并非轻易就能获取。在极端的情况下,权利人甚至需要动用包括反向工程在内的其他分析手段才能证明目标产品和自己的产品相同。

另一方面,即使商业秘密权利人证实了二者使用的技术秘密信息相同或者实质相同,在"接触"这一举证上也将面临巨大挑战。原因在于权利人很难举证证明3D打印用户非法接触过有关的商业秘密信息,或者被告虽然接触了有关商业秘密的信息,但是这种接触可能是合法的接触。在这些情形下,案件的审理难度将显著增加。值得注意的是,在3D打印背景下,侵权人获取他人的商业秘密信息的媒介大多离不开互联网,而其借助网络窃取他人商业秘密的违法行为具有高度隐蔽性——如何证明侵权人接触过某种信息,相当于要证明侵权人是否浏览过某些网页或者扫描过某个二维码,这对权利人而言具有相当的技术难度。

3. 反向工程的合理性将面临挑战

立法者之所以肯定反向工程,从法益的角度来看,意在维持个人利益和公共利益的某种平衡:既需要对商业秘密进行法律保护,也不能过度保护,需要兼顾公共利益,从而允许在符合法定条件的情形下实施反向工程。

然而,某种技术的发展可能导致反向工程背后体现出的两种利益之间出现新的失衡态势,则其合理性遭受质疑便在情理之中。有学者指出,在数字化的背景下,反向工程是否应被许可这一问题应得到特别的关注,因为针对传统产品制造的反向工程区别

---

〔1〕 参见吴汉东:《试论"实质性相似+接触"的侵权认定规则》,载《法学》2015年第8期。

〔2〕 See Tbrez Y. Ebrahim, "3D Printing: Digital Infrigement & Digital Regulation", *Northwestern Journal of Technology and Intellectual Property*, Vol. 14, Issue(2016), p. 45.

于数字化时代背景下针对产品的反向工程。[1] 在产生之初，囿于技术所限，3D 打印技术不论是在实用性、应用范围以及推广上均有所欠缺。但是，随着 3D 打印技术的持续发展和进步，接连出现了利用 3D 打印技术制造出新的肺部组织、人骨替代物以及其他人体器官等方面的情况。[2] 发达的 3D 打印使得过去许多普通人难以企及的产品制造变为现实，而通过 3D 打印进行反向工程的难度较之以往也大幅度降低。由此，人们必须重新审视反向工程这一制度存在的合理性。事实上，我们之所以认为美国关于反向工程的规定比较周密，原因之一就是美国法律认为，如果一个秘密的制造方法可以通过成品检查很容易地被发现，则不能认定为商业秘密。而如果该秘密只有通过长时间的分析才能发现，则多数美国法院认为存在商业秘密。[3] 但是，在 3D 打印技术不断发展的背景下，所谓的“长时间的分析”与“容易”之间的边界很容易模糊，隔阂也很可能被打破，其后果甚至是反向工程成为盗窃商业秘密的万能挡箭牌。笔者认为，在反向工程这样一个涉及个人利益与公共利益平衡的领域，各种层出不穷的新情况迫使立法者对这一制度进行修正不会是第一次，更不会是最后一次。例如，1998 年美国颁布了一个特定知识产权保护成文法，以保护有关轮船船体设计者免遭他人进行无授权的复制或者说进行反向工程。而之所以进行此项立法，其出发点主要基于对此类反向工程最终并不有利于技术发展的考量。在此法看来，允许通过此类反向工程获取竞争对手的船体设计无异于纸张复印。[4] 显然，这种如“纸张复印”的机械行为和创新无关，对权利人也是一种伤害。事实上，以往的反向工程之所以在合理性上能够取得共识，除了利益考量外，还因为反向工程过程投入了大量的科研劳动，并且反向工程取得的成果一般也有创新之处，因而其本质上可以说仍属于一种创新。以此来检视 3D 打印，其在某种程度上使得实施“反向工程”变成简单的 3D 打印模型文件的构建获取以及数据输入的“机械运动”。

四、3D 打印背景下反向工程案件的司法裁判思路

正如美国著名法学家博登海默所言：“法律还必须服从进步所提出的正当要求。

---

[1] See Tonyam. Evans, “Reverse Engineering IP”, *Marquette Intellectual Property Law Review*, Vol. 17, Issue 1 (Winter 2013), p. 90.

[2] See Jonathan Moskin, “Roll over Gutenberg, Tell Mr. Hull The News: Obstacles and Opportunities from 3D Printing”, *The Trademark Reporter*, Vol. 104, Issue 3 (May-June, 2014), p. 811.

[3] 参见刘金波、朴勇植：《日、美商业秘密保护法律制度比较研究》，载《中国法学》1994 年第 3 期。

[4] See Daniel Lee, “Reverse Engineering: Exploitation for Benefit of All”, *Intellectual Property Brief*, Vol. 2, Issue 2 (Fall 2010), p. 35.

一个法律制度,如果跟不上时代的需要或需求,而且还死死抱住上个时代的只具有短暂意义的观念不放,那么显然是不可取的。"[1] 申言之,某项法律制度应当随着社会变迁作出相应调整,以尽可能实现法律的稳定性与创新性之间的和谐。鉴于法院不能以法律无明确规定为由拒绝裁判,因此,本文就涉及3D打印的反向工程案件法院应如何裁判提出如下建议,择要如下:

(一)构建3D打印背景下区分反向工程合理与否的标准

盲目否认3D打印背景下反向工程合理性的做法固然不可取,但重新检视确有必要。有学者认为,"通过比较软件反向工程与传统制造业中反向工程所涉利益格局的异同,依据现有法律蕴含的价值评价,可推演出允许实施软件反向工程有利于促进社会整体利益的判断"。[2] 那么,如何认识3D打印背景下反向工程的合理性问题?笔者认为,应当通过对传统制造技术条件下的反向工程与3D打印背景下的反向工程所牵涉到利益格局进行比较之后,方能作出切合实际的评价,并提出相应的制度改进。有学者指出,根据《不正当竞争若干解释》的有关规定,3D打印用户对没有向公众公开其设计图的产品,通过对物品的自行测量后获得目标物品设计图的行为并不会构成商业秘密侵权。[3] 按照现行规定,得出此结论无可厚非,但这一结论却忽略了对制度设立初衷的考量。

笔者认为,在3D打印背景下区分反向工程合理性与否应当严格按照"利益平衡"这一标准作出判定,这包括如下两层意思:一方面,反向工程作为对商业秘密权利的限制,这一制度有其继续存在的价值,重新审视并不意味对其进行全盘否定。另一方面,要综合考虑反向工程自身的复杂程度、反向工程的投入等因素来确定此类反向工程是否合理。基本的规则如下:首先,在个案中,即使依靠3D打印技术对他人的商业秘密实施反向工程,但是如果这一反向工程仍需进行大量分析,付出较多投入等,那么这类反向工程就应当是合理的,因为其本质与传统的反向工程并无二致。其次,要衡量该反向工程对个人利益和公共利益之间的冲击力度。显然,如果该反向工程并不会导致商业秘密权利人与反向工程实施者之间的利益出现较大失衡,则此类反向工程就应当认定为具有合理性。反之,如果依靠3D打印技术实施反向工程,且极为容易就获取了他人的商业秘密,并且导致了权利人和反向工程实施者之间重大的利益失衡,那么该

[1] [美]博登海默:《法理学:法律哲学与法律方法》,邓正来译,中国政法大学出版社1999年版,第326页。

[2] 张吉豫:《软件反向工程的合法性及立法建议》,载《中国法学》2013年第4期。

[3] 参见袁博:《论3D打印的侵权风险及对合理使用制度的影响》,载《人民法院报》2014年8月13日,第7版。

类反向工程就不宜认定为具有合理性。

（二）准确把握涉及 3D 打印背景下反向工程的实质

在处理非 3D 打印情况下侵害商业秘密案件的司法实践中，当事人如果以反向工程作为抗辩事由，《不正当竞争若干解释》第 12 条仍是法院目前的重要司法依据。但是，在处理 3D 打印背景下涉及商业秘密侵权的有关案件时，则对于把握反向工程的实质提出了更高要求。必须认清这一事实——真正的反向工程其本质应当属于创新，因此，在处理涉及 3D 打印的案件时，应当牢牢把握对于反向工程这一本质的认识。在个案中，当事人所主张的“反向工程”实则并无创新或者仅是简单仿制，即便表面符合反向工程的构成要件，最终是否予以认定有待进一步商榷。例如，在一起侵犯商业秘密案件中，[1] 被告以相关技术秘密系通过反向工程自行研发作为抗辩理由。法院审理查明，尽管原被告双方有关图纸（涉及商业秘密）所记载的设备零部件在结构形式、尺寸公差、技术要求等方面有了较大的修改，但被告所主张的其通过反向工程所获取的商业秘密与原告公司的商业秘密相同或基本相同，法院据此综合认定被告是在原告商业秘密基础上所进行的修改，进而最终判定被告侵害他人商业秘密事实成立。在上述案例中，司法人员就是通过牢牢把握住 3D 打印背景下反向工程需要有创新这一实质，从而认定商业秘密侵权人其所谓的“反向工程”实则为简单抄袭他人商业秘密的成果之后进行的“偷天换日”。显然，如果司法人员不进行仔细甄别，则其极有可能蒙混过关，使得这一制度被不法之徒滥用。

（三）进一步明确“实质性相似 + 接触”这一侵权认定规则

在 3D 打印的背景下，“实质性相似 + 接触”规则在具体适用中可能并不能发挥出应有的作用。提出这一主张，主要是基于以下考量：“实质性相似 + 接触”这一规则本身较为笼统，且在具体案件中其适用范围以及逻辑顺序并未明确，从而导致规则的适用容易出现紊乱，因而该规则需要得到进一步明确。

一方面，必须明确相同当然可以认定为“实质性相似”，但“实质性相似”不等同于相同，其应当具有一些独立的判断标准，否则司法人员对于“实质性相似”的理解可能出现较大偏差。例如，在一起软件侵权案件中，法院通过比对原被告芯片，发现二者的目标程序代码相同比率、程序代码相同比率以及功能子程序相同比率的数值并不一致。因而在认定“实质性相似”上出现了 3 种不同的处理意见：有的认为，两者目标程序代码相同比率完全相同，构成实质性相似；有的认为，两者源程序代码相同比率过低，不排除偶然巧合之可能，不能认定构成实质性相似；还有的认为，虽然两者源程序

[1] 参见上海市第一中级人民法院（2011）沪一中刑终字第 552 号刑事判决书。

代码相同比率不同,但综合该比率以及两者在源程序功能子程序相同比率的数值,应认定构成实质性相似。[1] 之所以出现上述分歧,根源在于"实质性相似"。那么,实质性相似的判断标准是什么呢？笔者认为,可以考虑如下四个方面:一是整体判断标准。判断两个产品所蕴含的商业秘密是否相似,可以从整体上把握。二是主要部分判断标准。具言之,如果两个产品所蕴含的商业秘密在主要部分相似,则可以认定其相似,前述案例也可以说是判断主要部分标准的体现。三是普通人与专家结合的判断标准。所谓普通人标准,主要适合那些普通产品的反向工程,而专家标准则主要是指那些技术含量很高的产品的反向工程。四是关键技术标准。所谓关键技术,就是指某个产品所蕴含的极为重要的技术,是反向工程必须获取的技术。运用这一标准意味着在判断反向工程的产品是否相似时,只要权利人能够证明其关键技术被反向工程,则可以认定产品符合实质性相似的要求。

另一方面,要明确"实质性相似+接触"的适用逻辑顺序。在一般侵权案件中,其逻辑大致如下:权利合法有效——"实质性相似+接触"认定——作出结论。而在涉及商业秘密侵权案件中,由于商业秘密本身的秘密性等特性,法院一般会采用反向推定的模式进行判定,因而在"实质性相似+接触"认定上就会有所不同。在一起涉及侵害经营秘密纠纷案件中,[2]一审法院认为,在被告有机会接触到原告的相关客户信息的情况下,同时被告又不能举证证明其使用的相关客户信息来源合法及提出其他抗辩的情形下,应当认定其侵犯了原告的商业秘密权利。这就带来了一个问题:法院在司法实践中,到底应当先认定"实质性相似"还是先认定"接触",还是两者都可以？此外,如何理解司法实践中的反推行为？笔者认为,在初步认定构成"实质性相似"情况下,如果可以认定"接触",毫无疑问应当认定构成商业秘密侵权成立。但在已经认定构成"实质性相似"时,却不能直接认定"接触"且被告无法说明其合法性来源的情况下,则可以适用反向推定规则。在上述案件中,法官之所以适用反向推定规则,原因也不外乎于此。

(四)适度调整反向工程抗辩案件的举证责任分配制度

在3D打印背景下,适度调整有关反向工程案件的举证责任分配,这既是对上述侵权认定规则的进一步明晰,同时这一调整对于商业秘密保护本身也具有特别重要的意义。

有学者根据我国《民事诉讼法》以及《最高人民法院关于民事诉讼证据的若干规

---

〔1〕 参见上海市高级人民法院(2009)沪高民三(知)终字第62号民事判决书。

〔2〕 参见江苏省高级人民法院(2013)苏知民终字第0096号民事判决书。

定》等法律文件的相关规定,概括出了我国知识产权案件的举证责任分配制度的一般规则、特殊规则与补充规则。[1] 值得注意的是,我国在处理涉及商业秘密侵权的举证责任分配上,立法与司法实践出现了意见分歧:一方面,《不正当竞争若干解释》并未采纳有关设定商业秘密举证责任倒置制度的建议,[2] 因为按照我国《民事诉讼法》关于举证责任分配的一般规定以及《不正当竞争若干解释》第 14 条的规定,[3] 涉及商业秘密侵权的案件,其举证责任分配自然应当遵循"谁主张,谁举证"这一基本规则。另一方面,在商业秘密侵权的司法实践中,尤其是涉及反向工程抗辩的疑难案件,法院的实际做法与现行规定则是大相径庭,即在举证责任分配上通常采取"举证责任倒置"规则。

这就带来一个问题,在处理有关反向工程抗辩案件中,既然"谁主张,谁举证"这一一般规则一时还难以改变,那么,能否适度调整举证责任的分配制度以向商业秘密权利人有所倾斜呢？笔者认为,在 3D 打印技术背景下,特别是在规制反向工程的相关案件中,这一调整十分必要。其理由除了基于涉及反向工程抗辩的商业秘密侵权案件举证困难与案件审理的实际需要的考量之外,主要目的在于通过举证责任分配的适当调整来改变 3D 打印可能导致的商业秘密权利人与侵权人之间出现诉讼负担及风险的实质不公平现象。至于何为"适度调整"举证责任分配,其实很难把握。笔者认为,基本内涵可以包括如下几个方面:(1)吸收司法实践经验,在制度层面对涉及以反向工程抗辩的商业秘密侵权案采取"举证责任倒置"为主,"谁主张,谁举证"为辅的举证原则。(2)在涉及利用 3D 打印进行反向工程的案例中,要对当事人的举证责任进行区别对待。总体指导思想是,利用 3D 打印进行反向工程的一方应当承担更多的举证责任,即要求从事反向工程的一方提供充分的证据证明其实施反向工程真实合法存在。(3)适度调整并倾斜保护权利人并不意味着免除其全部举证责任,商业秘密权利人仍需对其权利的合法性等方面承担相应的举证责任。

---

〔1〕 其中"一般规则"是指"谁主张,谁举证"(举证责任正置),"特殊规则"是指"原告主张,被告举证"(举证责任倒置),"补充规则"是指"法院根据公平原则和诚实信用原则,综合当事人举证能力等因素确定举证责任的承担"。参见吴汉东:《知识产权侵权诉讼中的过错责任推定与赔偿数额认定:以举证责任规则为视角》,载《法学评论》2014 年第 5 期。

〔2〕 参见孔祥俊:《反不正当竞争法的创新性适用》,中国法制出版社 2014 年版,第 298 页。

〔3〕 《不正当竞争若干解释》第 14 条规定:当事人指称他人侵犯其商业秘密的,应当对其拥有的商业秘密符合法定条件、对方当事人的信息与其商业秘密相同或者实质相同以及对方当事人采取不正当手段的事实负举证责任。其中,商业秘密符合法定条件的证据,包括商业秘密的载体、具体内容、商业价值和对该项商业秘密所采取的具体保密措施等。

(五)承认商业秘密侵权中的禁止反向工程协议效力

法律对于反向工程不能一味肯定或否定,而应从能否确保技术正面价值实现的角度出发对不同的情形予以区别对待。[1] 在3D打印的背景下,承认商业秘密侵权案件中禁止反向工程协议的效力就是这种努力的一种体现。事实上,在涉及著作权的司法实践中,承认禁止反向工程协议效力得到了一些法院的支持,例如,在微软公司与郭某计算机软件著作权许可使用合同纠纷上诉案中,[2]法院认为,当前我国法律并无禁止当事人在许可使用合同中约定禁止反向工程条款的规定,原告主张该条款排除其基本权利没有法律依据。就此而言,在3D打印背景下,承认禁止反向工程协议的效力,既是对今后商业秘密保护思路的一种探索,也是对反向工程制度的一种有限修正。承认禁止反向工程协议效力,则可以为商业秘密权利人维护自身合法权利提供较为有力的保障。

在与3D打印技术息息相关的软件领域,美国的司法实践对于此类禁止反向工程协议的效力即持认可态度,理由在于"由于合同是双方当事人意思一致的结果,双方在订立合同时有权自由协商。一方在合同中放弃其权利是允许的,因为他有不放弃的自由——他可以选择不订立合同"。[3] 在3D打印背景下,通过承认"禁止反向工程协议"效力以赋予商业秘密权利人主动权,除了上述"合同自由"之外,也是基于"社会公平原则"的考量,正如前文提及的美国对船体设计禁止反向工程一样。承认此类协议的效力还有一个好处,就是在现行立法还未作出修正之前,司法实践可以先行对此类禁止反向工程协议的效力积极作出回应。需要注意的是,如果当事人在3D打印中以反向工程抗辩,而权利人以禁止反向工协议进行辩驳时,并不意味着对案件不加以审查而一味认可此类禁止协议的效力。笔者认为,承认商业秘密侵权中的禁止反向工程协议的效力其目的在于驳斥片面否认禁止反向工程协议效力的观点。在实践中,承认商业秘密侵权中的禁止反向工程协议效力,司法人员应当做到以有效为原则、无效为例外且侧重对于个案公平之考察,而这需要综合3D打印技术、反向工程难易、利益的衡量以及具体案情等方面后方能作出判断。

五、结语

3D打印发展势头不可遏制,反向工程制度亦有其存在的理论依据及社会基础,如

---

〔1〕 参见韩兴:《专利制度危机背景下的技术秘密法律制度研究》,载《知识产权》2014年第8期。

〔2〕 参见北京市高级人民法院(2012)高民终字第868号民事判决书。

〔3〕 阙紫鹏:《社会创新和合同自由的博弈——论软件许可协议中禁止反向工程条款的效力》,载王立民、黄武双主编:《知识产权法研究》(第10卷),北京大学出版社2013年版,第162页。

何协调好这两者的关系呢？笔者认为，关键是要实现反向工程制度和3D打印之间的“新平衡”：在对反向工程的认知层面上，既要注重分析反向工程过程的复杂程度、投入成本等因素，也要在结果层面牢牢抓住反向工程属于另类创新的本质；在认定反向工程是否侵权的规则运用上，既要细化“实质性相似＋接触”的侵权认定规则，又要对这一规则的逻辑适用顺序进行必要的调整，甚至必须迈出反推规则这一大步；在反向工程的举证责任分配上，既要信守传统的举证规则，也要注重适度加大反向工程主体的举证责任；在对待禁止反向工程协议的效力认定上，基于更多地发挥私法自治对反向工程制度适度矫正作用的理念，因此，承认反向工程协议的效力应当成为原则，而无效应当成为例外。如果这种“新平衡”在司法活动中得以践行，则笔者完全可以认为，反向工程制度可以继续存在，但是已经不能如以往那样存在了。论文研究存在的不足之处主要体现在以下两个方面：一是本文的解释、明确和补正主要是围绕2007年最高人民法院的司法解释即《不正当竞争若干解释》而展开的，这种逻辑起点在某种程度上就注定了本研究只是一种主要倾向于法解释学性质的学术思考，也决定了这种解释的限度——这种逻辑基础和限度很可能限制了一些变革性的制度构想；二是在学术研究的精细化方面，论文中关于标准的建立、举证责任分配规则等问题尚需进一步的探索。

《环境保护税法》介评及其完善建议*

蒋亚娟**　丁健鸽***

目　次

我国1979年确立了排污收费制度。2003年至2015年，全国累计征收排污费2115.99亿元。[1] 排污费制度对于减少和防止污染，保护生态环境发挥了重要的作用。但是，与我国环境污染现状所需的财政支持和整治力度相比，排污收费制度还是有差距的。同时，在执行方面，排污费制度也存在执法刚性不足、地方政府和部门干预、权力"寻租"等问题。因此，2016年12月25日由第十二届全国人民代表大会常务委员会第二十五次会议通过并于2018年1月1日开始实行的《环境保护税法》将排污费改为了环境保护税，按照"税负平移"的原则，将现行排污费制度向环保税制转移。自《环境保护税法》施行之日起，不再征收排污费。但是，作为税收法定原则确定后公布的首部税法，《环境保护税法》的立法内容和制度设计上仍旧存在弊端，应税污染物

---

* 基金项目：国家社科基金一般项目《生态补偿财政法律制度研究》(16BFX172)；教育部人文社会科学研究青年基金项目《环境损害评估法律制度研究》(15JYC820022)；重庆市教委人文社科重点项目《五大功能区建设中的生态损害补偿法律问题研究》(14SKC05)。

** 西南政法大学副教授，法学博士。

*** 西南政法大学经济法专业硕士研究生。

〔1〕 参见《环境保护税来了：排污费制度向环保税制度转移》，载搜狐网：http://m.sohu.com/n/466659120/，最后访问日期：2016年9月12日。

和纳税人范围的划定、环境保护税与其他税种的关系等问题仍有待进一步明确。

一、我国《环境保护税法》立法内容介评

(一)立法中环境保护税的界定

环境税有广义、中义、狭义3个层面的界定。从狭义上来看,环境税又称为专门性环境税,主要是指为了筹集环境保护资金以及预防和控制环境污染而征收的税。从中义上看,环境税还包含自然资源税和生态环境保护税。而广义上的环境税,则是泛指一切基于环境保护的目的而征收的税或者是采取的有关税收措施,包括但不限于狭义和中义上的环境税。[1] 我国的《环境保护税法》规定:环境保护税是指"为了保护和改善环境,减少污染物排放,推进生态文明建设而向在中华人民共和国领域内和中华人民共和国管辖的其他海域直接排放应税污染物的企业事业单位和其他生产经营者"征收的税。由此,《环境保护税法》中规定的环境保护税是狭义上的环境税。

(二)环境保护税的构成要素分析

《环境保护税法》在原排污费制度的基础上进行立法,主要对环境保护税作出了如下制度安排:

1. 环境保护税的主体

(1)征税主体。依照该法第14条之规定,环境保护税由税务机关依法进行征收管理,环境保护部门负责污染物的监测管理。该法创立了协同工作制,由税务机关和环境保护部门协同合作,建立分工协作机制,涉税信息共享,工作中相互配合。

(2)纳税主体。根据《环境保护税法》的规定,我国环境保护税的纳税人为在我国领域及管辖的其他海域内,直接向环境排放应税污染物的企业事业单位和其他生产经营者。

2. 环境保护税的税率与税目

在税负平移原则的指导下,我国的环境保护税采取定额税率,通过在附表中规定每排放一单位应税污染物应缴纳的税款来确定税率,以此体现征税的深度。采用列举法确定税目,在附表中规定应税污染物、确定课税客体的范围,反映征税的广度。通过从量计征的方式确定税基,在当量表中规定排放每一单位应税污染物的应纳税额,以此将应税污染物具体量化并作为征税的依据。

---

[1] 参见李传轩:《中国环境税法律制度之构建研究》,法律出版社2011年版,第75页。

3. 环境保护税的纳税期限及纳税地点

纳税人的纳税期限自排污当日起计算,分为按月申报缴纳和按季申报缴纳。纳税地点为应税污染物排放地的税务机关。

4. 环境保护税的税收特别措施

我国《环境保护税法》未规定加征措施等税收重课措施,而是对税收减免等优惠措施进行了规定。以下情形免征环境保护税:农业生产、[1]流动污染源、[2]依法设立的城乡污水、生活垃圾集中处理场排污所、[3]综合利用固体废物。[4] 针对纳税人排放应税大气污染物或水污染物的情形,根据排放浓度规定减征措施,即低于国家或地方规定的污染物排放标准的30%的,减按75%征税;低于国家或地方规定的污染物排放标准的50%的,减按50%征税。

(三)环境保护税制度安排的利与弊

根据"税负平移"原则,中国的排污费制度向环境保护税制度平稳过渡,不仅增强了排污费的执法刚性,转"费"为"税",而且还通过协同征管的方式,加强税务部门与环境保护部门之间的信息共享、分工协作,开创了一种新的税收征管方式,有一定的借鉴和推广的现实意义。然而,瑕不掩瑜,当前环境保护税的法律规定还有待明确并继续改善。

1. 应税范围有待完善

《环境保护税法》通过《环境保护税税目税额表》和《应税污染物和当量值表》对环境保护税的应税污染物的范围进行了划定,其中包括了大部分常见的会对环境会产生不良影响的污染物。但是在《环境保护税法》出台之前引发热议的碳税却并未被划入其中,对诸如光污染等新型污染物也没有作出规定。综观我国的环境保护法律体系,环境保护税以外的其他税种也会对环境目标产生影响,例如,资源税注重对石油、天然气等矿物资源的保护,会对提高资源利用率,节约资源,减少浪费的环境目标产生影响。但是,这些税种的应税范围仍然没有满足目前我国环境保护的需求,如环境保护中还应当包括对生物资源、生态环境整体和生物多样性的保护。近年来,由于经济的发展需求不断扩大,对自然环境的开发力度也逐渐加大,使一些珍稀动植物失去了栖

---

[1] 此处的农业生产不包括规模化养殖,应税污染物和当量值表中规定,对存栏规模小于50头牛、500头猪、5000羽鸡、鸭等的禽畜养殖场暂免征收环境保护税。

[2] 系指机动车、铁路机车、非道路移动机械、船舶和航空器等。

[3] 依法设立的城乡污水、生活垃圾集中处理场排污所排放相应应税污染物不超过国家和地方规定的排放标准的部分免征环境保护税。

[4] 纳税人综合利用固体废物符合国家和地方环境保护标准的,免征相应环境保护税。

息地,一些物种也因此处于濒危状态,这都会对生物多样性和生态系统产生严重的,甚至是不可逆的影响。而目前并没有相关的税种对生态破坏行为进行规定。

综上所述,环境保护税的应税范围在环保税准备开征或实际开征的过程中都有待结合实际情况,不断地扩大和完善。

2. 纳税人范围有待扩大

根据《环境保护税法》的规定,目前划定的纳税人为在中华人民共和国领域和中华人民共和国管辖的其他海域内直接向环境排放应税污染物的企业事业单位和其他生产经营者,不包括消费者、一般居民和农村小规模的养殖业生产经营者。[1] 无论是从我国当下的污染情况与环境目标之间的现实差距,还是从与其他环境税制成熟的国家的对比情况来看,纳税人范围都过于狭窄。

针对农村小规模养殖业,国家从扶持农村经济发展,提高农民生活水平的立场出发,暂免征收环境保护税。但是,小规模养殖业粗放的发展方式已经对农村环境造成了严重的影响。虽然我国农村地区尚不具备征税的经济条件,让农民养殖户再承担环境保护税很有可能会降低其生活水平,甚至可能会引发社会冲突,但是从环境目标的实现和经济发展方式转型的立场出发,从长远来看,在农村经济发展到一定阶段之后,对小规模养殖业的农户征收环境保护税也是大势所趋的。同时,在经济较发达的农村地区先行试点,也不失为一次具有改革精神的尝试。

3. 与其他税种的关系有待厘清

在现有的制度设计中,排污费直接经过平移,被冠以"环境保护税"的头衔,未免有失偏颇。根据《环境保护法》的规定,环境保护包括减少污染和节约资源两方面。若是仅将对排放污染物的行为征收的税负定义为环境保护税,那么,同样会对环境目标产生重大影响,属于广义环境保护税的资源税,其在税收体系中的定位就难免模糊而摇摆。

另外,由于环境保护税只将相关生产经营者划定为纳税人,消费香烟、鞭炮等会向环境排放污染物的消费者则被划定为相关消费税的纳税人,如此,不仅无法保证这一部分的税款被用于相关环境保护事业的建设,也没有体现出对这一类消费品的消费行为征税的环境目标。综上,本文认为,开征环境保护税的过程中,应当在理论上和制度设计上厘清环境保护税和其他相关税种之间的关系,以减少重复征税等问题带来的税收冲突,给相关的税种"正名",让环保的归环保,经济的归经济,以此保证税制的顺利实施和环境目标的实现。

---

[1] 系指存栏规模小于50头牛、500头猪、5000羽鸡、鸭等的禽畜养殖场生产经营者。

二、外国环境税制及其经验借鉴

(一)外国环境税制立法经验

从环境税收立法的绩效出发,本文选取了被誉为“环境税制领跑者”的丹麦、税收优惠措施被称为“差生补偿优等生”的瑞典、[1]税制相对较为成熟的德国和在短时间内建立环境税制的美国4个国家的法律制度作为比较研究的对象。

1. 丹麦环境税制

丹麦环境税制的建立和完善是一个伴随着经济和环保事业的发展而不断完善的循序渐进的过程。20世纪70年代至80年代晚期,环境问题主要表现在资源利用上,因此,丹麦虽然开征普通能源消费税,同时出于税收中性和税负公平的考量,对缴纳增值税的企业免除能源税(汽车燃油除外)。[2] 到了20世纪80年代晚期至90年代晚期,丹麦的工业迅速发展,相应地带来了化学污染问题。随着污染物的排放问题凸显,丹麦在这一时期开征二氧化碳税、二氧化硫税、自来水税、氯化溶剂税、生长促进剂税、杀虫剂税。同时,为了实现税收整体的平衡和较好的社会效果,丹麦相应地减少了个人所得税和社会保障税。20世纪90年代晚期至今,丹麦通过不断地改革,形成了以能源税制为主、其他税种相互配合的环境税制;2009年税制改革,丹麦提高了原有能源税的税率,开征了空调税、道路照明税、温室气体税等。[3]

2. 瑞典环境税制

瑞典的能源税征收起步较早,并且随着面临的环境问题逐渐复杂化,其开征的税种和税目也不断地更新和丰富。例如,瑞典1974年开征能源税,1989年开征HC和氮税(对国内航空征税),[4]1991年税制改革后开征二氧化碳税、二氧化硫税,对能源开征增值税。此外,丹麦还有车辆税、化肥税、农药税、汽油和甲醇税,对饮料容器、电池等开征环境税。

瑞典的环境税制最为人称道的就是通过税收优惠措施的设计,较大地发挥了税收对产业发展的调节作用。在氮氧化物环境税的征缴方面:工厂以千克为单位,根据氮氧化物的排放量缴税,监管机构收取不到1%的管理费后,将税款全部返还;但在返还时,当局公布排放强度平均值,排放量等于强度平均值的,不奖不惩,低于平均值的,获

---

[1] 参见《瑞典让“差生”掏钱给“优等生”? 看世界各国环境税都怎么收》,载中国水网:http://wx.h2o-china.com/news/255710.html,最后访问日期:2017年3月24日。

[2] 丹麦对缴纳增值税的企业的汽车燃油征收能源税。

[3] 参见李慧玲:《环境税费法律制度研究》,中国法制出版社2007年版,第64页。

[4] 瑞典的HC和氮税仅对国内航空征税。

得来自高于平均值的工厂的返还税款。[1]

3. 德国环境税制

德国环境税制的亮点是1999年颁布的《实施生态税收改革法》。该法规定：以征收能源税为主要任务，主要对矿物资源、电力、石油征税，实行差别税率；制定有税收优惠措施和相关的配套措施，将税收用于降低居民工资中的附加费用，补充养老保险基金。德国的这一举措，在法律层面上为环境税制的改革提供了依据，既有利于在实践中减少法律依据缺失或模糊的问题，也有利于推动环境税制的法治化进程。在税收制度安排上，德国实行差别税率，根据纳税人对环境污染程度的不同适用不同的税率，体现了税收公平的原则。在税收收入的使用上，德国将环境保护税的税收收入纳入国家税收收入整体，统筹规划使用，以更好地实现税收在国家财政和社会保障方面的作用。[2]

4. 美国环境税制

美国的环境税制起步较晚，20世纪80年代才开始建设，但是在短时间内建立了相对成熟的环境税制体系。这对环境保护税制仍处于起步阶段的中国来说，是很有研究和借鉴的意义的。美国法律将环境税分成4类：(1)污染排放控制相关税，如二氧化硫税、垃圾税、拥挤税（即州政府对车辆拥挤造成的环境污染征税）[3]等；(2)自然资源相关税，如燃油税、开采税[4]等；(3)生态保护相关税，如噪音税、塑料袋使用税等；(4)环境收入税，即对利润超过200万美元的法人，对其超过部分按照0.12%征税。美国的环境税收优惠政策注重与其他税种之间的配合，例如，对损害臭氧层的化学品征收消费税。[5]

(二)外国环境税立法的经验借鉴

1. 推行税收中性原则

税收中性原则，起源于亚当·斯密的"看不见的手"的理论，在19世纪末由英国新古典学派的代表人物马歇尔倡导。税收中性原则认为，税收应该基于中立的立场，不偏不倚地对待所有纳税人，不给某些纳税人或征税对象特别的税收待遇，不因税收改变纳税人的经济地位，[6]最好不要使人民承受除纳税负担以外的其他额外的经济负担和损失。

---

[1] 参见李慧玲：《环境税费法律制度研究》，中国法制出版社2007年版，第66页。

[2] 同上书，第71页。

[3] 拥挤税即州政府对车辆拥挤造成的环境污染开征的税。

[4] 主要对石油等自然资源的开采行为征税。

[5] 参见李慧玲：《环境税费法律制度研究》，中国法制出版社2007年版，第78页。

[6] 参见张怡：《税法》，清华大学出版社2007年版，第68页。

上述4国主要在税收优惠政策和税率设计中体现了税收中性原则。例如,瑞典对氮氧化物的征收方面,通过"差生补偿优等生"的规定,充分发挥了税收的调节作用。瑞典不是用所谓的"死亡税率"逼迫环境污染严重的生产经营者退出市场,而是通过类似"奖惩措施"的方式,针对纳税人的经济利益做出调整;利用市场主体的逐利本性,充分发挥市场的作用,实现产业的调整,减少对环境的污染,推动环境保护产业的发展。瑞典的这一制度安排,看似加重了环境污染纳税人的经济负担,实际上是符合产业发展的趋势的。从整体上来看,实现了动态的平衡,引导产业发展,无论是在环境保护方面,还是在社会经济方面,都没有增加国民的经济负担。再如,美国对利润超过200万美元的法人,对其超过部分按照0.12%征税。之所以以利润而不是以环境污染程度作为纳税的标准,主要是因为美国的经济的发展在较长时间内都是以破坏环境为代价的。美国的这一税制设计做到了从国民整体的环境利益出发,通过在短期内对利润额大的企业征收适当的环境保护税用以发展环保产业,进而减少了当下和未来的环境成本,保障了国民整体和长远的经济利益。

笔者认为,从税制设立的最根本的目的和税制的接受程度来看,在我国有必要逐渐推行税收中性原则。首先,从税制设立的根本目的来看,税收是国家干预经济的重要手段,而国家是人民让渡权利,缔结社会契约而建立的,人民让渡权利的目的是摆脱自然状态,为了更好地抵御侵害和在充满风险的社会中生存。由此,税制的设计和税种的开征,都应当以人为本。然而,在环境税法制定的过程中,诸如通过设立环境保护税的"死亡税率"来淘汰污染严重的企业的呼声一度高涨,这不仅误解了税收的调节作用,将税制看作生杀予夺者手中的权杖,更是忽略了人本思想的根本地位,甚至侵犯了相关企业和其他生产经营者的权益。而逐步推行税收中性原则,就是要纠正这些错误的认识,让税收回归原本的工具价值,在市场发挥主导作用的前提下,逐步引导产业的转型和升级。其次,从税制的接受程度上来看,税种的设立只是税收体系建立和落实的起点,真正地被民众接受、缴纳,才是《环境保护税法》挥作用的基础。税收应当发挥的是调节经济的杠杆作用,而不是杀富济贫。从世界范围内已有的实践来看,如果没有合理的税率设计,或者是税收优惠及其他配套措施不够完善,就难免会加剧偷税、逃税、抗税等情形的发生,进而加大税收征管的难度,甚至有可能在一定程度上造成或加剧社会矛盾。因此,从民众接受程度的视角来看,逐步推行税收中性原则更是有必要的。只有制定合理的分级税率,辅之以适当的税收优惠和配套措施,才是让环境保护税顺利落实的不二法门。

2. 处理好环境保护税与资源税的关系

在外国的环境税制中,资源税始终占据着重要的地位。在瑞典,仅是1993～2004

年的10年间,与能源相关的税收就占了环境税收的88%。在丹麦、德国和美国,资源税也都是作为环境税制的重要组成部分加以规定的。而在我国的《环境保护税法》中,却并未将资源税作为环境保护税的内容进行规定。在法律实践中,资源税和环境保护税、排污费一直呈现出一种相互分离的局面,这一趋势并不符合环境保护的本义和环境保护税制的国际发展趋势。

环境保护这一概念,本身就包含节约资源和减少污染两个方面的含义。提高资源利用率,减少浪费,本身就是环境保护的应有之义。因此,不应在立法中将资源税与环境保护税对立起来,而是要处理好二者之间的关系,使之协调运作,共同发挥作用。经济合作与发展组织(Organization for Economic Co-operation and Development)将环境税的定义为"环境税是指为了达到特定的环境目标,或者最初虽然不是基于环境原因引入,但是对环境目标有着一定的影响,可以因环境原因而增加、减少或修改的税收"。[1] 我国的资源税,虽然最初的设立目标是节约资源,减少浪费,并不是《环境保护税法》第1条所规定的"改善和保护环境,减少污染物排放,推进生态文明建设",但是,在运行的过程中,资源税也力图通过税收的杠杆作用,引导企业及相关生产经营者节约资源、减少浪费。因此,根据经济合作与发展组织的定义,资源税也应当划入到环境税的范畴之中。

笔者认为,在排污费向相关税种的平稳过渡过程当中,直接将其命名为环境保护税的做法,难免会有以偏概全的嫌疑。国外环境税立法多数是将环境税细化,将其视为由资源税、二氧化碳税、二氧化硫税等税种构成的税收体系。而我国将只对排污方面作了征税规定的税种直接命名为环境保护税,很容易误导大众,也在处理环境保护税与资源税的关系问题上设置了不必要的障碍。因为从逻辑关系上来说,资源的节约是应当属于环境保护的范畴的,而在具体的法律规定中,资源税又被划定在环境保护税的范围之外,这就造成了逻辑上的应然层面和法律规定的实然层面的差异,难免会引起理解上的混乱和法律适用中的冲突。

综上所述,结合我国的实际情况和其他国家环境税制设立的经验,在已经出台了《环境保护税法》的情况下,全国人大常委会、最高人民法院、最高人民检察院等具有修改、解释法律的权力的机关应当对该问题给予重视,正确处理好环境税和资源税的关系。

3. 注重税率差别和税收减免的调节作用

注重税率差别是税收公平原则的要求,也是顺利推行税制的要求。不同规模的

---

[1] Christina K. Harper, "Climate Change and Tax Policy", *Boston College International and Comparative Law Review*, Spring, 2007.

生产经营者,或者说是排放应税污染物的主体,其排污规模、对环境的危害程度以及其自身的经济水平和税负承担能力都是不同的。如果采取"一刀切"的模式来划定税率,就难免会造成形式公平下的实质公平的缺位,由此会使纳税主体产生抵触情绪,加剧偷逃税款现象的发生,甚至会由此加剧社会矛盾。上述四国的环境税制都对差别税率和税收减免政策作出了相关的规定。例如,丹麦对缴纳增值税的企业免征资源税,德国在税收法制中规定了差别税率。而根据国外环境税制中税率设置和我国其他税种税率设置的经验,依据排污规模和负税能力的不同设置分级税率,不仅能够减小我国的环境保护税在推行过程中的阻力,还可以发挥税收的调节作用。通过追求较低的税率,引导生产经营者进行环保方面的建设,减少应税污染物的排放量,实现环境目标。

税收减免等税收优惠政策的制定和实施,既体现着税收中性原则,也是税收政策传导过程中的重要环节。税收的根本目的不是要加重国民的经济负担,不仅仅是增加国家的财政收入。也应当是更好地引导和保障经济的发展,进一步改善和提高居民的生活水平。税收优惠政策正是通过补贴、奖励、设立专项基金等方式,合理地使用税收收入等财政资金,来引导市场主体的生产经营行为。完善环境保护税的税收减免等优惠措施,不仅可以助力税制的顺利推行,也是税收取之于民、用之于民的应有之义。

三、我国环境保护税收法律制度的完善建议

结合上文的分析论述,对于即将开始征收的环境保护税,笔者提出如下建议:

(一)扩大应税污染物范围

结合当下中国污染物排放和环境保护的形势,笔者认为,在未来开征环境保护税的过程中,可以尝试扩大应税污染物范围,增加环境保护税的税目。

1. 开征碳税

碳税(carbon tax),主要是指针对二氧化碳的排放所征的税,旨在实现减少二氧化碳的排放,减缓温室效应,保护环境。在开征碳税的国家中,其税制设计主要是针对燃煤和石油下游的汽油、天然气、航空燃油等化石燃料产品,按其碳含量的比例来征税。国家发改委和财政部有关课题组经过调研,形成了"中国碳税税制框架设计报告"。课题组表示,我国开征碳税比较合适的时间是在2012年前后。然而,在2016年12月开幕的"中国发展高层论坛2016"年会上,对于海外关注的中国是否会开征碳税的问题,我国财政部部长刘继伟明确表示,中国将不会单独设立碳税,而是将其安排在准备开

征的税种里面作为一个税项,如环境税或资源税。[1] 但是,目前我国的资源税中并未有针对碳排放开征的税项,《环境保护税法》中也未将碳排放列为应税污染物。

节能减排,减少二氧化碳的排放量,本就是环境保护课题的应有之义。同时,从国外环境保护税的发展实践来看,税制成熟的国家大多将二氧化碳作为应税污染物,针对其排放设立了单独的税项。这一税项的设立,并不以增加税收收入为目的。与此同时,如果通过合理设计税率和税收优惠政策,贯彻税收中性原则,也不会过度增加纳税人的经济负担。综上,本文认为,虽然目前中国并不存在立即开征碳税的制度环境,但是从长远来看,碳税的开征是势在必行的。

2. 开征光污染税

光污染是继废弃、废水、固体废物之后出现的新型污染源,是指过量的光辐射对人类健康和生态环境造成的不良影响。科学家在 2008 年对以色列 147 个社区进行调查后发现,光污染越严重的地区,妇女罹患乳腺癌的概率就越高。[2] 在生态环境方面,光污染使得湖里的藻类过量繁殖,制造赤潮,杀死湖里的浮游生物和其他生物,污染水质。

我国的《宪法》第 26 条赋予了公民享有舒适环境的环境权,任何影响他人生活干活环境和生态环境的行为都构成侵权。2017 年颁布的《民法总则》第 9 条规定:"民事主体从事民事活动,应当有利于节约资源、保护生态环境。"构成侵权即可根据民法的相关规定,要求光污染源的控制者或是从事相关活动的生产经营者停止侵害,消除危险,赔偿损失等。在光污染的整治方面,天津市颁布了我国第一个有关夜景照明的技术规范——《城市夜景照明技术规范》,之后北京等城市也陆续出台了相关的技术规范。

但是,现行的相关规定和制度还是存在力度不够和制度缺失问题,可以通过将光污染纳入应税污染物,通过开征光污染税来解决。首先,照明技术标准等技术规范主要是从照明设施的技术层面对生产经营者进行引导,而没有相应的惩罚措施,即行为人违反技术规范的成本过低,不利于保证该标准在实际生产经营中的落实。其次,法律层面的规定均为事后对受害人权利的救济,而对于生产经营者的行为没有进行规范;在损害造成前的生产经营阶段,即光污染的产生和持续阶段,法律上并没有进行规制。

---

〔1〕 参见《碳税:中国能否承受之重》,载全球节能环保网:http://gesep.com/Template/Focus3/11.htm,最后访问日期:2016 年 10 月 9 日。

〔2〕 参见唐明灯:《光污染——美丽外衣下的环境杀手》,载《中国国家地理》2012 年第 3 期。

由此,笔者认为,在开征环境保护税、大力推行环保政策的背景下,研究设计和开征光污染税,有利于更好地控制和解决这一新型污染。虽然光污染税开征的条件可能还并不完全具备,也没有现成的可资借鉴的经验,但是开征光污染税还是具有可行性的,可以通过类比噪声污染来进行税制设计和相关的制度安排。

(二)拓展"绿税"的范畴

现行的税收体系中,除了资源税之外,还有一些税种的设立是以减少污染物的排放,保护生态环境为目的,或者是对这一环境目标产生了重要影响的。例如,消费税税制设计中就包含了对于香烟、鞭炮等在消费过程中会向环境排放应税污染物的消费品征税的规定。笔者认为,这一类税收应当属于广义上的环境税,符合《环境保护税法》的立法目的和环境保护税设立的初衷,应当在今后的法律修改或法律解释活动中将这一类税收划入环境保护税的税收体系之中。理由如下:

首先,出于税收专款专用的考量,这一类税种应纳入环境保护税体系中。虽然《环境保护税法》中并没有对环境保护税的税收使用及相关事项作出明确的规定,但是从整个立法过程中专家学者的呼吁及环保税制较为成熟的国家的相关经验来看,环境保护税的税收收入主要是用于建设污水、废物处理厂和处理设施,鼓励和支持环保技术的开发和运用等方面。我国对香烟、鞭炮等开征的消费税、对车船开征的购置税以及其他以减少污染物的排放为目的,或对这一环境目标有重要影响的税种,因属于其他税收体系,而无法保证这一部分的税收收入可以被用来进行相关的环境保护建设。从这一角度来看,这也会造成环境保护税税收收入的流失。

其次,出于税收调节作用的考虑,这一类税种应当纳入环境保护税体系。社会主义市场经济条件下,税收作为政府干预经济的一种重要手段,不仅具有组织财政收入和实现经济监督的作用,也成了市场经济的重要杠杆,在调节市场经济方面发挥着重要的作用。将这一类有着环保目的或对环境目标有重要影响的税种纳入环境保护税的税收体系中,通过拓展以环境保护为目的的"绿税"范围,促使市场主体调整生产经营策略,从而助力环境友好型企业的建设,推动我国的产业结构升级。

(三)调整纳税人的范围

税的本质是公共对价的公法之债。[1] 国家为纳税人提供环境保护相关的公共产品和公共服务,有权作为债权人请求纳税人以纳税的方式支付对价。我国《环境保护税法》在附表中规定,对小规模的禽畜养殖场暂不征收环境保护税。[2] 这一规定明显

---

〔1〕 参见丛中笑:《税法学原理》,吉林大学出版社2009年版,第13页。

〔2〕 即存栏规模小于50头牛、500头猪、5000羽鸡、鸭等禽畜养殖场。

不同于外国对个人的环境污染行为征税的规定。笔者认为，这并不意味着我国环境税制的不完善，而是在当下税制和经济发展环境下的一种暂时妥协。从长远看来，当具备了相应的条件之后，国家应当顺应环境税制发展的趋势对相关个人征收环境保护税。理由如下：

首先，根据庇古理论，环境税是行为人环境外部成本内部化的一个重要的手段。对个人征收环境保护税的出发点并不是增加财政收入，而是通过对生产经营者征收环境保护税引导经营者作出环境友好型的行为选择。根据国际经验和污染者付费的原则，排污者都应当为其排污行为缴纳税款，这也是税收公平和税收正义在环境保护税方面的体现。[1] 而对小规模禽畜养殖业者征收环境保护税，一方面有利于加强对其生产行为的引导，通过将对环境的污染内化为可减少的生产成本，转变生产经营模式；另一方面也有利于小规模养殖业者将自己的禽畜投入大规模的、有相关污染物和废物处理设施的养殖场进行养殖，从而助力于我国农业生产模式的转型。

其次，从我国的税收体系和经济发展的政策倾向上来看，将小规模禽畜养殖业生产经营者纳入环境保护税的纳税人范围，既有利于发挥税收的调节作用，也不会违背税收中性原则。我国已经取消了农业税，并且采取了许多大力度的补贴措施促进农村经济的发展。既然《环境保护税法》规定对依法设立的相关应税污染物集中处理场所免征环境保护税，那么，只要小规模禽畜养殖户将粪便垃圾等污染物投入集中处理场所进行处理，也可以在不加重经济负担的前提下减少环境污染。对小规模禽畜养殖业生产经营者来说，环境保护税就成为一种可以被减少甚至被合理规避的生产成本。国家将来还可以通过制定相关的措施，如进行补贴等来进一步降低农业生产的成本，最终实现税负平衡。

最后，纵观世界各国的经济发展历程，一个国家的农业不能也不应该始终都是需要被扶持的基础软肋。农业和农业人口的生产经营能力会逐渐发展、成熟，也会和其他产业及其从业者的水平逐渐接近和等同。国家出于实现环境目标的需要对工业等产业征收相关的税费，而对可能造成同等环境污染的农业及其从业者却不征收，难免会带来经济发展中的失衡，有悖于税收公平原则的要求。在一个成熟的经济体系之中，各产业都应当有相应的环境目标与需求，国家应当据此制定相应的税收政策。

---

〔1〕 如阿拉善盟，2013年环境统计数据显示，2013年该地区共产生猪粪便1.0万吨，奶牛粪便1.6万吨，蛋鸡粪便645万吨，肉鸡粪便58万吨。而该盟规模化养殖场养殖数量仅占总养殖数量的10%左右，散户养殖数量占到了90%。大部分散户的禽畜粪便没有固定的堆放场所，禽畜尸体也没有专业的处理措施，多随意堆放，造成了严重的水污染、大气污染和土地污染。参见马云潼：《农村养殖业污染的危害及其防治对策》，载《环境与发展》2014年第3期。

然而,当下的税制设计和经济环境决定了纳税人范围的扩大并不能采取跨越式的、一步到位的税制设计,而应当采取结合经济发展状况循序渐进。[1] 与此同时,我国还需进一步完善税制,通过分级税率、降低个人所得税等方式,实现各税种协调配合,保证税负合理和税收收入的专款专用。只有在确保不至于因此降低纳税人生活水平的情况下,才能够将相关的生产经营者划定为环境保护税的纳税人。

四、结论

《环境保护税法》是我国税收法定原则下制定的第一部税收法律,无论是在税制发展还是在依法治国的进程中,都具有长远的意义。环境保护税作为一项以减少污染排放、保护生态环境为目标的税种,对建设和谐社会、实现人与自然的和谐发展起着重要的作用。但是,作为一项新开征的税种,由于社会经济生活的复杂多变以及法律的历史局限性,环境保护税难免会在理论与实践中存在一些问题。笔者认为,过分苛责不是完善法律制度的良方。当下要做的是,在对环境保护税的制度安排、税制设计有清晰认知的基础上,结合我国的实际情况,对环境保护税开征后的问题进行预判并提出解决的建议,以此为中国环境税制的发展成熟铺平道路。

[1] 计金标、刘建梅:《公平视角下环境保护税若干问题探析》,载《税务研究》2014 年第 7 期。

农村法治

刍议农民专业合作社存货质押融资法律风险及规避策略*

徐　鹏** 　盛学军***

目　　次

一、引言

为响应新时代新农村发展召唤，满足小农户和大市场衔接需求，缓解单一农户讨价能力弱势局面，依托现有农村经济组织平台，由政府倡导，以农民自愿联合为基础，以自主经营、民主管理、进退自由为原则把经营相同或相似产品的农户联合在一起，形

---

* 基金项目：国家社会科学基金项目《"互联网+"农产品订单质押融资模式创新及风险防范研究》(16BGL002)；中国博士后科学基金项目《农民专业合作社融资困局破解新路径：存货质押融资运行机制研究》(2014M562504XB)；教育部人文社科青年项目《基于供应链金融的农产品质押融资风险预警及应急机制研究》(14YJC630152)；重庆市博士后资助项目《基于供应链金融的农产品质押融资风险管理研究》(Xm2014070)。

** 西南政法大学副教授，经济法学博士后，管理学博士。

*** 西南政法大学教授，法学博士。

成一个对外盈利,对内服务的新型农村经济组织,即农民专业合作社。[1] 伴随《农民专业合作社法》的制定与实施,合作社如雨后春笋,在全国各地迅速成立并发展。到2015年年底,全国范围内,在工商部门登记注册的农民合作社数量已超过150万家,与上年相比增长近19%,实际参加合作社农户数量超过1亿户,占我国农户总数比重约为42%,比上年同期增加6.5个百分点。在整个"十二五"时间段内,合作社数量实现了近3倍的增长,农户参加合作社的比率与原来相比增加近31个百分点。合作社已融入农业产业链各个环节,扮演着重要角色,在促进农业供给侧结构性调整,引领广大农户保障农业有效供给,引导欠发达地区农民共同发展优势产业,实现共同富裕等方面具有重要现实意义。所以大力发展合作社,促进其健康快速发展变得重要而迫切,但农民专业合作社由于其自身的局限,如规模小、信用低、制度不健全、财务不稳定、经营发展前景不确定等,[2]采用传统融资方式很难得到所需资金,致使其在扩大规模、规范化建设、改善经营模式、调整产业结构等方面面临严重的资金不足问题。[3] 因此,开创新的融资路径和模式对于打破其融资困境,缓解发展资金紧张问题具有显著意义。基于此,诸多学者针对该问题开展了探索与研究,提出了一些新的融资路径。如"三方协议+互保联贷+同一账户+贴息保险"[4]融资模式,"合作社+农村信用社"[5]融资模式,"合作社内部资金互助社"[6]融资模式,"法律视角下的融资模式探索"[7]"农地抵押"[8]融资模式等,以上融资路径的开创在某种程度上缓解了合作社融资困境,但实践显示合作社融资困难问题依然存在,这意味着需要构建更多更有效的融资模式以

---

[1] 农村经济组织包括集体经济组织和农民专业合作社经济组织,而农民专业合作经济组织包括农民专业合作社、农民专业协会等。

[2] 参见王俊刚、房建恩:《我国农民专业合作社融资困境与法律对策》,载《农业经济》2014年第11期。

[3] 参见余丽燕、郑少锋:《农民专业合作社融资问题与寻求破解的探索》,载《农村经济》2011年第3期。

[4] 赵凯:《我国农民专业合作社融资模式的比较研究》,载《农村经济》2011年第5期。

[5] 邓俊淼:《农民专业合作组织推动农户融资模式研究——基于河南省社旗"农民专业合作社+农村信用社"的考察》,载《农村经济》2010年第9期。

[6] 夏英、宋彦峰、濮梦琪:《以农民专业合作社为基础的资金互助制度分析》,载《农业经济问题》2010年第4期。

[7] 曹苏:《完善现行立法破解农民专业合作社融资困境》,载《华南农业大学学报》(社会科学版)2012年第1期。

[8] 周妮笛、李明贤:《农民专业合作社融资难问题解析——基于供应链金融视角》,载《中南林业科技大学》(社会科学版)2013年第3期。

破解其融资困局问题。近年来,存货质押融资作为中小经济组织融资的有效路径被普遍重视及认可,且被实践证明合规有效。不过,现有文献通过这一路径来缓解合作社融资难问题的研究还鲜有。鉴于此,笔者尝试从这一视角出发,探讨合作社融资问题。纵观理论界和实业界,存货质押融资对农民专业合作社来说是项新型融资模式,虽然对破解其融资困局提供了有益尝试,但作为全新业务,在运作过程中面临风险新且多,尤其是法律风险,加上缺乏完善的理论指导和丰富的实践经验,使业务开展过程中的法律风险的控制和防范缺乏成熟的工具和方法。所以有效防范业务开展过程中的法律风险问题对保障业务的有效运行和健康发展具有显著作用。笔者首先论证了农民专业合作社操作该业务的缘由与可行条件,然后着重分析了业务的法律风险点,最后根据法律风险类型提出了有针对性的防范对策。

二、农民专业合作社开展存货质押融资的现实需求考察

(一)农民专业合作社发展资金匮乏的需要

从对重庆市农民专业合作社实地调查结果分析发现,[1]大多数专业合作社缺少发展资金,资金缺口从 10 万元到 20 万元不等,资金需求位于这个区间的合作社数量最多,约占总数的 75%,需求数额位于 20 万元到 30 万元的比重约为 15%,资金需求额超过 30 万元的合作社数量比重约 8%。农民专业合作社成立注册的门槛低,注册资本要求不高,所以法人财产很少。加之,农民经济收入主要来自种地所得粮食的售卖,收入有限,又缺乏其他来源渠道,使其经济实力较弱,剩余资金较少。此外,针对农民的社会保障机制不完善致使其在选择投资时更倾向风险小、收益稳定的投资机会,显然合作社尤其是处在发展初期的合作社不能满足他们的投资预期。另外,目前多数合作社的成立皆由村中大户或拥有较多资源、技术、关系等能人发起,组建之初未对入社的农户在资金或会费方面提出要求,也未构建完善的社员股金缴纳、退出、使用等机制。种种客观现实造成农民专业合作社成立时获得的资金出资数额很少。存货质押融资专门为中小企业及组织破解融资困局而催生的一种新型融资模式,实践表明,存货质押融资已被许多中小企业应用并成功取得所需发展资金,与通过非正规途径[2]获取资金相比,存货质押融资成本明显较低,这有助于合作社健康发展和快速成长。

---

[1] 项目组成员针对合作社发展资金现状问题对重庆市多家合作社进行了实地调研、访谈,包括:万州区小岩无公害蔬菜专业合作社、梁平县六合水产养殖专业合作社、涪陵区文观大米专业合作社等。

[2] 非正规融资是指处于监管当局视线之外的、非正式组织的民间金融活动。其方式主要包括民间借贷、拖欠货款、私募股本、典当抵押等。

(二)传统融资模式不畅的需要

我国农民专业合作社发展时间较短,多数成立不久,处在发展阶段,对于处在该阶段的合作社,通常具有资产规模小、经营收益低、合作内容单一、制度不完善等特点。通过实地调研发现,处于发展初期的农民专业合作社固定资产(设备、厂房、办公住所等)的数额非常少,部分合作社甚至通过租赁方式获得经营办公场地;合作层面,多数合作社停留在帮社员统一采购、销售、简单加工等层面上,开展深加工及产业链延伸的很少;盈利方面,多数合作社的盈利能力较差,盈利水平较低,导致留存的数量通过二次返利等分配方式所剩无几。合作社的这种现状,使其通过信用融资、固定资产抵押融资、第三方担保融资等传统方式很难足额得到所需资金,调查显示合作社通过正规方式融资的比重很低。[1]

(三)"三农"[2]问题亟待解决的需要

我国经济经过30多年的快速发展,城镇居民生活状况及城镇环境、设施等得到了极大改善,而农民、农村和农业在经济快速发展过程中没有得到社会发展的福利,这造成了城乡二元现象,形成较为鲜明的对比。农民、农村和农业是我国社会稳定、国家富足安康一个不可或缺的部分,所以反哺农业、农村和农民是经济发展规律的必然,是缩小城乡差距的需要,更是实现全面富裕、全面小康的需要。基于此,连续12年来,中央一号文件皆以"三农"问题作为首要议题,足见党和政府已经意识到并着手改善这一不均衡发展的状况。为了更好地解决"三农"问题,扶持和发展农村经济组织是一种有效方式,基于这样的理念,以增加农民收入、促进农村繁荣和促进农业现代化为初衷的农民专业合作社迎合了时代需求,这一组织提出后在相关法律政策的庇护下如雨后春笋般涌现。显然,这欣欣向荣的局面与政府的大力引导和直接或间接扶持不可分割,在政府不断政策倾斜的情形下,农民合作社在持续的发展壮大,由简单的结合到向多元化、产业化、链条化等方向深入和发展,为增加农民收入、活跃农村经济及促进农业规模化、现代化提供了有效路径。总之,合作社的健康发展利于"三农"问题的顺利解决,而存货质押融资的开展有助于缓解合作社发展资金不足,促进其健康有序发展。

(四)存货质押融资匹配合作社发展现状的需要

尽管合作社在政府的扶持下,已开始发展壮大,但由于其发展的时间短、发展资金

---

〔1〕 参见余丽燕、郑少锋:《农民专业合作社融资问题与寻求破解的探索》,载《农村经济》2011年第3期。

〔2〕 "三农"是指农村、农业、农民。解决"三农"问题已经成为政府工作的重要议题。

不足等困难存在使得目前大多数合作社仍处于发展初期,以收购或销售简单的农产品,或代购农业生产资料等业务为主,它们多数规模小,固定资产数额少,所以固定资产抵押、无担保贷款等方式很难获得资金。探索适合合作社现状的融资路径无疑对缓解其融资困境具有重要意义。存货质押是专门针对中小企业缺乏抵押资产及第三方担保等情形而设计的一种新型融资模式,其是以企业暂时闲置的存货作为质押物进行融资的模式类型。[1] 在合作社中,一方面固定资产少;另一方面拥有较多且暂时闲置的存货,如集中购置的生产资料、等待加工的原材料、尚未完工的半成品、已完工且等待销售的产成品、处在生长中的农作物、正在饲养的牲畜等,这些暂时闲置的存货无疑挤占了合作社大量资金,致使资金本就不宽裕的它们更为紧张。所以盘活存货,让挤占的资金重新流动起来则是目前合作社应努力探索的方向。存货质押融资业务的开展不仅可以帮助合作社把沉淀资本变成流动资金,也能分享到第三方物流提供的专业物流服务,同时又能深度融入所在产业的链条中,巩固与核心企业的关系。

(五)财政资金补助不足的需要

自从合作社诞生以来,许多政府部门都陆续制定并实施了一系列扶持、补助等政策,从多角度、多渠道持续提高对合作社的支持水平,从中央财政到地方财政、从财政资金到民间资本等,陆续增加对合作社的支持力度。尽管如此,但从合作社获得资金帮扶情况来看,离农民专业合作社“井喷式”[2]发展的速度而言还相差甚远,甚至很多合作社根本就没有得到过公共财政的帮扶。换言之,仅有为数不多的合作社享受到了公共财政的福利。综上分析可知,农民专业合作社获得财政资金极度有限的现状为其探寻新的融资路径提供了客观基础,存货质押作为新的融资模式契合了合作社发展的现状,加之业务实践经验日趋丰富,理论研究逐渐完善,皆为合作社成功开展存货质押融资提供了基础和保障。

三、农民专业合作社开展存货质押融资的现实基础考量

(一)合作社存货种类丰富

《农民专业合作社法》明确界定了农民专业合作社的组织性质:具有法人资格的独立经济组织,且市场经济地位也被认可。既然是一个独立的经济组织,自然其在经营

---

[1] 参见李毅学:《物流与供应链金融创新——存货质押融资风险管理》,科学出版社2010年版,第8页。

[2] 以农机专业合作社为例,截至2015年年底,我国农机合作社数量已经达到5.4万个,比上年增加4400多个,入社成员数达到190万人(户)。山东省农机合作社数量达到6323个,居全国第一。吉林省农机合作社数量达到5317个,比上年增加71%。甘肃省农机合作社数量达到968个,比上年增加63%。

过程中会拥有或控制各种类型的经济资源,其中包括固定资产、存货(农产品、加工产品、半成品、产成品、生长中的动植物、家禽等)等。现阶段,多数合作社可拿来抵押的固定资产严重缺乏,因为它们规模较小,经营运作主要靠租用仓房设备来进行,加之社员个人房屋、土地及其他固定资产在其入社时不愿带入合作社,所以金融机构看重的抵押物合作社缺乏,致使贷款难度增加。不过合作社在发展过程中时常拥有为数不少的存货,如购买的农业资料、生产加工用的原材料、饲养中的家禽、生长中的农作物以及加工完成的完工产品等,这些存货因为生产经营的生产周期、流程等原因会被暂时闲置,闲置的存货挤占不少资金,使合作社发展资金进一步匮乏,因此设法盘活这些存货,使"死"的资产变成"活"的资金意义重大,而存货类型丰富、规格明确及权属清晰是合作社开展存货质押融资的基础。

(二)存货质押实践经验丰富

存货质押融资具有诸多功效,能让参与各方实现共赢,正因如此,实践业务呈现快速发展的良好局面。中储运自1999年首次尝试存货质押融资,至今已与多家银行合作,为数千家中小企业提供了存货质押融资服务,质押存货类型丰富,包括黑色金属、棉花、食品、家电、煤炭等,业务中,用于质押的货物价值累计达数百亿元。除中储运外,其他大型物流公司如中远、中海、中铁等纷纷踏入该领域,积极摸索业务开展模式。银行等金融机构面对如此好的盈利机会也不甘示弱,深发展银行、中信银行、国家开发银行、建设银行及交通银行等也积极参与了存货质押业务的队伍中来。近年来,专家学者对存货质押进行了系统研究和探索并将研究成果成功应用于业务实践,为东西部地区的诸多中小企业解决了发展资金缺乏问题,数百家企业由此重新开门生产,数万工作岗位被保留下来。联想、京东、阿里、苏宁等采用存货质押等方式为成千上万家中小企业提供了发展资金。随着业务的日渐成熟,质押模式和监管方式已多样化,质押模式由开始时的静态质押演化为现在的动态质押,监管方式也由单一的监管方式(异地监管)发展到多种监管方式(异地监管、就地监管、现场监管、视频监管等),此外,风险控制方法也由单一的经验判断发展为科学决策等,由最初注重事中控制及事后弥补发展为事前的预警、评价等。总而言之,存货质押融资业务实践在中小企业身上的成功运作无疑为合作社存货质押融资业务的开展提供了实践参考和经验借鉴。

(三)存货质押理论体系完善

存货质押具有多重功效,正因如此,其自诞生起就得到了理论界的普遍关注,许多学者针对业务中存在的问题从多个角度展开了全方位研究。从运作模式(仓单质押、订单质押、保兑仓、应收账款、融通仓等)、[1]案例介绍到国外经验比较,[2]从激励监督契约设计、[3]平仓线控制、[4]贷款价值比率确定[5]到资金约束下的库存管理,[6]从单一企业的融资、库存决策到基于供应链背景下的融资、库存决策等,现有研究已从理论层面对存货质押问题进行了系统研究,理论体系日渐完善,这为合作社开展该业务时在操作方式、运作路径,抑或在风险控制、库存管理等方面提供了理论借鉴和指导。

(四)农村物流网络发展快速

鉴于我国金融法规不能从事非金融业务的现实背景,为物流企业加入存货质押融资业务提供了条件。[7] 众所周知,农民专业合作社大多植根农村,与农业密切相关,自然其存货类型主要为农产品,而农产品质押融资与其他产品有所不同,它具有易变质、易毁损、易受天气影响、价格波动幅度大等特点,这致使农产品开展质押融资更需物流企业的参与,且要求是高水平物流企业。物流企业不能仅提供基础物流服务,还需提供方案设计、优化、运作等高水平服务。我国物流业经过多年发展,开始逐渐演变,变得成熟壮大,物流企业的经营主业由最初提供基础物流服务逐渐演化至能够提供高端、个性化物流服务,从提供单一服务演变为能够提供综合服务,从局限某个区域扩大到全国甚至全球,服务能力不断提高、服务网络不断扩延及完善。随着竞争加剧及利润追逐的驱动,很多物流企业的服务领域和网络已逐渐渗透广大乡村,布局农村、占领农村市场,扩展利润渠道,这为合作社存货质押融资开展过程中质押物转移、流通提供了保障。

---

[1] 参见罗齐、朱道立、陈伯铭:《第三方物流服务创新:融通仓及其运作模式初探》,载《中国流通经济》2002 年第 2 期。

[2] 参见李毅学、徐渝、王非:《存货质押融资业务中外比较分析及案例研究》,载《商业经济与管理》2007 年第 7 期。

[3] 参见徐鹏、王勇、杨金:《共同委托仓单质押下银行对 3PL 的激励和监督》,载《科研管理》2010 年第 3 期。

[4] 参见陈宝峰、冯耕中、李毅学:《存货质押融资业务的价值风险度量》,载《系统工程》2007 年第 10 期。

[5] 参见李毅学、汪寿阳、冯耕中:《物流金融中季节性存货质押融资质押率决策》,载《管理科学学报》2011 年第 11 期。

[6] 参见白世贞、徐娜、鄢章华:《基于存货质押融资模式的供应链协调研究》,载《运筹与管理》2013 年第 3 期。

[7] 参见我国《商业银行法》规定银行除吸收存款;发放短、中、长期贷款;办理国内外结算;发放金融债券等业务外,不允许开展物流作业活动等非金融类业务。

(五)合作社发展扶持政策持续

《农民专业合作社法》明确界定了合作社的法人性质及市场地位,标志着我国农民专业合作社在发展生产、建设现代农业和社会主义新农村、构建农村和谐社会中的舞台将更加宽广,地位将更加突出,作用将更加明显。为促进农民专业合作社健康发展,《农民专业合作社法》及相关税法条例等明确规定国家应在如下4个方面进行帮扶:政策倾斜、财政扶持、金融支持、税收优惠,农民专业合作社的建设与发展从此有了特别的政策扶持的法律依据。为保障落实和执行到位,该法律同时明确了各级农业行政主管部门的职责,显示各级农业行政主管部门应依法指导农民专业合作社建设与发展,不得推诿与懈怠。合作社帮扶政策的存在及持续为合作社存货质押融资提供了制度、法规保障。

四、农民专业合作社存货质押融资法律风险探析

据《巴塞尔新资本协议》[1]对法律风险界定来看,法律风险归属于操作风险范畴,具体被解释为监控举措及化解民商或民事纠纷而支付的各种款项所引致的风险敞口。在我国目前企业的主要贷款方式是不动产抵押贷款,不动产由于其耐用性、固定性等特性使得其价值相对较为稳定,出现人为舞弊、灭失等风险相对较小,银行较为容易接受的一种融资模式,而动产质押,尤其是存货质押在企业中的融资比例还很少,不过该业务自从被介绍和引进至我国后,其发展异常迅速,主要缘于业务具有多重功效,如缓解融资困境,改善信贷结构,增加利润来源,提升竞争能力等。不过存货质押融资相较不动产抵押融资业务,面临的不确定性法律风险更多,而作为新型组织——农民专业合作社开展这一业务存在的挑战会[2]更为突出。

(一)质权的有效性风险

仔细分析解读,存货担保可划分为存货质押担保与存货抵押担保两种模式。《担保法》对动产质押定义进行了明确规定,动产质押意指债务人或第三人将其动产移交债权人占有,将该动产作为债权的担保。债务人到期无法履行或拒绝履行偿还义务时,债权人享有依法对该质押动产进行折价变卖、拍卖等权利,并以此所获价款享有优

---

[1] 《巴塞尔新资本协议》由巴塞尔银行委员会制定,于在2004年6月26日发布。新资本协议以国际活跃银行的实践为基础,详细地阐述了监管当局对银行集团的风险监管思想,同时新资本协议通过对商业银行计算信用风险加权资产和操作风险加权资产的规范,来约束商业银行内部建立完整而全面的风险管理体系,以达到保证全球银行体系稳健经营的目的。

[2] 尽管我国农民合作社随着我国农业市场化不同阶段和程度呈现过不同形式,首次出现也较早,但真正快速发展和正式确立是以2007年7月1日《农民专业合作社法》为标志。

先受偿的权利。《担保法》同时还规定出质人和质权人双方需签订动产质押合同,且合同应为书面形式,以规避口头形式所造成质权无效等法律风险。质押合同生效应以质押物转移至质权人占有作为生效要件。本文所涉及合作社中的存货属于《合同法》所界定的动产,根据该法规定存货质押融资业务双方需以书面形式就指定存货签订质押合同,且质押物需要转移给质权人或质权人委任的代理人(质押人除外)占有。换言之,出质人若把质押物存放在自己仓库,而质权人仅委托第三方物流进行监管,则质押权可能面临无效的风险,在现有的理论研究和司法实践中,对占有改定这一质押方式的解释,其质权是无效的。《物权法》明确规定当事人可以通过书面协议形式将现在拥有的以及将来拥有的设备、材料、完工产品等进行抵押,若到期债务人不履行债务或者出现约定的实现抵押权的情形,债权人有权就抵押的动产进行处置,并以所得款项享有优先受偿的权利。《物权法》同时还规定,进行抵押融资的抵押物应当在抵押人住所所在地的工商部门进行抵押登记。抵押权生效应以抵押合同生效作为生效要件;若用于抵押的动产没有登记公示,此时不得对抗善意第三人,即不得对抗通过合法正常途径取得抵押动产的买受人。《物权法》规定抵押动产在发生下列情况之一时确定:"(一)债务履行期届满,债权未实现;(二)抵押人被宣告破产或者被撤销;(三)当事人约定的实现抵押权的情形;(四)严重影响债权实现的其他情形。"而存货抵押有别于存货质押,存货抵押是动产浮动抵押,是一种特殊抵押方式,可理解为抵押人把其全部财产或部分财产进行担保设定,在抵押权情形发生且被行使之前,抵押人保留了对抵押财产的处分权,不过需要注意的是该处分权是指正常经营情形下的处分权。存货抵押不仅要签订书面合同,还需进行抵押登记,这时抵押权方能生效。故而在实际业务中,合作社存货质押或抵押所形成的质权会因操作不当、程序不合规而面临有效性风险问题。

(二)质押物价值波动风险

质押物在质押期间,其价值未必固定不变。质押物因自身结构、特质等因素可能随着时间的推移而发生损耗。物流企业仓储条件较差,没有达到质押物存储所需条件要求、监管举措不当造成的减少、丢失等,[1]质押物在市场中的价格变动而引致的价格下降,进而导致价值减少。加之农民专业合作社经营内容多与农业有关,[2]不难理解其所拥有的存货类型多为农产品,而农产品具有弱质特性,这使其自然损耗较大、仓储

〔1〕 合作社开展存货质押融资需要借助物流企业,这是由存货质押融资业务发展现状及我国禁止金融业不得从事信贷业务等之外不相关业务的法律条款决定的。

〔2〕 我国农民专业合作社大多植根农村,其发展初衷也是为解决农民、农村、农业等问题,所以大多数合作社与农业密切相关。

条件要求较高、市场价格波动幅度较大等,农产品作为质物价值波动相较其他产品会更为明显。总之,以上因素的客观存在使质押物的价值处在动态变化之中,质押物价值波动(下降)势必会增加借款机构资金安全的风险,进而引起相关法律问题。

(三)质押权灭失风险

质押物在质押期间除可能发生价值波动情形外,还存在质押权灭失的风险。质押物存放的方式有两种:一种是存放在借款企业自己的仓库中(可能因为方便经营、容易置换、运输成本过高、运输风险较大、或物流企业仓储条件不满足存储要求等),物流企业派专人监管;另一种是质押在物流企业的仓库中,由物流企业负责监管。第一种方式很可能存在借款企业挪用质押物,物流企业委派监管人与借款企业合谋私自处置质押物等,第二种方式可能存在物流企业监管失职造成质押物丢失、被盗,抑或和借款企业合谋出售质押物、重复质押〔1〕等现象,造成质押权灭失等后果。

(四)质押权和抵押权竞合风险

在合作社开展质押融资业务过程中,因我国产权登记制度设计的不完善,致使登记较为混乱和效率低下,加之保护产权措施不力及市场意识薄弱等因素的存在,使同一种质物可能存在这样的情形,一方面被用于质押融资,并被质权人转移占有,另一方面被抵押进行融资,这时有两种情形:一种情况是抵押但没有登记;另一种情况是抵押且办理了登记。不论是哪种抵押情况,只要质押权和抵押权同时存在,竞合〔2〕风险就会发生。

(五)质押权和留置权竞合风险

在合作社质押融资业务开展过程中,银行把物流作业通常委托给物流企业,物流企业负责质押物的运输、存储、监管等任务,而物流企业的完成物流任务的报酬通常有两种支付方式:一种是银行等金融机构负责支付;另一种是合作社等借款企业支付。不论哪种支付方式,当物流企业的报酬得不到满足时,物流企业可能会截留存储在其仓库中的质押物,通过对质押物的处置来获得应得报酬,即物流企业拥有了对质押物的留置权。〔3〕若这种情形发生,则质押权和留置权竞合风险就随之出现。

---

〔1〕2012年发生的上海钢贸及2014年的青岛港骗贷等事件都呈现了物流企业与融资企业通过伪造仓单、重复质押等非法手段获得银行资金问题。

〔2〕竞合从法律视角是指一违法行为同时触犯了两个或两个以上法律规范,根据被触犯的不同法律规范的规定,均应承担相应的法律责任。

〔3〕根据《担保法》第82条规定,留置权属于担保物权,债权人按照合同约定占有债务人的动产,债务人不按照合同约定的期限履行债务的,债权人有权依照本法规定留置该财产,以该财产折价或者以拍卖、变卖该财产的价款优先受偿。

（六）质押权实现风险

质押融资业务中，当借款企业出现违约未能如期履约时，质权人有权通过处置质押物获得优先受偿。《担保法》明确规定：债务到期时，质权人应得款项未被偿还的，可对质押物进行处置，处置方式可以是对质押物折价、依法拍卖、依法变卖等。仔细解读该条款，不难发现如下几层意思：一是贷款方只有在借款期限满时才能发现和处置质押物，换句话说，在质押期间，贷款方不能处置质押物，尽管已有证据表明借款方无法履约。二是借款期限满时，贷款方处置质押物的程序是到法院提起诉讼，在得到法院的判决结果后，才能处置质押物，而我们知道，诉讼程序开始到法院判决出来，平均周期是7个月，这对质押物的价值变动有非常重大影响，自然对质权人质权的实现十分不利。

五、农民专业合作社存货质押融资法律风险规避策略

存货质押融资作为新型融资方式为农民专业合作社缓解融资困境提供了路径选择，弥补发展资金短期提供了路径选择，不过该业务对合作社而言是一种新型业务，缺乏成熟的理论指导，加之合作社自身在设立、治理、融资等方面的特殊性，使业务实践中难免会面临较多的法律风险，这些风险对业务的健康运行和顺利开展有消极影响，所以通过机制设计对法律风险加以规避和控制变得必要且有意义。

（一）防止质权无效风险的规避策略

1. 建立统一规范的登记公示系统

在我国，《物权法》与《担保法》清晰界定，动产质押不应以质押物占有改定为要件，而需以质押物转移占有为要件，且质权在质押物发生转移时生效。这说明农民专业合作社进行存货质押融资业务，需要转移存货相关权利，并转移质押物至银行指定位置。而物权发生变化，需要以统一、公平、透明等方式向社会提供相关法定信息。这需要借助规范统一且高效的物权变动登记公示系统，因此防范质权无效的有效举措之一就是构建这一系统。物权变动登记系统是一套复杂、庞大的信息平台，加之合作社组织的特殊性、区域位置的偏僻性等因素，由其去构建显然无法高质量完成，若由每个组织根据自己的业务情况构建，会使得系统构建标准不够规范，不利于查询和向社会公示。所以该系统由政府负责构建更为恰当，这样能够保障物权变动登记的统一性、程序的一贯性和法律效力的有效性。[1] 此外，动产担保登记系统的构建也非常必要，构建统一、标准的信息化、网络化动产登记担保系统有助于业务的查询，避免质押物被重复质

---

〔1〕 参见韩仁贵：《存货质押融资的法律风险点及防范措施》，载《财政研究》2015年第6期。

押、恶意质押等不法行为发生,进而降低质押业务交易成本,提高业务交易效率。

2. 构建质物所有权保留登记机制

根据《担保法》《物权法》及其相关司法解释的倾向性显示,动产所有权采用登记对抗是目前普遍接受和认可的观点。所以在农民专业合作社开展该业务时,就质押存货所有权保留问题,若合作社与银行双方合意后,则在双方间发生效力。把双方的意思表示进行登记后,便有对抗第三方的效力产生。鉴于当下我国商业银行信用风险控制相关方法不成熟及对近年来快速发展而来的农民合作社信用等级评价欠缺的现实情况,质押存货所有权保留这一问题应避免采用口头形式设定。尽管所有权保留登记制度在我国还未有明确规定,但在国际上许多国家或地区对此早已有之。

3. 明确存货担保方式

双方在业务开展前,需表明采用哪种担保方式,存货以质押方式进行担保的,业务相关方需签订书面质押合同并将质物转移至质权人或质权人委托的第三方(出质人除外)监控。存货以抵押方式进行担保的,双方需签订书面抵押合同,但未到工商部门进行抵押登记的,则不能对抗善意第三人,到工商部门办理了抵押登记的,则更具法律效率。

(二)质押物价值下降、灭失风险的规避策略

1. 妥善保管质押物

银行委托的第三方除财务制度完善、资金雄厚、责任心强等因素外,还需满足质物存储所需要的存储条件、监管条件、技术条件及人力条件,如大米,仅能委托给大型粮库或专业的第三方物流监管,水产品等生鲜类存货要交给具备监管资格的第三方物流公司或与出质人同属某个相同行业的其他公司保管。任务委托给第三方时,需与第三方签订书面形式的长期合作协议或委托监管协议,并写明业务双方的权责利、违约处理方式方法,质押物非正常丢失、损耗的处理方式方法等。

2. 严查出质人条件

侧重了解审核农民专业合作社的盈利水平、发展前景、财务现状、信用等级,选择时以选择业绩稳重有升,财务制度健全,发展前景良好、内部管理规范、理事长或发起人素质较高,信用记录优良的合作社作为优先考虑,对贷款或担保资格准入制度严格执行。良好的信用、稳健的财务、规范的内部管理是合作社如期履约的基础和保障,所以业务实际开展过程,重点监管和防范信用、财务、经营等变化风险,防止“以质押之名行转让之实”的欺诈风险和突变风险。

3. 严查质物条件

一是用于质押的存货产权必须归属清晰,为出质人完全占有,没有用于其他抵押

或质押；二是用于质押存货的来源要合法，即通过合法渠道获得并占有；三是用于质押的存货物理性质、质地结构需相对较为稳定，正常情形下不易发生变质、损坏、灭失等风险；四是用于质押的存货市场价格波动幅度较小，市场交易活跃度较高，变现比较容易；五是用于质押的存货规格类型具体明确，大小、数量、单位、单价等要素清晰，易于确认、核算和计量；六是用于质押的存货的实际价值确定应有合理的确定依据。例如农业生产资料、粮食、木材、成熟畜禽等。而成长中的生猪、生长中的农作物、生鲜的易腐水果等因缺乏科学合理的计量依据则不宜接受质押。

4. 制定质物损毁、减值应对方法

业务开展过程中，质权人需对质物进行定期和不定期检查，若检查发现质物发生变质、损毁、灭失等情况，应区分情况采取相应补救方法，若因被委托人监管不力引致，则可要求被委托人及时采取有效应对策略避免情况恶化或直接追究相应责任，如检查发现是质物自身物理属性及质地结构所致，则可向出质人要求增加质押物或缴纳损失部分款项。如发现是质物价值大幅降低，则可向出质人要求更换担保方式或补充同数量、同品质、同类型的质押物或不同类型但价值量相当的质押物。

5. 动态监管

若存货存在如下情形，可以采取动态监管方式。一是存在保质期要求的，二是出质人因正常生产经营或销售需求的。若是第一种情形，则出质人应在出现保质期要求情况时及时更换质物，不履行更换义务的，质权人可行使对质押物提前处理并将处置款项留置或要求提前偿还贷款的权利，一并采取其他有效措施以维护债权人权益。若是第二种情形，出质人因生产经营需要或用于正常销售的，则应在质押物出库前补充价值不低于置换质物的其他存货类型，以保证质押物价值维持在既定的价值范围内。

（三）质权与抵押权、留置权竞合风险的规避策略

1. 完善质物准入机制

构建质押物严格筛选机制，尤其是重视质押物权属问题。农民专业合作社大多与农业有关，其存货类型主要为粮食、植物、化肥、牲畜等，银行对质押物应设置选择标准，在选择质押对象时应严格按照设定的选择标准，不符合要求的质押物不能作为质押进行开展。针对权属问题，应反复审查，查验质押物的相关凭证并咨询相关登记机构，以确保权属归属明确、来源合法且未进行其他业务的质押和抵押。此外，利用双方共享平台，实时查验质押物的运动轨迹和来龙去脉，以便把控质押物的安全，防止质权之外衍生其他权利主张。

2. 建立权利优先保障机制

对于动产，可能存在的权利类型有抵押权、登记的抵押权、未登记的抵押权、公示

的抵押权及质押权。目前《最高人民法院关于适用〈中华人民共和国担保法〉若干问题的解释》规定,抵押权效力高于质权效力。这一规定与《物权法》的规定有些矛盾。现有法律对抵押权的规定就有两种情形:一种是登记的抵押权;另一种是登记且生效的抵押权。我国《物权法》对后一种规定局限在不动产,换言之,即不包含动产。而质权则分为动产质权和权利质权,所以发生竞合的权力则为动产质权和登记的抵押权。面对这种竞合,应以公示先后作为权利效率优先与否的判别依据,公示在先的抵押权或质权效力优于公示在后的抵押权或质权,当两种权利发生在同一时间点时,可采取谁有异议谁举证反驳的举证责任倒置规则进行处理。此外,构建统一的公示系统对已质押的动产进行有效公示也是防范动产重复质押或抵押的另一手段。

3. 建立代偿追索机制

银行把质物监管任务委托给物流企业后,物流企业的报酬偿付方式有两种:一种是银行作为支付主体;另一种则是借款企业为偿付主体。当出现偿付情形,而物流企业权益未得到享有时,这时质权和置留权发生竞合。当偿付主体为银行而银行未履行偿付义务时,借款企业可代银行偿付,然后向银行追偿。当借款企业为偿付主体而拒付时,银行可代为偿付,然后向借款企业追偿。不论哪种方式均可消除质权与置留权竞合风险的发生,以保障质权的充分享有。

(四)质权无法实现风险的规避策略

由于存货相较于不动产而言,在价格波动、变质、运输、存储、违约处理等方面不确定性较大,所以快速实现质权权利对保障质权人利益至关重要。鉴于我国目前的违约处理的司法程序不利于质权人在面对违约或潜在违约保护自己的权益。所以完善质权实现程序无疑对业务开展大有裨益。构建迅捷低成本质权实现程序。相关法律应努力构建迅捷低成本质权实现程序可从两个方面着手:

1. 提高质权实现效率,明确质权人与出质人实现质权的时间节点

当出质人违约不还款时,质权人可直接到人民法院申请执行令,而无须经过完整的诉讼程序,因为动产的特殊性需要及时处理才能保障质权人的权益,而农民合作社的存货类型多为农产品,农产品价格波动大,慢速变质、难存储、易变质等特性更需及时变现,否则其价值很可能随着时间的流逝而降低,进而损害质权人的权益。

2. 增加质权实现方式、路径

在处置质押物方式上,可以不局限在变卖、转让、拍卖等方式,而应开发更多有效途径,只要不违背法律,损害第三方权益,就可以采取,这对质权人的质权保护和利益保障具有重要意义。当然,不能为保障质权人利益而置出质人权益而不顾,对出质人相关权益的考虑方式是,可以给出质人留出一定权利伸张时间,若对质权人处置时间

或方式有异议或问题,出质人可以向法院提出主张。

六、结语

农民专业合作社因其自身特性,使发展资金面临严重不足,进而影响其规范化发展。如一人一票的民主管理制度,把社会资本拒之门外;入社自愿,退社自由的规定使得合作社资本金处于变动状态;社员多数为农民[1]的硬性规定造成资金投入少;按惠顾额分配盈余的制度安排减弱社会资本参与兴趣;二次返利的分配制度及缺乏法定盈余公积强制提取的约束机制导致留存收益微乎其微;加之合作社年轻的身份、介于非盈利组织和盈利组织之间的特殊性质及不完善的经营管理、财务制度等,致使其难以取得以盈利为目的金融机构的青睐,此时从正规融资渠道获得融资的难度较大,而从非正规融资渠道获得资金的利率较高,是合作社难以承受之痛。

综上所述,合作社一方面急需资金进行规范化发展的现实需求;另一方面遭遇着尴尬的融资困窘:自有资金不足,社会资本难入,正规渠道不畅,非正规渠道难通。所以探索开创新的融资路径变得迫切且有意义。存货质押融资是近年来快速发展的一种新的融资模式得到了实业界和理论界的广泛关注及反复证明。这为合作社缓解融资困窘提供了一种有益尝试,不过由于缺乏理论指导,又没有丰富的实践经验,合作社开展该业务的风险问题不容忽视,尤其是作为一种新型产物所面临的法律风险更应引起关注,这对保障合作社存货质押融资业务的有效开展和健康发展具有重要的现实意义。基于此,文章系统梳理了合作社开展存货质押融资的法律风险类型,针对所提风险给出了防范举措。

---

[1] 《农民专业合作社法》规定,在合作社社员中,农民社员比例不得低于80%。

农村集体土地增值利益分享改革的路径分析*

龚暄杰**

目　次

与农村集体土地增值利益分享相关的改革已经全面展开,有必要对现有改革的情况予以检视,这也是对改革应有的回应。这种审视与评价需要依据一定的标准和程序对政策的效益、效率及价值进行判断以作为决定政策变化、政策改进和制定新政策的依据。社会科学研究中一项重要的工作就是出于解释、分析判断和政策制定的目的研究那些可以让我们观测和度量的与我们利益相关的社会属性,[1]凝聚改革共识的困难主要来自于分析判断的差异。[2] 目前,已经正在进行的对农村集体土地增值利益分享改革从改革的着力点来看,大抵可以分为3条路径:一是立足于土地相关权利的重新

* 基金项目:司法部2012年度国家法治与法学理论研究青年项目《农村土地增值收益分配的地方实践与法律回应》(12SFB3029);西南政法大学统筹城乡发展制度创新研究中心2015年度建设项目《农村土地增值收益分享法律制度研究》(项目编号:TCCX15YB03);2012年度西南政法大学博士研究生重点科研项目《农村土地增值收益分配制度法律问题研究》。

** 西南政法大学中国农村经济法制创新研究中心研究人员,法学博士。

〔1〕 参见[美]李丹、张天虹、张洪云、张胜波:《理解农民中国:社会科学哲学的案例研究》,江苏人民出版社2008年版,第341页。

〔2〕 参见李艳玲:《扣准社会脉搏是凝聚改革共识的重要前提》,载《求是》2013年第2期。

界定以厘清增值利益分享的权利基础,形成了土地产权改革路径;二是从增值利益的实现环节主要在交易环节,增值利益主要体现为交易性利益的角度这一认识出发,将改革聚焦于农村集体土地的交易流转,形成了土地交易改革路径;三是直接在经济利益的分配上做文章,从收益分配环节上下功夫,形成了收益分配改革路径。3 种类型的改革着力点不同,效果也参差不齐,甚至对同一种改革也是毁誉参半。究竟我们沿着哪一种改革路径探索才最有利于农村集体土地增值利益的公平分享,需要我们进行分析选择。笔者从应然的角度选择了价值判断标准,以衡量这样的改革是不是实现了农村集体土地增值利益的公平协调分享,又从实然的角度选择了事实判断标准,以衡量这样改革是否具有可行性和现实合理性。

一、价值判断标准的选择

对于农村集体土地之上的一项有关利益分配改革的分析,我们要从利益分配的正义原则出发,考察是不是促进了初始权利的公正、交易的自由平等、分配的需求公正?是否助力了农民、农村集体、社会和政府利益的协调均衡?是否考虑了尊重了利益相关者的特殊情况作出了特殊安排?是否实现了利益产生相关主体之间的公平分享?为有利于推进多元协调思路下的农村集体土地增值利益分享改革法治化,我们可以尝试将不同的考察观测点融入改革评价分析标准中去。并且我们需要分别从工具理性、经济理性、社会理性、实质理性和法律理性的角度来思考选取不同的分析标准(见表 1)。事实上,相关研究也注意到了叠加于集体土地所有权之上的经济效益、实质公平、经济安全等多元价值序列。[1] 对于评价标准的选择,我们首选政策分析领域的 3 个通

表 1　分析标准中的理性维度

理性维度	评价标准	关注点	关注的利益属性
工具理性	有效性	结果有效性、目标价值性	差别性
经济理性	高效性	成本—收益分析	时空性
形式理性	公平性	规则的普遍性与平等性	客观性
实质理性	适当性	社会稳定与发展的促进	主观性
法律理性	合法性	与现行制度的契合性	稳定性
社会理性	公正性	多种理性形式的综合与比较	开放性

〔1〕 参见杨青贵:《集体土地所有权实现的困境及其出路》,载《现代法学》2015 年第 5 期。

用标准:有效性、高效性、公平性,这3项标准主要考虑的是制度设计在理论上的自洽和设计上的周全。考虑到该项改革关涉农村土地基本制度,是一个非常复杂的系统性改革,实践性强,牵扯面广,所以应当增加公正性、适当性、合法性三个评价标准,这3项标准主要考虑的是制度设计在实践上的可行性和制度上的联通。

(一)基于工具理性的有效性

任何改革从工具理性的角度都必须服务于一定的目标和价值。在工具理性之下,有效性是判断改革成功与否的最基本标准。同时,在农村集体土地增值利益分享的语境中,衡量所有改革有效性的标准应该是复合标准,这是由改革的复合目标决定的(见表2)。其总目标应该一是农民受益,二是农村发展,在此之外,各方面也存在一些具体的子目标。《关于农村土地征收、集体经营性建设用地入市、宅基地制度改革试点工作的意见》提出了3个农村土地制度改革试点的前提,即“确保土地公有制性质不改变、耕地红线不突破、农民利益不受损”,事实上,这就指出了中央政府在农村土地制度改革和农地利益改革的3个目标:一是坚持土地基本经济制度;二是坚守耕地红线,保证粮食安全;三是维护农民利益,保持农村的社会稳定。地方政府作为集体土地利益分配改革重要推动者,其政策目标显而易见,就是增加建设用地指标以满足城市建设用地需求和充实地方财政收入。当然,畸形的“土地经济”和“土地财政”模式本身就应该是改革的对象,但是如果把农村土地改革定位为一个分利的过程,那自然“见者有份”,地方政府作为农村土地改革的重要推动者成为重要的利益分享者就具有了无法回避的

表2　有效性评价标准的复合目标构成

<table>
<tr><th>目标分类</th><th>目标内容</th><th>利益主体</th><th>利益形式</th></tr>
<tr><td rowspan="4">子目标</td><td>1. 坚持土地基本经济制度
2. 坚守耕地红线,保证粮食安全
3. 维护农民利益,保持农村的社会稳定</td><td>中央政府</td><td>政治利益</td></tr>
<tr><td>1. 增加建设用地指标
2. 增加地方财政收入</td><td>地方政府</td><td>政治利益
经济利益</td></tr>
<tr><td>1. 增强集体经济活力
2. 增加集体经济收益</td><td>农村集体经济组织</td><td>经济利益</td></tr>
<tr><td>1. 保障土地权利,增加财产性收入
2. 获得生活保障,实现居住自由</td><td>农民</td><td>经济利益</td></tr>
<tr><td>总目标</td><td colspan="3">1. 农民受益
2. 农村发展</td></tr>
</table>

现实依据。农村集体经济组织作为重要的利益主体,其改革目标是增强集体经济活力,增加集体经济收益。农民与土地具有最密切的联系,改革的目标应该顺应农民落实所有权、稳定承包权、放活经营权的意愿,保障其使用土地的权利,增加其财产性收入,“安安心心务农,高高兴兴进城”。

（二）基于经济理性的高效性

经济学认为,经济理性就是现实理性,经济理性通常是通过成本—收益分析的方法来衡量行为的结果和影响。高效性是在有效性关注改革目的实现之外,注重对改革成效和改革成本之间的权衡。对于农村集体土地制度的改革,我们不能仅仅关注政府的成本,也不能仅仅关注农村集体内部的成本,而是要分析总体上的社会成本。并且对于成本的计算需要考虑到两个方面:一是相对于所投入的成本,一项改革取得的收益水平(或相对于取得的收益,一项改革所需投入成本的水平);二是成本转化为收益的速度。高效性在行政法上表现为比例原则,但作为一项改革超出了行政法的范围,应该从更为宏观的角度对其高效性进行分析(见表3)。

表3　高效性评价标准的效益—成本对比

主体	效益类型	成本类型
政府	经济收益 政治收益	行政管理支出
农村集体	经济收益	土地所有权
农民	经济收益	土地承包权 土地经营权 宅基地使用权
社会	社会稳定 经济发展	用地经济支出 社会保障支出

（三）基于形式理性的公平性

现代经济法治要求从形式理性出发,构建针对不特定个人的,符合一致性标准的规则体系,以实现形式意义上的公平。基于形式理性的公平性标准要求规则的普遍性与平等性,首先是法律体系所赋予权利的公平,即所有符合利益分享的资格的人都被赋予了参与分配的法律权利;公平性标准还要求程序的可见性,即相关程序的启动与进行是易于理解和公开透明的。这也是现代法律所追求的实体公平和程序公平。另外,公平性不仅考察利益的分配,还应该考察成本在相关群体中分配的合理程度。(见表4)

表4 公平性评价标准的内容

类型划分	阶段	主导者	作用机制
分配公平	交易过程	交易主体	市场
需求公平	分配结果	政府	行政

(四)基于社会理性的适当性

社会理性是针对个人理性而言的,社会理性要求改革者放弃个人主义的角度,而是从群体主义的角度来考量,个人则退居从属的地位。社会理性强调对社会制度的维护。社会理性下的适当性标准是看改革是否促进了社会协调,社会成员是否得到了尊重,有没有制造新的社会割裂?从这个角度来看,适当性标准是将改革置于社会建设的整体中来考虑的。农村集体土地增值利益分享的改革是一项既要尊重法制统一,又要照顾地方特色的活动,既要前瞻性地进行改革推动以满足国家战略性的要求,又要考虑当地经济社会的接受能力。在这样的考虑下,有必要对相关的改革进行适当性评价,对改革措施进行适当性审视。作为一项涉及面甚广的改革行动,牵扯的利益主体多,涉及的法律、政策广,运行环节复杂,因此,其可实施推广性决定了其可供复制的可能性有多大。有些改革或许在理论上表现出了很强的有效性和高效性,在当地可能能够非常顺利地得以推行,但从更广的范围来看,其可能面临推行困难、管理复杂或者适用面小的问题。

(五)基于法律理性的合法性

法律理性的实质是通过确立基本的法律原则实现正当程序的理性化,基本的法律原则实质上是政治在法律上的反映,在经济政治基本态势没有发生改变的情况下,现实合法性通常在一定程度上等同于政治可行性,因此,在法律理性的指导下合法性审查应对政治可行性进行一并审视。在法律理性之下,合法性首先要考虑政策是否与现行法规或先例一致。一方面,农村集体土地增值利益分享的改革极有可能涉及土地法等现行的法律法规,必须考虑保持法律制度的稳定性和连贯性,必须看现行地方法规与宪法、法律和国家行政规章的规定是不是相抵触,这也是制度利益的表现,当然,改革也是对现行制度的发展与变通,所以区分规则变通与原则抵触是合法性评价的主要工作。另一方面,农村集体土地增值利益分享涉及"三农"问题最敏感的部分,保持农村的稳定、农业的发展、农民的安居乐业是中国最大的政治,也是政府最大的政治利益之所在,因此,必须考虑其政治可行性。

(六)基于实质理性的公正性

"政治竞争"模式和"法律衡量"模式构造着不同的社会关系,法治运用形式意义上的普遍主义原则规范人类行为的秩序，而利益冲突的人群是无法通约的，社会多元价值和利益是客观存在的。[1] 这是运用法治手段解决土地利益分享的基本认识之一。在法律的形式理性之外有实质理性与其相对，人类社会不仅需要从特殊到一般，从形式理性的角度构建可预见的一致性规则，也需要从一般到特殊，在通常情形之外面对更为复杂的情况，从政治的、经济的、社会的、法律的多种理性形式的综合与比较中，针对特定情况下做出最合适的考量，通过区别对待实现平等，以不公平实现公平。在实质理性下的公正性具有两层意思：一是改革是否实现了分配的公平，即收益和成本在复合条件的人之间大体平均分配；二是改革是否实现了分配的需求公正，即将利益倾斜调拨给缺乏却需要它们的人，这也是政府主导改革的理性基础。

二、事实判断标准的选择

在价值判断标准之外，还可以对改革后制度运行本身进行技术性的事实判断，如强制性、直接性、自动性和可见性，这些判断标准对于制度能否顺利运行及其运行的内在机制考察具有重要的意义，能够保证改革的现实可行和制度自洽。

（一）强制性

强制性是法律或者政府行为对个人或组织进行的限制程度，是基于市场失灵理由给予市场的限制。强制性越强，则对个人和组织的限制程度越高，个人和组织在从事相关活动时就需要耗费更多的成本；同时，强制性越强，也就意味着政府需要获得更多的法律授权才能实施一定的行为，因此，合法性审查就应该更严格，政治可行性的考量就应该更具体、细致。在政府工具中，强行性规范就比选择性规范的强制性更强，公开市场操作就比行政调控的强制性更强，限定市场交易就比合同备案的强制性更强。较强的强制性无疑能够降低政府进行单一调控行为的内部执行成本，但因其外部性较强，故应慎用。

（二）直接性

直接性是指政府机构参与具体行政行为的程度。如果直接由政府机构提供相关的公共服务，则直接性最强；次之为政府成立的专门机构；再次之是政府授权指定的社会组织；最后是许可方式和注册方式获得相关资格。在土地交易改革中，我们可以看到一些交易平台的设置，不同地区的政府就采取了不同的思路，这些不同模式的直接性是不同的。目前的改革趋势是增强间接政策工具的使用范围，以在公共服务中引入良性竞争，降低公共服务成本。并且间接政策工具能够最大限度地解决改革中昂贵的

[1] 参见张静：《土地使用规则的不确定：一个解释框架》，载《中国社会科学》2003 年第 1 期。

前期投资,也能够为改革增强灵活性,方便政府在改革过程中通过试点调整政策方向从而应对政策需求,这是因为政府通过授权不必建立一套新的行政机构而仅仅通过制定管理标准就能达到相同的效果。

(三)自动性

自动性是指改革能否利用现有的行政资源实现顺利运转的程度,比如,改革土地交易中,是否需要对现有的土地登记机构进行改造,是否需要增加相关人员,改变工作流程,改变工作方式。自动性是改革能否取得成功的重要因素,因为高度依赖行政化系统的改革是非常容易失败的,经济学家往往倡导政府提供一套可供个人进行自我选择的政策组合以替代行政机构事无巨细的行政化管理方式。当然,自动性不是考虑的唯一因素,例如,农村集体土地确权工作的自动性就是比较弱的,但其作为改革的重要一环,我国农村社会又不太接受第三方机构的土地权属登记,所以不得不选择行政系统进行缓慢推进。在考虑自动性时,不仅涉及狭义的行政机构,还包括新的改革是否会给立法机关、司法系统、社会机构带来额外的负担。自动性与直接性之间有一定重合,大多数情况下,自动性高则直接性低,但是有时,自动性高不一定直接性低,直接性低也不一定自动性高。比如,税收方式自动性高,直接性也高,而委托开发方式直接性低,但自动性也低。

(四)可见性

可见性是指改革后的各环节操作的透明度,可见性标准也可以从相关信息的可得性来判断,可见性高也决定了可问责性强。一些改革方案中,大量非税收入的存在使得资金流向监管变得复杂,不同的经费分配方式决定了后续的资金监管方式,而集体土地的增值部分计入股权也将由集体组织的管理规范性决定可见性的程度。可见性其实就是为利益分享提供一个可预测的制度规范。

三、对标准与改革的分析

我们已经从理性角度选择了价值判断标准,从操作层面选择了事实判断标准。下面我们将在验证这些标准的合理性基础上,对农村集体土地增值利益分享的典型路径进行分析。

(一)价值判断标准的分析

在价值判断标准选取确定的条件下,我们可以尝试运用价值判断标准对现有改革进行分析,按照依据标准的符合程度我们可以得到表5。

表 5　现有改革价值判断标准分析

改革类型		有效性	高效性	公平性	适当性	合法性	公正性
土地产权改革		低	中	高	中	高	中
土地流转改革	市场导向模式	中	高	高	高	高	高
	政府主导模式	高	低	低	低	低	低
	集体主导模式	低	中	中	中	中	中
收益分配改革	集体经济发展统筹模式	中	中	中	中	高	中
	政府主导城乡统筹模式	高	低	低	低	低	低

在标准分析的基础上，我们运用五点式量表对现有改革的各个评价标准计分，根据标准的满足程度不同分别计 1～5 分。（见表 6）必须指出的一点是，这一评分仅仅在分析中具有统计学意义，不具有评判的现实意义。

表 6　现有改革价值判断标准得分

改革类型		有效性	高效性	公平性	适当性	合法性	公正性	总计
土地产权改革		1	2	4	5	5	3	20
土地交易改革	市场导向模式	2	5	5	4	4	4	24
	政府主导模式	4	2	2	1	2	2	13
	集体主导模式	2	3	2	3	3	3	16
收益分配改革	集体经济发展统筹模式	3	4	2	3	3	3	18
	政府主导城乡统筹模式	5	1	2	1	2	2	13

（二）价值标准与事实标准的相关性分析

以下我们将通过标准相关性分析验证分析标准的有效性。

按照与价值标准同样的分析办法，我们可以分别得到以下表 7《现有改革事实判断标准分析》和表 8《现有改革事实判断标准得分》。

表7 现有改革事实判断标准分析

改革类型		强制性	直接性	自动性	可见性
土地产权改革		高	中	高	高
土地交易改革	市场导向模式	低	低	高	高
	政府主导模式	高	高	低	低
	集体主导模式	中	低	中	高
收益分配改革	集体经济发展统筹模式	中	中	中	中
	政府主导城乡统筹模式	高	高	低	低

表8 现有改革事实判断标准得分

改革类型		强制性	直接性	自动性	可见性	总分
土地产权改革		4	3	4	5	16
土地交易改革	市场导向模式	1	1	5	5	12
	政府主导模式	5	4	2	2	13
	集体主导模式	2	2	3	4	11
收益分配改革	集体经济发展统筹模式	3	3	2	3	11
	政府主导城乡统筹模式	4	5	1	1	11

然后,我们将表6《现有改革价值标准得分》和表8《现有改革事实判断标准得分》进行合并,可以以得到两项得分总表,即表9《现有改革分析标准得分》。

表9 现有改革分析标准得分

改革类型		有效性	高效性	公平性	适当性	合法性	公正性	强制性	直接性	自动性	可见性
土地产权改革		1	2	4	5	5	3	4	3	4	5
土地流转改革	市场导向模式	2	5	5	4	4	4	1	1	5	5
	政府主导模式	4	2	2	1	2	2	5	4	2	2
	集体主导模式	2	3	2	3	3	3	2	2	3	4
收益分配改革	集体经济发展统筹模式	3	4	2	3	3	3	3	3	2	3
	政府主导城乡统筹模式	5	1	2	1	2	2	4	5	1	1

我们将表9《现有改革分析标准得分表》的数据导入 SPSS(Statistical Product and Service Solutions,SPSS)软件进行相关性分析,以验证相关标准的有效,并对相关结果进行分析。

表10　改革分析标准相关性分析

	—	强制性	直接性	自动性	可见性	高效性	公平性	公正性
强制性	Pearson 相关性	1	-0.495 *	0	-0.368	-0.815*	-0.494	-0.872
	显著性(单侧)	—	0.159	0.090	0.236	0.024	0.160	0.012
	N	6	6	6	6	6	6	6
直接性	Pearson 相关性	-0.495*	1*,**	0.834*	0.979*,**	0.495*	0.736*	0.802*
	显著性(单侧)	0.159	0.002	0.020	0.000	0.159	0.048	0.028
	N	6	6	6	6	6	6	6
自动性	Pearson 相关性	-0.631	0.834*	1	0.833*,**	0.631	0.903**	0.872
	显著性(单侧)	0.090	0.020	—	0.020	0.090	0.007	0.012
	N	6	6	6	6	6	6	6
可见性	Pearson 相关性	-0.368	0.979*,**	0.833*,**	1**	0.368	0.794*	0.720
	显著性(单侧)	0.236	0.000	0.020	0.006	0.236	0.030	0.053
	N	6	6	6	6	6	6	6
高效性	Pearson 相关性	-0.815*	0.495*	0.631	0.368	1	0.494	0.872*
	显著性(单侧)	0.024	0.159	0.090	0.236	—	0.160	0.012
	N	6	6	6	6	6	6	6
公平性	Pearson 相关性	-0.494	0.736*	0.903**	0.794*	0.494	1	0.766
	显著性(单侧)	0.160	0.048	0.007	0.030	0.160	—	0.038
	N	6	6	6	6	6	6	6
公正性	Pearson 相关性	-0.872*	0.802*,**	0.872*	0.720*	0.872*	0.766*	1*
	显著性(单侧)	0.012	0.028	0.012	0.053	0.012	0.038	—
	N	6	6	6	6	6	6	6

注:* 表示在0.05水平(单侧)上显著相关。

** 表示在0.01水平(单侧)上显著相关。

从表10来看,各项数据能够体现和反映相关关系,数据合理,具有分析价值。从

相关分析中,我们可以得出以下几个结论:

(1)农村集体土地增值利益分享制度的构建需要合作

从以上相关性分析,我们可以看到有效性、适当性与合法性与其他7项标准不具有相关性或者具有较弱的相关性,说明这3项标准具有更独立的价值取向。这也说明有效性、适当性、合法性应该是更为超脱的一个考虑,需要通过改革机构之外的外部控制才能实现,有效性标准是典型的顶层设计,需要更为长远的眼光,应该由执政党或人民代表大会进行把握,而适当性的审查需要独立的第三方机构进行评估,合法性的审查当然应该由立法或者司法机关机关进行。有效性、适当性与合法性3项标准的弱相关也说明了农村集体土地增值利益分享制度的构建不是仅仅依靠政府单方面就能够实现的。

(2)农村集体土地增值利益分享法律制度构建是可行的

3项事实判断标准高效性、公平性、公正性与事实判断标准表现出较强的相关性,这3项标准与4项技术标准也表现出比较强的相关性,说明高效性、公平性、公正性是可以通过技术性的方式进行制度设计予以实现的,本质上是工具层面的标准。高效性、公平性、公正性作为较为抽象的理性的产物,则可以通过相关性转换为对工具性标准的把握得以实现。也就是说,农村集体土地增值利益分享法律制度中的公平、公正不是不可捉摸的,恰恰是可以通过扎实的制度建构而实现的。

(3)农村集体土地增值利益分享需要简政放权

高效性与强制性呈强负相关关系,同时,强制性也与公正性、公平性具有一定的负相关关系,说明强制性的改革措施是改革成功的最大障碍。也就是说,实现高效性最直接的办法是减少强制性手段的使用,在克服市场失灵的过程中也要防止对农民、集体组织、社会组织的权利压制。尽量通过引导市场化的方式实现土地增值,少用强行性规范,多用选择性规范,少用禁止性规范,多用授权性规范,就能通过强制性的降低以实现高效性,从而减少改革成本,增大改革收益。从某种意义上来讲,强制性减弱则意味着农民个人和社会组织具有更多选择,更多选择意味着更高效率,更高效率意味着利益增值。

(4)农村集体土地增值利益分享不能进行颠覆性改革

公平性与自动性呈现非常强的正相关关系,说明农村集体土地增值利益的分享的关键不是要另起炉灶成立另一个机构,或者制定另一套行政程序。最好的方法是增强自动性,不进行颠覆性改革,而是利用现有的行政资源进行结构化改革。实现制度顺利运转,争取不增加相关人员,不改变工作流程,不改变工作方式。比如,税制的改革即可实现较高的自动性,改革必须放弃追求高度依赖行政化系统和事无巨细的行政化管理方式,而是以改变利益生产和分配方式的形式达到"四两拨千斤"的效果。

(5)政府需要对农村集体土地增值利益分享加强制度引导

公正性与直接性具有显著正相关,这与政府的立场相关,利益关系的不断分解和利益差别的急剧显性化,任何一种制度选择或变革道路的选择都是"公共选择"的结果,取决于利益博弈的"合力",[1]很少有社会组织能够真正站在公众利益的角度来考虑问题。因此,间接管理作为一种趋势,随着政府在"公共选择"博弈中从直接管理利益分配的活动中退出,公正性必然会受到影响,这提示我们,政府授权指定社会组织进行利益分配的管理活动,不等于放任自流,比如,在集体经济组织组建股份公司进行经营并分配股金的模式中,其公正性会相较于政府直接分配给农民个人更差,因此需要政府加强制度引导以保证公正性不会递减。

四、对不同改革模式的变量分析

以价值判断标准总分为因变量,事实判断标准总分为自变量进行线性回归,可以得到回归标准化残差的标准 p-p 图和散点图(见图 1、图 2、图 3)。

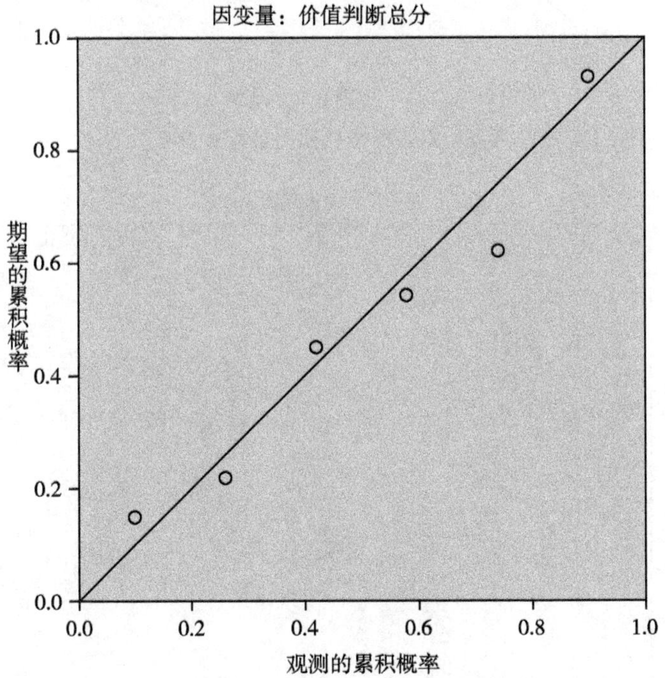

图 1　回归标准化残差的标准 P-P

---

〔1〕王蓉:《决策权的交叠和分散》,载《法学杂志》2003 年第 2 期。

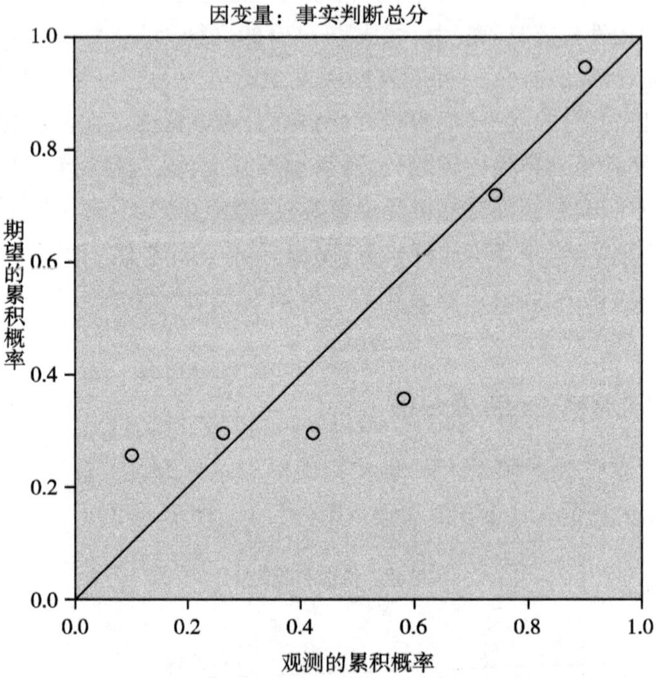

图 2　回归标准化残差的标准 P-P

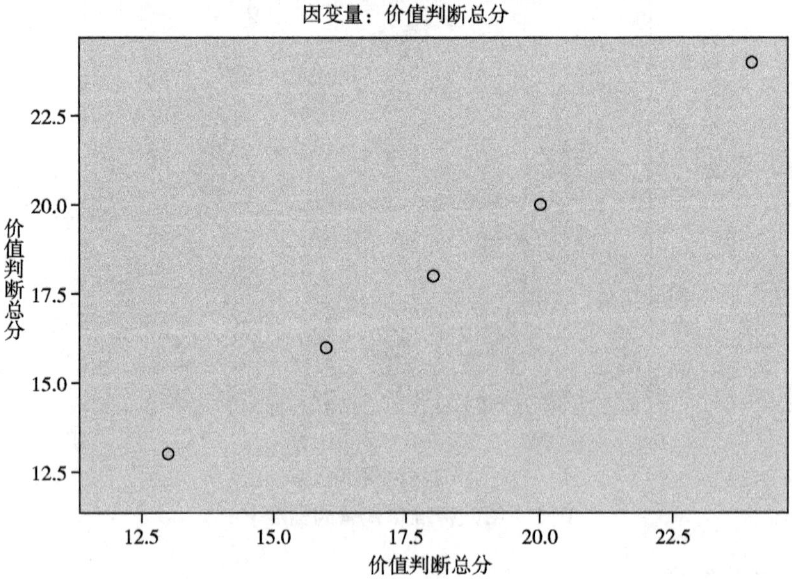

图 3　散点

对标准p-p图和散点图进行分析,我们可以得出以下结论:

(1)加强制度构建的科学性是制度构建公正性的必要条件

从二图的正态分布规律,可以看出不同的改革模式实际上是在有意识或者无意识中以事实判断标准为中介目标,对价值判断标准上的改革进行各个可能性的探索。反之,以事实判断标准总分为因变量,价值判断标准总分为自变量进行线性回归,得到回归标准化残差的标准p-p图,可以看到前者的正态分布形态没有那么严格,离散率增大,说明价值判断标准对事实判断标准而言影响没有那么大,这应该主要是由于有效性、适当性与合法性与其他标准不具有相关性或者具有较弱的相关性引起的。这也进一步说明了在改革过程中,对事实判断评价标准的遵循能够间接满足部分价值判断标准,而对于具有独立价值标准的有效性、适当性与合法性三个价值判断标准而言,事实判断标准的满足是必要条件,却不是充分条件,应该进行独立评判。也就是说,制度设计时,需要明确制度构建科学性是制度构建公正性的必要条件,而有效性、适当性与合法性需要在制度运行过程中进行再次验证,进行微调以满足其要求,这也说明了农村集体土地增值利益分享制度建设的长期性。

(2)政府主导下的渐进式改革是实现农村集体土地增值利益分享的最佳路径

以事实判断标准总分为因变量,价值判断标准总分为自变量,进行线性回归。得到回归标准化残差的标准p-p图离散率比较大的两点是集体主导模式、集体经济发展统筹模式。这说明在集体主导改革模式中,政府改革措施的技术性不具有决定意义,主要是需要加强集体自身的机制建设。而市场或者政府为主导的改革模式中,政府改革措施的技术要求比较高,但是,只要能够把规则体系按照事实判断标准进行合理设计就能够满足价值判断标准的要求。其中,土地产权改革、市场导向模式的价值判断得分较高的同时,其得分点离直线又比较近,而事实判断标准作为技术性标准,其可控性又比较强,改革的效益比就会比较高。说明土地产权改革、市场导向模式这两条改革路径是比较适合作为改革突破口予以重点关注的。这也印证了学者们主张的渐进式改革道路。[1]

---

〔1〕 参见黄文正:《利益分配与渐进式体制改革——兼论体制变革路径》,载《经济问题》2009年第7期。

法学教育

卓越法律人才培养的组织基础
——硬件、师资与课程设置*

万　江**

目　次

一、自上而下的中国法学教育改革

改革开放以来,中国经历了持续、快速的经济增长。市场经济的迅猛发展意味着对法律服务的需求增加。而法律服务市场的快速发展带来了对法律人才供给的需求。但是,与经济的快速发展不匹配的问题在于中国的高等教育,尤其是法学教育屡遭诟病,比如理论与实践脱节、比如法学就业率过低等问题。在这种情况下,不少学者深入研究了美国、德国和日韩的法学教育,深入研究了案例教学模式、法律诊所等教学模式,[1]提出了一系列措施与方案,包括强化实务能力、优化课程设置、改进教学方式、调

---

* 本文为中国法学会2016年度部级法学研究课题一般项目“强制性规定司法认定的实证研究”;西南政法大学经济法学科两江学者团队研究项目

** 西南政法大学经济法学院副教授,法学博士。

〔1〕 不过,法律诊所到底对法科学生未来的律师执业有没有帮助,在学术界存在争议。See Richard E. Redding, “The Counterintuitive Costs and Benefits of Clinical Legal Education”, *Wisconsin Law Review*, Vol. 2016, pp. 55 - 67; Robert R. Kuehn, “Pricing Clinical Legal Education”, *Denver University Law Review*, 2014, Vol. 9(1), pp. 1 - 43.

整师资结构等,并以此来论证中国法学教育未来的改革方向。[1] 但是,这些教学模式所依赖的师资、课程设置等细节却未得到足够的重视。国外的法学教育方式到底有哪些细节可供参考学习?这些细节对于改进我国的法学教育有何参照意义?

一方面,中国的法学院校增长迅速,法学院规模日益扩张。由于法学院校开办的低门槛,我国已有近700所院校提供法学教育,在校的法学学生将近40万人。以M大学S法学院为例,每年招收学生接近700人,其中2016年新招的本科生超过400人,研究生近300人,其中法学硕士146人,法硕非法学58人,法硕法学78人。在各个院校希冀获得更多财政支持的激励下,法学院校的规模还在扩大。另一方面,一旦法律服务人才的供应增长超过法律市场的人才需求,法科学生面临的就业压力就会显著增加,以致有大量法学学生,尤其是法学本科生在毕业时无法谋得一份与法学相关的工作。一些统计数据表明,法学院校的就业率、法学毕业生的起薪都排在相当后面。但是,由于我国办学规模决定财政拨款金额的特殊机制的存在,法学教育的提供与法律人才市场的供给之间并不存在双向的决定关系,法学院校并不关心是否过度供给了法科毕业生,也不太关心供给的法科学生是否与法律服务市场的需求相匹配。[2] 2011年教育部、中央政法委亦曾指出我国高等法学教育存在培养模式相对单一、学生实践能力不强等问题。

在市场竞争本身无法决定法律人才供给的情况下,法学院校本身缺乏法学教育改革的动力。中国的法学教育是自上而下由教育主管部门和政府主管部门共同推进的,法学教育改革的驱动力是行政部门而非法学院校或者法律服务市场。教育部和中央政法委专门出台了《关于实施卓越法律人才教育培养计划的若干意见》(以下简称《若干意见》),要求深化学生法律实务技能培养,提高学生运用法学与其他学科知识方法解决实际法律问题的能力,促进法学教育与法律职业的深度衔接。要通过创新卓越法律人才培养机制,强化法学实践教学环节,加强法学师资队伍建设等来推进卓越法律人才培养;要加大实践教学比重,搞好案例教学,办好法律诊所等;要加强高校与实务部门的合作,共同设计课程体系,共同开发优质教材,共同组织教学团队。[3]

---

[1] 参见丁相顺:《"项目推进"与"制度改革":比较法视野下的中国法学教育改革路径》,载《交大法学》2016年第3期;丁相顺:《J. M. 还是 J. D.?——中、日、美复合型法律人才培养制度比较》,载《法学家》2008年第3期;胡利玲:《美国的法学教育及其启示——兼论我国商法教学的改革》,载《中国大学教学》2009年第9期;易继明:《中国法学教育的三次转型》,载《环球法律评论》2011年第3期。

[2] 参见明克胜:《中国法学教育的潮起潮落》,载《法律和社会科学》2014年第13卷第1期。

[3] 参见《教育部、中央政法委员会关于实施卓越法律人才教育培养计划的若干意见》(教育部高等教育2011年10号文件)。

从教育部和中央政法委的文件来看,卓越法律人才的培养涉及课程设置、师资配置、教学方式等一系列具体问题。那么,在卓越法律人才培养改革的背景下,现有的改革成效如何?尤其是与国外一流法学院相比,我国法学院校人才培养的微观机制方面存在着哪些显著的差异?以及更重要的是,这种可以比较的细节能够提供何种启示?

二、法学教育组织基础的比较研究

《若干意见》要求强化学生法律职业伦理教育,强化学生法律实务技能培养,促进法学教育与法律职业的深度衔接。为此,我国不少法学院校所开设的课程经历了较大改革,从注重理论探讨向实务课程转向。由于多数学校的改革主要是以美国的法律硕士改革为蓝本。那么,美国法学院校如何培养事务类人才?

《美国新闻与世界报道》(U. S. News)自1983年以来,每年会依据各个学校的学术研究、学术声誉、科研成果等对美国大学及其院系进行排名,该排名在全世界具有较高知名度。一般来讲,越靠前的法学院校法学教育更易获得认可,代表了美国法学教育的先进水平,也是美国学生申请法学院的重要参考,是法学院校竞争的重要指标。为此,笔者选择了2016年排名前30位的法学院校,在2016年12月多次登录学院所在网页,获取了课程设置、师资配置等基础性信息,试图提供北美一流法学院学生实务培养的直观经验。但由于一些院校的课程表并未公开,最终获得了18所顶尖法学院校的相关数据。

此外,笔者于2015年到2016年在UBC访学,旁听了竞争法、行政法、税法、法律经济学、公法、市场交易法共6门课程。尽管UBC位于加拿大温哥华,但是加拿大的法律背景、教学方式、地理位置等和美国都非常近似,UBC亦是全球排名前40位的一流大学。因而,本文试图结合访学经历和对M大学S法学院的调研,比较分析法学教育改革的相关细节。

(一)课程设置

S法学院的法学本科教学改革进展缓慢,多数法学课程依然是传统的填鸭式讲授教学。但法学研究生因为存在法律硕士和法学硕士两类,因而课程设计和教学方式出现了明显的分流。其中,为法律硕士开设的课程包括公共课、专业基础课、特色方向课、职业技能训练课。专业基础课为必修课,包括6门实务课程和司法文书写作、法学研究方法总共7门;特色方向课则要求学生在财政法实务、金融法实务、税法实务、会计法实务、证券法实务、信托法实务中任选4门。职业技能训练课涉及6门课程以及专业实习,具体包括法律谈判、模拟法庭(法律诊所)、税务实务前言讲座、税收程序法实务训练、金融法实务前言训练、金融监管法实务训练。S法学院针对法律硕士开设的专业基础课和专业选修课程几乎都被冠以“实务”,此外还有大量技能训练课。虽然 S 学院不断尝试强化校外兼职导师在实务类课程中的作用,但多数课程通常都是由校内教授主讲。而对法学硕士,S 法学院的专业必修课主要开设了法理学、民法、行政法、经济法总论、竞争法、财税法、社会法等,专业课则包括企业法、消费者权益保护法等,所有的课程都是以专题研究的形式呈现的。

笔者不否认这种教学方式上的分流确实促进了研究生教育对实务的重视,衔接理论和实践。但这种基于不同类型学生而区分不同的课程极易造成学生知识需求与学校知识供给的错位。一方面,一些法律硕士本科阶段的专业并非法学,他们更欠缺的是系统的基础知识。但是开设的多数课程都属于“实务”类课程,这些课程中教师倾向于直接跳过基础知识,而讲解一些重要的案例和实际问题;另一方面,法学硕士的本科阶段通常属于法学专业,他们或许更欠缺的是系统的实务能力的培养。但是他们所开设的课程却依然是侧重于理论阶段,中间穿插的案例只是处于辅助作用,而讲授的理论内容很可能只是本科内容的重复或者只是略为深入;此外,现行人为的分类造成法律硕士的心理失衡,并认为法学硕士的课程才是更为正规的课程设计。至于实务类课程和理论课程授课内容、授课方式方面的差异,则很难有精确的区分。笔者试图统计 S 法学院课程的授课方式,但相关课程表并不能反映出授课方式。但从调研来看,无论是实务型课程还是理论探讨型课程,通常的授课模式都是教师讲授,一些课程也可能采取老师讲部分,然后让学生准备相关主题上台陈述的方式。

表 1　美国 18 所顶尖法学院 2016 年年度的课程设置

课程类型	(1) 样本数	(2) 均值	(3) 标准差	(4) 最小值	(5) 最大值
总课程	18	363.2	107.6	199	558
研讨课	18	38.94	35.42	4	135
法律诊所	18	34.44	26.68	3	96
法律写作	18	16.61	15.90	1	56
其他	18	273.2	80.57	159	431

笔者在 UBC 旁听的 6 门课程中,税法和法律经济学是研讨课形式(seminar),其他 4 门课程则是讲授课(course)。市场交易法和公法是 UBC 全职教师讲授的课程,竞争法是两位律师讲授,行政法则是一名法官和一名律师搭配共同讲授。尽管 UBC 很少有课程冠以实务的名称,但是由于大量法学课程本身就是案例教学,因而并未影响到法律实务人才的培养。在授课方式方面,大量的理论性课程主要采取研讨式教学,而

实务型课程则主要采取教师授课的方式。无论是何种教学模式,师生之间的互动都非常频繁,而反馈也非常及时。

无论是 UBC 还是美国的 18 所顶尖法学院,课程表都明显区分了教学方式,比如是传统的 Course 还是研讨为主的 Seminar。表 1 的数据表明,美国顶尖法学院每学年提供的可选课程均值高达 363 门,其中研讨课为 39 门,法律诊所和法律写作分别为 34 门和 17 门。其中,斯坦福大学法学院、哈佛大学法学院每年提供的可选课程均超过了 500 门。从图 1 可以看出,顶尖法学院的排名和课程多样性具有一定的相关性,排名越靠前的法学院校提供的课程设置通常更多。〔1〕 当然,我们要注意到这些可选课程通常是重复的,即同一门课程有多个老师同时提供,这也使学生有更多的选择空间,

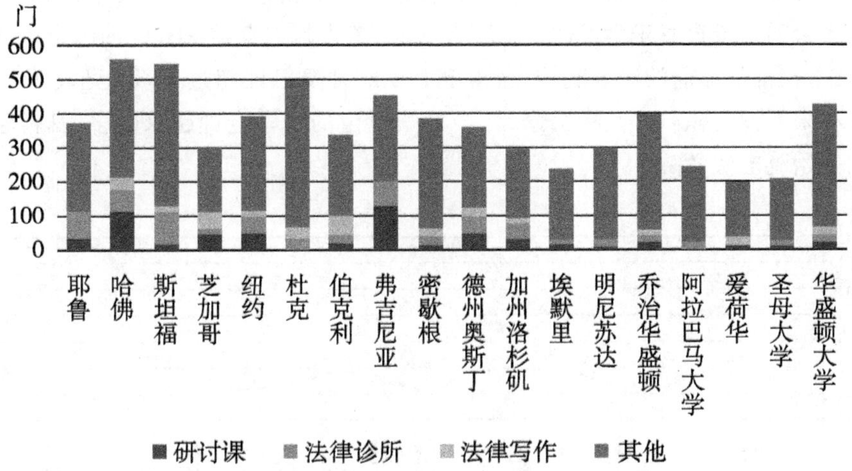

图 1　美国 18 所顶尖法学院 2016 年度课程设置

(二)师资配置

教师是学生培养的最重要资源。从图 2 可以发现,学院排名和师资数量同样具有较为显著的相关性。〔2〕 其中,耶鲁大学法学院、哈佛大学法学院的全职教师都超过了 100 名。总的来讲,法学院排名越高,法学院的全职教师规模越大。原因很好理解,因为法学院可负担的工资取决于招生规模和学费高低,排名越高的法学院可以收取更高的价格并同时招生更多的学生。

〔1〕 图 1 的横轴是根据学院排名设定的,纵轴是提供的可选课程总数。

〔2〕 图 2 的横轴是根据学院排名设定的,纵轴是师资数量。

表 2　美国顶尖法学院 2011 年师资背景分布情况

院校	经济学博士	社会科学博士	其他学科	取得 Ph. D
前 13	9.2	16.1	7.3	32.5
前 13 ~26 位	4.3	9	6.5	198
前 26 位	7	12.8	6.9	26.7

数据来自 Hersch, Joni and Viscusi, W. Kip, "Law and Economics as a Pillar of Legal Education", *Review of Law & Economics*, 2013, 8(2), pp. 487 – 510。

正是由于法学院排名和法学院收入之间存在相关关系,因而法学院非常重视排名。而在排名是基于学术研究、学术声誉、科研成果等指标考核的情况下,法学院不得不招聘大量的师资投身于学术研究。正因如此,越来越多获得 PH. D 的师资进入法学院,尤其是在排位靠前的法学院校,获得 PH. D 的师资已经超过 40% (见表 2)。而从学科分布来看,获得心理学、社会学、社会科学学位的法学老师越来越多,其他学科的老师则开始流出法学院。[1]

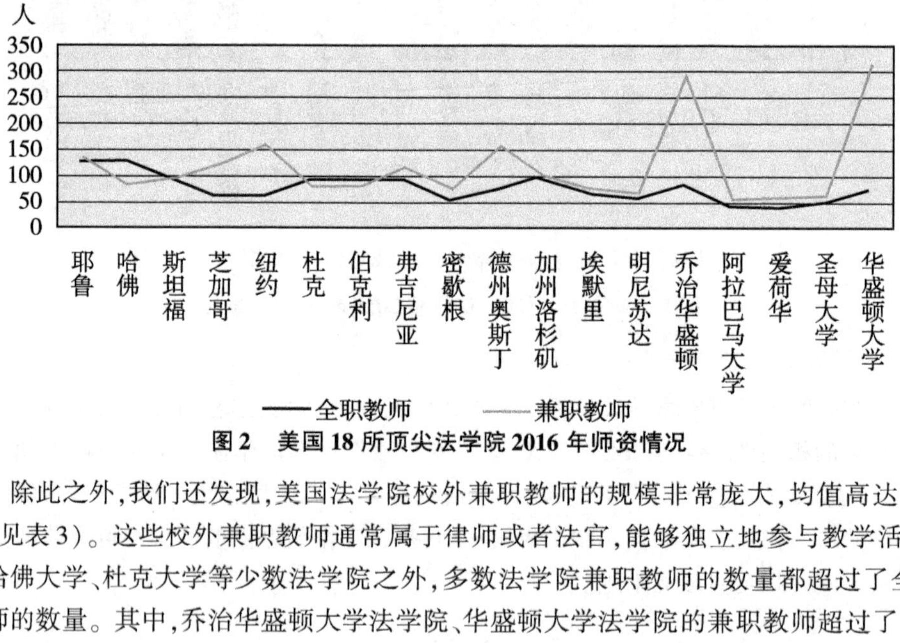

图 2　美国 18 所顶尖法学院 2016 年师资情况

除此之外,我们还发现,美国法学院校外兼职教师的规模非常庞大,均值高达 117 名(见表 3)。这些校外兼职教师通常属于律师或者法官,能够独立地参与教学活动。除哈佛大学、杜克大学等少数法学院之外,多数法学院兼职教师的数量都超过了全职教师的数量。其中,乔治华盛顿大学法学院、华盛顿大学法学院的兼职教师超过了 200

〔1〕 See Justin McCrary, "Joy Milligan and James Phillips, The Ph. D. Rises in American Law Schools, 1960 – 2011: What Does It Mean for Legal Education?" *Journal of Legal Education*, Volume 65, Number 543, Spring 2016.

名(见图2)。

表3 美国18所顶尖法学院师资构成情况

类型	(1) 样本数	(2) 均值	(3) 标准差	(4) 最小值	(5) 最大值
全职教师	18	77.39	25.29	42	127
兼职教师	18	117.2	76.26	46	316
法律诊所	10	15.90	9.550	5	33

而在大量的兼职教师之外,一些高校还专门设有独立的法律诊所老师系列,一些负责法律诊所的教师属于全职教师,一些法律诊所的教师则是兼职老师。比如,奥斯丁大学法学院的法律诊所教师就包括全职和兼职两类,圣母大学(Notre Dame)法律写作和法律诊所的教师则属于全职教师,但多数法学院负责法律诊所教学的则是兼职教师。至于为什么会有大量律师、法官作为兼职教师进入校园提供实务类课程,为什么存在着实务类课程外包的现象,其原因在于法学院的学术化。在法学院排名影响到学院声誉、生源质量的情况下,法学院排名又取决于学术研究时,法学院招聘教师就会更看重其是否受到科学的学术训练而非是否从事法律实践工作。[1] 当全职教师都集中于学术研究和论文写作时,法律实践的课程就只有外包出去。表3的数据表明,兼职教师的规模已远远高于全职教师的规模。

S法学院针对法律硕士开设了一系列实务类课程。但是,大多数实务类课程依然是以校内教师为主导,而多数校内教师亦没有在同时从事法律实务。尽管不少实务类课程开始引入校外实务导师,但从学生的反馈来讲,这些实务教师的授课属于蜻蜓点水,缺乏体系性。笔者在UBC旁听的课程中,校外兼职教师主要提供讲授型课程,研讨类课程则由校内全职教师提供。校外兼职教师提供的课程通常都是独立于校内授课老师,由律师或者法官独立完成相关授课,校内教授并不参与。校外兼职导致参与的实务型授课,因其课程设计都是由校外兼职导师主导,因而无论是授课内容还是授课体系都可以更系统地与实务相接触。我国不少法学院在名义上开设了大量冠以实务的课程,但是从课程设置上依然主要是学科导向而非实际问题导向,开设的主体依然是高校教授而非实务界人士。虽然S法学院的实务类课程开始引入大量实务界人士参与,但是实务人士通常只会提供一两次课程,并不能主导实务类课程的开设,最终

〔1〕 参见沈明:《法学院的生意:美国法律教育困境的制度分析》,载《法律和社会科学》2015年第14卷第1期。

使得实务人士通常只是介绍一两个热点问题,或者只是介绍一些办案的思路,相关主题与校内导师的授课很容易脱节,更难以系统地培养学生的操作能力。

(三)教学硬件与授课单元人数

师生比是测度办学规模的重要指标之一。但国内的探讨通常只在宏观层面上看师生比,而忽略了授课单元的师生比。在UBC,大量以讲授为主的课程规模都较大,不少课程的参与人数超过50人;而以研讨方式为主的课程的教学规模均只有10多人。而在M学校,课程设置的最低人数是30名,意味着只要选课的学生少于30名,学校就认为这样的课程开设是不经济的。从学校的经费考虑来看,每门课上课的人数越多,学校的办学成本就会更低。但是,课程规模过大降低了教学质量。课堂规模过大的问题在于:一是师生的关系趋于淡化。在一学期要承担多门课程的情况下,要记住每个学生的名字几乎不可能。而在一门课程只有10多人的情况下,授课教师很容易记住多数学生的名字,这对于改善师生之间的关系非常重要,老师要掌握学生的学习和反馈情况也非常容易。二是教学方式受到限制。由于参与学生较多,很多的问题只能够分为超过10人的大组探讨,这就导致分组讨论问题时存在"搭便车"的问题,对课程探讨的参与度明显不够。而在小班教学的情况下,一个小组只有3~4人,学生"搭便车"的可能性就很小。

此外,教室与教学规模的不匹配也非常容易影响教学效果。比如,M高校针对硕士教学的教室多数都可以容纳100人以上,而在参与授课的学生人数只有50人的情况下,大量硕士生都可能选择远离讲台,授课教师与参与学生之间的距离可能超过了50米,在这种情况下,授课教师很难获得学生的积极反馈,而参与学生也因为被重视的感觉不高而缺乏参与课堂教学的积极性。针对不同的授课类型,UBC法学院提供了不同的教学硬件。其中,有4个教室的最大教学规模目测为80人,[1]有4个教室的最大教学规模目测为50人。[2]另有若干个专门针对研讨课的教师,最大教学规模只有15人;还有若干个专门用于法律诊所的教室,最大教学规模亦不超过20人。硬件设计直接限制了教学规模,更重要的是,在小班小教室的硬件约束下,师生处于一个更为密切的关系之中。

(四)课程考核

法学课程的考核也是非常重要的一环。尽管北美的律师协会对法学院的法律教育有评估、监督,但是,授课教师对课堂却有较高的主导权。包括教学计划、教材选择、

[1] 笔者参与的两门授课中,一门教学人数在70人左右,一门教学人数在50人左右。

[2] 笔者参与的两门授课人数均在40人左右。

教学内容、考核方式、考试内容等，都是由授课教师自行决定。[1] 这是对授课教师学术水平和职业道德的信任。M大学卓越法律人才的培养同样试图淡化僵化的标准化考试，通过减少期末考试的重要性来提高平时成绩的比重。但是在司法考试的现实需求下，在奖学金与学生成绩严格挂钩的情况下，在标准化考试能够节省学校对授课教师的监督成本的考量下，为减少争议，法学教育又同时呈现出标准化、客观化的趋势，反过来强化了对教条式、僵化的教学模式的需求，这在研究生教育环节表现得尤为突出。

三、改进我国卓越法律人才培养的组织基础

教育部和中央政法委对卓越法律人才培养改革设定了2个阶段共10年时间。前一阶段已基本完成。应当承认，随着卓越法律人才培养计划的推进，实务课程明显增加，大量法官、律师与行政部门工作人员进入法学课堂，法学教育质量得到了显著提升。但如一些学者所评价的，何为卓越法律人才的表述缺少清晰化的标准，课程设置、授课方式以及课程评价都缺少明确的标准指引，最终导致卓越法律人才计划难以实现最初设定的目标。[2] 基于北美法学教育的比较研究，我们首要思考的问题在于法学教育改革到底应该是采取自上而下的行政驱动还是强化法律服务市场的倒逼。只有讨论清楚了卓越法律人才培养的动力机制之后，我们方可再言改进法律人才培养的微观机制。

（一）反思卓越法律人才培养计划的动力机制

卓越法律人才教育培养计划的首要任务就是分类培养卓越法律人才，其中培养应用型、复合型法律职业人才是重点所在。为此，我们可以简单考察M大学的分类培养改革。

M大学法学本科生人数明显高于法学研究生。尽管M学校一直强调本科教学是学校的基础，但是在学术显示度层面，本科教学的贡献并不大，也正因此，大量法学院校更倾向于投入资源去整改研究生教学，法学本科教学改革则是“雷声大雨点小”。而从教育部、中央政法委的改革计划来看，同样是将主要精力投向于研究生教学，法学本科的课程设置、教学方式、课程考核等屡被诟病的问题并未得到足够重视。如同国内多数法学院一样，M大学的法学教育改革发生在研究生层次。改革的主要方式就是对研究生采取分类培养，即分为法律硕士（法学）、法学硕士、法律硕士（非法学）3类。[3]

---

〔1〕 参见程洁：《耶鲁法学教育的近距离观察与体验》，载《法学》2006年第6期。

〔2〕 参见许身健：《卓越法律人才教育培养计划之反思与重塑》，载《交大法学》2016年第3期。

〔3〕 参见陈志、牟显华：《我国法律人才分类培养模式的实践与完善》，载李昌麒主编：《经济法论坛》（第9卷），群众出版社2012年版，第398页。

由于法律硕士被定位为实务型人才,法学硕士被定位为学术型人才,S 法学院为法律硕士提供了金融法实务、竞争法实务等多种实务类课程,为法学硕士提供了竞争法学、金融法学等课程。但如前述,分类培养改革面临的问题在于学校教学的供给与学生的知识需求发生错位。这种错位的知识供给必然会影响到卓越法律人才的培养。

问题的关键在于卓越法律人才培养改革为什么会出现知识供给的错位?为什么会忽视本科教学改革?在美国、加拿大等国家中,律师协会扮演了控制法学院校学生培育质量和法学教育供给的重要角色,法学市场能够将其对法学教育的需求较好地传递给法学院校,并对之起到影响。原因在于美国多数法学院校皆为私立高校,院校领导由董事会聘任,教学设备的购买、教师工资的支付等主要由学生学费和校友捐赠负担,因而法学院校必须取悦、受制于法律服务市场。与美国不同,我国的政法院校都是公办院校,法学院校领导同样存在着行政级别,受党政部门任命。多数法学院校的教师同样是事业编制,其工资收入由财政负担。在政法院校的人事、师资、设备、资金等都受党政部门控制时,法学教育的好坏并不会直接影响到学校的办学规模、资金收入等,因而法学院校也缺乏积极反馈市场需求的激励,市场需求不能直接影响到法学教育已在情理之中。在法学院校缺乏主动改革法学教育、回馈市场需求的情况下,我国法学教育的改革最终是由教育部自上而下推动的。卓越法律人才培养计划本身就是由教育部推动的。而在全面推进依法治国的大背景下,中共中央同样有创新法治人才培养的需求。[1]

尽管由律师协会来评估法学院校的培养质量面临着垄断等指控,[2] 但是,律师协会毕竟更清楚法律服务市场对法学学生技能培养的需求。而在由教育部主导的情况下,其并不清楚法律服务市场的需求,其对法学院校的考核必然会和实际需求脱节。在行政部门自上而下推动的改革中不可避免地采取了指标考核方式。[3] 而在信息不对称的情况下,法学院校采取的措施很容易偏离改革初衷而采取形式主义的推进。法学教育的最终目的是要为市场供应合格的法律人才,那么,到底是谁才更知悉法律服务市场对法律人才的需求?是教育行政主管部门,还是具体的法学院校,还是律师协会或者法院?进一步,到底应由谁来主导、设计整个法学教育的改革方案?在法学人才流向多元的情况下,单纯由律师协会、法院主导法学教育改革可能会僵化法律人才供给的多样性,更重要的是面临着巨大的体制障碍。单纯由行政部门自上而下推动的

---

〔1〕 参见《中共中央关于全面推进依法治国若干重大问题的决定》。

〔2〕 参见沈明:《法学院的生意:美国法律教育困境的制度分析》,载《法律和社会科学》2015 年第 1 期。

〔3〕 参见万江:《指标考核与依法行政:双重治理模式的实证研究》,载《法学家》2017 年第 1 期。

法学教育改革必然面临着信息缺失的问题,尤为关键的是,一旦主管部门对法律服务活动的认知和定位发生改变,那么法学教育改革就可能被重置或者发生转向。因而,未来的法学教育改革到底由谁主导是一个亟待解决的前置问题。

(二)卓越法律人才培养组织基础的改进路径

全球的法律实践和法学教育都正在经历着重大变革,法学教育到底是应该集中于实务教学还是理论讲解面临着争议与不确定性。但正如有的学者所指出的,唯一确定的是法学教育应该提供市场所需要的教育而不能只是基于律师或者法学教授的偏好。法律教育应当对法律市场的需求变化有所回应。[1] 正因如此,如何改进法学教学并不只是我国所独有的问题,无论是美国还是日本、韩国,有关法学教育的质量,有关职业教育和学术培养,有关法学院教师的资源配置,[2]有关通识教育和专业教育的争议在最近10多年来都面临着较大争议。[3] 如果大学教学之目的是提供理论基础,而不是法律职业训练,[4]那么,我国的法学教育是不是一定要提供可直接用于司法适用的成品,是否必须将非法学课程排除在课程体系之外同样存有争议。[5] 简单地模拟、抄袭国外的法学教学改革并不妥当。影响教学质量的原因包括教师授课水平、授课内容等大量并不容易测度的因素,但也与师资配置、班级规模、考试考核方式等容易测度的方式有关。吸收那些并不违反高等教育规律的细节,应当是可行且不具较大争议的。

1. 控制课程参与人数

由于法学院校规模的迅速扩张,单门法学课程的规模亦快速扩张。尽管M大学的本科课程已经限制了最高选课人数,但是研究生课程的规模却是增长明显。法律诊所这种强调教师互动的课程都有四五十人,而其他必修类课程的人数更是高达六七十人。课程参与人数的增加必然会降低每个学生的参与程度,不利于师生之间的互动,极易导致相关课程演变为教师的单方面讲授。尤其是对法律诊所而言,学生应当居于主导地位,而指导教师只是通过辅助性方式来启发学生的思考,其和传统的单向灌输

---

[1] See Larry E. Ribstein, Practicing Theory: Legal Education for the Twenty-First Century, *Iowa Law Review*, 2011, Vol. 96, pp. 1649 - 1676.

[2] 参见明克胜:《中国法学教育的潮起潮落》,载《法律和社会科学》2014年第13卷第1期。

[3] 参见葛云松:《法学教育的理想》,载《中外法学》2014年第2期;万江:《试论通识教育在专业性法科大学的开展》,载《中国法学教育研究》2012年第3期。

[4] 参见朱立恒:《西方国家法学教育比较分析及其启示》,载《比较法研究》2009年第3期。

[5] 参见钱大军:《新建还是复制——我国法学职业教育改革的困境与前景》,载《当代法学》2011年第6期。

教学模式相悖。因而,国外法律诊所的学生和教师之比通常不会超过10。[1] 因而,完全可以区分不同的课程类型,限定课程参与人数。对那些侧重于基础知识讲授的课程可以准许更多的学生参与,但是对那些互动性强的研讨式课程、法律诊所等课程,则需要进一步限定课程参与学生的上限。

2. 改进教室硬件设计

随着中国经济的快速发展,大学的基础建设有了显著提升。无论是教学场地还是教学设备,与国外高校的差距越来越小。但是从教学场所的设计来讲,其依然有可以改进的空间。比如,多数高校的教室依然是按照传统的讲授式设计。但对研讨式教学、法律诊所而言,正如前述,为促进教师与参课学生之间更为密切的互动,因而需要限制课程人数。而从国外经验来讲,对研讨式课程、法律诊所通常都设计了专门的教室,这些教室相对较小,座位可移动以便自由组合成小组。我国法学院校完全可以单独设计用于法律诊所、研讨式教学的教室,在教室空间、座位安排等方面予以调整。

3. 优化实务类课程设计和师资配备

正如有学者指出的,实务类课程对师资的要求非常高,一方面要求教师对实务案例非常熟悉,并且能够进行深度提炼和多角度分析;另一方面也需要教师对案情在各阶段的进展能充分估计和有效掌控。[2] 我国法学院校开设了越来越多的实务类课程,但从目前来看,这些实务类课程依然是由全职教师主导,只是在个别章节邀请校外实务人士参与。或许这种课程设计更加体系化,但是对具体实务问题的把握可能会存在偏差,而实务人士因为偶尔的参与亦难以全方面展示相关问题的细节。而至于法律诊所,极少有高校有专业的师资提供这些教学,而非专业教师的参与最终导致法律诊所课程依然和传统的讲授课程缺乏明显的区别。考虑到配置专门的全职实务类教师存在着成本问题,而且全职教师不利于对实务问题的快速反馈。因而,建议实务类课程应当变全职教师主导为兼职教师主导,由有丰富实务经验的律师或者法官设计课程的具体内容、组建具体的教学团队,法学院校负责对相关的课程质量把关。[3]

---

〔1〕 参见许身健:《卓越法律人才教育培养计划之反思与重塑》,载《交大法学》2016年第3期。

〔2〕 参见龚暄杰:《情景模拟教学法在法律谈判课程中的应用》,载李昌麒主编:《经济法论坛》(第13卷),法律出版社2014年版,第320页。

〔3〕 哈佛大学法学院对律师的问卷调查发现,公司财务、商业策略、团队管理等课程远远超出技能类课程的重要性。See Coates, IV, John C. and Fried, Jesse M. and Spier, Kathryn E. , "What Courses Should Law Students Take? Harvard's Largest Employers Weigh" . Accessed June 20, 2017, https://ssrn. com/abstract = 2397317.

四、结语

法学教育与法律服务市场的脱节问题并非中国所独有，中国法学教育问题的独特性在于中国的法律服务市场无法决定法学教育的供给，当下的法学教育改革依然是由自上而下的行政改革所驱动的。在法学院校自身缺乏改革动力的情况下，在法律服务市场的需求无法直接传导给法律人才供给单位的情况下，当前的法学教育改革恐怕并未达到改革的预期效果。因而，有必要反思性地吸收国外法学教育改革的经验，研究我国卓越法律人才培养改革第一阶段的经验与问题，方能落实教育部、中央政法委提出的培养“信念执著、品德优良、知识丰富、本领过硬的高素质法律人才”之改革目标。决定法学教育与法律市场关系的是背后的动力机制，本文仅仅分析了法学院校的师资配置、硬件设施与课程设置等表层问题，但是这些问题的重要作用不应当被忽视，他们同样是卓越法律人才培养所不可缺少的部分，也是更容易推动与控制的部分。

基于大数据平台的《工程建设法规》一体化教学改革探索*

杨青贵**

目　次

一、问题的提出

随着中国特色社会主义市场机制改革的深入，人力资源的专业性、实用性已经成为中国特色社会主义市场经济建设与发展的内在需求。满足市场经济发展对人才培养的需求以及学生、家长对人才培养需要，是作为人才教育培养责任主体的高等院校的基本功能定位。如何把握人才培养规律，对接重大社会需求，也就成为高等院校教学改革必须正视且要着力解决好的重要目标和建设内容。《国家教育事业发展"十三五"规划》指出，"人才培养与争夺成为焦点"，随着"新型城镇化加快推进，人民群众生活水平和质量普遍提高，生育政策调整，学龄人口、劳动年龄人口规模结构改变，人口

* 基金项目：重庆市研究生教育教学改革研究重大项目《法学类人文社科研究基地法治人才培养机制创新研究》(yjg151004)；西南政法大学高等教育教学改革研究项目《"接力式"课程教学效果评价与质量提升》(2016C02)；中国博士后科学基金第61批面上资助项目(2017M610587)；贵州省社会科学院2017年度省领导圈示课题(QSBSHYB2017040S)；西南政法大学经济法学科"两江学者"团队研究项目(XZJJFLJ02)。

** 西南政法大学与贵州省社会科学院联合培养博士后研究人员，西南政法大学中国农村经济法制创新研究中心研究人员，法学博士。

老龄化速度加快，教育需求发生结构性变化，对高质量、多样化的教育需求日益增长，教育体系、结构和布局面临深刻挑战”。不难发现，有效识别教育需求的结构性变化以及开展面向需求的教育教学改革，成为现代高等院校人才培养工作的重要内容。然而，高等院校教育教学改革不仅面临传统高等教育固有的局限和弊端，还面临着对人才培养需求的把握不精准、改革目标凝练粗放、教改资源挖掘不充分等新问题、新挑战。

依据《教育法》第25条的规定，企业事业组织、社会团体、其他社会组织及公民个人均可以作为高等院校的举办者，但不得以营利为目的。据此，可将高等院校划分为民办高等院校与公办高等院校，亦存在普通高等院校与成人高等院校之别，在具体层次上往往可划分为本科和专科两个层次。当代，许多高等院校尤其是公办高等院校的教学改革工作在一定程度上与经济社会发展现实需求之间存在一定的张力，甚至与国家要求、社会需要远远脱节，成为谋取非法利益的基本工具。在此背景下，教育部、财政部、发展改革委日前联合印发的《统筹推进世界一流大学和一流学科建设实施办法（暂行）》明确提出“面向国家重大战略需求，面向经济社会主战场，面向世界科技发展前沿”，实则要求高等院校“在教育教学和人才培养中，应当坚持立德树人，培育和践行社会主义核心价值观”，不断推进教育教学改革，落实人才培养目标，为经济社会发展培育更多高层次人才。

国内外许多高等院校在理论和实践上已多年探索教育教学改革研究。在教育改革实践推动下，教育教学尤其是教学模式已经悄然从传统的“三段论”教学模式转变为理论与实践并重的教育教学模式。从实践效果来看，传统“三段论”教学模式亦在长期高校教育教学实践中发挥了重要作用，尤其是对于很多理论性较强的课程具有重要的应用价值。然而，从国家和社会对人才教育培养需求来看，许多专业性、技术性较强的课程现已基本上很难再通过先基础文化课、后专业基础课、再专业课的“三段式”教学方式取得较好的教学效果，更需要实现理论教学与实践教学的有机统一，尤其需要注重在理论教学与实践教学中更好实现“教学做”一体化。这已经成为当前高等院校教育教学改革，尤其是课程改革的现实要求和发展趋势。法学专业作为一个理论性与实践性俱强的高校重要专业，是一门尤其突出强调应用能力的高等院校的重要专业。法学专业课程教学尤其强调对基础理论的理解与把握，以及对专业知识应用能力的培养与锻造。“教学做”一体化教学模式在法学专业课程教学中具有极其宝贵的研究价值。但“教学做一体化”教学模式与法学专业课程教学改革需求的适应性，以及如何实现法学专业课程的“教学做”一体化，均是需要着重回应的重大命题。为此，本文以大数据为背景，以专业性、实用性较强的《工程建设法规》课程的教学改革作为研究对象，探索

《工程建设法规》"教学做"一体化的实现路径。

二、"教学做"一体化教学模式的基本内容及在《工程建设法规》中的应用

传统的高等院校课堂教学实质上是一种静态的教学模式。即使多媒体设备进入课堂教学,也仅仅是被作为传统教学工具存在,而传统教学模式仍然占主导地位。"教学做"一体化教学正是在应对传统教学模式之弊端的基础上所形成的,旨在改变传统静态、单一化的课堂教学模式,力求通过开放式教学,将专业理论知识与实践技能学习有效地融为一体。一体化教学模式的重点在于实践中教理论、理论中懂技术,回应高校人才培养需求。事实上,国外对"教学做"一体化教学模式的探索和实践已有多年。德国的"双元制"是一体化教学的思想溯源,是研究高等院校教育教学改革,尤其是课堂教学必须关注的一种重要的教学理论。[1] 在此基础上,根据马克思主义政治经济学教学的思想和方法,构建形成了教师与学生良性互动、多种教学方式有机融合的新型教学模式——"教学做"一体化教学模式。[2] 目前,在高等院校教学中有效引入"教学做"一体化教学模式,已经成为国内高等院校教育教学改革发展的重要方向。

当然,不同学者的关注点往往有所差异。很多学者都从理论和实践的不同层面深入研究了一体化教学模式在教学改革实践中的应用情况,并通过对国外相关模式及实践的考察,提出对我国高等院校教育教学改革可借鉴之处。例如,蒋洪平通过对德国双元制教育的分析,发现"关键能力"和"行动导向"在学生培养中的核心作用;[3] 罗国玺、李富香结合德国双元制教学模式重点分析了教材在职业教育中的重要作用;[4] 王广峰则从政府、学校、企业、教师、学生等方面详细评价了德国双元制在我国高等职业教育中的重要作用,并以此反思我国高等教育教学存在的相关问题与不足。[5] 此外,陈海滨、樊健通过分析新加坡南洋理工学院的教学工厂理念,提出以项目为中心,融合教室与实验室、实习工厂为一体,并按照工业布局情况来设置教学环境的教学方法。[6]

---

〔1〕 参见崔岩:《德国"双元制"职业教育发展趋势研究》,载《中国职业技术教育》2014年第27期。

〔2〕 参见李伯霞:《课堂教学、科研训练、社会实践"三位一体"教学模式的建构——马克思主义政治经济学教学改革探索》,载《中国成人教育》2010年第15期。

〔3〕 参见蒋洪平:《德国"双元制"职业教育的特色及其借鉴》,载《职业时空》2007年第9期。

〔4〕 参见罗国玺、李富香:《德国赛德尔"双元制"教学模式与教材特色》,载《交通职业教育》2005年第3期。

〔5〕 参见王广峰:《德国"双元制"模式对我国职业教育发展的启示与思考》,载《南京理工大学学报》(社会科学版)2008年第3期。

〔6〕 参见陈海滨、樊健:《NYP教学工厂理念及其启示》,载《职教通讯》2004年第6期。

目前,学界已形成较为一致的"教学做"一体化教学模式的目标和内容。"教学做"一体化教学模式的目标定位在于改变过往单向的"灌输式"的教学文化,融教、学、做于一体,实现人才培养的良性互动。换言之,高等教育人才培养的目标必须以社会需要和学生需求为主要依据,强调理论性与应用性兼备,并在此基础上尤为突出综合实践能力的培养。而"教、学、做"一体化教学模式则是实现这一目标的有效途径。对于"教学做"一体化教学模式的主要内容,大多数学者强调要在科学的人才培养方案的指引下,全方位探讨如何运用一体化教学模式,[1]构建一体化的课程体系,建设一体化实训基地,采用一体化教学方法与考核方法,锻造一体化师资队伍的培养,以及将教案和学案合二为一。[2]

依据《普通高等学校本科专业目录和专业介绍(2012 年)》的规定,《工程建设法规》课程并非法学专业的核心课程,但确早已是包括高职院校在内的全国高等院校应用型本科建筑类专业的重要课程,也在许多法学院校以选修课的形式开设。在全国开设应用型本科建筑类专业的高校中,有一定数量的教师在从事《工程建设法规》课程教学改革探索,并取得了许多改革成效。无论从课程要求、授课内容,还是从既有参考教材来看,《工程建设法规》无疑是一门技术性、专业性较强的法学课程,具有高度融合法律与工程建筑中相关技术性理论的知识特点。同时,从全国应用型本科建筑类专业学生就业需求以及社会对这类学生的培养要求来看,《工程建设法规》课程契合了该类学生在建筑业专业技能提升与实践中学习和掌握必要相关法学知识的主客观需求,更是成为满足社会对相关专业人才供给需求的重要途径。足见,《工程建设法规》课程与"教学做"一体化教学模式具有天然的耦合性,具有应用于《工程建设法规》课程教学教改探索的重要理论价值和现实意义。

三、《工程建设法规》一体化教学模式改革面临的现实障碍

(一)开展一体化教学模式改革的理论准备不足

尽管国外对"教学做"一体化教学模式的理论和实践做了一些研究和关注,国内亦有一些学者关注到这方面的研究,但"教学做"一体化教学模式在国内的实践尤其是法学相关课程的教学实践应用仍然较少。这在很大程度上与国内对一体化教学模式改革的研究成果多样化以及院系各级主管教学领导、任课教师的关注程度、重视程度紧密有关。

---

〔1〕 参见刘飞:《我国职业教育领域一体化教学研究综述》,载《中国集体经济》2010 年第 9 期。

〔2〕 参见刘志山、李燕燕:《"思想道德修养与法律基础"课三位一体教学模式的探索》,载《思想教育研究》2016 年第 9 期。

最重要的是,《工程建设法规》课程开展“教学做”一体化教学模式改革实践仍然难以找到充分、有力的理论支撑。现有相关探索亦往往很难与《工程建设法规》课程自身及其改革的诸多特性有效结合。一体化教学模式改革面临的相关理论不足,主要体现在如下方面:一是相关理论研究缺乏完整、系统的理论支撑,进而影响到“教学做”一体化教学模式的理论体系构建以及对相关实践发展的回应性。二是相关理论研究自身存在逻辑自洽性,甚少真正从教学与实践协同的角度深入思考当中的“真”问题,且相关理论研究又与实践脱节,缺乏对理论成果的实践检验。三是对实践操作的理论分析尚不深入,尤其是对“教学做”一体化教学模式实践效果的评估尚缺乏理论支撑和实施体系。

(二)缺乏相应的师资力量尤其是“双师型”师资

长期以来,《工程建设法规》课程师资队伍建设受制于各级相关单位部门对其重视程度。尤其是《工程建设法规》是否被纳入全国专业核心课程,成为该门课程师资建设成效的重要制约因素。一般而言,《工程建设法规》课程大多被纳入全国应用型本科建筑类专业人才培养体系,而且在实践中还往往因为不属于应用型本科建筑类专业直接相关的课程,其重要性被所在院系、任课教师、学生所淡化,社会关注度也较低。在建筑类以外的法学专业以及其他专业,《工程建设法规》不但缺乏专业任课教师,甚至在许多高校根本不会开设这门课程。就全国应用型本科建筑类专业所开设的《工程建设法规》课程改革而言,其开展一体化教学模式改革尤为缺乏相应的师资力量尤其是“双师型”师资,主要表现在如下方面:一是《工程建设法规》课程的任课教师较少,专业化程度不高,往往是由非法学教师或其他法学专业背景的教师兼任,缺乏兼具工程建设和相关法学领域共同知识储备。二是符合“教学做”一体化教学模式改革要求的教师缺口较大,两极分化现象严重。例如,理论教师缺乏实际操作能力,而实习指导教师普遍学历较低,在实际操作中缺乏理论指导,对问题的分析不够清晰,回答学生提问亦缺乏逻辑性和条理性。这就很难促使《工程建设法规》课程教学达到理论教育与实践应用充分结合的课程目标,所培养的学生往往既没有掌握坚实的课程知识理论,更缺乏相应的实践技能。

(三)对一体化教学改革的重视不足且实施手段较少

当前,国内大多设置应用型本科建筑类专业的高等院校设置了《工程建筑法规》课程,但教育教学的重心和重点往往并不包含《工程建筑法规》课程。大量的财力、物力大多投向与应用型本科建筑类专业更为直接和密切相关的土木工程、工程造价等核心课程。《工程建筑法规》课程日益边缘化,不但学校、院系不重视,而且对于学生尤其是尚未工作过的全日制普通本科学生而言往往也被认为是不太重要的课程。直至就业后,该课程的理论性与实践性并重之特性以及对学生发展的影响才逐渐显现出来。此外,《工程建筑法规》课程“教学做”一体化改革探索仍然缺乏有效的实施手段,难以实现教学的“知—行—真知”协同实现的目标。[1] 一方面,尽管《工程建筑法规》课程兼具理论性与实践性,这也意味着其与一体化教学改革模式之间具有天然契合性,但《工程建筑法规》课程知识内容又包含了相关法学理论和工程管理知识,难以有效把握兼具跨学科知识和方法的理论体系。另一方面,《工程建筑法规》课程的现有师资队伍大都是以法学或者工程管理为专业知识背景,极少有同时具备法学和工程管理学专业知识背景的教师。受上述两方面因素制约,如何在《工程建筑法规》课程中有效实施“教学做”一体化教学模式改革,仍然是一个需要深入研究的现实问题。

(四)一体化教学改革所需必要投入及教学资源缺乏

当前,《工程建筑法规》课程建设与“教学做”一体化教学模式要求之间,仍然存在较大差距。一是丰富的教学资源是开展《工程建设法规》“教学做”一体化教学模式改革的重要保障。否则,将难以达到改革探索的预期目标和实效效用。从全国来看,普遍存在高等院校,尤其是民办高等院校的教学资源投入不足的问题。二是“教学做”一体化教学所需实训基地和特色网络资源严重不足,尤其是缺乏相应的专业性案例库支撑。即使建立了部分实训场地,也往往很难具有开放性和实用性。三是缺乏符合“教学做”一体化教学需要的较为科学、完善的《工程建设法规》教材。从全国来看,一体化教学的实施往往受制于各方面的关注度不足等现实情况,而更为直接的制约因素就是《工程建设法规》教材不但较少,且与《工程建设法规》一体化教学的现实需求之间存在较大差距,严重制约课程教学质量的有效提升。四是现有《工程建设法规》课程大多停留在课堂教室授课环节,缺乏符合一体化教学所要求的教学场地及设施设备等条件。

四、基于大数据平台的《工程建设法规》一体化教学改革对策

(一)确立以社会与学生需求为导向的课程教学改革目标

课程教学改革目标的科学设置是《工程建设法规》课程改革有序开展并取得预期成效的根本保证。《工程建设法规》课程教学改革目标应当以大数据为背景,立足国家对专业人才培养的定位、社会对专业人才培养的需求、学生当下及未来职业对专业课程学习的需要,坚持教育本质与手段的同一。[2] 在此基础上,《工程建设法规》课程教学改革目标可分为根本目标和具体目标。其中,《工程建设法规》课程教学改革的根本目标在于建立科学、系统的《工程建设法规》课程“教、学、做”一体化教学体系,满足国

---

〔1〕 参见施元中:《谈“教案学案一体化”的教学模式》,载《辽宁省交通高等专科学校学报》2003年第3期。

〔2〕 参见陈庆:《从柏拉图“美诺之问”看教育哲学与教育学的基本问题》,载《教育学术月刊》2017年第1期。

家、社会及学生、家长对《工程建设法规》课程教学改革的内在需求,实现学生课程学习所应达到知识学习、学会学习、能力学习的三维目标。[1]《工程建设法规》课程教学改革的具体目标可确定为通过对"教、学、做"一体化教学模式理论研究和实践探索,设计出符合高等院校《工程建设法规》教学改革需要的"教、学、做"一体化教学改革方案。

(二)《工程建设法规》一体化教学模式改革的功能指向

通过对"教、学、做"一体化教学模式改革中学校、教师、学生、社会等不同群体的价值诉求以及"教、学、做"一体化教学模式的价值定位进行分析,进而可归纳出《工程建设法规》课程"教、学、做"一体化教学模式应当建立起来的价值体系和功能定位,推动"教、学、做"一体化教学理论体系的改革与完善。《工程建设法规》课程"教学做"一体化教学模式改革的应有功能的确定,需要坚持政府—市场—社会—大学四元结构的市民社会理论,[2]形成面向需求的功能定位。该教学方法的功能指向的是,充分挖掘学生理解和掌握知识技能方面的潜能,使学生能把理论知识和实践贯穿起来,使教师和学生之间形成沟通配合的有机整体,使教与学之间相互影响和作用。当然,这意味着课堂内应当坚持开放式教学,围绕实际项目来组织教学,打破现行教材和教学模式的条条框框,在课堂上直接对具体内容尤其是实务和相关案例进行讲解,注重面向需求的学生实务能力提升。

(三)《工程建设法规》一体化教学模式的改革路径

一是立足实践,有效借鉴"教学做"一体化教学模式的国外研究成果与经验积累,立足国内相关实际,采取理论研究与实践调查相结合的研究范式,实现立足实践并超越实践的目标诉求。[3]

二是注重系统论、协调论等相关理论和方法在"教学做"一体化教学模式理论研究和实践中的运用,探索建立"教学做"一体化教学的准备工作、过程控制与绩效评估相结合的制度体系。

三是立足《工程建设法规》等课程的特点及教育教学需求,尤其重视"教学做"一体化教学模式的内涵建设,切实实现"教""学""做"的有机统一,克服以往部分环节脱节的问题。

四是在"教学做"一体化教学模式中,创造性地建立"后评估"机制,充分发挥相关社会主体的专业优势和优秀资源,着力探讨"后评估"机制的主要指标、构成体系、辨识

---

[1] 胡学锋:《统计学中"三位一体"教学方法研究》,载《统计教育》2006年第3期。

[2] 朱玉山:《大学治理的社会参与:分析框架、概念界定与评测维度》,载《现代教育管理》2017年第1期。

[3] 参见[德]伽达默尔:《赞美理论》,夏镇平译,上海三联书店1988年版,第46页。

方法、结果检验规则等的内容,围绕实践进行系统性、全面性的研究与评价。[1]

(四)《工程建设法规》一体化教学模式改革的基本要点

基于《工程建设法规》的目标任务和功能定位,《工程建设法规》课程一体化教学模式改革应当以该门课程的基本特点以及人才培养的实际需求为依据,着重从标准、规范、教学内容、师资队伍等方面设计"教、学、做"一体化教学模式改革的基本方案。本文认为,《工程建设法规》"教学做"一体化教学模式改革的基本要点主要包括如下4 点:

一是针对《工程建设法规》的实际情况和课程特点,深入研究、反思、评估既有的课程教学大纲,并以典型或代表性的课程建设任务为载体,以社会需求和家长、学生需要为核心,制定适合《工程建设法规》课程教学改革的"教学做"一体化教学标准。

二是建设一体化课程教学规范,主要内容涉及授课计划、教学设计及教案、考核评价模式等方面。

三是建设适应《工程建设法规》一体化课程教学需要的师资队伍,尤其是"双师型"教师,[2]并以此为基础,组织开发《工程建设法规》课程讲义、优质教材、数字资源库等。

四是以改革为契机,以点及面,形成可供其他法学课程教学改革需要的一体化教学改革方案,进而探索建立适应经济社会发展、符合社会需求的现代高等教育教学体系。

(五)《工程建设法规》一体化教学改革的大数据平台保障

前已论及,《工程建设法规》"教学做"一体化教学改革与大数据平台建设之间具有较强的契合性。大数据平台既是《工程建设法规》课程一体化教学改革面临的重大挑战,又是有效实施《工程建设法规》课程一体化教学改革及其实践的重要驱动力和平台保障。如何利用好大数据平台对《工程建设法规》课程一体化教学改革的保障功能,是当下及未来相当长时间教学改革探索的重要方面。本文认为,《工程建设法规》课程一体化教学改革需要利用好大数据平台的积极功能。大数据平台的保障功能主要通过如下方面实现:

一是建立社会、家长、学生、教师、管理者以及其他相关主体对课程教学改革的意见建议反馈平台,畅通主体意见表达与传递机制,实现教学需求、现状问题、意见建议以及其他相关信息的有效、及时传递和沟通。

二是搭建师生互动的多元平台。以"帮"为主要设计宗旨,全程帮助师生进行课程的课前、课堂、课后、教学、研习等教学全过程中的资源互动、教学互动和师生互动。

---

〔1〕 参见习近平:《在知识分子、劳动模范、青年代表座谈会上的讲话》,载新华网:http://news.xinhuanet.com/politics/2016-04/30/c_1118776008.htm,最后访问日期:2017 年 1 月 20 日。

〔2〕 参见王灿:《一体化教学模式改革探索与实践》,载《重庆电力高等专科学校学报》2015 年第 14 期。

三是建设网络教学资源库。可考虑收录且至少应当包括通过整理形成的情景化教学所需的案例、范例、期刊文献资料等海量信息。

四是教学手段与教学方法的现代化、信息化。法学课程教学改革应当充分把握和识别信息化的优势和挑战,充分运用多媒体技术及其他先进教学资源,引入先进教育教学理念和模式。

五是依托大数据的优势,建立包括课程教学效果、课程教学质量、课程教学问题等内容的课程教学及改革质量评估体系,助力课程教学质量和人才培养能力提升。

(六)制定《工程建设法规》一体化教学改革试行方案

为形成科学、完善的《工程建设法规》课程"教学做"一体化教学改革成果,更好服务于法学课程尤其是核心课程的一体化教学改革,应当在理论研究和实践评估的基础上,探索制定《〈工程建设法规〉一体化教学改革试行方案》。在制定这一实行方案过程中,方案制定者应当重点考虑如下几个方面的内容:

一是在充分调查研究的基础上方可制定符合实际的试行方案,而且该试行方案还应当充分发挥相关领域专家乃至相关社会主体、师生在试行方案试点实施前的评估机制建设中的重要作用。该方案经充分讨论并修改完善后,按照相应权限,提交学院或学校教学委员会审议通过后方可试行。

二是在认真、充分调研基础上,慎重选择试行《〈工程建设法规〉一体化教学改革试行方案》的任课教师及任课班级,可采取"边改革、边试验、边总结、边完善"的方式,先行先试并通过实践推动试行方案的修改完善。

三是在先行先试的同时建立起多套风险防治机制和改革应急方案,以应对可能出现的突发情况或紧急事态。对此,尤其需要注重试行改革的事前风险防治机制建设。可考虑借鉴贵州省黔西南州"四方五共"做法,在试行方案制定、实施以及后续评价中,由学校或学院主管领导牵头,全程引入授课对象、家长代表、社会主体代表、任课教师及其他相关主体,共同参与课程教学改革、共商改革方案及其主要内容,共同监督,共享教学改革效益,共担改革风险。

四是适时形成《〈工程建设法规〉"教学做"一体化教学试行方案》,并以之为基础,及时总结并力争形成可推广、可借鉴的《工程建设法规》一体化教学改革的经验做法,为其他法学课程尤其是法学核心课程开展教学改革提供参考和借鉴,助推多层次立体化的教书育人课程体系的构成与完善。[1]

---

〔1〕 赵增彦:《高校思政课实践教学资源多元化整合与一体化运用》,载《东北师大学报》(哲学社会科学版)2013年第2期。

会议综述

金融风险防范、监管体制改革与银行法律制度的完善

——"金融体制改革与《商业银行法》的修订"研讨会综述

岳彩申[*]　闫夏秋[**]　徐玖玖[***]

目　　次

随着我国金融的改革与发展,在金融风险防范和体制改革的背景下,银行法律制度作为我国金融法律制度中最重要的部分,已经难以满足金融风险防范和金融业发展的需要,急需进行修改和完善。尤其是现行《商业银行法》已严重不适应当前的经济发展需要,第十二届全国人大常委会将修改《商业银行法》纳入立法规划,列为"需要抓紧工作,条件成熟时提请审议"的立法项目。2016年9月17日,由中国银行法学研究会农村金融法专业委员会、西南政法大学经济法学院和金融创新与法制研究中心联合主办的"金融体制改革与《商业银行法》的修订"研讨会暨"两江经济法治论坛"2016年第三次会议在西南政法大学举办。本次会议议题包括"《商业银行法》修订的整体思路与框架""《商业银行法》修订与金融监管体制改革的协调"以及"《商业银行法》修订面临的理论与实践问题"。来自中国政法大学、辽宁大学、厦门大学、海南大学、重庆大学、

* 西南政法大学教授、博士研究生导师,法学博士。
** 西南政法大学经济法专业博士研究生。
*** 西南政法大学经济法专业博士研究生。

西北政法大学、北京化工大学、西华师范大学、中国人民银行、中国融资担保协会、平安银行、成都农商行、重庆农商行、盈科律师事务所等30多位专家、学者参加本次论坛,对西南政法大学金融创新与法治研究中心提出的《银行业法(草案)》给予高度评价。与会理论学者和实务部门的专业人士对会议主题展开深入研讨,为金融体制改革和《商业银行法》修订出谋划策,现将会议研讨情况和主要观点综述如下。

一、现行银行法律制度完善的必要性

银行法律制度健全是金融发展的安全保障和持续动力,金融市场化和金融脱媒现象使银行创新业务发展迅速。尤其是《商业银行法》滞后于金融发展实践,实用性较低。在银行业实践中,对金融市场发挥的作用正逐渐减弱,真正适用的却是比《商业银行法》层次低的法规、规章和规范性文件。与会专家认为银行法律制度完善的当务之急是修订《商业银行法》,其必要性主要在于国内金融经营模式发生转变;国际金融监管体制发生变化;《商业银行法》本身以及与其他相关法律法规协调方面存在缺陷。可以看出国内金融经营模式和国际金融监管体制的转变是修订《商业银行法》的外因,《商业银行法》本身的缺陷是修订《商业银行法》的内因。

(一)国内金融经营环境的转变

我国《商业银行法》制定的时代背景已经发生转变,金融经营体制向综合经营(部分学者称为混业经营)方向转变,金融监管体制也将随之改变。刘少军认为,目前的《商业银行法》是国有企业市场化阶段的产物,可以说与现在的市场经济格格不入,《商业银行法》的修改确实很有必要。刘志云指出,1995年后商业银行仍在慢慢朝着混业经营变化,一个方式是通过《商业银行法》中的但书,即"国务院特殊规定的除外";另一个方式是迂回,如在香港设立子公司,以外资银行的身份开展业务。实质上,各大银行通过各种方式已经在走混业经营的道路。整个商业银行的经营模式已经产生变化,滞后的法律会拖累整个产业。王彬认为,《商业银行法》修改面临的首先是宏观经济条件的变革。宏观经济的变化主要体现在金融市场化和去担保化的大背景下,金融发展方式以及结构调整都发生了深刻变化,这些变化势必会影响社会融资结构的变化。融资结构发生变化导致银行信贷资金凝结而成的经济结构体系发生颠覆性的调整。从2015年社会融资数据表中可以清楚地看出间接融资的比重虽然还是最大的,但是不得不承认以委托贷款、信托贷款为代表的非标性业务比重已经开始迅速下滑,企业债券、股票融资等直接融资业务则高速增长。为了应对这种巨大的市场变化,以及商业银行所面临的整体经济金融总值区间的下移、金融脱媒以及合规成本的大幅上升,所有商业银行开始通过合理、合法、合规的方式采取政策套利的方式进行创新。创新的方式主要是围绕投行业务和资管业务进行集合化经营和综合化运作以推行轻资本业务，这些业务最终必须通过混业的方式进行展开。但《商业银行法》第43条的法律规定与业界布局之间存在比较大的张力。《金融租赁公司管理办法》的修订以及《商业银行投资公司经营管理办法》的出台使之成为各家银行获取相关牌照的支撑与保障，但是根据《商业银行法》第43条的规定，相关机构仍不能从事相关业务。法律之间的冲突如此严重，对法律权威性的损害较大。杨为乔也认为，现行《商业银行法》没有给综合经营或混业经营留下空间，没有给新兴企业集团化留出口，没有完善的商业银行治理规则，没有给金融服务标准给出指导性的意见。张晓东亦认为，商业银行经营环境的变化确实对《商业银行法》修订有很大的影响。

（二）国际金融监管体制的革新

近年国际金融监管体制发生巨大变革，《商业银行法》的滞后性更趋明显。杨松认为，全球国家金融治理架构变革以及规则变化是《商业银行法》修改时需要关注的背景。其对全球金融治理架构变革进行了简单概括：第一是此次的杭州G20峰会已经主导了全球金融体制改革的方向，对大的规则、方向都起主导作用；第二是FSB（金融稳定理事会），它在整个金融改革中成为了一个很重要的协调平台；第三是巴塞尔委员会关于监管治理的一些具体规则的设定。国际上金融治理架构和监管规则的调整对我们金融体制改革，包括《商业银行法》修改都是一个需要考虑的非常重要的背景。这个背景给我们的启示在于让我们考虑到如何关注国际金融监管改革并参与到规则制定的过程中，以及《商业银行法》的修订如何回应这些国际上的变化。

曾文革认为，应加强对国际金融治理的关注，保持内部规范与国际规则相一致。刘志云指出银行的社会责任应与国际接轨。在做修改的时候要考虑商业银行的定义，商业银行的经营模式，要把商业银行履行社会责任问题写进去。赵莹认为，在《商业银行法》修改的时候要在兼具国内实情的情况下体现国际化特征。国际贸易和国际商事活动的频繁，要求《商业银行法》国际化，为国际商事行为提供一定的标准，而《商业银行法》需要不断发展，尤其是我们国家现在“一带一路”的战略实施，包括刚刚在杭州举行的G20峰会的开展，都需要《商业银行法》国际化。

（三）现行《商业银行法》自身的缺陷

首先，《商业银行法》本身存在诸多不足，已经难以发挥其应有的作用。《商业银行法》存在的缺陷表现为法律定位不明。杨为乔认为，现行《商业银行法》在立法技术方面存在法的定位不准，法的属性模糊，法的体例比较混乱的问题。无法明晰《商业银行法》的公法属性和私法属性，在实践中就容易造成利益冲突。张晓东指出，《商业银行法》规定商业银行应当在国家产业政策指导下开展贷款业务，而理论界和实践界对产业政策的争议比较大。商业银行作为一个独立的法人必须对投资者负责,商业银行在政策指引下出现较高的不良率,根据产业金融号召所出现的风险应该由谁承担,在法律上这样规定合适不合适,这实际上有很多值得思考的地方。

其次,《商业银行法》的缺陷还有存在法律规则落后的问题。邓纲认为,《商业银行法》中存在一些过时的规定。比如,银行业务实践与法律规制的脱节、银行利率的限制等规定。李云飞认为,目前我国金融监管主要存在具体原则不明的问题:一是原则规范的缺失。在《中国人民银行法》53个条文的法律条款设计中,除了第3条"货币政策目标是保持货币币值的稳定,并以此促进经济增长"的目的性规定外,整个法律文本中均未涉及到监管的原则性规定。二是原则表现过于抽象。我国《商业银行法》在总则部分作了一些原则性规定,但这些原则性的规定过于抽象,其更多的是民事法律领域中基本原则的照搬,缺少针对金融领域的具体性。程序法维度上应关注金融监管程序性条款规定不足问题。我国的金融监管法规多数聚焦在实体上,忽视了对监管程序法的重视。程序法的明确性特点决定了在金融监管程序领域中不宜适用原则性监管。陈楚钟指出,现行《商业银行法》第7条和第36条规定只要企业贷款就必须提供担保,这样的规定是不合时宜的。第一,这在实践操作中可能导致商业银行、担保公司在审核项目时不管项目本身的资金来源、经济状况如何,首要考虑它的担保措施是否完善。这样的做法不但不利于企业自身的发展,也不利于银行资本配置到真正具有发展能力、发展潜力的企业领域。第二,担保措施是否完善并不能反映银行资产的质量。第三,现在已经出现很多的信贷金融业务,很多上市公司在银行的贷款是不用担保的,主要是信用贷。

最后,《商业银行法》的体系结构不合理也是《商业银行法》存在的缺陷。邓纲认为,现行银行法律体系不健全,没有覆盖和商业银行类似的同属银行业金融机构的农村信用合作社、村镇银行、农村合作银行、农村信用合作联社等,也没有涉及信托公司、财务公司、金融租赁公司、汽车金融公司、消费金融公司等非银行金融机构,尤其是政策性银行迄今仍然处于一个无法生存的状态。现行的商业银行法的结构问题以对存款人的保护、财务会计、监督管理这3章表现最为突出。而存款人保护一章的内容过少,且银行利率的规定放在此处与本章内容不一致。《商业银行法》存在的缺陷制约了《商业银行法》应有效用的发挥。

二、金融监管体制改革的方向

影响银行法律制度的改革与完善的因素很多,包括经营体制、监管体制、金融业发展的程度、国际金融市场的竞争等。其中,防范金融系统性风险下的金融监管体制改革无疑是最重要的部分。换言之,国际和国内金融监管体制如何改革,会在很大程度上影响银行法律制度的改革与完善。

（一）金融监管理念的更新

金融经营体制向综合经营方向发展,金融监管理念也在随之更新。根据不同的标准,金融监管模式可以做出很多不同的分类。审慎监管与行为监管,原则型监管与规则型监管,机构监管与功能监管是目前金融监管模式中比较受关注的3种类型。

在减少微观审慎监管的弊端时,可以引入行为监管模式。李爱君主要从行为监管理念来谈《商业银行法》修订问题。修改《商业银行法》首先要先弄清金融监管体制,这决定了银行业的范围和业务范围,然后再谈具体的修订。引入行为监管主要有以下五个原因:其一,商业银行主营业务由传统存贷业务转向中间业务,微观审慎监管难以适应;其二,解决目前“一行三会”监管体制的弊端;其三,个人贷款质量的大面积恶化也能导致金融风险,也能导致系统性风险,需防范系统性风险;其四,降低批发业务和零售业务的行为风险;其五,域外引入行为监管的经验;其六,金融发展规律的相似性。行为监管的法律价值是指实质平等的价值、契约公平价值、诚实信用原则、提高金融行为能力。我国商业银行的监管模式是审慎监管模式,主要是以金融机构为核心来进行监管,监管的是金融机构的稳定性。我国现有银行业的监管实际上是微观审慎监管,既没有达到宏观审慎监管,也没有行为监管。未来的银行监管架构应该是从微观审慎监管到宏观审慎监管再到行为监管,用三足鼎立的模式来进行平衡。行为监管是指监管部门对金融机构竞争行为的监督管理,包括信息披露要求、反欺诈误导、个人金融信息的保护、反不正当竞争、打击操作市场和内部交易、规范广告行为、合同行为,还有债务虚收行为,促进弱势群体保护,提升金融机构的诚信意识和消费者的诚信意识,消费争端解决等。它是围绕与金融机构交易的对方来监管金融机构,也就是从保护交易对方的这个角度来制定监管规则的。在未来《商业银行法》修订的过程中,我们应该加入宏观审慎监管、行为监管,形成3大监管理念。对于宏观审慎监管,杨松认为其对金融系统稳定非常有必要,如何纳入监管体系,可以放到央行。首先,宏观审慎监管与央行的货币政策需要协调,“三会”仍旧关注微观审慎,对单一机构进行监管;其次,考虑到系统重要性金融机构的重要性和监管特殊性问题,可以将其放入央行的监管职权中;最后,目前的部际金融监管协调委员会更多地运用于信息政策中,监管协调还有待提高,对协调机构的职权和职责划分应从法律中在监管措施上进行协调。

原则型监管和规则型监管可以在银行监管规则的不同维度发挥不同作用。李云飞认为,从监管渊源的区别上来看,国际上将金融监管模式分为原则型监管和规则型监管。规则和原则就想鱼和水之间的关系,谁也离不开谁,纯粹的规则监管或原则监管都是不存在的,因而称其为规则主导型或原则主导型监管更为合适。原则监管主要有以下几个方面的特点:监管理念上注重监管的目标性,立法技术上注重原则的体系性,监管模式上注重沟通的双向性,监管活动中注重被监管机构的高度自主性。本轮金融危机之后,原则主导型的监管模式在国际上呼声较高。但制度的优劣具有一定的相对性。这些优势的发挥需要具备一定的主客观条件,比如,从市场条件来看,应当具备健全的市场机制;从法文化条件来看,应当具备完善的规则体系和重视原则的法文化理念;从伦理条件来看,监管双方应具备良好的信任关系;从主体条件来看,应具备高素质的监管者和高能动性的被监管方;从司法条件来看,应当具备专业、中立的司法机构。在主体纬度上,中央层面上可以适当引入原则主导型监管模式。一方面,从主体上来看,在中央层面,无论从监管方还是从被监管方来看,都聚集着中国金融领域最为优秀的精英,为原则监管的实施提供了人才储备。另一方面,从监管层的独立性角度来看,中央一级的监管机构其履职的独立性更强,能够有效地防止原则监管异化为利益集团的利益寻租。与中央层面不同,在地方层级的监管机构中不同程度地存在监管资源不足、监管人员监管知识欠缺等问题,无法为原则监管的实施提供必要的条件。尤其是在地方上,熟人社会的现象就越为严重,人情等非正常因素对监管的影响较大,原则性监管容易演变为监管权力滥用。从金融活动的阶段纬度上来看,在市场准入和市场退出维度应建立规则主导型监管模式,在这两个阶段,法规的滞后性与金融的创新性之间的摩擦较小,缺少原则监管引入的基础条件。在经营活动维度可以适当引入原则监管模式以解决金融创新与规则滞后之间的矛盾。与英美等发达国家相比,我国金融领域中的政府主导型模式依然存在,市场机制仍有待完善,市场化的约束力量仍然不足,金融机构的公司治理水平仍有待提高,诚信等商业伦理环境还有待培育,总体上我国还缺少原则主导型监管模式建立的土壤因素。但这不妨碍未来在不同的法律纬度中适当地引入原则主导型监管中的一些理念。我们应平衡原则与规则在监管中的匹配程度。

机构监管存在监管漏洞,功能监管以业务为监管对象,可以弥补机构监管的不足。杨松认为在监管模式的选择上,综合经营监管模式的选择应该保持机构监管为基础,并在立法中体现功能监管。王彬认为应当对商业银行实行业务监管。大规模金融政策放开后,可能会导致农村社、诚信社等中小金融机构死亡,这给集团性金融机构提供大规模并购的机会,从个体上来看是好的,但是从整个金融安全来看,如果不能把风险防控在安全和效率的范围之内,将会影响中国的整体经济。银行监管由机构监管向功能监管转变,功能监管突破主体的限制,真正探究资产、资金的来源,从而真正防范风险。

（二）金融监管体制改革的方向

确定我国金融监管体制改革的方向，首先应重视对国际成熟经验的吸收和借鉴。杨松教授认为，此次《商业银行法》的修改的背景是，我国商业银行已不仅仅面向国内市场，也开始关注国际市场，因为我国经济已深度融入世界经济的大潮，这一点最直接地反映在金融业务的融入，尤其是银行业的融入上。国际监管规则改革对我国的影响最主要表现在四个方面：首先，宏观审慎监管如何体现在《商业银行法》修改中，如何与微观审慎结合成为我国金融监管的组成部分，包括对系统性风险的识别与评估，宏观审慎监管工具的设计和应用。其次，对于系统重要性金融机构，如何提高监管标准，以及危机处理和市场退出机制等问题。我国工商银行、中国银行和农业银行纳入全球30家系统重要性机构，它们的附加资本是分级别的，级别越高，风险系数就越高。再次，在具体业务方面，国际上监管规则比较大的变化就是对于资本的监管，计量方法，流动性风险的监管。除此之外，监管评估的制度设计是保障有效监管的一个重要方面。最后，对于影子银行的监管以及游离于传统金融机构之外从事一些信贷中介业务的机构如何进行监管监测的问题。陈楚钟认为，《商业银行法》修改时应重视国际的监管标准、监管文化、监管输出，立足于我国监管实际，有条件地吸收借鉴国际标准。这里面可能还涉及国际软治理的问题，即软法的治理问题。

《商业银行法》修订问题应回归到我国的金融监管体制改革。张晓东认为，《商业银行法》的修订不但要考虑一些国际上通行的规则，还要考虑中国的现实问题。监管主要包括两个方面：一个就是《商业银行法》中关于监管的内容；另一个就是《银行业监督管理法》和《中国人民银行法》中关于监管的规定，这两个方面的东西是否应该整合在一起以及如何整合跟金融体制改革有很大的关系。

金融监管体制改革不是盲目的，需要考虑成本与收益。保留现行“一行三会”的金融监管机构体系，提高中国人民银行的监管协调地位是金融监管体制改革的可能方向。杨松认为，我国金融体制改革模式的选择应该尽可能地减少成本与代价，稳步推进。金融对经济稳定的影响非常大，在尽可能达到金融改革目标的过程中，改革成本越小越好。成本最小的改革模式可以考虑强化央行，保留“三会”，创立金融消费者保护局。强化央行的职能包括货币政策的制定实施，牵头宏观审慎职能，防止系统性风险，监管系统重要性金融机构，以及三会监管的协调机制，监管金融控股公司。“三会”的合并不太现实，微观审慎监管可以仍保留在“三会”。最后在“一行三会”下成立金融消费者保护局。

对此，也有学者存在不同意见。曾文革则认为在金融体制改革方面，央行作为货币政策、金融稳定进行宏观审慎监管，银、证、保三会成立一个综合性的金融管理局，是一条较好的路。另外,还需确定地方金融办的法律定位,并建立技术人才引进制度。

三、《商业银行法》修订的模式选择

受国内金融经营模式、国际金融监管体制的变化以及现有银行法律制度缺陷的影响,我国现行银行法存在明显的滞后性,在金融经营体制和监管体制改革的背景下,银行法律制度的完善究竟采用什么样的立法模式,成为不能回避的一个关键问题,对此,与会学者提出了以下观点和看法。

(一)《商业银行法》修订的法律定位

《商业银行法》的修订究竟选择哪种模式首先要明确其定位和功能。杨为乔认为应当将其定位为金融私法,包括主体和业务,在内容上要强调它跟其他金融监管法的区别,如果监管过多地纳入《商业银行法》中来,就必然牵扯到"这是谁的法"的问题。《商业银行法》的修订需关注4个问题:第一是关于对市场经济本质属性的再认识,其认为一个基本的判断是近两年来随着中国经济的下行,中国的市场经济方向已经开始变得模糊,所以在这种情况下要不要坚持市场经济道路或者说按市场经济的方向去建立法治,这实际上是一个问题。第二是部门法之间,商业银行法和其他金融法部门在新的经济形势下的重新分工和法治资源的重新匹配的问题。第三是政治国家与平民社会的再冲突与再平衡,在这样一个背景下确实值得考虑"谁的手伸多长"的问题。第四是国际化背景下的制度保守倾向问题。

赵莹认为法律部门的划分是以调整的社会关系的调整方法为依据的。《商业银行法》主要是调整商业银行、存款人和其他客户以及监管机构之间的关系。过去的《商业银行法》主要体现国家干预经济的特点,具有经济法属性,而现在随着《商业银行法》的修改,它体现了经济法逐渐向商法转变的趋势。商法的特征和《商业银行法》的一些特征是相辅相成的。商法具有营利性特征,它的营利性不是体现在如何指导商业领域,而是用法律的形式来保护以营利为目的的商事行为,即商法是保护正当营利活动的法律。商法具有技术性特征,商法对市场经济的直接调整存在很多技术性的规范,《商业银行法》中支付结算的规定也都体现了技术性特征。商法具有公法性倾向,主要表现为更多的规范体现了国家的强制性,当事人的意志受到了一定限制,而银行的监管机关——银监会对于银行的运作要进行科学规范化的监督,也体现了这种特征。

(二)《商业银行法》修订的三种体例

确定《商业银行法》修订的法律定位后,如何选择《商业银行法》修订最适宜的体例是本次修订最关键的部分。《商业银行法》修订模式的选择需解决中国金融综合化发展问题。岳彩申指出《商业银行法》的修订已提出多年,官方口径是正在着手修改《商业银行法》,但没有发布任何框架性文件。目前《商业银行法》的修订方案主要有"小动""中动"和"大动"[1]3种,目前理论界和实务界更多地偏向于"大动"。银行法学研究应重点关注《商业银行法》如何修订,以及与各个相关法律之间如何统筹,以解决商业银行法律制度不适合金融业发展的难题,为立法机关梳理法律文件中的逻辑关系、重点制度设计、法律边界的确定、调整对象、调整范围的设定等。特别是经历了去年的股市动荡,使得国家对系统性风险的考量尤为慎重敏感,也为学界提供了分析思考和研究的空间。关于《商业银行法》修订的体例,与会专家主要有《银行法》《银行业法》和《金融服务法》3种观点,属于"中动"和"大动"的范畴。

杨为乔主张《商业银行法》的名称直接调整为《银行法》。我国台湾地区和日本是这种做法,并将其定位为金融私法。从修法的整体思路上应当明确以下五层关系,第一个是商业银行与金融消费者之间的关系;第二个是商业银行的自力监管和外部监管之间的关系;第三个是商业银行跟外部监管系统之间的关系;第四个是商业银行的同业关系;第五是商业银行跟央行的关系。关于银行法体例的问题,他认为《银行法》体例共有十章。第一章是总则,第二章是设立和组织机构,第三章是存款类业务规则,第四章是贷款类业务规则,第五章是中间业务规则,第六章是创新业务规则,第七章是财务会计,第八章是终止和破产,第九章是法律责任,第十章是附则。在内容上,应将《储蓄管理条例》和《贷款通则》都纳入这部法律里面之中。他还认为在体例设计中,一些重要问题应在总则部分体现。第一,要强调商业银行的信用维持,既可以报国又可以安客户。一定要明确商业银行的基本义务,如保密义务、说明义务以及本人确认义务。第二,应当将商业银行的内部治理作为规则修订的核心内容。第三,风险控制是商业银行主动要做的事情,不能简单看作外部控制的问题。第四,关于存款人保护的问题,原则性的内容设在总则,具体内容可以单独为业务规则一章。第五,增加破产制度,将关于原本的接管和监管的部分拿到《银行业监督管理法》中,并把章节名称改为终止和破产。

岳彩申认为《银行业法》这一修订模式符合我国实际需要,是可行的,并在此基础初步形成了《银行业法》的草案文本。邓纲认为把《商业银行法》修订为《银行业法》是比较合理的。通过制定《银行业法》来提升整个银行业法律体系的层次,提高立法质量,可以与发展变化的金融市场相协调,和发展中的银行业监督管理规则相匹配。他

---

[1] "小动"是指维持现有法律体系,在现有《商业银行法》的基础上进行修改;"中动"是指制定《银行法》或《银行业法》,实现公法与私法的结合;"大动"是指制定《金融服务法》,构建大统一的金融私法体系。目前理论界与实务界对三种立法模式存在不同看法。

还认为通过制定《银行业法》这种立法模式,将形成一个涵盖商业银行、政策性银行、村镇银行、农村信用社等所有银行业金融机构在内的多层次银行业市场。《银行业法》也与《银行业监督管理法》以及一些以银行业金融机构为名称的法规规章、规范性文件相互匹配。至于信托公司、财务公司、汽车金融公司等非银行业金融机构是否放在《银行业法》中,还需从立法成本和立法操作上去考虑。如果都纳入《银行业法》中,那么法律内容丰富,立法技术较高,在国际上没有可以参考的范例。

刘少军认同采用《银行业法》这一修订模式,其认为《商业银行法》与《银行业法》最大的区别在于核心理念的区别,由法调整机构改为法调整业务或调整行为,可以说是改变了我国银行法的基本指导思想。责任还要由金融机构承担,但是划分的标准不能是机构,而应该是业务,这也与现阶段民间金融缺乏法律规制的背景有关。非法集资作为机构调整的漏洞,金融监管机构难以实施有效监管。从《商业银行法》到《银行业法》的调整是立法思想的一个大的调整,只要经营该项业务,就算不是金融机构,也要受到监管。杨松也赞成制定一部《银行业法》,但是需符合现实情况,逐渐实现立法意图。

当然,也有学者持“大动”观点,例如,曾文革认为就《商业银行法》修订来讲,《银行业法》虽然只是名称的改变,但却会发生翻天覆地的变化。《商业银行法》修改涉及与《保险法》《证券法》《银行业监督管理法》的关系,《商业银行法》的修改可以采用综合性的《金融服务法》这一模式。

《商业银行法》的修订不能是孤立的,应该相互协调制约共进。刘云亮认为不能只依据《证券法》而谈证券,也不能只依据《商业银行法》来谈修订的问题,而应适应大金融、大监管的需要。在金融改革发展的背景之下,修法应具有适度的超前性。为适应以引入功能监管和行为监管为发展方向的银行业监管体系,《银行业法》这一立法模式是目前《商业银行法》修订的最佳选择路径,与会专家学者普遍认同《银行业法》这一立法体例,并对这一体例的构建献计献策。

四、制定统一的银行业法的具体架构

我国是银行主导型金融体制,《银行业法》的设计关乎整个金融系统的发展命脉。在《银行业法》的具体架构中,与会专家主要关注法律的调整对象和金融消费者保护问题。在确定《商业银行法》修订的立法体例后,调整对象的确定是《银行业法》构建的核心要素和基础。

(一)《银行业法》的立法目的

服务实体经济,促进金融发展,维护金融安全,保障金融消费者合法权益是《商业银行法》修订应秉持的根本出发点。杨松认为,对《商业银行法》的修改,有两个基本点必须坚守:其一是各项金融监管和金融改革应当服务实体经济;其二是鼓励金融创新和民间金融的发展,金融安全与稳定应放在首位。陈楚钟认为,《商业银行法》修订的目的首先应立足于行业自身的稳定与发展,要适当控制小银行的数量,优化行业的结构;其次是要放在服务实体经济发展的大前提下来考虑有关修订。尤其是关注有关的修订是否利于接下来相当长一段时间内的知识型、服务型经济的发展。曾文革认为,《商业银行法》修改的产业基础是保险业上升期,证券业混乱期,银行业下降期。在《银行业法》中要给普惠金融和产业创新留有空间,不要太过保守。《银行业法》的立法目的在安全、效率之外还需要增加金融消费者保护问题。

(二)《银行业法》的调整对象

1. 明确《银行业法》业务的概念和范围

刘少军认为,想要定义“银行业”,就必须抓住银行业的本质,将民间金融中属于银行业务的部分也纳入进来。作为技术含量最高,内容也最重要的支付结算业务,应划入《银行业法》进行规制。关于“银行业”概念的确定肯定会伴随着很大的争议,吸收存款、发放贷款和办理结算是银行业3大传统业务,那么经营其中一种业务就算银行业,还是经营3种业务才算银行业,这是需要考虑的问题。

在本次《商业银行法》修订中,对于该法的经营范围,与会专家学者普遍认为应增加对中间业务的相关规定。这既是银行业市场发展的要求,也是对对金融经营体制转变的回应。根据银行业监督管理委员会的统计数据,我国商业银行非利息收入占比由2010年第四季度的17.5%提高到2017年第一季度的26.84%,以中间业务为主的非利息收入上升迅速,受到理论和实务界专业人士的关注。张吉庆认为,《商业银行法》修订的业务范围首先应包括中间业务,比如银行通过委托理财参与的资本计划、产业基金业务、资管和信托、创业投资股权基金等。同时,其还应包括跨境业务。跨境业务的创新驱动性越来越大,离岸业务和自贸区业务也存在矛盾,《商业银行法》修改需要对此进行明确规定。

王彬指出在银行内部,很多银行都在缩减传统的存贷业务,应增加中间业务发展空间。中间业务现在有投行资管化和资管投行化的发展趋势。很多银行的综合化经营就是从债权融资为主向债券加股权加并购,融资和融质发生转变,这可能会进一步加大风险。只有通过慢慢尝试才有可能实现混业经营或综合化经营,否则高度放开可能会引发马太效应,导致集团机构非常大,最终形成“大而不能倒”或是中小金融机构大批死亡。

张晓东也认为《商业银行法》修订应对中间业务进行相应规定。《银行业法》实现从机构立法到业务立法,如果依据行为进行立法,建议分别设置信贷法、存款法、支付结算法,或者是一个支付结算篇、存款篇、贷款篇、中间业务篇,对中间业务以章节的篇幅进行规范。赵莹认为,除了传统的吸收存款和发放贷款等业务外,应增加代理业务和资产管理业务等非传统业务来满足银行的营利性需求。

2. 划定《银行业法》银行业金融机构的概念和范围

刘少军认为业务界定后就涉及银行业金融机构的设定。以业务为核心可以确定业务范围,但对银行业金融机构的分类争议比较大,一般认为银行业金融机构可以具体分为三类或者四类。第一类为传统的商业银行,就是吸收存款、发放贷款和办理结算。从英国、法国的银行业定义来看,银行的核心是吸收公众存款,能吸收公众存款的为商业银行。第二类也叫银行,但是不能吸收存款,如国家开发银行,这类是既具有商业性又有政策性的银行。第三类是只能放贷的机构,以小贷公司为核心。另外,学界对于专门做支付结算的机构是否算一类机构,以及财务公司是否算一类机构存在争论(可以属于贷款类)。

政策性银行既承担着政策性职责又要实现商业性,对于这类特殊机构,陈楚钟认为《商业银行法》这次修订除了针对商业银行主体之外,可以考虑把政策性银行的法律地位、业务规范也加以明确,合理避免其对商业银行业务的挤出效应,也可以明确政策性银行的自身定位,不要因为错误的资源配置导致错失一些扶持产业外业务发展关键的机会。曾文革也认为,既然做《银行业法》,那么政策性银行肯定要纳入调整范围。

(三)《银行业法》的金融消费者权益保护

2008年金融危机后,国际金融监管体制改革的主要表现就是重视和加大对金融消费者权益的保护。刘少军认为,在《银行业法》里面必须着重写权利和义务,法律制度不能再以准入规则为核心内容,解决纠纷不能仅靠《合同法》,因为《合同法》只规定了格式条款无效或对格式条款制定方有利的解释,这会损害金融消费者的利益。

张吉庆指出,中国人民银行和银监会都在关注金融消费者问题。最高人民法院在征求平安银行关于金融消费者保护意见时提出金融消费者权益保护要遵守3个原则:第一,适格投资者的识别,就是客户来银行买产品,能不能买这类产品,风险等级评估是否匹配,商业银行应该予以审核;第二,风险提示和告知,这个产品投什么,基础资源是什么,收益率多少,能不能去宣传收益率,要明确告知客户;第三,严禁误导销售,产品销售必须是实打实的。这三项基本原则确立以后的司法效果是,如果商业银行没做到这三项之一,那么金融消费者就可以申请这个服务合同是没有成立的。实际上,这样的消费者权益保护措施对银行金融机构来说,其承担义务是非常重的。《商业银行法》修订应对金融消费者作出回应。

李爱君认为，金融消费权益保护是个法学问题。根据我们国家2015年11月国务院发布的《关于加强金融消费者权益保护工作的指导意见》，行为监管的主要内容包括对行为进行监督检查、消费者金融教育以及金融纠纷的调解机制。金融消费权益保护是行为监管的一部分，但它并不是行为监管的全部内容，行为监管还包括反洗钱，等等。行为监管包括零售市场和批发式的市场，金融消费者权益保护主要针对的是零售市场。有效的行为监管可以提高金融消费者的行为理性，提高其金融素养和风险防范意识和能力，增强其金融市场信心，这是维护金融市场稳定和金融机构稳定经营的基石。

在完善金融消费者权益保护制度时，部分专家学者提出要制定专门的《金融消费者权益保护法》。赵莹认为，作为市场主体的银行，其合法权益和存款人的合法权益都应当受到平等的保护。保护银行的利益也是保护金融消费者的利益，保护金融消费者的利益也是保护银行的利益。可以利用《商业银行法》的修改契机，把《金融消费者权益保护法》的一些法律框架制度规定在《商业银行法》的修改中体现出来，在《银行业法》的立法目的或者其他的制度当中体现出来，而不是制定一部《金融消费者权益保护法》。邓纲认为存款人保护的内容需要重新设计，可以考虑单独扩大金融消费者保护为一章或者和其他章节合并，也可把它合并到商业银行业务规则一章中。

（四）《银行业法》的几个细节

在监管问题中，《银行业监督管理法》和《商业银行法》的关系如何处理受到了与会专家的关注。刘少军直接指出在监管问题方面，《银行业监督管理法》应纳入《银行业法》。邓纲则认为《银行业监督管理法》和《商业银行法》是否合并，还需从立法成本、立法技术以及其他规定的关联性角度来慎重考虑。如果能够合并，当然也很好。如果不合并，也未必就一定不好。毕竟，公法和私法分开规定也是比较符合立法习惯和法理的。张西峰认为，我国目前的格局是大国崛起，《商业银行法》修改要瞄准"大格局"和"大背景"。每一次大国崛起都带来法律的变革。我国不仅是现有国际规则的遵循者，未来也是多边规则的协调者或者主导者。《商业银行法》的修改需厘清金融监管权的设置，关注银行机构主体在境外设立的业务经营权问题，以及所有业务的监管权问题。

在监管问题中，银行业退出机制关系到社会经济的稳定。刘志云认为，随着利率、汇率的市场化推进，银行的风险增加，银行不再具有原来的国家隐形担保，因此需将银行破产问题尽早解决。银监会、央行自2007年《企业破产法》颁布就在计划起草《银行业金融机构破产条例》，但至今尚未制定出正式的《银行业金融机构破产条例》。无论采用哪种银行立法，都应将存款保险制度和银行破产制度纳入进去。民营银行放开后,国家对民营银行不会再进行隐性担保,银行市场化后,银行破产的问题要早点落实。刘少军认为,以危机处置这一理念来规范银行退出问题更好一些。赵莹认为,应将存款保险制度纳入《商业银行法》修订中。

资本充足率可以体现出银行的风险承受能力。李爱君认为,2008年后我国对资本充足率进行分级的管理,不同的银行,不同的风控,不同的风控模型的资本充足率是不同的,这涉及系统重要性概念。银行一旦能引起系统性风险,或者银行的某种行为能够引起系统性风险,或者银行提供的产品能够引起系统性风险,资本充足率要求就高,不能享受同等制度的调整。它所带来的风险是不同的,所以这是不公平的。对银行资本充足率进行差异化规定,需要根据银行不同的体量,不同的产品风险程度、不同的行为风险程度来决定。张晓东认为,微观审慎对于资本充足率、核心资本充足率以及资本构成是严格规定的,这不仅仅是一个法学问题,还涉及金融、经济学等方面的问题。而在资本构成方面,除了股东资金的投入,负债能否算作资本。哪些东西能够构成资本,需要慎重考虑。《巴塞尔协议》(Ⅲ)中一些国际上新的信息以及新的做法可以对《商业银行法》的修改提供很多参考。此外,在贷款集中度设置中应当考虑行业集中度的问题,以降低道德风险。

在《银行业法》对农村金融的保护和引导方面,肖山认为,首先,目前《商业银行法》对农村金融进入的渠道、农村主体和金融服务方面是一片空白。希望通过《商业银行法》的修改,国家能够鼓励农村金融,对促进农村金融发展的金融机构给予法律层面的更多优惠,来促进农村金融的建设。其次,在村镇银行建设新型金融方面需要完善农村金融体系,国家对村镇银行的发展也需要保持整体一致的态度。此外,省联社管"帽子"、管钱、管级别,制约农商行的发展。如果《商业银行法》修订能够对省联社的定位问题有所指导或指明方向,可以解决全国很多农商行的独立性问题。最后,在城镇化过程中土地的流转和人口的流转难以实现农村产权担保问题。希望《商业银行法》修订在农村产权上有所突破,即考虑农村集体土地突破村集体所有权的范围进行流转。如果不能顺利流转,土地交换的担保价值就不能实现,农村经济就不能得到很好的发展。

在会议总结中,岳彩申指出,第一,《商业银行法》修订要解决的核心不仅是业务、经营模式、监管问题,也不仅是效率、安全、公平问题,而是中国的发展问题。如何修改更有利于中国的金融业发展、经济发展以及经济转型,如何修改可以形成一个稳健而高效的金融体系,这是解决问题最根本的出发点。第二,在立法模式的选择上和制度安排上,需与中国金融制度改革进度相吻合。第三,银行业法律制度的调整范围和统一规制的标准是这次修订的难题,应解决好这一难题。除此之外,还应考虑立法的成本问题。第四,处理好银行业市场化发展和社会责任的冲突的协调问题。第五,衔接好《商业银行法》修订(包括《银行法》《银行业法》)与《银行业监督管理法》《中国人民银行法》的关系。第六,应准确把握《商业银行法》修订的定位。只有如此,才能稳步推进银行法治科学重构和科学立法。

《经济法论坛》(第19卷)稿约

《经济法论坛》(以下简称《论坛》)系西南政法大学经济法学科点为推动经济法学的理论研究和学科建设,加强经济法学界的学术交流,编辑出版的连续性论文集。《论坛》设置的栏目有基本理论、制度研究、农村法治、国际视窗、人才培养等,自2013年起每年推出2卷,由法律出版社出版。自第1卷于2003年出版以来,至今已出版18卷,引起了经济法学界的广泛关注。《论坛》第19卷的组稿事宜如下,欢迎国内外专家不吝赐稿!

一、向《论坛》所投稿件,应属于经济法领域或与经济法相关的作品,且未曾公开发表或主体部分未曾公开发表。论文体裁不限,论文、译文、调研报告、学术随笔等均可。译文请自行解决版权。稿件篇幅一般不超过1.5万字。

二、稿件电子排版,文档存为word 97－2003格式。

三、来稿一经采用,即赠送样书1本。

四、来稿请在文末,另页附上作者的姓名、单位、学位、职称或职务、通信地址、邮编、电话、电子邮件地址。

五、**请勿一稿多投,自该卷截至征稿之日起逾3个月未收到采用通知的,作者可对稿件另行处理**。

六、《论坛》的注释,按以下要求执行:

(一)采用脚注,每页重新编号,注码放在标点之后,注码号为"[ ]"。不在文末列参考文献。

(二)外文注释依各文种注释习惯。外文原注释中的评论性或说明性文字,请译为中文。

(三)非引用原文者,注释前加"参见"。

(四)引用资料非来自原始出处者,请注明"转引自"。

(五)注释体例列举:

1. 著作类

①《马克思恩格斯选集》(第4卷),人民出版社1972年版,第28～29页。

②刘星:《法律的隐喻》,中山大学出版社1999年版,第60页。

2. 论文类

①王家福、刘海年、李步云:《论法制改革》,载《法学研究》1989年第2期。

3. 文集类

①岳彩申、李永成:《中国经济法学三十年发展报告》,载李昌麒主编:《经济法论坛》(第7卷),群众出版社2010年版,第13~36页。

4. 译著类

[英]梅因:《古代法》,沈景一译,商务印书馆1984年版,第59页。

5. 报纸类

①王启东:《法制与法治》,载《法制日报》1989年3月2日,第A1版。

②《高新技术助纳粹德国为虐IBM沾满犹太人鲜血》,载《北京晨报》2001年2月13日,第A1版。

6. 古籍类

《宋会要辑·食货》卷三。

7. 辞书类

《辞海》,上海辞书出版社1979年版,第239页。

8. 有主编的教材和著作类

李昌麒主编:《经济法学》,中国政法大学出版社1999年版,第19页。

9. 网络文献类

苏力:《中国现代化进程中的法制问题》,载北大法律信息网文献库:http://chinalawinfo.com/fzdt/xmnr.asp? id=11223.,最后访问日期:2009年1月5日。

七、稿件请采用电子邮件发送至投稿信箱。

八、**第19卷征稿截止时间:2017年8月31日**

地　址:重庆市渝北区宝圣大道301号西南政法大学致雅楼《经济法论坛》编辑部

邮　编:401120

收件人:《经济法论坛》编辑部

投稿信箱:jingjifaluntan@163.com

电　话:023-67258925

《经济法论坛》编辑部

2017年5月23日

图书在版编目(CIP)数据

经济法论坛. 第18卷 / 李昌麒,岳彩申主编. —北京:法律出版社,2017

ISBN 978-7-5197-1220-4

Ⅰ. ①经… Ⅱ. ①李…②岳… Ⅲ. ①经济法—文集 Ⅳ. ①D912.29-53

中国版本图书馆CIP数据核字(2017)第196046号

经济法论坛(第18卷)
JINGJIFA LUNTAN(DI 18 JUAN)

李昌麒 岳彩申 主编

策划编辑 陈 妮
责任编辑 陈 妮
装帧设计 汪奇峰

出版 法律出版社
总发行 中国法律图书有限公司
经销 新华书店
印刷 北京京华虎彩印刷有限公司
责任校对 晁明慧
责任印制 吕亚莉

编辑统筹 财经出版分社
开本 720毫米×960毫米 1/16
印张 24
字数 450千
版本 2017年8月第1版
印次 2017年8月第1次印刷

法律出版社/北京市丰台区莲花池西里7号(100073)
网址/www.lawpress.com.cn
投稿邮箱/info@lawpress.com.cn
举报维权邮箱/jbwq@lawpress.com.cn
销售热线/010-63939792
咨询电话/010-63939796

中国法律图书有限公司/北京市丰台区莲花池西里7号(100073)
全国各地中法图分、子公司销售电话:
统一销售客服/400-660-6393
第一法律书店/010-63939781/9782
西安分公司/029-85330678
重庆分公司/023-67453036
上海分公司/021-62071639/1636
深圳分公司/0755-83072995

书号:ISBN 978-7-5197-1220-4
定价:78.00元